樊树志 著

晚明大变局

中华书局

图书在版编目(CIP)数据

晚明大变局/樊树志著. —北京:中华书局,2015.8(2021.12重印)
ISBN 978-7-101-11100-2

Ⅰ.晚… Ⅱ.樊… Ⅲ.中国历史-研究-晚明 Ⅳ.K248.307

中国版本图书馆 CIP 数据核字(2015)第 156994 号

书　　名　晚明大变局
著　　者　樊树志
责任编辑　贾雪飞
封面题签　刘　涛
出版发行　中华书局
　　　　　(北京市丰台区太平桥西里 38 号　100073)
　　　　　http://www.zhbc.com.cn
　　　　　E-mail:zhbc@zhbc.com.cn
印　　刷　北京市白帆印务有限公司
版　　次　2015 年 8 月北京第 1 版
　　　　　2021 年 12 月北京第 9 次印刷
规　　格　开本/940x1260 毫米　1/16
　　　　　印张 32½　插页 3　字数 400 千字
印　　数　88001 - 91000 册
国际书号　ISBN 978-7-101-11100-2
定　　价　68.00 元

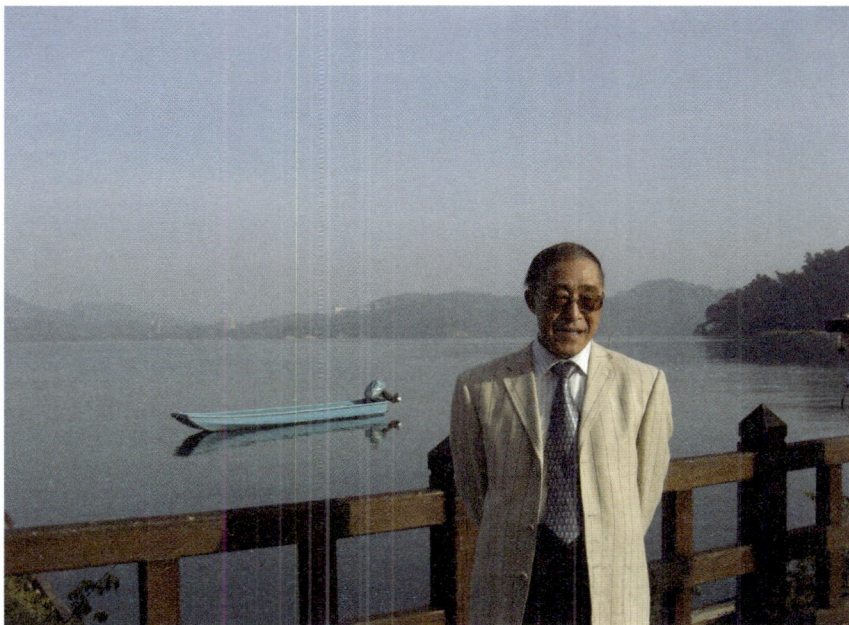

樊树志 1937年出生于浙江湖州,1962年毕业于复旦大学历史系,后留校任教,为复旦大学历史系教授、博士生导师。专攻明清史、中国土地关系史、江南地区史。

代表著作有《中国封建土地关系发展史》(1988)、《明清江南市镇探微》(1990)、《万历传》(1994)、《崇祯传》(1997)、《国史概要》(1998)、《晚明史(1573—1644年)》(2003)、《权与血:明帝国官场政治》(2004)、《国史十六讲》(2006)、《大明王朝的最后十七年》(2007)、《张居正与万历皇帝》(2008)、《明史讲稿》(2012)、《明代文人的命运》(2013)。其中,《晚明史(1573—1644年)》获第十四届中国图书奖。

目　录

引　言

撰写《晚明大变局》这本书，并非心血来潮。大约十年前，我在《解放日报》的学术版发表一篇几千字的文章，题为《晚明的大变局》，主旨是：近来人们常说"晚清的大变局"，殊不知，晚明也有大变局。希望引起人们的注意。但这篇文章似乎没有什么反响，于是我立志要写这样一本《晚明大变局》。这十年间，阅读、收集各种史料，参考前人的研究成果，增补自己已有的认知，逐渐集中于六个问题，也就是诸位现在看到的本书的六个章节。从各章的标题可以约略看到各个方面的"大变局"："海禁—朝贡"体制的突破；卷入全球化贸易的浪潮；江南市镇：多层次商品市场的繁荣；思想解放的潮流；西学东渐与放眼看世界的先进中国人；新气象：文人结社与言论。

晚明的大变局自然不是中国内部悄悄发生的，而是有世界背景的，或者说是在世界潮流的激荡下逐渐显现的。

15世纪末至16世纪初，世界历史出现了大变局，历史学家称为地理大发现时代，或大航海时代。欧洲的航海家发现了绕过非洲好望角，通往印度和中国的新航路；越过大西洋，发现了美洲新大陆。这些发现，标志着一个新时代的开始，西方历史学家把它作为中世纪与近代划分的里程碑。这一转折，最值得注意的是"全球化"初露端倪。从此，人类的活动不再局限于某一个洲，而是全球各大洲；人类的视野不再是半个地球，而是整个地球。中国当然不可能置身事外。

葡萄牙人绕过好望角进入印度洋，占领印度西海岸的贸易重镇果阿、东西洋交通咽喉马六甲，以及香料群岛，从1524年（嘉靖三年）起，在中国东南沿海进行走私贸易。当他们获得澳门贸易的许可后,澳门开始成为沟通东西方交往的商埠,把中国市场卷入全球贸易网络之中。澳门—果阿—里斯本之间的远程贸易,澳门—长崎贸易,澳门—马尼拉贸易,输出以丝货为主的中国商品,输入以白银为主的外国商品,人们概括为"丝—银贸易"。

西班牙人到达美洲以后,绕过美洲南端,横渡太平洋,来到菲律宾群岛。1580年(万历八年)以后,西班牙的马尼拉当局,为生丝、丝织品、棉布等中国商品找到了一条通往墨西哥的贸易航路——太平洋丝绸之路,这就是驰名于历史,持续两百年之久,沟通菲律宾马尼拉与墨西哥阿卡普尔科之间的大帆船贸易。声名远扬的"马尼拉大帆船",运去的是以丝货为主的中国商品,运回的是墨西哥银元。

无论是葡萄牙、西班牙,还是后来的荷兰,在与中国的贸易中,始终处在逆差之中。正如德国学者弗兰克在《白银资本——重视经济全球化中的东方》中所说:"外国人,包括欧洲人,为了与中国人做生意不得不向中国人支付白银,这也确实表现为商业上的'纳贡'";"'中国贸易'造成的经济和金融后果是,中国凭借着在丝绸、瓷器等方面无与匹敌的制造业和出口,与任何国家进行贸易都是顺差。因此,正如印度总是短缺白银,中国则是最重要的白银净进口国,用进口美洲白银来满足它的通货需求。美洲白银或者通过欧洲、西亚、印度、东南亚输入中国,或者用从阿卡普尔科出发的马尼拉大帆船直接运往中国。"根据他的研究,16世纪中期至17世纪中期,美洲生产白银30 000吨,日本生产白银8 000吨,最终流入中国的白银达到7 000吨至10 000吨,约占世界白银产量的四分之一至三分之一。有的学者认为,通过贸易渠道,全世界白银的一半最终流入中国。不管具体数据有什么差异,巨额白银流入中国是确凿无疑的,任何人都不能不承认,这是中国历史上罕见的辉煌。

在全球化贸易浪潮频频袭来之际,大明王朝的统治者依然沿袭着开国皇帝朱元璋制定的海禁政策，禁止人民私自出海与外国商人贸易。在巨大的利益诱惑下，贸易双方都不遗余力地冲击这条禁令，东南沿海走私贸易非常兴旺。走私与海禁较量的结果，终于使得统治集团明白，时代的潮流不可阻挡，海禁政策已经不合时宜。隆庆元年（1567），福建巡抚涂泽民上疏，请求朝廷开放海禁，准许人民前往东西二洋贸易。朝廷权衡利弊得失之后，批准了这个建议。在东南沿海的港口，设立海关，向从事对外贸易的商船征收关税，使得"私贩"转化为"公贩"，走私贸易转化为合法贸易。这是具有划时代意义的重大转折，显示了晚明时代对外开放的胸襟。

各种力量的作用，铸就了晚明对外贸易的辉煌。正如全汉昇所说："中国的丝织工业，因为具有长期发展的历史背景，技术比较进步，成本比较低廉，产量比较丰富，故各种产品能够远渡太平洋，在西属美洲市场上大量廉价出卖，连原来在那里独霸市场的西班牙丝织品也要大受威胁。因此，当西班牙帝国自欧洲本部扩展至美洲和菲律宾后，中国丝货的输入美洲，竟引起西班牙国内丝织业者与海外殖民者间的严重冲突。这一事实告诉我们：在近代西方工业化成功以前，中国工业的发展，就它的产品在国际市场上的竞争能力来说，显然曾经有过一页光辉灿烂的历史。"

而创造这一页光辉灿烂历史的正是晚明的江南，具体地说，是江南的丝绸业市镇。太湖流域的丝绸业市镇，其四乡皆以能出产优质的生丝而闻名于世，统称为"湖丝"，它的著名品牌"辑里丝"（七里丝），就是以南浔镇的辑里村（七里村）为中心的地区出产的"湖丝"，在国际市场上享有极高的声誉，成为各国商人争购的抢手货。用这种"湖丝"织成的各色绸缎，也是行销海内外的名牌产品。或者从福建的月港销往马尼拉，再由马尼拉大帆船横渡太平洋，运往美洲；或者从澳门销往印度的果阿，再转销欧洲。外销商品中，仅次于丝货的棉布，主要产地也在江南,江南的棉布业市镇出产的精品棉布,号称"衣被天下",不仅行销全国,还远销海外。1580年代至1590年代,中国商人运往马尼拉的商品,排在首位的是生丝、绸缎,其次就是棉布、夏布。中国的棉纺织品还由马尼拉大帆船运往西班牙的美洲殖民地,早在16世纪末,中国棉布已在墨西哥市场上排挤了西班牙货。1600年,从澳门开往日本长崎的葡萄牙商船运去3000匹棉布,见于博克瑟(C. R. Boxer)的著作。其实,中国的徽州海商,早已从宁波走私棉布前往日本。刊印于嘉靖四十一年(1562)的《筹海图编》就已记载,运往日本的中国商品,第一位是生丝,第二位是丝绵,第三位就是棉布。而这些棉布的产地就是江南的棉布业市镇。

随着欧洲商人的步伐,以利玛窦为代表的耶稣会士来到中国,通过澳门这个渠道,进入中国。他们在传播天主教的同时,传播欧洲文艺复兴以来的科学文化知识,使得中国在文化上融入世界。"西学"以前所未见的巨大魅力,深深吸引一大批正在探求新知识的士大夫们,短短几年,就掀起了西学东渐的高潮。无怪乎西方学者把利玛窦称为"科学家传教士",中国士大夫则把他叫作"西儒利氏"。

梁启超在《中国近三百年学术史》中说:"中国知识线与外国知识线相接触,晋、唐间的佛学为第一次,明末的历算学便是第二次。"佛学传入对于中国文化影响之深远,人所共知;而明末西学东渐的影响可以与之媲美,或许更胜一筹,使得中国人看到了欧洲先进的天文历算、数学物理、农田水利、机械制造等领域的新知识。

在耶稣会士的影响下,中国人开始真切地了解世界,涌现出第一代放眼看世界的先进中国人:瞿汝夔、徐光启、李之藻、杨廷筠、王徵、方以智等,他们与耶稣会士合作编译各种欧洲科学著作,向国人普及新的科学理念,一时间钻研西学蔚然成风。裴化行神父在《利玛窦神父传》中说,16世纪的中国出现了一场文化伦理革命,其先锋"并不是出国考察者,因为谁也不能走出帝国之外去异邦寻求这些新科学,他们只是译者或编者,是他们让读者得以接触外来的著作"。他推崇瞿汝夔"把西方文明的成就系统引入远东世界";赞扬与利玛窦合作翻译《几何原本》的徐光启,可以和英国人文主义最纯净的代表人物托马斯·莫尔相媲美。徐光启起用耶稣会士修订历法,编成《崇祯历书》,吸收欧洲先进的天文学知识,使中国传统天文学转型,开启了中国人认识宇宙的新阶段。李之藻把利玛窦的《坤舆万国全图》刊刻出版,并且加上许多文字说明,打破了中国传统的"天圆地方"的观念,让中国人认识到人类居住的地方其实是一个圆球,中国只是地球的一小部分。从艾儒略的《职方外纪》,人们知道了地球上有五大洲,大大开拓了士大夫的眼界,改变了中国人的世界观。

崇祯五年(1632)浙江宁波的天主教徒朱宗元把中国与欧洲相比较,感慨系之:"天载之义,格物之书,象数之用,律历之解,莫不穷源探委……则我中土之学问不如也";"自鸣之钟,照远之镜,举重之器,不鼓之乐,莫不精工绝伦,我中土之技巧不如也";"土地肥沃,百物繁衍,又遍贾万国,五金山积,我中土之富饶不如也"。人们在惊讶之余,不能不反思,以老大自居的天朝,应当急起直追了。

西学东渐的成功,还得归功于晚明社会提供了一个宽松的接受氛围。周振鹤教授说,此次天主教来华的运气比较好,客观环境正处于晚明"天崩地解"时代,有利于基督教义的传播。王阳明心学的兴起,大大解放了读书人的思想。思想愈解放,就愈需要新的资源。天主教传教士的传教活动除了其他吸引力,新鲜感本身就是一种号召。晚明的中国大环境让传教士们感觉到如鱼得水。

王阳明思想的精髓,可以用他自己的一句话来概括:"夫学贵得之心,求之于心而非也,虽其言之出于孔子,不敢以为是也。"他认为,学问是天下的公学,不是朱子可以私有的,也不是孔子可以私有的,拒绝拜倒在圣贤和经典的脚下。明中叶思想界沉闷而无新意,科举取士都以宋儒朱熹对儒家经典所作的注释作为考试的标准答案,士子们没有自觉、自由的思想。王阳明的大声呼喊,掀起了思想解放的浪潮。此后,人才辈出,都以追求思想自由为旨归,形成波澜壮阔的个人主义与博爱主义的思潮。

王阳明的大弟子王畿,把师说发扬光大,主张学贵自得,"不从人脚跟转"。王门的另一大弟子王艮,高唱"六经皆注脚"。所谓"六经皆注脚",顾宪成把它解释为"六经注我,我注六经"。从儒家经学的正统立场来看,这显然是大不敬。但是那种"原教旨主义",使得人们的思想僵化,只知背诵教条,人云亦云。要想打破牢笼,自由思想,"六经注我,我注六经"是必然的选择。经典的生命力就在于与时俱进,不断赋予新的解释,为我所用。王门后学宣扬"不从人脚跟转"、"六经皆注脚",被正统派视为"非圣人之道",斥为"异端"。王艮反唇相讥:"圣人之道无异于百姓日用,凡有异者,皆谓之异端。"与"非圣人之道"的衡量标准唱反调,主张"百姓日用"才是衡量是否"异端"的标准。李贽也被贬为"异端",他的应对策略更为巧妙、机警,扬言说,既然假道学把我看作"异端",索性以"异端"自居,我行我素。他著书立说,大胆地责问:为什么千百年来无是非?答案只有一条:"咸以孔子之是非为是非,故未尝有是非。"振聋发聩,令思想界"莫不胆张心动"。

冲破思想的桎梏,挣脱名教的牢笼,思想解放的浪潮滚滚而来,思想界流派纷呈,讲学之风盛行,互相辩驳诘难。有了这样的氛围,使得西方科学文化得以顺利地传播、弘扬,培养出了一大批放眼看世界的先进中国人。

一个启蒙时代来临了。

更多的士子、文人有了自主意识,文人结社蔚然成风。在经济文化最为发达的江南,涌现出许多文社,其中以常熟的应社、松江的几社和活跃于江南的复社最为有名,影响所及,遍于全国。学人们以文会友,以友辅仁,畅所欲言地交流心得,无所顾忌地高谈阔论,成为晚明社会一道明丽的亮色。复社鼎盛时期,拥有三千多成员,遍布全国各地,主要集中于太湖周边的苏州、松江、常州、镇江、嘉兴、杭州、湖州等最为富庶的七府之地(有一千二百多人),其中又以苏州府为最多(有五百多人)。崇祯六年(1633)春,复社在苏州虎丘举行大会,盛况空前,陆世仪《复社纪略》写道:"先期传单四出,至日,山左、江右、晋、楚、闽、浙,以舟车至者,数千余人。大雄宝殿不能容,生公台,千人石,鳞次布席皆满,往来丝织。游于市者,争以复社会命名,刻之碑额。观者甚众,无不诧叹:以为三百年来从未一有此也!"岂但三百年来所未有,此后也不曾再有,简直是空前绝后,令人叹为观止。

德国学者耶格尔(Friedrich Jaeger)在《德国历史中的回忆文化》中,意味深长地指出:"历史意识并非只瞄向过去……'历史就是为了未来而回顾往事。'"提出晚明的大变局,并不是故意耸人听闻,而是希望人们放宽历史的视野,回过头去看一看16世纪至17世纪的中国曾经发生的巨变,不仅对于重新评估晚明史,而且对于看清近代史以及当代史,都有莫大的好处。

第一章
"海禁—朝贡"体制的突破

一 海禁政策与朝贡体制

1. 严禁"交通外番，私易货物"的海禁政策

明朝建立以后，实行严厉的海禁政策，禁止人民私自出海，与海外各国交往，当然包括民间贸易往来。

洪武四年(1371)，几乎同时颁布两道禁令。一道是："仍禁濒海民不得私自出海。"另一道是皇帝对最高军事长官——大都督府臣——的训诫："朕以海道可通外邦，故尝禁其往来。近闻福建兴化卫指挥李兴、李春私遣人出海行贾，则濒海军卫岂无知彼所为者乎？苟不禁戒，则人皆惑利，而陷于刑宪矣。尔其遣人谕之，有犯者论如律。"①

洪武十四年(1381)重申："禁濒海民私通海外诸国。"②

洪武二十三年(1390)，皇帝给户部发去"申严交通外番"的禁令："中国金银、铜钱、段匹、兵器等物，自前代以来不许出番，今两广、浙江、福建愚民无知，往往交通外番，私易货物，故严禁之。沿海军民官司纵令私相交易者，悉治以罪。"③

洪武二十七年(1394)，禁止民间用外国香料外国货物，禁令称："缘海之人往往私下诸番，贸易香货，因诱蛮夷为盗，命礼部严禁绝之。敢有私下诸番互市者，必置之重法。"④

---

① 《明实录·明太祖实录》卷七十，洪武四年十二月丙戌。
② 《明实录·明太祖实录》卷一三九，洪武十四年十月己巳。
③ 《明实录·明太祖实录》卷二〇五，洪武二十三年十月乙酉。
④ 《明实录·明太祖实录》卷二三一，洪武二十七年正月甲寅。

洪武三十年(1397)重申:"禁人民无得擅出海与外国互市。"①

永乐时期把太祖高皇帝的禁令视为祖宗法度,仍然禁止沿海人民私自出海。明成祖朱棣即位之初,在诏书中申明:"缘海军民人等,近年以来往往私自下番,交通外国,今后不许,所司一遵洪武事例禁治。"②永乐二年(1404)又下令禁止民间制造海船,原有海船全部改为平头船,并且要沿海有关部门,严防海船出入。一般人误以为郑和下西洋意味着海禁政策似乎已经取消,其实大谬而不然。郑和下西洋是国家行为,目的在于"宣教化于海外诸番国"。庞大的郑和船队出海远航,并不意味着民间船只也可以自由出海。这一时期以及此后相当长的一段时间内,海禁政策并没有取消。

与海禁政策相配合的是朝贡体系。明成祖朱棣刚刚登上皇位,就对派往日本、东南亚、印度的使节说:"太祖高皇帝时,诸番国遣使来朝,一皆遇之以诚,其以土物来市易者,悉听其便。或有不知避忌而误干宪条,皆宽宥之,以怀远人。今四海一家,正当广示无外,诸国有输诚来贡者听。尔其谕之,使明知朕意。"王赓武在《永乐年间(一四〇二~一四二四)中国的海上世界》一文中引用这条史料之后,作了这样的评论:"他(永乐皇帝)延用了父亲的政策,把所有的贸易都看做进贡体系的一部分。中国与海上世界的关系,与他同陆上世界的关系,仍然存在着差别。陆上贸易基本是与蒙古人以及边境上其他民族之间的马匹交易,马是中国所需要的。做为交换,中国人提供各种各样的货物,最主要的还是茶、丝和纺织品,还有中国制造的其他商品。但是在南方海外,就没有这种经济动机。南方提供的东西对中国的经济没有什么是至关重要的,大多数商品只能说是异国特产。一些东西,例如胡椒、大米和各

① 《明实录·明太祖实录》卷二五一,洪武三十年四月乙酉。
② 《明实录·明太宗实录》卷十,洪武三十五年七月壬子。

种香料是中国所需要的,但需要量不大。中国不依赖于其中的任何一种商品……所有的贸易都应通过进贡体系开展,这是永乐皇帝的父亲的决定,永乐皇帝加强了这一体系而没有做任何的变动。"①

海禁政策严禁人民私自出海与外国贸易,只留下了一个官方的通道,保持国与国之间的贸易往来,不过它被严格的限制在朝贡体系之内。正如王赓武所说:"同外部世界的关系,一切都通过进贡的形式表现出来。从官方角度来说,进贡也是唯一可行的外贸形式。……强调所有的对外关系都是臣民与君主的关系,强调所有的礼物都是送给中国皇帝的贡品,皇帝送出的礼物则被看做居高临下的皇帝赐给臣服的统治者的礼物。"②

所谓官方的通道,就是洪武三年(1370)设立的宁波、泉州、广州三个市舶司,此后虽然一度关闭了这三个市舶司,但是永乐元年(1403)重新开放这三个市舶司,并且在这三个市舶司所在地,设置宾馆招待外国朝贡使节。宁波的宾馆叫做"安远",泉州的宾馆叫做"来远",广州的宾馆叫做"怀远",一概带有居高临下的口吻——安抚与怀柔。这些宾馆的职责,除了接待朝贡使节,还附带转运朝贡方物,安排随船外国商人与当地中国商人在宾馆附近进行有限制的小额贸易。

负责朝贡事宜的礼部,先后在首都南京和北京设置接待使节的宾馆——会同馆,安排各国使节朝见皇帝,献上贡品之后,领取皇帝的赏赐,一应礼仪完成之后,允许随船外国商人与中国商人在会同馆附近进行贸易,时间是三天或五天,只有朝鲜和琉球可以超过三五天的限制。

关于会同馆,万历《大明会典》是这么记载的:

> 旧设南北两会同馆,接待番夷使客。遇有各处贡夷到京,

---

　　① 王赓武:《永乐年间(一四〇二～一四二四)中国的海上世界》,《王赓武自选集》,上海教育出版社,2002年,第144页。

　　② 王赓武:《永乐年间(一四〇二～一四二四)中国的海上世界》,《王赓武自选集》,第150页。

主客司员外郎、主事轮赴会同馆,点视方物,讥防出入……凡贡使至馆,洪武二十六年定:凡四夷归化人员及朝贡使客,初至会同馆,主客部官随即到彼点视正从,定其高下房舍铺陈,一切处分安妥,仍加抚绥,使知朝廷恩泽。[①]

关于会同馆的贸易,万历《大明会典》有具体的描述:

> 各处夷人朝贡领赏之后,许于会同馆开市三日或五日,惟朝鲜、琉球不拘期限。俱主客司出给告示,于馆门首张挂,禁戢收买史书及玄黄、紫皂、大花、西番莲、段匹,并一应违禁器物。各铺行人等将物入馆,两平交易。染作布绢等项立限交还。如赊买及故意拖延,骗勒夷人久候不得起程,并私相交易者,问罪,仍于馆前枷号一个月。若各夷故违,潜入人家交易者,私货入官,未给赏者量为递减……凡会同馆内外四邻军民人等,代替夷人收买违禁货物者,问罪,枷号一个月,发边卫充军……私将应禁军器卖与夷人图利者,比依“将军器出境因而走泄事情者律”,各斩,为首者仍枭首示众。[②]

这就是朝贡贸易。它与一般贸易截然不同,有着严格的限制,不仅时间、地点有限制,而且贸易物品也有限制。把武器列入违禁货物名单,似乎可以理解,把史书与中药材乃至纺织品也列入违禁货物名单,有点匪夷所思。难怪民间走私贸易者瞄准了这些“违禁货物”,生意做得十分兴旺。

2. 俯视周边的朝贡体制

所谓朝贡,有着悠久的历史,明朝继承了这一传统。历朝皇帝以中央之国的姿态俯视周边国家,把它们看作甘心臣服的藩属国。维系的

---

① 万历《大明会典》卷一百九《礼部六十七·宾客·会同馆》。
② 万历《大明会典》卷一百八《礼部六十六·朝贡四·朝贡通例》。

纽带就是该国国王派遣使节定期朝贡，并且接受明朝皇帝的册封。明朝建立伊始，朝贡体系就开始运作，朱元璋一方面派遣使节出访各国，一方面接受各国使节的朝贡。在《明太祖实录》中留下了许多记录：

> 命使出疆，周于四维，历诸邦国，足履其境者三十六，声闻于耳者三十一，风殊俗异，大国十有八，小国百四十九。①

> 海外诸番与中国往来，使臣不绝，商贾便之。近者安南、占城、真腊、暹罗、爪哇、大琉球、三佛齐、渤尼、彭亨、百花、苏门答剌、西洋、邦哈剌等，凡三十国。②

日本学者檀上宽的《明初的海禁和朝贡》指出：从本质上来说，朝贡制度是把中国国内的君臣关系扩大到周边诸国，把国内的政治统治照搬到周边诸国。伴随着朝贡的交易方面的经济利润是次要的，中国方面的"出超"是常态。明朝要求周边国家呈献的贡物是简素化的，它所强调的是朝贡的政治礼仪；与贡物相比，明朝皇帝的"回赐"数量是巨大的，往往是贡物的数倍，并且对朝贡国的附带品实施免税的恩惠。对于明朝方面而言，通过朝贡关系，确立东亚"礼的秩序"，才是最重要的事情。③

万历《大明会典》用了整整五卷的篇幅来谈朝贡，分别是东南夷（上）、东南夷（下）、北狄、东北夷、西戎（上）、西戎（下）等。很显然，对周边邻国与民族的这种称谓，反映了中国皇帝的世界观：自己是"中央之国"的至高无上的统治者，君临天下，周边的蛮夷戎狄，必须对中央之国表示臣服，而表示臣服的方式就是定期的朝贡。所以朱元璋的"祖训"开列了"不征诸夷"：朝鲜、日本、大小琉球、安南、真腊、暹罗、占城、苏门答剌、西洋、爪哇、彭亨、百花、三佛齐、浡尼等十五国。④

---

① 《明实录·明太祖实录》卷五十三，洪武三年六月戊寅。
② 《明实录·明太祖实录》卷二百五十四，洪武三十年八月丙午。
③ 参见森正夫等主编《明清时代史的基本问题》，东京汲古书院，1997年，第215页。
④ 万历《大明会典》卷一百五《礼部六十三·朝贡一·东南夷上》。

关于朝鲜国："洪武二年,国王王颛遣使奉表贺即位、请封、贡方物。诏封为高丽国王,赐龟钮金印、诰命……若朝廷有大事,则遣使颁诏于其国。国王请封,亦遣使行礼。其岁时朝贡,视诸国最为恭慎……贡道由鸭绿江历辽阳、广宁,入山海关达京师。"[1]

关于琉球国："大琉球国朝贡不时,王子及陪臣之子皆入太学读书,礼待甚厚。小琉球国不通往来,不曾朝贡。按:琉球国有三王,洪武初,中山王察度、山南王承察度、山北王帕尼芝,皆遣使奉表笺贡马及方物。十六年,各赐镀金银印。二十五年,中山王遣子侄入国学,以其国往来朝贡,赐闽人三十六姓善操舟者。永乐以来,国王嗣立,皆请命册封……谕令二年一贡,每船百人,多不过百五十人。贡道由福建闽县。"[2]

关于占城国："自占城以下(苏门答剌、西洋、爪哇、彭亨、百花、三佛齐、浡尼)诸国,来朝时内带行商,多行谲诈,故沮之。自洪武八年至洪武十二年,方乃得止。按:占城国滨海,即古越裳林邑。洪武二年其国王阿答阿者遣使朝贡,诏封为占城国王,赐镀金银印……永乐后,其国与诸国皆来朝贡,始定三年一贡,贡道由广东。"[3]

关于浡尼国："洪武四年,其国王马合谟沙遣使,以金表银笺贡方物。永乐三年,遣使往封麻那惹加那乃为王,给印诰、敕符、勘合。六年,王率其妃及家属、陪臣来朝……是年,王卒于会同馆,辍朝三日,祭赙甚厚。诏谥恭顺,赐葬南京城外石子冈,以西南夷人隶籍中国者守之,树碑立祠。"[4]

关于满剌加国："永乐三年,其酋长拜里迷苏剌遣使奉金叶表朝贡,诏封为国王,给印诰。使者言:'三慕义,愿同中国属郡,岁效职贡……'"[5]

朝贡使节向皇帝进献贡品的仪式十分隆重。《大明会典》载:

① 万历《大明会典》卷一百五《礼部六十三·朝贡一·东南夷上·朝鲜国》。
② 万历《大明会典》卷一百五《礼部六十三·朝贡一·东南夷上·琉球国》。
③ 万历《大明会典》卷一百五《礼部六十三·朝贡一·东南夷上·占城国》。
④ 万历《大明会典》卷一百五《礼部六十三·朝贡一·东南夷上·浡尼国》。
⑤ 万历《大明会典》卷一百五《礼部六十三·朝贡一·东南夷上·满剌加国》。

凡朝贡方物，洪武二十六年定，凡诸番国及四夷土官人等，或三年一朝，或每年朝贡者，所贡之物，会同馆呈报到部。主客部官赴馆点检见数。遇有表笺，移付仪部。其方物分豁进贡上位若干、殿下若干，开写奏本，发落人夫管领。先具手本，关领内府勘合，依数填写，及开报门单，于次日早朝照进内府，或于奉天门，或奉天殿丹陛，或华盖殿及文华殿前陈设。本部正官奏启进纳。或遇庆贺圣节、正旦，贡献之物初到，即以数目具本奏闻，物候至日，通进。

凡进虎豹禽鸟之类，到于会同馆，就令畜养之人喂养，具数奏闻，送所司收领。至期，进内府，丹墀内陈设。

凡进金银、器皿、珍宝、段匹之类，须同贡献之人，验视明白，具写奏本，仍以器具装盛，或黄袱封裹，分拨馆夫，一同贡献之人收管。先期一日，关填勘合，开报门单。次日早照进内府，于殿前丹陛等处陈设，一一交付长随内使收受。[①]

至于国王亲自来朝觐皇帝的礼仪，也有规定："凡蕃国王来朝，先遣礼部劳于会同馆。明日，各服其国服，如赏赐朝服者则服朝服，于奉天殿朝见。行八拜礼毕，即诣文华殿朝皇太子，行四拜礼。见亲王亦如之，亲王立受二拜，答二拜。其从官随蕃王班后行礼。凡遇宴会，蕃王班次居侯伯之下。其蕃国使臣及土官朝贡，皆如常朝仪。"[②]

由此可以看到当时朝贡关系的大体状况。郑和下西洋其实是维系和发展朝贡关系的一种主动姿态，正如《大明会典》所说："永乐中，数有事于西洋，遣中使以舟师三万，赍金帛谕赐之，随使朝贡者十有六。"[③]因此可以说，郑和下西洋是天朝大国放下身段，主动出行，把朝贡关系延

---

① 万历《大明会典》卷一百八《礼部六十六·朝贡四·朝贡通例》。
② 万历《大明会典》卷五十八《礼部十六·蕃国礼·蕃五来朝仪》。
③ 万历《大明会典》卷一百五《礼部六十三·朝贡一·东南夷上》。

伸到了"海外诸番国"的身边,郑和作为使节,代表皇帝接受当地君王的朝贡,并且代表皇帝把大量礼品回赐给那里的君王。不过是改变了朝贡的地点与形式而已,朝贡的本质并没有变。

日本学者滨下武志,积二十年之研究,写成《近代中国的国际契机——朝贡贸易体系与近代亚洲贸易圈》,对朝贡贸易体系有独到的见解。他认为,作为朝贡的前提是朝贡国接受中国对当地国王的承认并加以册封,在国王交替之际,以及庆慰谢恩的机会,去中国朝见皇帝,以这种臣服于中央政权的各种活动,作为维系与中国关系的基本方式。用"朝贡—回赐"维系的两国关系,是以中国为中心的呈放射状构成的体制。另一方面,它是以商业行为进行的活动,使得以朝贡贸易为基础的贸易网络得以形成。他特别指出,14 至 15 世纪以来,亚洲区域内的贸易在逐步扩大,存在着一个以中国为中心的东亚贸易圈,以印度为中心的南亚贸易圈,以及在这两个贸易圈之间,由若干贸易中转港为中心的亚洲贸易圈。[①]

二 日本的朝贡关系
与宁波争贡事件

1. 日本的朝贡关系

日本的朝贡关系颇为复杂,《大明会典》对此有一个简要叙述:

> 祖训:日本国虽朝实诈,暗通奸臣胡惟庸为不轨,故绝

---

① 参见滨下武志《近代中国的国际契机》,中国社会科学出版社,1999 年,第59—60 页。

之。按：日本古倭奴国，世以王为姓。其国有五畿七道及属国百余，时寇海上。洪武五年，始令浙江、福建造海舟防倭。七年，其国王良怀遣僧朝贡，以无表文却之。其臣亦遣僧贡马及茶、布、刀、扇等物，以其私贡却之。又以频年为寇，令中书省移文诘责。自后屡却其贡，并安置所遣僧于川陕番寺。十四年，从其请遣还。十六年，筑登莱至浙并海五十九城。二十年，筑福建并海十六城，各置卫所。永乐初，复来朝贡，赐龟钮金印、诰命，封为日本国王，名其国镇山曰"寿安镇国之山"，御制碑文赐之，给勘合百道。始令十年一贡，贡道由浙江宁波府，每贡正副使等毋过二百人。若贡非期，人船逾数，夹带刀枪，并以寇论……贡物：马、盔、铠、剑、腰刀、枪、涂金装彩屏风、洒金厨子、洒金文台、洒金手箱、描金粉匣、描金笔匣、抹金铜提铫、洒金木铫角盥、贴金扇、玛瑙、水晶数珠、硫黄、苏木、牛皮。[①]

这里所说的"暗通奸臣胡惟庸为不轨"云云，是指左丞相胡惟庸派遣亲信陈得中，与日本朝贡使节归廷密谋，由林贤前往日本请求国王发兵，打着朝贡的幌子，配合胡惟庸发动叛乱。其实这是子虚乌有之事，吴晗《胡惟庸党案考》列举大量史实，证明纯系捏造。[②] 但是，这在当时是皇帝钦定的结论，因此对于日本的朝贡影响巨大，基本上处于断绝状态。

明成祖即位后，朝贡恢复正常，对于日本的朝贡采取比较宽松的政策，永乐元年(1403)，主管此事的礼部尚书李至刚向他报告，日本朝贡使节到宁波，宜派官员前往稽查，防止运载违禁兵器，私与民间交易。他回复说："外夷向慕中国，来修朝贡，危蹈海波，跋涉万里，道路既远，

---

① 万历《大明会典》卷一百五《礼部六十三·朝贡一·东南夷上·日本国》。
② 参见吴晗《胡惟庸党案考》，《吴晗史学论著选集》第一卷，人民出版社，1984年，第442—480页。

资费亦多,其各赍以助路费,亦人情也,岂当一切拘之禁令!"①此后,他一再重申不必拘泥于禁令。事实上日本的朝贡也没有遵守有关时间、人数、船只等规定,嘉靖《宁波府志》的记录可见一斑:

> (永乐)九年以后,贡者仅一再至,而其寇松门、寇沙园诸处者不绝。

> 宣宗朝,入贡逾额。复增定格例,船毋过三只,人毋过三百,刀剑毋过三千把。

> 正统四年五月,夷船四十余只,夜入大嵩港,袭破所城,转寇昌国,亦陷其城。

> (正统)七年,夷船九只,使人千余来贡。朝廷责其越例,然以远人慕化。亦包容之。②

因此,嘉靖二年(1523)的宁波争贡事件,决非偶然,倘若没有双方大打出手,局面闹得不可收拾,舆论哗然,地方当局也许一如既往那样,开一眼闭一眼,"包容"过去。

日本的朝贡贸易,也叫做勘合贸易或贡舶贸易,由浙江市舶司掌管。日本使节进入中国,必须持有明朝礼部颁发的"勘合",才可以在浙江市舶司所在地宁波上岸,在专门接待朝贡使节的"安远驿"的嘉宾馆歇脚。安远驿的门口匾额上写"浙江市舶提举司安远驿",两旁的关坊,东曰"观国之光",西曰"怀远以德"。嘉宾馆规模不小,中间有三间厅堂,周围有三十六间井屋,厅堂后面有三间川堂、五间后堂,后堂的左面是厨房,右面是土神祠。嘉靖《宁波府志》记载:"凡遇倭夷入贡,处正副使臣于中,处夷众于四旁舍。"③

---

① (明)陈仁锡:《皇明世法录》卷十一《文皇帝宝训》,永乐元年九月己亥。
② 嘉靖《宁波府志》卷二十二《海防书》。按:此志刊刻于嘉靖三十九年,南京兵部尚书张时彻纂修,宁波府知府周希哲订正。当地人以目击者身份记录史事,有不少宝贵资料。
③ 嘉靖《宁波府志》卷八《公署志·嘉宾馆》。

日本船队到达后，一面与附近的中国商人进行小额贸易，一面等候朝廷的入京许可。一旦获得许可，使节一行便携带国书、贡物以及夹带的货物，在明朝官吏的护送下前往京师，下榻京师会同馆。在向皇帝提交国书，贡献方物以后，夹带的货物方可在会同馆附近出售，先由政府有关部门购买，然后才可由商人购买，并允许日本商人买进非违禁的货物，随船回国。

据日本学者研究，从建文三年(1401)到嘉靖二十六年(1547)，将近一个半世纪内，日本的遣明使节所率领的勘合贸易船队，共计十八批。由于嘉靖二年(1523)发生了宁波争贡事件，使得朝贡贸易发生危机，因而成为"后期倭寇的发端"。[①]

这时日本的朝贡贸易的经营权已经脱离足利义持将军之手，落入了细川氏和大内氏两大家族的掌控之中。遣明船一向有幕府船、大名船、相国寺船、三十三间堂船之分，随着大寺社势力的消退，细川氏、大内氏作为遣明船的主力登场。细川氏是所谓"堺商人"——濑户内海东部沿岸一带的商人；大内氏是所谓"博多商人"——从濑户内海西部到北九州沿岸一带的商人。

据日本学者研究，日本的勘合贸易，包括朝贡贸易、公贸易和私贸易三部分。朝贡贸易是给明朝皇帝进献贡品，并由此得到大量的"回赐"物品；"公贸易"是遣明船搭载的商品与明朝官方的交易；"私贸易"是遣明船在宁波安远驿、京师会同馆与中国商人的交易。日本出手的物资，在朝贡贸易的场合是金、马、扇、屏风、铠甲、硫磺等，得到的"回赐"物品是丝、纱、绢、钞、铜钱等；在公贸易中，日本方面出售的是刀剑，中国方面支付的是铜钱；在私贸易中，日本方面得到的是以生丝、丝织

---

① 参见山根幸夫《明帝国与日本》，《图说中国史》第7卷，东京讲谈社，1977年，第56页。

物为主,此外还有丝绵、棉布、药材、砂糖、瓷器、书画、铜器、漆器等。动用巨额资金的勘合贸易所获得利润的具体数字难以统计,仅仅根据楠叶西忍《大乘院寺社杂事记》的资料,就可以知道,遣明船在生丝一项所获得的利润率达到200％。[①]

在商业利益的驱动下,大内义兴与细川高国发生了争夺勘合贸易主导权的斗争愈演愈烈。正德六年(1511)第十五批遣明船,是由大内义兴主宰的,引起细川高国的不满。嘉靖二年(1523)第十六批遣明船,也由大内义兴派遣。大内义兴于室町后期的1494年继承"家督",成为周防、长门、丰前、筑前、安芸、石见等地的"守护",是日本战国时期西国的大名之雄。以他为后援的正使谦道宗设率领三艘船舶驶向宁波。细川高国为了与之抗衡,凭借已经失效的"弘治勘合",派出另一艘遣明船。细川高国是"官领"细川政元的养子,1508年成为"官领",长期掌握室町幕府的实权。以他为后援的正使鸾冈瑞佐、副使宋素卿率领一艘船舶驶向宁波。先后抵达宁波的大内船、细川船发生了正面冲突,不仅互相大打出手,而且烧毁了市舶司的招待所——嘉宾馆,袭击了武器库,殃及沿途民众。引起宁波争贡事件的表面原因是,同一时期派出了两批遣明船;深层原因则是,足利幕府权力的弱化,遣明船的派遣成为仅凭经济实力的竞争。

此事与流亡日本的宁波人宋素卿有很大的关系。正德四年(1509),日本方面以宋素卿为正使、源永寿为副使,前来宁波朝贡,向朝廷请求祭祀孔子的仪注,无获许可。此时,宁波人朱澄向官府告发,宋素卿乃是他的从子,本名朱缟,卖给日本商人,越境逃亡,现在竟然作为正使前来朝贡,官府应该作为"叛附夷人"论处。嘉靖《宁波府志》写道:

---

① 参见大隅晶子《十六、十七世纪中日葡贸易》,《东京国立博物馆纪要》第23期(1988年),第264—265页。此处大隅晶子综合了田中健夫与小叶田淳的研究成果。

正德四年，遣使宋素卿来贡，请祀孔子仪制，朝议弗许。素卿者，即鄞人朱缟，其家鬻于夷商汤四五郎，越境亡去。至是，充使入贡，重赂逆瑾，蔽覆其事。盖缟在倭国伪称宗室苗裔，倾险取宠，辅庶夺嫡，争贡要利，而夷夏之衅遂酿于兹。①

郑晓《皇明四夷考》把此事系于正德六年(1511)，文字也略有不同："正德六年，宋素卿、源永寿来贡，求祀孔子仪注，不许。鄞人朱澄告言：素卿本澄从子，叛附夷人。守臣以闻，主客以素卿正使，释之，令谕王效顺，无侵边。"②

2. 大内氏与细川氏的宁波争贡事件

嘉靖二年(1523)四月，大内义兴派遣使节宗设谦道率领三船随从五六百，来宁波朝贡。几天后，又有细川高国派遣的使节鸾冈瑞佐、宋素卿率船一艘随从百余，前来宁波朝贡。于是乎形成了两大势力集团的争贡事件，由于宋素卿贿赂宁波市舶太监赖恩，得到额外照顾，引起宗设一派不满，大打出手。这就是震惊朝野的宁波争贡事件。由于这一事件的后果极其严重，影响深远，有必要对它的细节予以关注。

嘉靖《宁波府志》记载："圣上龙兴，改元嘉靖。明年四月，夷船三只，译称西海道大内谊兴③国遣使宗设谦道④入贡。越数日，夷船一只，使人百余，复称南海道细川高国遣使瑞佐⑤、宋素卿入贡，导至宁波江下。时市舶太监赖恩私素卿重贿，坐之宗设之上，且贡船后至，先与盘发。遂至两夷仇杀，毒流廛市。宗设之党追逐素卿，直抵绍兴城下，不及，还至余姚，遂絷宁波卫指挥袁琎，越关而遁。时备倭都指挥刘锦追

---

① 嘉靖《宁波府志》卷二十二《海防书》。
② (明)郑晓：《皇明四夷考》卷上《日本》。
③ 引者按："大内谊兴"应为"大内义兴"。
④ 引者按："宗设谦道"应为"谦道宗设"。
⑤ 引者按："瑞佐"应为"鸾冈瑞佐"。

贼,战殁于海。定海卫掌印指挥李震与知县郑余庆,同心济变,一日数警,而城以无患。贼有漂入朝鲜者,国王李怿擒获中林望古多罗,械送京师,发浙江按察司,与素卿监禁候旨。法司勘处者凡数十次,而夷囚竟死于狱。"①

郑晓《皇明四夷考》所记大体相同:"嘉靖元年,王源义植无道,国人不服,诸道争贡。大内艺兴遣僧宗设,细川高(国)遣僧瑞佐及(宋)素卿,先后至宁波。故事,凡番贡至者,阅货宴席并以先后为序。时瑞佐后至,素卿奸狡,通市舶太监,馈宝贿万计,太监令先阅瑞佐货,宴又令坐宗设上。宗设席间与瑞佐忿争,相仇杀。太监又以素卿故,阴助佐,授之兵器,杀总督备倭都指挥刘锦,大掠宁波旁海乡镇。素卿坐叛论死,宗设、瑞佐皆释还。"②

宁波争贡事件的影响极坏,给明朝中央政府内部主张严厉实行海禁政策的一派官僚抓住了一个口实。兵科给事中夏言就是其中的代表人物,他在奏疏中说:

> 顷者倭夷入贡,肆行叛逆,地方各官先事不能防御,临事不能剿捕,而前后章奏言辞多遁,功罪未明。该部按据来文,迁就议拟,虽云行勘,亦主故常。乞敕风力近臣重行复勘。且宁波系倭夷入贡之路,法制具存,尚且败事,其诸沿海备倭衙门废弛可知。宜令所遣官,由山东循维扬、历浙闽,以及于广,会同巡抚逐一按视,预为区画。其倭夷应否通贡绝约事宜,乞下廷臣集议。③

显然,夏言对于浙江地方官对宁波争贡事件的处理,极为不满,指

---

① 嘉靖《宁波府志》卷二十二《海防书》。
② (明)郑晓:《皇明四夷考》卷上《日本》。
③ 《明实录·明世宗实录》卷三十三,嘉靖二年十一月癸巳。

责他们是"迁就议拟"、"亦主故常",一如既往地开一眼闭一眼。他敦请皇上派遣"风力近臣"前往复查,并且推而广之,对于从山东直到广东的沿海衙门,进行彻底勘查。鉴于此次由市舶司引发事件的严重性,是否断绝日本的朝贡,请皇上指示有关部门大臣讨论决定。皇帝当即批示:"差风力给事中一员往。其余事宜兵部议处以闻。"①接到浙江巡按御史关于宁波争贡事件的报告后,皇帝下旨:"切责巡视守巡等官,先事不能预防,临事不能擒剿,姑夺俸。令镇巡官即督所属,调兵追捕,并核失事情罪以闻。其入贡当否事宜,下礼部议报。"②

皇帝再次提及日本"入贡当否",命主管此事的礼部提出处理意见。夏言坚决主张"祸起于市舶",礼部采纳他的意见,敦请皇帝"罢市舶",立即关闭宁波市舶司,断绝日本的朝贡渠道。③ 这一决定过于草率,操之过急,最高当局显然对于中日之间的朝贡贸易的发展状况,所知甚少,武断地以为"祸起于市舶",堵塞正常渠道,刺激了走私贸易的迅猛泛滥,成为嘉靖倭患的一个诱因。

兵科给事中夏言强调"祸起于市舶",意思是祸患起源于宁波市舶司,似是而非。当时人纷纷指出,应当罢斥的不是市舶司这个机构,而是掌管市舶司的太监。因为争贡事件除了日本方面的因素,浙江市舶司的市舶太监赖恩处置不当,激化了双方的矛盾,负有不可推卸的责任。细川氏的副使宋素卿是宁波人,长期从事贸易中介业,为人奸狡,用重金贿赂市舶太监赖恩。市舶司破例,在检查贸易物品时,把先期到达的大内氏船舶推迟,后到的细川氏船舶反而提前。在招待宴会的座次安排上,赖恩故意把细川氏使节坐在大内氏使节的上座。双方仇杀时,赖恩有意偏袒宋素卿,暗中资助兵器,致使械斗一发而

---

① (明)王士骐:《皇明驭倭录》卷五,嘉靖二年。
② (明)王士骐:《皇明驭倭录》卷五,嘉靖二年。
③ 参见郑晓:《皇明四夷考》卷上《日本》。

不可收拾。

郑晓就这样评论："给事中夏言上言：'祸起于市舶'，礼部遂请罢市舶。而不知所当罢者市舶太监，非市舶也。夷中百货皆中国不可缺者，夷必欲售，中国必欲得之，以故祖训虽绝日本，而三市舶司不废。"①郑晓的话讲对了一半，应当罢去的是贪腐的市舶太监赖恩，而不是市舶司这个机构。至于他所说的"夷中百货皆中国不可缺者"，只知其一不知其二，其实外商更加需要中国百货，需求量十分庞大，比中国对外国百货的需求量大千百倍。不过郑晓作为当时的大臣（郑晓官至兵部侍郎兼漕运总督、兵部尚书），能有这种见识，已属难能可贵了。

崇祯年间的吏部候选监生许重熙在《嘉靖以来注略》中引范守己言评论道："郑晓有云：夏言谓倭祸起于市舶，遂请罢之。不知当罢者内臣，非市舶也。祖训虽绝日本，而市舶不废，盖以通华夷之情，使利权在上也。市舶罢，而利孔在下，奸豪外交内诇，海上无宁日矣。噫，晓言不为无见。然使番舶不至，则奸豪何从逛取其货以阶厉耶？夷货非衣食所急，何谓中国不可缺耶？朱纨严其禁令，而言者纷纷，则衣冠之盗甚于夷狄也。"②范守己前几句话说得不错，尤其是罢废市舶造成"海上无宁日"的分析，颇为精当。但后两句——"然使番舶不至，则奸豪何从逛取其货"云云，见识显然不及郑晓。纵观郑晓的其他言论可见，他是主张开海禁的，而许重熙则倾向于严海禁。立场不同，观点自然相异。③

从嘉靖二年（1523）浙江市舶司关闭后，日本的朝贡停止了十七年。嘉靖十八年（1539），日本国王派遣使节来宁波朝贡，《皇明驭倭录》如此

---

① （明）郑晓：《皇明四夷考》卷上《日本》。
② （明）许重熙：《嘉靖以来注略》卷一，嘉靖四年"而曰"条。
③ 郑晓《乞收武勇亟议招抚以消贼党疏》（《郑端简公奏议》卷二）有言："华夷之货往来相易，其有无之间贵贱顿异，行者逾旬，而操倍蓰之赢；居者倚门，而获牙行之利。今欲一切断绝，竟至百计交通，利孔既塞，乱源遂开，驱扇诱引，徒众日增。"因此，他主张在"诛剿"之后恢复市舶。

记录：

> 嘉靖十八年，日本国王源义复遣使来贡……至是，复修
> 贡。浙镇巡官以闻。上曰："夷性多谲，不可轻信，所在巡按御
> 史督同三司官，严加详审，果系效顺，如例起送。仍严禁所在
> 居民无私与交通，以滋祸乱。余如所拟。"
>
> 嘉靖十九年，日本王源义晴差正副使顾鼎等来朝，贡马及
> 献方物。宴赏如例，又加赐国王王妃使臣，方物各给以价……
> 言官论其不可。上命礼部会兵刑二部、都察院会议以闻。覆
> 言："夷情谲诈难信，勘合令将旧给缴完，始易以新。素卿等罪
> 恶深重，货物已经入官，俱不宜许。以后贡期定以十年，夷使
> 不过百名，贡船不过三只，违者阻回，督遣使者归国，仍饬沿海
> 备倭衙门，严为之备。"诏从之。①

三　海上走私贸易与海禁政策的较量

明朝当局也许不曾料到，关闭市舶司，实行更为严厉的海禁政策，
恰恰为走私贸易的兴旺提供了有利时机。宁波争贡事件被称为"后期
倭寇的发端"，就是因为它直接导致勘合贸易的中止，刺激了海上走私
贸易的横行。②

需要说明的是，尽管朝廷三令五申禁止人民私自出海与外国贸易，

---

① （明）王士骐：《皇明驭倭录》卷五，嘉靖十八年及十九年条。
② 这里需要对"走私贸易"一词稍加说明。《辞海》把"走私"释义为："不遵守国家法令，
运输或携带金银、外币、货物或其他违禁品等进出国境的行为。"明代的走私贸易，与现代海关
制度下的走私贸易，不能混为一谈。

但是总是禁而不止。沿海民众一向有出海贸易的传统,作为维持生计的重要手段。明初以降,最高当局实行海禁政策,无异于断绝沿海民众的生计,激化社会矛盾。道理是显而易见的,浙江、福建、广东三个市舶司控制的朝贡贸易,根本无法适应随着经济发展而日益增长的海外贸易的需求,因此在市舶司贸易渠道之外,早已存在走私贸易渠道。

1. 海上走私贸易面面观

中国台湾学者陈文石发表在《历史语言研究所集刊》上的长篇论文《明嘉靖年间浙福沿海寇乱与私贩贸易的关系》指出:"在贡舶贸易制度下虽然有勘合的国家,可享有贸易上的种种特殊权益,但究为贡约所限,不能随其所欲自由往还。同时,此仅为贡舶国家王室或官方支持下的贸易,一般番商因不能取得勘合,便无法进口。而贡舶输入的货物,犹为政府垄断。虽然市舶司或会同馆开市时,中国商人可承令买卖,但仅为官方所不肯收买的残余物品,货色粗劣,数量亦微,品类价格又都有限制,而且往往供求两不相投,双方俱不能满足所欲,于是贡使、中外商人,遂互相勾结,窝藏接引,进行秘密私贩活动。尤其中国海商,在政府禁海垄断,外舶特权强占的双重刺激下,既不能取得公平合法的贸易,便只有越关冒禁,挑战下海,从事非法贸易了。"①

陈文石论文的第二章《国人私贩贸易与沿海地理经济条件》、第三章《嘉靖前期的私贩活动》,详细论述了福建、浙江沿海人民冲破海禁,进行私贩贸易的情况。他指出,明代寸板不许下海的禁海措施,不但违反自唐、宋以来中外海上贸易的历史潮流,阻抑了国人向南洋开发活动的趋势;同时更严重地漠视了边海地区的自然地理因素与人民生活条

---

① 陈文石:《明嘉靖年间浙福沿海寇乱与私贩贸易的关系》,《历史语言研究所集刊》第三十六本上册,第378页。

件。冒禁下海者,以福建沿海最为昌盛,其中漳州、泉州尤为严重。广大贫无立锥之地的农民,只有"以船为家,以海为田,以贩番为命"。而执政者全然无视这种客观现实,严禁下海,无异于扼断了他们的生命线。他还说,明代海禁,广东较宽,浙江、福建以接近日本,禁令特严。然而日久弊生,禁令往往成为空文,常时如水上无寇,海防官员且得纳贿要利,则漫不之禁,采取半放任态度。一旦生事起衅,事态扩大,为逃避罪谴,遂张皇禁治。如此张弛反覆,欺蔽蒙骗,及至积重难返而不能制,于是朝廷简派重臣衔命禁海,穷根推排,严急追捕。私贩者生路乏绝,转而为盗,内地人民久失生理,不逞者又起而从之,相率入海,推演激荡,遂酿祸乱。大抵以嘉靖二十年(1541)为界,此前,浙闽沿海已经所在通番,不过大多为海上及滨海人民为生计所迫,冒禁下海,豪门巨室参加者较少,尚不敢公然出入。此后,情况更趋严重,此时的私贩分为两种,一种是由闽浙大姓贵家操纵主持,私枭舶主与势要土豪结合的上层势力,挟制官府,包庇窝藏,公然进出海上。另一种是沿海贫民与桀骜者结船行贩的下层势力,他们在急迫时也往往贿投势家为之掩护。①

张燮《东西洋考》说:"成、弘之际,豪门巨室,间有乘巨舰贸易海外者,奸人阴开其利窦,而官人不得显收其利权。初亦渐享奇赢,久乃勾引为乱,至嘉靖而弊极矣。"②究其原因,与"海禁—朝贡"体制弊端日益显现有关。地方政府接待朝贡使节、运送贡物等,是沉重的财政负担。因而地方政府对于朝贡以及与此相关的勘合贸易不感兴趣,而对于打着朝贡幌子的走私贸易趋之若鹜。

李庆新《明代海外贸易制度》指出:正统以后,朝贡贸易萎缩,主持

---

① 陈文石:《明嘉靖年间浙福沿海寇乱与私贩贸易的关系》,《历史语言研究所集刊》第三十六本上册,第 383 页。

② (明)张燮:《饷税考》,《东西洋考》卷七。

其事的市舶太监无事可管。非法的商舶贸易日趋兴旺，有利可图，引起市舶太监的垂涎，地方当局与市舶太监之间权利争夺随之展开。市舶太监利用权势，不按规矩办事，导致原有的制度不断崩坏，形同虚设。他列举了广东市舶太监韦眷违法乱纪的事例，来加以证明。成化二十二年（1484），番商马力麻假冒苏门答腊使臣来贡，"私通贸易"，广东市舶太监韦眷"利其货，不究问之"。同年，撒马尔罕贡使由海路回国，贿赂韦眷。弘治二年（1489），撒马尔罕国王阿黑麻遣使由满剌加来贡狮子、鹦鹉等物，太监韦眷等官"违例起送"。礼部尚书倪岳上疏指出，撒马尔罕朝贡道路应该是陆路的甘肃、陕西，而不应走海路，"今若听从海道前来，则后次倘有附近本地浮海商夷诡称本处差来入贡，则既无勘合，又无印信，何由知其真伪？"①由此可见，广东市舶太监假公济私，使得当地的"海禁—朝贡"体制弊端百出。

陈文石说得更为直接："海防官军，由于待遇菲薄，且不得按时支给，往往有拖延数月或经年不发，故常卖关取贿，放纵出入。而提督市舶太监包庇主使，尤足刺激私贩活动。如宪宗时的韦眷，《实录》：'广东布政使陈选奏，据番禺县呈鞫犯人黄肆招称：县民王凯父子招集各处客商，交结太监韦眷，私出海洋通番交易，谋财杀人，警扰乡村。'《双槐岁抄》：'广东市舶太监韦眷，招集无赖驵侩数百十人，分布郡邑，专鱼盐之利。又私与海外诸番相贸易……'"他指出："市舶太监除提督贡舶外，并负有代王室沿海采办任务，是以彼等得乘机弄权，挟制有司，渎法为弊。此辈不但破坏国家法令，且常启祸肇事，嘉靖二年日本贡使仇杀事件，即因此辈受贿偏颇，颠倒旧例所引起。"②地方当局可以从走私贸易中获取好处，是不争的事实。

————————

　①　李庆新：《明代海外贸易制度》，社会科学文献出版社，1997年，第170—171页。
　②　陈文石：《明嘉靖年间浙福沿海寇乱与私贩贸易的关系》，《历史语言研究所集刊》第三十六本上册，第383页。

2. 海禁的突破口：月港与双屿港

在这种背景下，闽浙沿海的走私贸易习以为常。最突出的事例是漳州的月港，早在成化、弘治年间，月港民间的走私贸易十分兴旺，带来了非凡的繁荣景象，号称"小苏杭"。如果没有长期的积累，决不可能形成这种景象。崇祯《海澄县志》写道："有力者往往就波涛为阡陌，倚帆樯为耒耜。凡捕鱼纬箫之徒，咸奔走焉。盖富家以资，贫人以佣，输中华之产，骋彼远国，易其方物以归，博利十倍，故民乐之……十方巨贾竞鹜争驰，真是繁华地界……成弘之际，称小苏杭者，非月港乎！"①该志还写道："以区区之澄在海滨，而贪人聚焉，驵侩辏焉，大盗睒焉。其民非有千亩渔陂千章材，千亩桑麻卮茜也。以海市为业，得则潮涌，失则沤散。不利则轻弃其父母妻子，安为夷鬼；利则倚钱作势，以讼为威。至罔常难治也。"②该志还说：月港周边"夷艘鳞集，游业奇民捐生竞利，灭没风涛间，少抵牾辄按剑相视，剽悍成俗，莫可禁遏"③。

漳州府的月港镇（嘉靖二十七年升格为海澄县）之所以能够凭藉走私贸易而繁荣，是多种势力协同促成的，单凭富商巨贾（包括外商）难以成事，必须得到当地势要之家的支撑，还必须获得官府的默认或纵容。关于这一点，嘉靖二十六年（1547）以都察院右副都御史出任浙江巡抚兼摄福建地方军务的朱纨深有体会，他在给朝廷的奏疏中多次提及。在《请明职掌以便遵行事》中，朱纨说："大抵治海中之寇不难，而难于治窝引接济之寇；治窝引接济之寇不难，而难于治豪侠把持之寇。闻此地事未举而谤先行，效未见而肘先掣。盖山海渊薮视为表里，衣冠剑戟相为主宾，利于此必不利于彼，善于始必不善于终。此海道历年养乱，所

① 崇祯《海澄县志》卷十一《风土志》。
② 崇祯《海澄县志》卷十九《艺文志·赠姚海澄奏绩序》。
③ 崇祯《海澄县志》卷十七《艺文志·新建海澄县城碑记》。

以至于此极也。"①在《阅视海防事》中说:"(漳州沿海)贼船番船则兵利甲坚,乘虚驭风,如拥铁船而来。土著之民公然放船出海,名为接济,内外合为一家……漳泉地方本盗贼之渊薮,而乡官渡船又盗贼之羽翼。臣反复思维,不禁乡官之渡船,则海道不可清也。故不恤怨谤,行令禁革,以清弊源。"②然而"禁革"谈何容易!

与月港南北呼应的另一个走私贸易基地,是宁波的双屿港。

双屿是一个岛,又名双屿山,位于"昌国东南海中"。昌国是定海县东北二里的招宝山近旁的一个小山。嘉靖《宁波府志》写道:"招宝山,县东北二里,旧名候涛,后以诸番入贡停舶,改名招宝……山之东南崎一小山,仅高寻丈,名昌国山。""中中、中左千户所,郡治东南海中二百里,即古翁州,亦名舟山,今定海县昌国四里地……洪武二十年改昌国守御千户所。"③简单地说,双屿就是舟山群岛中的一个岛屿。由于它得天独厚的地理形势,成为海外各国前来宁波贸易的最佳港口。嘉靖《宁波府志》对于定海县的形胜有这样的描述:"至如高丽、日本、琉球、三韩之属,崎列岛屿,若凫若鹭,若隐若见,纳质贡琛,帆舶踵至,鱼盐商贾,航瓯舶闽,浮会达吴,率以是为通衢,万灶云屯,舟师鳞萃,扼险而守,于今最称重镇焉。"④

双屿港在中外贸易上的重要地位,完全可以与月港相媲美。主张严厉海禁的浙江巡抚朱纨,上任伊始就捣毁了双屿港的一切设施,他向朝廷申明理由时说:"浙江定海双屿港,乃海洋天险,叛贼纠引外夷,深结巢穴。名则市贩,实则劫掳。有等嗜利无耻之徒交通接济,有力者自出资力,无力者转展称贷;有谋者诓领官银,无谋者质当人口;有势者扬

---

①　(明)朱纨:《请明职掌以图遵行事》,《皇明经世文编》卷二百五。
②　(明)朱纨:《阅视海防事》,《皇明经世文编》卷二百五。
③　嘉靖《宁波府志》卷六《山川志》;卷八《兵卫志》。按:此后,昌国千户所升格为昌国卫,从定海县移驻象山县。
④　嘉靖《宁波府志》卷四《疆域志·形胜》。

旗出入，无势者投托假借。双桅、三桅连檣往来，愚下之民一叶之艇，送一瓜、运一罐，率得厚利，驯致三尺童子亦知双屿之为衣食父母，远近同风，不复知华俗之变于夷矣……不然，何近日双屿一倾，怨讟四起；防闲夷馆之禁少严，谋杀抚臣之书遂出，此中华何等地耶！人心内险，双屿外险，非一朝一夕之故矣。"①

朱纨不仅捣毁双屿港的地面设施，而且要从根本上杜绝后患，主张填塞港口，所以他的奏疏题目叫做"双屿填港工完事"，似乎有不达目的决不罢休的架势。他在奏疏开头就表明态度："双屿四面大洋，势甚孤危，难以立营戍守，只塞港口为当。"根据巡按浙江监察御史裴绅对于"贼巢"的调查，他强调那里"贼情"的严重性："访得贼首许二等纠集党类甚众，连年盘踞双屿，以为巢穴。每岁秋高风老之时，南来之寇悉皆解散，惟此中贼党不散，用哨马为游兵，胁居民为向导，体知某处单弱，某家股富，或冒夜窃发，或乘间突至，肆行劫虏，略无忌惮。彼进有必获之利，退有可依之险，正门庭之寇也。此贼不去，则宁波一带永无安枕之期。"②

从他的字里行间可以获悉许多信息：其一，双屿的走私贸易由来已久，规模之庞大，利益链之复杂，决非一朝一夕之功；其二，走私贸易能获取丰厚利润，富商巨贾自然是最大的得益者，沿海居民也因此而生计无虞，把双屿港看作为衣食父母；其三，一旦遭到摧毁，"怨讟四起"是必然的，甚至扬言要杀死巡抚朱纨，并非戏言，后来果然一语成谶。双方的较量刚刚开始。朱纨以为只要除去许二等"贼首"，捣毁双屿的陆上设施并填塞港口，便可获得宁波的"安枕之期"。这不过是一厢情愿的设想，实际情况恰恰相反。正如嘉靖《宁波府志》所说，从此"东南弗靖"："先是，福建系囚李七、许二等百余人逸狱下海，勾引番倭……上命

---

① （明）朱纨：《双屿填港工完事》，《皇朝经世文编》卷二百五。
② （明）朱纨：《双屿填港工完事》，《甓余杂集》卷四。亦见《皇明经世文编》卷二百五。

巡抚都御史朱纨调发福建掌印都指挥卢镗,统督舟师,捣其巢穴,俘斩溺死者数百(有蟹眉须黑番鬼、倭奴,俱在获中)。余党遁至福建之浯屿。(卢)镗复剿平之,命指挥李兴帅兵发木石塞双屿,贼舟不得复入。然窟穴虽除,而东南弗靖。"①

其实,朱纨不明白双屿的"贼情"之所以猖獗,与宁波市舶司关闭大有关系。曾经作为胡宗宪幕僚的郑若曾编撰的《筹海图编》,就清楚地认识到这一点:"宁波自来海上无寇",近年以来才"寇岛纷然"。请看他的论述:

> 宁波自来海上无寇,每年止有渔船出近洋打渔樵柴,并无敢过海通番者。后有一二家止在广东、福建地方买货,陆往船回,潜泊关外,贿求把关官,以小船早夜进货,或投托乡宦说关,祖宗之法尚未坏也。二十余年来始渐有之。近年海禁渐弛,贪利之徒勾引番船,纷然往来,而寇盗亦纷然矣。然各船各认所主,承揽货物,装载而还,各自买卖,未尝为群。后因海上强弱相凌,互相侵夺,因各结船依附一雄强者,以为船头,或五十只,或一百只,成群分党,分泊各港。有用舢板草撇船不可计数,在于沿海。②

别的史料也证实了这一点:"许二、许三先年下海通番,赘于大宜、满剌加,自后许四与兄许一尝往通之。嘉靖庚子,始诱佛郎机夷往来浙海,泊双屿港,私通交易。每与番夷赊出番货,于宁、绍人易货抵偿。滨海游民视以禁物,辄捕获之。于是游民得志,乃驾小船沿海邀劫,致杀伤人。被害之家乃以许一、许二赚骗下海鸣于海道……副使张一厚亲

---

① 嘉靖《宁波府志》卷二十二《海防书》。
② (明)郑若曾:《叙原寇》,《筹海图编》卷十一。

自统兵以捕之,败绩。自是番舶竞泊双屿。"①

3. 朱纨的悲剧:海上实情实事未得其要领

朱纨企图改变海禁松弛的状况,重现明初片板不许下海的局面,申严海禁,不仅捣毁双屿的陆上设施,填塞双屿港口,而且制订了严厉的"革渡船"、"严保甲"、"搜捕奸民"等措施。虽然收到了一时的效果,却激起强烈的反弹,导致自己的悲惨结局。根本的原因是他对于大航海时代的全球化贸易形势一无所知,以为凭藉高压就可以堵塞海外贸易的潮流,低估了海上走私贸易集团盘根错节的强大势力。严厉的海禁措施激化了闽浙沿海各种势力的反弹,正如万斯同所说:"(朱)纨以闽浙势家多庇贼,愤甚,尝上疏言:'去外国盗易,去中国盗难,去中国衣冠之盗尤难。'于是闽浙士大夫家与为怨。"②

不但海上贸易的商人对他不满,而且与海商关系密切的势家乃至士大夫,也对他极为反感。官至大理寺正的漳州府同安县人林希元,就是一个显例。他的家族至少有五艘大船,打着渡船的幌子,进行走私贸易,地方官既畏惧又厌恶,却无可奈何。③ 朱纨了解到这一情况,在奏疏中点名揭发林希元。许重熙说:"(朱)纨严于任事,海道为之肃清,奏曰:'今不依臣区处,十年后,国皆倭贼矣!时通番皆宦家子姓,而林希元以讲学窃名,其家尤甚,厚赂阁臣,必欲败(朱)纨。'"④

当然,被朱纨谴责的"势家"与"士大夫"决非仅此一人,从闽浙籍官员纷纷弹劾朱纨,便可看出其中的利益纠葛。御史周亮说:"(朱)纨原

---

① (明)郑舜功:《流逋》,《日本一鉴:穷河话海》卷六。
② (清)万斯同:《明史》卷二百九十五《朱纨传》。按:张廷玉领衔的官修《明史》之《朱纨传》大多据此,但并无"闽浙士大夫家与为怨"一句,仅写"闽浙人益恨之"。
③ 参见蓝达居《喧闹的海市》,江西高校出版社,1999年,第103—104页。按:查林希元的《同安林次崖先生文集》,全无一字涉及此事。
④ (明)许重熙:《嘉靖以来注略》卷四,嘉靖二十八年四月。

系浙江巡抚，所兼辖者止于福建海防，今每事节制，诸司往来奔命，大为民扰。"给事中叶镗说："（朱）纨以一人兼二省，非独闽中供应不便，即如近日倭夷入贡，舣舟浙江海口，而纨方在福建督捕惠安等县流贼，彼此交急，简书押至，纨一身奔命，已不能及矣。今闽浙既设有海道专管，苟得其人，自不必用都御史。"吏部接受了他们的建议，回复道："浙江旧无巡抚，或遇有警，遣重臣巡视，事宁即止。今宜裁革巡抚，而复巡视旧制。"皇帝批准了吏部的决定，下达圣旨："浙江巡抚去岁无故添设，一时诸臣依违议覆，以致政体纷更。今依拟，朱纨仍改巡视，事宁回京，凡一切政务，巡按御史如旧规行。"①如此一来，朱纨由巡抚改为巡视，权力大为缩小。朝中两种势力的较量，朱纨明显处于劣势，事事受到掣肘。《明世宗实录》在引述周亮、叶镗的奏疏之后，一语道破其中的玄机："以杀其权，而为逐步去之计。闽浙人在朝者复从而合之，于是朝命遂改纨为巡视。"②万斯同也说，这一事件反映了"诸势家在朝者"对于朱纨申严海禁的不满情绪。③

这仅仅是较量的开始，此后的较量逐步升级。

嘉靖二十八年（1549）三月，佛郎机（葡萄牙）商船来到漳州府诏安县，朱纨督师迎击于走马溪，俘虏李光头等九十六人。朱纨当即命令副使柯乔、都指挥卢镗，全部就地处死，然后向朝廷报捷："闽贼蟠结已深，成擒之后，奸徒切齿，变且不测。臣讯得所俘伪千总李光头等九十六人，交通内应，即以便宜檄都指挥卢镗、海道副使柯乔斩之。"字里行间影射势家大姓与之勾结，引起势家大姓不满，指使御史陈九德弹劾朱纨"专擅杀戮"，请求朝廷对朱纨及卢镗、柯乔治罪。④ 兵部及三法司都以

---

① （明）王士骐：《皇明驭倭录》卷五，嘉靖二十七年。
② 《明实录·明世宗实录》卷三百三十八，嘉靖二十八年七月壬申。
③ 参见万斯同《明史》卷二百九十五《朱纨传》。
④ 参见万斯同《明史》卷二百九十五《朱纨传》。万氏说："御史陈九德受诸势家风指，劾纨不俟奏请，专擅杀戮。"

为朱纨"不得无罪",奏请派官前往按治。

兵科都给事中杜汝祯受命前往处理此事,朱纨停职候勘。杜汝祯的勘查报告对朱纨非常不利:"前贼乃满剌加番国人,每岁私招沿海无赖之徒,往年海中贩鬻番货,未尝有僭号流劫之事。二十七年,复至漳州月港、浯屿等处,各地方官当其入港,既不能羁留人货,疏闻庙堂,反受其贿赂,纵容停泊,使内地奸徒交通无忌。及事彰露,乃始狼狈追逐,以致各番拒捕杀人,有伤国体。其后,诸贼已擒,又不分番民首从,擅自行诛,使无辜并为鱼肉,诚有如九德所言者。纨既身负大罪,反腾疏告捷,而镗、乔复相与佐成之,法当首论其冒功。"①皇帝下旨,逮捕朱纨至京讯鞫,福建都司指挥佥事卢镗、海道副使柯乔下狱论死。

朱纨怎么也没有料到会有这样的结局,慷慨流涕说:"吾贫且病,又负气,不任对簿,纵天子不欲死我,闽浙之人必杀我。我死自决之,不须人也。"②然后自撰《圹志》——自己写自己的"墓志铭",作为最后的遗言。这篇《圹志》简要回顾了一生,尤其是出任浙江巡抚兼福建海道提督军务以来的政绩,颇为感慨:

> 时以海寇猖獗,创建此官。而禁奸除寇,势利家所深害,怠与忌者乘之……戊申三月至宁波,抚海岛倭夷,六百余人悉受约束入城。四月,袭破双屿贼巢。五月,宁波诈传诏指,教夷作乱,以杀巡抚为辞。于时驻定海以镇群梦,渡炎海入双屿,以定不拔之计,贼失其巢,往来外洋者一千二百九十余艘,上下连战皆捷。六月,闽人周亮奏革巡抚,既而漳囚逸入于海,大担屿、大步门、大江诸警绎骚。时疾甚呻吟,规画无败绩。九月,兵部录双屿之功,奏旌之,赐白金一、彩币一。十

---

① (明)王士骐:《皇明驭倭录》卷五,嘉靖二十九年。
② (清)万斯同:《明史》卷二百九十五《朱纨传》。

月，拜敕改命巡视，遂舆疾督兵追贼，下温盘、南麂诸洋……赵
文华咱以南京侍郎，胁以身后之祸，说以市舶之利，与屠乔、屠
大山内外交煽尤多。乃连疏请骸骨，申辩蹇蹇。己酉自温进
驻福宁，漳海大捷，擒佛郎机名王及黑白诸番喇哒诸贼甚众。
度其必变，乃传令军前执讯，斩其渠魁，安其反侧。先后以闻，
浙闽悉定。五月，得请生还，困卧箫寺。屠乔喙御史陈九德，
论以残横专擅，众欲杀之。赖圣明在上，姑褫职候勘。窃自
叹，一介书生，叨冒至此，静思称塞，不过数事……①

当逮捕他至京讯问的圣旨下达之时，朱纨已经自杀身死了。对于
他的死，人们大多表示惋惜，王士骐说："国史谓纨张皇太过，又谓功过
未明，尚非曲笔。"②万斯同说："纨清强峭深，勇于任事，不恤人怨，故及
于祸。……纨在事三载，号为有功，徒为濒嗇者所挤，而勘官务深入，不
恤国典，致劳臣受祸，朝野为之太息。"③不能说毫无根据，但流于表面，
各人立场不同视角亦异。深层的问题在于，他所全力维护的海禁，究竟
是否合理？究竟是否符合时代潮流？他至死都不明白。

徐光启说得好："朱秋厓纨，清正刚果，专以禁绝为事，击断无避，当
时哗然。卒被论劾，愤懑以死，至今人士皆为称冤。冤则冤矣，海上实
情实事未得其要领，当时处置果未尽合事宜也。此如痈疽已成，宜和解
消导之法，有勇医者愤而割去之。去与不去，皆不免为患耳。"④历史就
是这样奇妙，拉开一段距离，才容易看得明白，徐光启对朱纨充满理解
之同情，却毫不客气地指出他的政见颇有问题。那么徐光启所批评的

---

① （明）焦竑：《国朝献征录》卷六十二《都察院右副都御史秋厓朱公圹志（自撰）》。按：
文中提到的屠乔、屠大山都是高官。屠乔，字安卿，号东洲，宁波府鄞县人，官至都察院左都御
史。屠大山，字国望，号竹墟，宁波府鄞县人，官至南京兵部尚书、应天巡抚。
② （明）王士骐：《皇明驭倭录》卷五。
③ （清）万斯同：《明史》卷二百九十五《朱纨传》。
④ （明）徐光启：《海防迂说》，《徐文定公集》卷四。

"海上实情实事未得其要领",究竟是什么意思？请看他的分析："有无相易,邦国之常。日本自宋以前,常通贡市,元时来贡绝少,而市舶极盛,亦百年无患也。高皇帝绝其贡,不绝其市。永乐以后,仍并贡、市许之。盖彼中所用货物,有必资于我者,势不能绝也。自是以来,其文物渐繁,资用亦广。三年一贡,限其人船,所易货物,岂能供一国之用？于是多有先期入贡,人船逾数者,我又禁止之,则有私通市舶者。私通者商也,官市不开,私市不止,自然之势也。又从而严禁之,则商转为盗,盗而后得为商矣。"

这种深邃的见识,宽阔的视野,只属于放眼看世界的先进中国人徐光启,朱纨哪里可以与之比肩呢？这也许就是朱纨的局限性,正是这种局限性铸就了他的悲剧下场。正如陈文石所说："朱纨之败,乃明代海禁政策下所酿成的悲剧。……朱纨徒以严急执法,不能就海禁政策与广大沿海贫民生计根本问题上检讨议处,实为失策。而滨海势家,仅知就个人利益,挟制玩弄其间,恩怨相倾,意气相斗,尤足令人叹息。"[1]

走私贸易与海禁政策的较量,以这样的结果收场,发人深思,海禁政策的不合时宜,已经昭然若揭了。

四　嘉靖倭患的真相

相对于广东沿海对南洋的贸易而言,浙闽沿海对日本的贸易控制更严,这种矛盾更为突出。一旦浙江市舶司关闭以后,海上贸易的供求

---

① 陈文石:《明嘉靖年间浙福沿海寇乱与私贩贸易的关系》,《历史语言研究所集刊》第三十六本上册,第394—395页。

失衡尖锐地凸显出来,大规模的走私集团兴起,为了对付官方的弹压,他们都配备武装。这种武装走私集团的贸易对象是日本商人,由于种种原因,被蒙上了"倭寇"的色彩。这是"罢市舶"所引起的严重后果,当时人几乎众口一词地指出:"罢市舶,则利孔在下,奸商外诱,岛夷内诇,海上无宁日矣。"①参与"平倭"的谭纶说得非常深刻:

> 闽人滨海而居者不知其凡几也,大抵非为生于海则不得食。海上之国方千里者不知凡几也,无中国绫锦丝枲之物则不可以为国。禁之愈严则其值愈厚,而趋之者愈众。私通不得即攘夺随之。昔人谓弊源如鼠穴也,须留一个,若还都塞了,好处俱穿破。意正在此。今岂惟外夷,即本处鱼虾之利与广东贩米之商,漳州白糖诸货,皆一切禁罢,则有无何所于通,衣食何所从出?如之何不相率而勾引为盗贼也。②

谭纶的话揭示了一个简单的事实:"一切禁罢",海禁愈趋严厉,沿海民众"私通不得即攘夺随之",由海上走私而转化为"盗贼"。这是值得注意的大背景。

关闭市舶司,中止日本与中国的朝贡贸易的结果,断绝了官方贸易,民间走私贸易乘机取而代之。沿海走私贸易商人向日本商人提供他们所需的生丝、丝织品、棉布、陶瓷、铁锅、水银、药材、书籍等中国商品。海禁愈严,价格愈贵,铤而走险者愈多。《筹海图编》记载了当时运往日本的中国商品情况,非常有意思:

> 丝,所以为织绢纴之用也。盖彼国自有成式花样,朝会宴享,必自织而后用之。中国绢纴但充里衣而已。若番舶不通,则无丝可织。每百斤值银五六十两,取去者其价十倍。

---

① (明)黄侯卿:《倭患考》卷上。
② (明)谭纶:《海寇已宁比例陈情疏》,《谭敏襄公奏议》卷二。

丝绵,髡首裸裎不能耐寒,冬月非此不暖。常因匮乏,每百斤价银至二百两。

布,用为常服,无绵花故也。

绵绸,染彼国花样,作正衣服之用。

锦绣,优人剧戏用之,衣服不用。

红线,编之以缀盔甲,以束腰腹,以为刀带、书带、画带之用。常因匮乏,每百斤价银七十两。

水银,镀铜器之用,其价十倍中国。常因匮乏,每百斤价银三百两。

针,女工之用,若不通番舶而止通贡道,每一针价银七分。

铁锅,彼国虽自有而不大,大者至为难得,每一锅价银一两。

磁器,择花样而用之。

古文钱,倭不自铸,但用中国古钱而已。每一千文价银四两。若福建私新钱,每千文价银一两二钱。

药材,诸味俱有,惟无川芎,常价一百斤价银六十七两;其次则甘草,每百斤价银二十金以为常。[1]

你看,如此一个巨大的市场,如此高额的利润,对商人的诱惑力之大可想而知,要想禁是禁不住的。面对如此汹涌的潮流,堵塞不如疏导。

全汉昇指出:"日本在战国时期(1467—1573)后,内战结束,人民生活安定,对丝货的消费跟着增加。在另一方面,由于银矿生产丰富,人民购买力提高,从而输入更多的丝货。可是,当日本华丝入口贸易扩展的时候,葡人却不能像过去那样垄断华丝市场,因为利之所在,中、日商

---

[1] (明)郑若曾:《倭国事略》,《筹海图编》卷二。

人看见葡人那样发财致富,自然要违反明朝政府禁止通商的法令,从事走私贸易了。"又说:"看见葡人经营中、日贸易,大发其财,中国东南沿海商人,早就不顾明朝政府有关中、日通商的禁令,秘密派船输出华丝及其他货物,运往日本及其他国家出售获利。"①

1. 何谓"嘉靖大倭寇"

长期以来,关于明代的倭寇,尤其是"嘉靖大倭寇"(或曰"后期倭寇"),在学术界一直争议不断,关键在于概念与史实的混淆。1990 年代出版的《中国历史大辞典》也留下明显的痕迹。该辞典的"倭寇"条说,倭寇是指"明时骚扰中国沿海一带的日本海盗"。② 这个说法过于笼统,缺少分析,显得似是而非。应该说,不同时期的倭寇,其内涵是不同的,对中国影响最大的是后期倭寇,即"嘉靖大倭寇",如何界定,似乎是一个问题。

1980 年代以来,史学界一些有识之士对倭寇(主要指"嘉靖大倭寇")重新加以检讨,从考证历史事实出发,提出令人耳目一新的解释。林仁川《明代私人海上贸易商人与"倭寇"》,根据大量历史事实得出这样的结论:"倭寇"的首领及基本成员大部分是中国人,即海上走私贸易商人,嘉靖时期的御倭战争是一场中国内部海禁与反海禁的斗争。③ 戴裔煊《明代嘉隆间的倭寇海盗与中国资本主义萌芽》在实证研究的基础上,提出独特见解:倭患与平定倭患的战争,主要是中国社会内部的阶级斗争,不是外族入寇。④ 王守稼《嘉靖时期的倭患》,说得更彻底:明

---

① 全汉昇:《明中叶后中日间的丝银贸易》,《历史语言研究所集刊》第五十五本第四分,第 640—642 页。
② 《中国历史大辞典·明史卷》,上海辞书出版社,1995 年,第 411 页。
③ 参见林仁川《明代私人海上贸易商人与"倭寇"》,《中国史研究》1980 年第 4 期。
④ 参见戴裔煊《明代嘉隆间的倭寇海盗与中国资本主义萌芽》,中国社会科学出版社,1982 年,第 16 页。

朝政府把王直集团称为"倭寇",王直集团也故意给自己披上"倭寇"的外衣,他们其实是"假倭",而"真倭"的大多数却是王直集团雇佣的日本人,处于从属、辅助的地位。[①]

为什么长期以来人们都把嘉靖倭患说成是日本海盗的入侵呢? 原因是复杂的,不外乎这样几点:其一,倭寇中确有一部分真正的日本人,即所谓"真倭",正如《明史·日本传》所说:"大抵真倭十之三,从倭十之七。"其二,王直等人有意制造混乱,保护自己。曾经参与胡宗宪平倭的幕僚茅坤指出:海寇每船约二百人,首领大都为福建及浙江温州、台州、宁波人,也有徽州人,"所谓倭而椎髻者特十数人焉而已,此可见诸寇特挟倭以为号而已,而其实皆中州之人也"。王直等人每攻掠一地,必放出风声,诡称为"岛夷"所为,以致明朝官方不明真相,误以为日本海盗入侵。其三,明朝的平倭将领为了冒报战功,虚张声势,在作战失利时谎称倭寇进犯,夸大敌情;稍有斩获,便把一般海盗当作"真倭"上报。因为官方规定,擒斩"真倭贼首"一名,可以连升三级获赏银一百五十两;擒斩"真倭从贼"一名,可以升一级或赏银五十两。无怪乎当时人要说:"尝闻吾军斩首百余,其间止有一二为真贼者……官兵利于斩倭而得重赏,明知中国人而称为倭夷,以讹为讹,皆曰倭夷,而不知实中国人也。"[②]

以上新论或许有待完善,但就其主要倾向而言,更加接近历史真实是毫无疑问的。陈文石1965年发表的论文《明嘉靖年间浙福沿海寇乱与私贩贸易的关系》,从五个方面展开论证:一、明代的海禁政策贡舶贸易制度与私贩贸易的关系;二、国人私贩贸易与沿海地理经济条件;三、嘉靖前期的私贩活动;四、私贩转为海盗与朱纨禁海失败;五、嘉靖后期的私贩与寇乱。他在文末指出:嘉靖年间的大祸(即所谓倭患)

---

① 王守稼:《嘉靖时期的倭患》,《封建末世的积淀和萌芽》,上海人民出版社,1990年,第277页。

② (明)王文禄:《截寇源》,《策枢》卷四。

是明代海禁政策造成的后果，"凡违禁私贩出入海上者，官府皆以海盗视之，严予剿除。彼等既不能存身立足，自新复业，则只有往来行劫，或奔命他邦，开辟生路"①。另一位中国台湾学者林丽月对于嘉靖年间闽南士绅卷入海上走私贸易，给与正面的评价："闽南士绅投身海上贸易无非以追逐私利为动机，难免有蔑视朝廷法令与地方官府之讥，但就促进闽南沿海地区的经济发展而言，应不无正面意义。"②

读者不难发现，上述新论与20世纪三四十年代以来过多掺杂民族情绪的"倭寇"论相比，是大异其趣的，显示了史学家追求客观认知的真诚态度。

众所周知，倭寇问题涉及日本，日本学者作了大量研究，令人不解的是，以往中国大陆学者在研究这个问题时，有意无意地忽略了日本学者的研究成果。在我看来，日本学者以他们特有的实证风格，努力揭示历史真相的努力，是令人钦佩的。

明史专家山根幸夫在《明帝国与日本》中，谈到"后期倭寇"时，强调以下两点：一、后期倭寇的主体是中国的中小商人阶层——由于合法的海外贸易遭到禁止，不得不从事海上走私贸易的中国商人；二、倭寇的最高领导者是徽商出身的王直——要求废止"禁海令"，追求贸易自由化的海上走私贸易集团的首领。③

曾经写过《倭寇与勘合贸易》的倭寇问题专家田中健夫，为《日本史大事典》撰写的"倭寇"条，释义既客观又精细，大大有助于廓清倭寇的概念，很值得细细品读：

在朝鲜半岛、中国大陆的沿岸与内陆、南洋方面的海域行

① 陈文石：《明嘉靖年间浙福沿海寇乱与私贩贸易的关系》，《历史语言研究所集刊》第三十六本上册，第417页。
② 林丽月：《闽南士绅与嘉靖年间的海上走私贸易》，《台湾师范大学历史学报》1980年第8期。
③ 参见山根幸夫《明帝国与日本》，讲谈社，1977年，第61—62页。

动的、包括日本人在内的海盗集团，中国人和朝鲜人把他们称为"倭寇"。它本来带有"日本侵寇"或"日本盗贼"的意味，但是由于时代和地域不同，它的意味和内容是多样的，把倭寇当作连续的历史事象是不可能的。

"倭寇"二字初见于404年的高句丽《广开土王陵碑》，此后丰臣秀吉的朝鲜出兵，以至二十世纪的日中战争等事件中，都有倭寇的文字表述。由于时期、地域、构成人员等规模的不同，对倭寇的称呼是各式各样的："高丽时代的倭寇""朝鲜初期的倭寇""丽末鲜初的倭寇""元代的倭寇""明代的倭寇""嘉靖大倭寇""万历的倭寇""二十世纪的倭寇""朝鲜半岛的倭寇""山东的倭寇""中国大陆沿岸的倭寇""浙江的倭寇""杭州湾的倭寇""双屿的倭寇""沥港的倭寇""台湾的倭寇""吕宋岛的倭寇""南洋的倭寇""支那人的倭寇""朝鲜人的倭寇""葡萄牙人的倭寇""王直一党的倭寇""徐海一党的倭寇""林凤一党的倭寇"等等。

在以上这些倭寇中，规模最大，活动范围最广的是14—15世纪的倭寇和16世纪的倭寇。[①]

关于14—15世纪的倭寇，田中健夫认为这时期的倭寇以朝鲜半岛为主舞台，也在中国大陆沿岸行动，高丽、朝鲜（李氏朝鲜）、元、明受到各种各样的损害。《高丽史》于1223年首次出现记录倭寇的文字。日本方面《吾妻镜》记载，贞永元年（1232）肥前镜社的人在高丽当海盗的事。但是，在高丽的倭寇行动成为大问题的是1350年以后，这年以后每年都有倭寇的船队骚扰朝鲜半岛沿岸，全罗道和杨广道（现忠清道）受害特别大。倭寇的构成人员是以对马、壹岐、松浦地方的名主、庄官、

---

① 《日本历史大事典》，东京平凡社，1994年，第1312—1313页。

地头等为中心的海盗群、海上流浪者群、武装商人等,还有朝鲜称为禾尺、才人的贱民。日本人在倭寇集团中所占比例约为10%到20%,大部分的倭寇集团是日本人和高丽人、朝鲜人的联合体。袭击朝鲜半岛的倭寇,他们的行动地域延伸到中国大陆,攻击了元、明。明朝在加固沿岸警备的同时,明太祖取缔和日本的西征将军怀良亲王有交涉的倭寇,没有取得成果。明成祖时,和足利义满之间达成交通关系,倭寇势头趋于和缓。①

关于16世纪的倭寇(亦即后期倭寇),田中健夫这样写道:

> 因为依托于勘合船的日明间的交通中途断绝,中国大陆沿岸发生了大倭寇。最激烈的是明嘉靖年间为中心,持续至隆庆、万历年间的约四十年时间,因而称为"嘉靖大倭寇"。这个时期的倭寇,日本人参加数量是很少的,大部分是中国的走私贸易者,以及追随他们的各色人等。这时在东亚海域初现身姿的葡萄牙人被当做倭寇的同类对待。自从明太祖以来称为"海禁"的一种锁国政策,禁止中国人在海上活动。随着经济的发达,维持这种政策是困难的,于是产生了大量走私贸易者。他们和地方富豪阶层(乡绅、官僚)勾结,形成强大的势力,推进走私贸易。葡萄牙人因为得不到明政府正式贸易的许可,也不得不加入走私贸易,日本的商船则以国内丰富的银生产为背景,与之合流。中国官府把这些人一概当作倭寇。浙江省的双屿港和沥港作为走私贸易基地,遭到中国官军的攻击而毁灭殆尽,走私贸易者一变而为海盗群。萨摩、肥后、长门、大隅、筑前、筑后、日向、摄津、播磨、纪伊、种子岛、丰前、丰后、和泉等地的日本人投靠了倭寇。作为倭寇的首领,有名

---

① 参见《日本历史大事典》,第1312—1313页。

的是王直、徐海。王直以日本的平户、五岛地方为根据地,率大船队攻击中国的沿海。明朝方面胡宗宪、戚继光、俞大猷等负责海防,取得了各种功绩。不久与海禁令解除的同时,日本方面丰臣秀吉国内统一的进行,倭寇次第平息。[①]

如果平心静气地把《日本历史大事典》的"倭寇"条与《中国历史大辞典》的"倭寇"条加以比较,那么其间的高下是不难辨明的,把倭寇简单地断定为"明时骚扰中国沿海的日本海盗",看来颇有商榷之余地。

徽州商人(日本学者称为新安商人)研究的奠基人——藤井宏,最早注意到这个问题。他的成名作《新安商人的研究》,注意到徽商在浙闽沿海的进出口贸易。他追述了藤田丰八在《葡萄牙人占据澳门以前的诸问题》一文中,揭示了《日本一鉴》和其他相关资料关于徽州海商活动的记载,并在此基础上,广泛收集资料展开分析。

藤井宏指出,嘉靖十九年(1540),许一、许二、许三、许四勾引葡萄牙人络绎于浙海,并在双屿、大茅等地开港互市。《筹海图编》卷五《浙江倭变记》云:"嘉靖十九年李光头、许栋引倭聚双屿港为巢……光头者,福(州)人李七;许栋,歙人许二也……其党有王直、徐惟学、叶宗满、谢和、方廷助等,出没诸番,分迹剽掠,而海商始多事矣。"此时的王直不过是许氏兄弟的僚属。《日本一鉴》海市条云:"嘉靖二十二年邓獠等寇闽海地方,浙海盗寇并发。海道副使张一厚因许二等通番,致延害地方,统兵捕之。许一、许二等敌杀得志,乃与佛郎机竞泊双屿,伙伴王直于乙巳岁往日本,始诱博多津倭助才门等三人,来市双屿。"嘉靖二十七年(1548),浙江巡抚朱纨派遣都指挥卢镗等突袭双屿港,一举覆灭所谓海贼老巢,生擒李光头、许栋,王直等收集余党,重整势力,把老巢移到金塘山(定海县西八十里海中)的烈港(即沥港),直到嘉靖三十六年

① 《日本历史大事典》,第1312—1313页。

(1557)被胡宗宪擒捕以前,东南海上全是王直的独占舞台。①

藤井宏还指出,王直是徽州盐商出身,后来为日本人当经纪人,是货物贸易的中介者,在双屿、烈港开辟走私市场。他借助闽广海商的实力称雄浙海,遭官军打击后,在日本平户建立根据地,建都称王,部署官属,控制要害,形成了以"徽王"王直为中心的徽浙海外贸易集团,把徽州海商的海外贸易活动推进到一个前所未有的鼎盛阶段。王直以后,日本平户港一直是明末清初中国民间往来日本的一个主要据点。

这种基于史料的实证研究,为理解王直与倭寇提供了很好的借鉴。令人不解的是,藤井宏的研究成果很少被研究倭寇问题的中国学者所关注,迟至三十年后才激起反响。

在这方面最有力度的当推徽商研究的后起之秀唐力行,他的《论明代徽州海商与中国资本主义萌芽》一文,从徽州海商的角度来考察倭寇,反过来考察日后成为倭寇首领的徽州海商:"为了对抗明王朝的武力镇压和扩大贸易,海商们渐次组合成武装集团……这些船头又在竞争兼并中聚合成几个大的武装海商集团。其中,较著名的以徽州海商为首领的有许氏海商集团、王直海商集团和徐海海商集团。"唐力行的另一大贡献是考证了《明史》改王直为汪直很有必要。王直本姓汪,从事海上走私,风险大,为家属安全计,隐瞒真姓(汪)。《明史》有汪直传,以前均以为有误,其实王直本来姓汪。汪为徽州大姓,"为贾于杭绍间者尤多"。横行东南沿海几十年的"倭寇"首领许氏兄弟、王直(汪直)、徐海等,莫不是徽州海商。唐文的主旨是阐明这样一个观点:正是徽州海商和其他海商的走私贸易冲破了明王朝的海禁,把江南与世界市场

① 参见藤井宏《新安商人的研究》,《徽商研究论文集》,安徽人民出版社,1985年,第184—189页。藤井宏文章原载《东洋学报》第36卷1、2、3、4号(1953—1954年),傅衣凌、黄宗焕译文载于《安徽历史学报》总号第2期和《安徽史学通讯》总字第9、第10号,后收入《徽商研究论文集》。

联系起来了,从而造成了江南社会经济的一系列连锁反应。①

相隔二十年之后,唐力行在《结缘江南:我的学术生涯》中回顾这篇文章时,还颇为激动。他说:

> 自明末直至上世纪 70 年代,史家众口一词地指责嘉、隆年间的海商为"倭寇海盗"。这就涉及到一个如何对待传统史学的问题。不少史学工作者至今没有突破忠君爱国的正统观念,他们以是否能保持封建王朝的稳定性作为评判历史事件的标准,而不是以是否有利于历史的进步作为研究工作的着眼点。戴裔煊先生以耄耋之年推出他的开创之作《明代嘉隆间的倭寇海盗与中国资本主义萌芽》,为"倭寇"正名,其坚持实事求是的学术勇气是可钦的。②

他还说,1990 年文章发表后,居然引来了麻烦——"被列入有组织的批判对象之一"。时过境迁之后,唐力行感慨地说:"此事并未了结,恐怕也难了结。在民族主义情绪高涨的情势下,2005 年网络和舆论对亦寇亦商的王直的功过是非发生激烈争论,浙江丽水和南京师范大学的两名教师,趁着夜色,带着斧头和榔头来到安徽歙县,热血沸腾地将刻有王直名字的墓碑和刻有日本人名字的'芳名塔'砸毁。上海《新民晚报》也接连刊出整版的文章为之推波助澜。"③

这确实是值得深长思之的。人们应当反思,对历史的无知是多么的可怕。

关于倭寇问题的最新研究成果,从另一个方面提供了思路。中国

---

① 参见唐力行《论明代徽州海商与中国资本主义萌芽》,《中国经济史研究》1990 年第 3 期。

② 唐力行:《结缘江南:我的学术生涯》,《明清江南史研究三十年(1978—2008)》,上海古籍出版社,2010 年,第 51—52 页。

③ 唐力行:《结缘江南:我的学术生涯》,《明清江南史研究三十年(1978—2008)》,第 52 页。

台湾学者吴大昕的论文《猝闻倭至——明朝对江南倭寇的知识(1552—1554)》，为探究历史而别开生面。他的结论之一是："嘉靖大倭寇的形象，是由各式各样不同性质与目的之记载所构成的：有记载一地倭寇的著作，士绅文集中偶见的书信与奏议，《实录》上的记载，以及为数不多的兵部奏议，与几部由胡宗宪挂名主编的作品。留下的倭寇文字记录虽多，但可用来说明'真实'的却很少，这是由两个原因所造成，一是倭寇发生时江南普遍笼罩在'猝闻倭至'的恐慌心理中；二是北京与地方讯息传播的不确实。"结论之二是："当时各式出版品的出版风潮下，助长了嘉靖大倭寇形象的再建立，倭寇全是日本人，他们都是无知、愚昧而残忍好杀的，靠着中国人王直的领导，才能成功的劫掠东南沿海。此时的倭寇出版品充满了目的性，述说着倭寇不难平定，对日本应采取严厉的打击而非合作；而这个目的性，便完全掩盖了嘉靖大倭寇的真实面貌。"有意思的是，这篇文章提到了一个鲜为人知的史事：江南人对于嘉靖大倭寇的记忆，居然来自一个叫做萧显的中国人。嘉靖三十二年(1553)，明朝官军进攻烈港，把王直驱逐出浙江的据点，使得王直的海上势力一时瓦解，由于缺乏补给，一部分人冒险登陆松江府的柘林，其中一个叫做萧显的人尤为桀骜狡猾，当时人这样描述他："率劲倭四百余人，攻吴淞、南汇所，俱破之，屠掠极惨。分兵掠江阴，围嘉定、太仓。"吴大昕说："萧显这次的冒险，开始了嘉靖大倭寇的时代，也烙印了江南人对大倭寇的记忆。"他还说："许多学者就根据记录中'言如鸟语，莫能辨也'来判断是否是真倭。实际上，在那个没有'国语'的时代，即使是同为中国人，是否真能相互沟通都是令人怀疑的，特别是对江南而言，倭寇几乎等同于'外地人'。无形中'倭'也就变得更多了。"[1]这种基于

---

[1] 吴大昕：《猝闻倭至——明朝对江南倭寇的知识(1522—1554)》，台北《明代研究》第七期(2004年)。

史料实证的严谨考辨,揭示了当时人对倭寇的认识,令人耳目一新。

2. 倭患与真倭、假倭

亲历平倭事宜的唐枢,在一篇写于嘉靖三十一年(1552)的公文中,提及"寇之缘由",说的还是比较客观的:"海寇之炽,自嘉靖五六年始。彼因商道禁严,横行劫掠,然止以南纪澳为巢穴,居有定处。至嘉靖二十年后,许栋、李光头等掠人责赎,声势衍蔓,然止偶遇佛郎机船数只,党有定伙。昔时在倭为寇,在我国为民;行者为寇,居者为良民。今则华夷浑处,内外连结,善恶莫辨。官府举动方下堂阶,而声传贼众;贼有勾当,不时遣人,而即作施行,推厥所终,诚可疑惧。"①

地方政府第一次以"倭贼入寇"上报朝廷,与"内地奸商"汪直、徐海与余姚谢氏在海外贸易上的纠纷有关。朱纨在奏报漳州走马溪大捷时,说"夷患率中国并海居民为之",王士骐引用这一奏疏,所写的按语很值得注意:

> 海上之事,初起于内地奸商汪直、徐海等,常阑出中国财物,与番客市易,皆主于余姚谢氏。久之,谢氏颇抑勒其值,诸奸索之急,谢氏度负多不能偿,则以言恐之曰:"吾将首汝于官。"诸奸既恨且惧,乃纠合徒党、番客,夜劫谢氏,火其居,杀男女数人,大掠而去。县官仓惶申闻上司云:"倭贼入寇。"巡抚纨下令捕贼甚急,又令滨海居民有素与番人通者,皆得自首,及相告言。于是人心汹汹,转相告引,或诬良善,而诸奸畏官兵搜捕,亦遂勾引岛夷及海中巨盗,所在劫掠,乘汛登岸,动

---

① (明)唐枢:《复林石海大巡公帖(壬子七月)》,《木钟台杂集》利卷《海议》。按:壬子即嘉靖三十一年。

以倭贼为名，其实真倭无几。①

显然，地方官所谓"倭贼入寇"完全是讹传。所谓"内地奸商"汪直、徐海，不过是从事海外贸易的徽州商人，他们代理余姚谢氏货物的外销业务，另一方则是停泊在宁波外海的日本或葡萄牙商船，汪直、徐海从中起到中介作用，收取佣金而已。由于谢氏经常拖欠应付的佣金，引起纠纷，最终导致一场焚劫事件，轰动一时，却与"倭贼"全然无关。此处所说的余姚谢氏，即前任大学士谢迁家族，与同安林氏一样，都有强硬的背景，可见势豪之家都卷入走私贸易，所以难禁。但是，走私贸易者并非倭寇。这条关于倭寇缘起的重要史料，值得重视。

同时代的嘉兴人李日华，在《嘉禾倭寇纪略》中也有类似的说法：

> 海上之事，初起于内地奸商汪直、徐海辈，阑出中国财物，与番舶市易。主于余姚谢氏，颇抑勒其值，谢复多所负，度不能悉偿，则恐之曰："吾将首汝"。诸奸恨且惧，纠合徒党，夜焚劫谢氏，杀男妇数人，掠资而去。有司张皇其事，称"倭入寇"。巡抚都御史朱纨下令捕贼甚急，又令沿海居民得互讦察相告言。于是人心汹汹，诸奸莫必其命，遂勾岛夷及海中亡命，乘潮登岸行劫。②

李日华与王士骐是同时代人，王是万历十七年(1589)进士，李是万历二十年(1592)进士；王是太仓人，李是嘉兴人，就时间与空间而言，都是嘉靖倭患的亲历者，所见略同，不足为奇。然而文字如此雷同，人们或许会问，究竟是谁影响了谁？抑或二人都接受了同一信息源？这其实无关宏旨，重要的是，两位重量级人物的看法如此一致，有力地证明

---

① （明）王士骐：《皇明驭倭录》卷五，嘉靖二十八年朱纨奏疏之按语。按：焦竑《国朝献征录》卷六十二焦氏为朱纨自撰《圹志》所写按语，引用了王士骐这段文字。
② （明）李日华：《嘉禾委寇纪略》，《李太仆恬致堂集》卷三十九《杂文》。李氏退官后致力于地方志编纂，此文当为地方志而写，应是实录。

了事实的真相。海上之事起初不过是海商的走私活动，由于地方官谎报军情，朱纨的严厉海禁，促使海商转化为海盗。王氏说"勾引岛夷及海中巨盗，动以倭贼为名，其实真倭无几"；李氏说"勾岛夷及海中亡命，乘潮登岸行劫"，从不同角度揭示了倭患缘起的真相。

当时人几乎都认同这样一点，即真倭所占比例极少，大部分是假倭。嘉靖三十三年(1554)，身任兵部侍郎兼漕运总督的郑晓，于四月十三日写的奏疏中说："倭寇侵犯，其中类多福建、浙江并江南、江北、直隶之人，或奸豪射利之徒，或勇悍无聊之众，赍粮漏师，肆无忌惮，结党效尤，苟活旦夕。若不早为区处，日甚一日，其祸不啻烈于戎狄而已。"①

同年五月十二日，他在另一份奏疏中说："臣原籍浙西，叨役江北，切见倭寇类多中国之人，间有膂力、胆气、谋略可用者，往往为贼踊路踏白，设伏张疑，陆营水寨，据我险要，声东击西，知我虚实。以故数年之内，地方被其残破，至今未得殄灭。缘此辈皆粗豪勇悍之徒，本无致身之阶，又乏资身之策，苟无恒心，岂甘喙息，欲求快意，必致鸱张。是以忍弃故乡，番从异类。倭奴藉华人为耳目，华人藉倭奴为爪牙，彼此依附，出没海岛，倏忽千里，莫可踪迹。况华夷之货往来相易，其有无之间，贵贱顿异。行者逾旬，而操倍蓰之赢；居者倚门，而获牙行之利。今欲一切断绝，竟至百计交通。利孔既塞，乱源遂开，驱扇诱引，徒众日增。"②

他一再指出，所谓倭寇大多是中国人，既有东南沿海省份的奸豪，也有破产的勇悍人群。海禁愈严，断绝了他们的生计，祸乱愈发严重。对于这一点，他写的《皇明四夷考》，从政治腐败入手予以分析："近年宠赂公行，上下相蒙，官邪政乱，小民迫于贪酷，苦于徭赋，困于饥寒，相率

① (明)郑晓：《重大倭寇乞处钱粮疏》，《郑端简公奏议》卷一。
② (明)郑晓：《乞收武勇亟议招抚以消贼党疏》，《郑端简公奏议》卷一。

入海从之。凶徒、逸囚、罢吏、黠僧，及衣冠失职、书生不得志，群不逞者，皆为之奸细，为之向导。人情忿恨，不可堪忍，弱者图饱暖且夕，强者奋臂欲泄其怒。于是王忤疯(王直)、徐必欺(徐海)、毛醢疯(毛海峰)之徒，皆我华人，金冠龙袍，称王海岛，攻城掠邑，劫库纵囚，遇文武官发愤砍杀，即伏地叩头乞余生不听，而其妻子、宗族、田庐、金谷公然富厚，莫敢谁何，浙东大坏。"①

明末陈仁锡在谈到海防时，引用了郑氏这段话，不过立意稍有不同："或云，罢市舶而利孔在下，奸豪外交内诇，海上无宁日矣。番货至，辄赊奸商，久之，奸商欺负，多者万金，乃投贵家；久之，贵家又欺负，不肯偿。番人乏食，出没海上为盗。贵官家欲其亟去，辄以危言撼官府出兵，辄赍粮啖番人，利他日货至，且复赊我。番人大恨，言我货本倭王物，盘踞海洋不肯去。小民迫于贪酷，相率入海从之。凶徒、逸囚、罢吏、黠僧，及衣冠失职、书生不得志，群不逞者，皆为之奸细。于是，汪五峰、徐碧溪、毛海峰之徒，皆我华人，金冠龙袍，称王海岛，攻城掠邑，劫库纵囚，遇文武官发愤砍杀，浙东大坏。"②

当时的地方官多纷纷指出，倭寇大多是中国人。例如嘉靖三十二年(1553)太平府同知陈璋向朝廷上《御倭十二事》，重点就是"倭寇多中国人，宜早图区处"。兴化勾府董士弘认为，"江南海警，倭居十三，而中国叛逆居十七"。又如嘉靖三十四年(1555)南京湖广道御史屠仲律，向朝廷上《御寇五事》，第一就是"绝乱源"："夫海贼称乱，起于负海奸民通番互市，夷人十一，流人十二，宁、绍十五，漳、泉、福人十九。虽概称倭夷，其实多编户之逋民也。臣闻海上豪势为贼腹心，标立旗帜，勾引深入，阴相窝藏，展转贸易。此所谓乱源也。"③

① (明)郑晓：《皇明四夷考》上卷《日本》。
② (明)陈仁锡：《皇明世法录》卷七十五《海防》。
③ (明)沈越：《皇明嘉隆两朝闻见纪》卷九。

明白了所谓倭寇大多是中国人，也就是说，真倭少而假倭多，并不能解释本质问题。必须进一步揭示真倭与假倭的关系，如果假倭从属于真倭，听从真倭指挥，那么把这些假倭概称为倭寇，并无不可；假如真倭从属于假倭，听从假倭指挥，那么就不能把假倭一概称为倭寇。

在这方面，当时的内阁大学士徐阶向皇帝奏对时所说的话，最有说服力："臣去岁具奏之时，尚闻此贼是真倭，近来细访乃知，为首者俱是闽浙积年贩海剧贼，其中真倭不过十分之三，亦是雇募而来者。只因初时官司不能讨捕，彼见地方无人，又得利甚厚，故旧者屯据不去，新者续增无穷，而沿海无赖贫民为所诱胁，因而从之，故其徒日繁，其势日猖獗。"①

徐阶的这段话，是对于皇帝咨询的回话，是两人之间的意见交换，与公开场合的官样文章截然不同，他坦率地讲了真话。那些海贼并非真倭，而是长年在闽浙沿海从事贸易的"剧贼"，而十分之三的真倭，是他们雇募而来的日本人。因此真倭是从属于"剧贼"的，当然不能笼统地把"剧贼"一概视为倭寇。

那么这些雇募而来的真倭充当什么角色呢？一是用他们来对付官军，二是用他们来混淆视听。请看胡宗宪的幕僚郑若曾的说法："海商原不为盗，然海盗由海商起，何也？许二、王直辈通番渡海，常防劫夺，募岛夷之骁悍而善战者，蓄于舟中。"②话说得很直白，那些真倭都是王直等人从日本雇募而来的，处在从属的被雇佣的地位。这也印证了徐阶所说，"真倭不过十分之三，亦是雇募而来者"，确有所据。反观郑晓所说，"倭奴藉华人为耳目，华人藉倭奴为爪牙，彼此依附"，就显得过于含糊，不分主从。所以关于倭寇的记载中，有名有姓的真倭寥寥无几，

① （明）徐阶：《再答倭情谕一》（嘉靖三十四年五月十七日），《世经堂集》卷二《奏对二》。
② （明）郑若曾：《叙寇原》，《筹海图编》卷十一。

稍微有点名气的有一个名叫辛五郎,此人不过是徐海的偏裨。[①]

曾经作为胡宗宪幕僚的茅坤,亲历倭患,谈及此事,非常注意把"海上之寇"与"倭寇"、"倭患"加以区分。他在一篇议论"海寇事宜"的书信中,向浙江巡抚李天宠条陈八事,即谍贼情、申军令、利器械、分战守、择官使、籍兵伍、筑城堡、练乡兵。其中第一条"谍贼情"写得最为精彩,特别强调"诸寇特挟倭以为号而已,其实皆中州之人":

> 即如近年黄岩以来,众并称倭奴入寇。倭特东海诸夷之总名,而不闻其某岛为酋,乱以某事始衅也。或谓其诱之者海贾王五峰、徐碧溪等。然要之,诸海贾特以射利而出尔,非欲长子孙海岛也……若海上之寇乘潮往来,自温、台、宁、绍,以及杭、嘉、苏、松、淮阳之间,几三千里。东备则西击,南备则北击,决非国家戍守之兵所可平定者。近闻里中一男子,自昆山为海寇所获,凡没于贼五十日而出,归语海寇大约艘凡二百人,其诸酋长及从,并闻及吾温、台、宁波人,间亦有徽人,而闽所当者什之六七。所谓倭而椎髻者,特十数人焉而已。此可见诸寇特挟倭以为号而已,而其实皆中州之人也。夫既皆吾中州之人,其始也,本揣资冒重利而入;其既也,则相与行劫,畏重罪而不能出。[②]

《筹海图编》专门写了《寇踪分合始末图谱》,提及的倭寇,其实都是假倭。陈文石的论文引用了这一《图谱》,令人一目了然。简要摘引如下:

> 金子老、李光头:双屿之寇,金子老倡之,李光头以枭勇雄海上。子

---

① 参见张鼐《吴淞甲乙倭变云》卷上《纪捷》。张鼐写道:"宿寇辛五郎者,徐海之偏裨也,与陈东、叶宗满、叶麻辈同巢柘林……"
② (明)茅坤:《与李汲泉中丞议海寇事宜书》,《茅鹿门先生文集》卷二。

老引为羽翼。迨子老去(归福建),光头独留,而许栋、王直相继而兴者也。

许栋:此浙、直倡祸之始,王直故主也。初亦止勾引西番人交易,嘉靖二十三年始通日本,而夷夏之衅开矣。许栋灭,王直始盛。

王直:嘉靖二十三年入许栋船为司出纳,为许栋领哨马船,随贡使至日本交易。嘉靖二十七年,许栋为都御史朱纨所破,王直收其党自为船主。嘉靖三十一年,并吞陈思盼,因求开市不得,掠浙东沿海。嘉靖三十二年闰三月,在烈港为俞大猷所破。分略沿海各地,败走白马庙,往日本,屯松浦。

陈思盼:屯长涂,寻为王直所灭。

邓文俊、林碧川、沈南山:屯日本杨哥,攻仙游寨,攻瑞安、黄岩,出洋,巢柘林,分掠苏州、杭州。林碧川、邓文俊、沈南山皆海上巨寇也。嘉靖三十一年浙直之祸林碧川实为之首,破黄岩得利,遂启群盗贪心。三十三年,萧显继出。碧川与显以次败亡,而徐海、陈东又继之为浙东大患。

萧显:寇太仓,陷上海,巢柘林,破南汇,据川沙,攻嘉定,败走海盐。南直隶之祸,萧显实为首,善战多谋,王直亦惮而让者也。

徐海:率和泉、萨摩、肥前、肥后、津州、对马岛诸倭入寇,屯柘林,攻乍浦,犯平湖,破崇德,犯湖州,分掠各地。嘉靖三十四年、三十五年之乱,徐海为之首,陈东、叶麻为之辅,众至数万。

陈东:率肥前、筑前、丰后、和泉、博多、纪伊诸倭入寇,攻南汇、金山,入崇明,攻青村,围上海,遁归日本,复屯川沙,并入柘林,与徐海合,攻乍浦,围桐乡,分屯新场,与徐海、叶麻合。[①]

陈文石引用了上述《图谱》后评论说:"这些有的原为海盗,纯以劫

① (明)郑若曾:《寇踪分合始末图谱》,《筹海图编》卷八。

掠为事。有的原为海商,转而为盗。三十三年前后,诸股渠帅多被诛服,惟王直、徐海等仍为乱不已。"[1]

3. "市禁则商转为寇","禁愈严而寇愈盛"

明白了海商转而为盗的背景,我们不能不佩服当时人唐枢的犀利目光,他在回答胡宗宪的咨询时,直言不讳地指出,由于海禁严厉,商人转而为寇:"嘉靖六七年后,守臣奉公严禁,商道不通,商人失其生理,于是转而为寇。嘉靖二十年后,海禁愈严,贼伙愈盛。许栋、李光头辈然后声势蔓衍,祸与岁积。今日之事,造端命意,始系于此。夫商之事顺而易举,寇之事逆而难为,惟其顺易之路不容,故逆难之图乃作。"他特别强调所谓倭寇其实是中国百姓:"海上逐臭之夫无处无之,恶少易动之情,亦无处无之。樵薪捕鱼,逞侠射利者,原无定守,不得安于其业,则随人碌碌,乃常情之所必至。使有力者既已从商而无异心,则琐琐之辈自能各安本业,无所效尤,以为适从。故各年寇情历历可指,壬子(嘉靖三十一年)之寇,海商之为寇也;癸丑(三十二年)之寇,各业益之而为寇也;甲寅(三十三年)之寇,沙上之黠夫、云间之良户复大益之而为寇也;乙卯(三十四年)之寇,则重有异方之集矣。迹是而观,能无治其始乎?"[2]很清楚,倭患最严重的嘉靖三十一年到三十四年,先是海商转而为寇,继之各行各业随之为寇,沿海的黠夫与松江的良户也从而为寇,到了后来四方云集,鱼龙混杂,形势愈发严重。

万历时福建长乐人谢杰对倭寇的分析与唐枢有异曲同工之妙,至少有以下几点值得注意:

一、成为中国大患的"倭寇",其实多是中国人:"倭夷之蠢蠢者,自

---

① 陈文石:《明嘉靖年间浙福沿海寇乱与私贩贸易的关系》,《历史语言研究所集刊》第三十六本上册,第399页。

② (明)唐枢:《论处王直奏请复总督胡梅林公》,《木钟台杂集》利卷《海议》。

昔鄙之曰奴,其为中国患,皆潮人、漳人、宁绍人主之也。其人众,其地不足以供,势不能不食其力于外,漳潮以番舶为利,宁绍及浙沿海以市商灶户为利,初皆不为盗。"

二、由于政府实行严厉的海禁政策,闽浙沿海民众海上贸易的生路受到遏止,由商转而为寇:"嘉靖初,市舶既罢,流臣日严其禁,商市渐阻。浙江海道副使傅钥申禁于六年,张一厚申禁于十七年。六年之禁而胡御史琏出,十七年之禁而朱御史纨出。视抚设而盗愈不已,何也?寇与商同是人,市通则寇转为商,市禁则商转为寇。始之禁禁商,后之禁禁寇,禁愈严而寇愈盛。'片板不许下海',艨艟巨舰反蔽江而来;'寸货不许入番',子女玉帛恒满载而去。商在此者,负夷债而不肯偿;商在彼者,甘夷据而不敢归。向之互市,今则向导;向之交通,今则勾引。于是滨海人人皆贼,有诛之不可胜诛者。"

三、政府推行政策的偏颇是导致"倭患"愈演愈烈的根本原因:"初但许栋、李光头等数人为盗,既则张月湖、蔡末山、萧显、徐海、王直辈出而称巨寇矣!初但宫前、南纪、双屿等数澳有盗,既则烈港、柘林、慈溪、黄岩、崇德相机失事,而称大变矣!初但登岸掳人,责令赴巢取赎,既则盘踞内地,随在成居,杀将攻城,几于不可收拾矣!"

四、归根结底,"倭患"根源在于海禁太严:"推原其故,皆缘当事重臣意见各殊,更张无渐,但知执法,而不能通于法外;但知导利,而不知察乎利之弊,或以过激起衅,或以偏听生奸……闽广事体大约相同,观丙子(万历四年)、丁丑(万历五年)之间,刘军门尧诲、庞军门尚鹏调停贩番,量令纳饷,而漳潮之间旋即晏然,则前事得失亦大略可睹也已。夫由海商之事观之,若病于海禁之过严。"[1]

既然倭患的根源在于海禁太严,最好的解决办法不是"堵",而是

---

① (明)谢杰:《倭原二》,《虔台倭纂》上卷。

"疏"，换言之，必须开放海禁，才能缓解倭患以及由此引起的社会动乱。事实已经证明，用军事围剿来解决倭患并不成功，从朱纨、张经、李天宠到胡宗宪，调动重兵围剿倭寇，劳民伤财，财政不堪重负，民不聊生，社会愈发动乱。平倭总督胡宗宪之所以会乞灵于"招抚"的一手，就是看到了围剿难以奏效，不得不另谋出路的无奈之举。而"招抚"必须以开港通市作为交换条件，开放海禁便成了无法绕开的话题。

五　王直之死与海禁的开放

1. 胡宗宪招抚王直

平倭战争中最富戏剧性的一幕，无疑是胡宗宪在赵文华的支持下，派人赴日招抚王直。赵文华、胡宗宪人品极差，都没有好下场，但是他们都倾向于开放贡市却是事实，我们不必因人废言。

朱纨写于嘉靖二十八年(1549)的《圹志》，透露了赵文华向他指出"市舶之利"，对严海禁颇有微词："赵文华啗以南京侍郎，胁以身后之祸，说以市舶之利，与屠乔、屠大山内外交煽尤多。"[1]

胡宗宪的幕僚茅坤在《纪剿徐海本末》中提到一个不易觉察的细节，胡宗宪决定派人赴日招抚王直之前，曾经与赵文华有过密谋，得到赵的认可后，才付诸实施。茅坤写道："先是，胡公始为提督时，尝与监督尚书赵公谋曰：'国家困海上之寇数年于兹矣，诸酋奴乘潮出没，将士

---

① （明）朱纨：《都察院右副都御史秋厓朱公纨圹志(自撰)》，焦竑《国朝献征录》卷六十二。

所不得斥堠而戍者。人言王直以威信雄海上，无他罪状，苟得诱而使之，或可阴携其党也。'于是遣辩士蒋洲、陈可愿及故尝与王直有善者数辈，入海谕直。"①

茅氏没有标明此事的年月，从"尚书赵公"云云，可以推断，当在嘉靖三十五年（1556）三月至四月之间。赵文华由工部侍郎晋升为工部尚书在此年三月，胡宗宪派遣蒋洲、陈可愿赴日招抚王直，是在此年四月。这条史料的价值在于，胡宗宪事事唯赵文华马首是瞻，因为赵的后台是内阁首辅严嵩及其子严世蕃，如此重大的举措，如果没有赵文华的点头，他决不敢擅自行动，此其一。其二，在他看来，王直没有什么大的罪状，是最合适的招抚对象，他一旦受抚，带动一大批同党来归，倭患便可不战而平。对于胡宗宪而言，可以获得战场上无法达到的丰功伟绩。

两年之前，即嘉靖三十三年（1554），兵部尚书聂豹就主张招抚王直，遭到兵科给事中王国祯的反对，他在《御寇方略》中指出："悬赏招降贼首王直非计。"聂豹反驳道："海贼与山贼异，山贼有巢穴，可以力攻；海贼乘风飘忽，瞬息千里，难以力取。臣闻王直本徽人，以通番入海，得罪后，尝为官军捕斩陈屿主（陈思盼）等，及余党二三百人，欲以自赎。而当时有司不急收之，遂贻今日大患。故仿岳飞官杨么、黄佐故事，悬赏购募，以贼攻贼，非轻王爵以示弱也。"虽然聂豹讲得很有道理，但是皇帝不以为然，支持王国祯的意见，指示沿海五省总督张经："一意剿贼，胁从愿降者，待以不死，贼首不赦。"②因此之故，胡宗宪不可能公然亮明招抚王直的底牌，而是打出冠冕堂皇的幌子，请求皇帝派遣使节，"宣谕日本国王"，"往时日本入贡多不及期，请待其复来，得以便宜谢遣，仍令有司移檄于王，问以岛夷入寇之状"。兵部尚书杨博答复："按

---

① （明）茅坤：《纪剿徐海本末》，《茅鹿门先生文集》卷三十《杂著》。
② （明）沈越：《皇明嘉隆两朝闻见纪》卷九，嘉靖三十三年五月。

臣^①移檄日本国王,责问何人倡乱,令于半年间立法钤制,号召还国,即见忠款,虽使贡期未及,必为奏请,否则,是阳为入贡,阴蓄异谋也。"^②得到皇帝批准后,他奉旨行事,派遣宁波府生员蒋洲、陈可愿前往日本。其实所谓"宣谕日本国王"不过是一个幌子,本意就是招抚王直。胡宗宪是作了精心准备的,事先把王直的母亲、妻子、儿子从金华监狱中释放,接到杭州款待,并且让蒋洲等带了王直母亲与儿子的手书前往,向王直表示:"悉释前罪不问,且宽海禁,许东夷市"。^③

王直是海商集团的首领,在商言商,他最关注的是进出口贸易的正常化,使走私贸易转化为合法贸易。

2. 王直其人其事

王直,徽州歙县人,由盐商转而为海商,再由海商转而为海盗,兼具海商与海盗的双重身份。明人关于他的零星记述,更看重他的海商身份,较为客观。不妨略举一二。

焦竑《日本志》:

> 王直,歙人,母梦弧矢星入怀而生。少任侠多略,不侵然诺,乡中有徭役讼事,辄为主办,诸恶少因倚为囊橐。嘉靖十九年直奸出禁物,历市西洋诸国,致富不资,夷人信服之,皆受成事,倚办于直。直乃招亡命千人,徐海、陈东、叶明为将领,王汝贤、王㴖为腹心,伪称徽王,部署官属,据居萨摩州之松浦津。闽浙蜂起之徒皆争往归附,直推许二为帅,引倭奴窟双屿港,浸淫蚕食滨海村聚矣。^④

---

① 引者按:"按臣",指巡按浙江御史胡宗宪。
② (明)吴瑞登:《两朝宪章录》卷十五,嘉靖三十四年四月辛巳。
③ 《嘉靖倭乱备抄》(不分卷),嘉靖三十六年八月辛巳,《四库全书存目丛书》史部第49册。
④ (明)焦竑:《日本志》,《国朝献征录》卷一百二十《四夷》。

61

嘉靖《宁波府志》：

徽歙奸民王直、徐惟学，先以盐商折阅，投入贼伙，继而窜身倭国，招集夷商，联舟而来，栖泊岛屿，潜与内地奸民交通贸易，而鄞人毛烈质充假子。时广东海贼陈四盼等来劫扰，王直用计掩杀，叩关献捷，乞通互市，官司弗许。壬子二月，直令倭夷突入定海关夺船，福建捕盗王瑞士率兵敌却之。直移泊金塘之烈港，去定海水程数十里而近，亡命之徒从附日众。自是夷航遍海，为患孔棘……巡按御史胡宗宪具奏，遣使谕其国王，一弥边患。是年八月，朝廷以宗宪有才略可大任，遂进都御史提督军务，复与工部侍郎赵文华合奏，申前事，报可。乃令福浙藩司檄宣德，生员蒋洲、陈可愿充市舶提举以往。①

王世贞《倭志》：

王直者，故徽人也，以事走海上，后为舶主，颇尚信，有盗道，虽夷主亦爱服之。而其姓名常借他舶，以是凡有入掠者，皆云直主之。踪迹诡秘，未可知也。（胡）宗宪亦徽人，乃以金帛厚赂诱之云："若降吾，以若为都督，置司海上，通互市。"②

张鼐《吴淞甲乙倭变志》：

王直，歙人，任侠多略，常出禁物市西洋诸国，夷人信之。直既习于海，以其徽人姓王，人称徽王，因部署其党据萨摩州之松浦津，而为闽浙逋逃薮。是时，徐海者少为杭州虎跑寺僧，代领其叔徐碧溪之众，雄海上，僭称"天差平海大将军"，而其党陈东辅之。又倭奴惟萨摩人最喜寇，遂引入双屿港，吞食

---

① 嘉靖《宁波府志》卷二十二《海防书》。
② （明）王世贞：《弇州史料前集》卷十八《倭志》。

滨海村聚矣。当是时,直不欲负叛逆名,顾托言夷寇,偷而阴主其事。闽浙巡抚朱公纨,督兵剿双屿,据险筑寨而还。而直收余烬,巢烈港,并杀海贼陈思盼[①],势益大,而海上寇悉受直节制,且献杀思盼功求市,官勿许,而盗海边益甚。[②]

王直本有开港互市的愿望,蒋洲、陈可愿一行抵达日本以后,进展颇为顺利。他们在五岛(今长崎县福江市)先见了王滶,而后见了王直。王直设宴款待,酒过三巡,蒋洲等道出了胡宗宪的诚意:如能归降,赦前罪不问,授予官职,且宽海禁,许东夷市。王直表示:"我辈昔坐通番严禁,以穷自绝,实非本心,诚令中国贷前罪,得通贡互市,愿杀贼自效……成功之后,惟愿进贡开市而已。"[③]

王直随即偕同日本商人善妙等四十余人,前来开通贡市,于嘉靖三十六年(1557)十月初抵达宁波外海的岑港。多年遭受倭患的浙江官民,骤然听闻王直等带领倭船前来,十分恐惧。浙江巡按御史王本固报告朝廷:王直等"意未可测,纳之恐招侮"。于是,朝议哄然,指责胡宗宪"且酿东南大祸"。[④] 王直察觉情状有异,派王滶去见胡宗宪,责问吾等奉招而来,将以息兵安邦,理应信使远迎,宴犒交至,如今却俨然陈兵于岑港周围,即使贩卖蔬菜的小舟也不让靠近,胡公岂不是在耍弄吾辈?胡宗宪再三解释,国禁原本如此,发誓本心未变,还让王滶看到了他写的赦免王直罪状疏稿,并且答应王直要求,派指挥夏正为人质,随王滶回到岑港。王直疑虑打消,偕同叶宗满、王清溪前往胡宗宪的军门,正式接受招抚。[⑤]

①　引者按:"陈思盼",嘉靖《宁波府志》作"陈四盼",唐枢称作"陈思泮"。
②　(明)张鼐:《吴淞甲乙倭变志》卷上《纪奸渠》。
③　(明)王士骐:《皇明驭倭录》卷七,嘉靖三十五年。(明)沈越:《嘉隆两朝闻见纪》卷九,嘉靖三十五年四月。
④　参见《嘉靖倭乱备抄》(不分卷),嘉靖三十六年十一月庚戌。
⑤　参见《嘉靖倭乱备抄》(不分卷),嘉靖三十六年十一月庚戌。

胡宗宪的本意是企图用招抚王直,利用其影响力,一举平定倭患,无意杀死王直。授意幕僚起草了一份奏疏,以浙江、南直隶、福建三省总督的身份,向朝廷报告"擒获海寇汪直",讲了招抚的经过。有两处值得注意:一是称王直为汪直,因为他与汪直是同乡,知道汪直为了避祸改汪姓为王姓;二是不把他定性为倭寇,而是定性为海寇。疏稿这样写道:

　　　(汪)直本徽州大贾,狃于贩海,为商夷所信服,号为汪五峰。凡货贿贸易,直多司其质契。会海禁骤严,海濡民乘机局,赚倭人货数多,倭责偿于直,直计无所出,且愤恨海濡民,因教使入寇……直恐,乃与诸中国商,若毛濒、叶宗满、谢和、王清溪等,共以其众,屯五岛洲自保。濒,宁波人,号毛海峰;宗满,号碧川;谢和,号谢老,与王清溪皆漳州人,悉积年贩海通番为奸利者。宗宪与直同乡,习知其人,欲招之,则迎直母与其子入杭,厚抚犒之。而遣生员蒋洲等持其母与子书,往谕以意。谓直等来,悉释前罪不问,且宽海禁,许东夷市。直等大喜……乃装巨舟,遣夷目善妙等四十余人,随直等来贡市。以十月初至舟山之岑港泊焉。①

　　浙江巡按御史王本固极力反对招抚,扬言胡宗宪收受王直等金银数十万的贿赂,为之请求"通市贷死",一时江南人心汹汹。胡宗宪大为恐惧,追还"擒获海寇汪直"疏稿,立即销毁,另写一份措辞完全不同的奏疏,强调:"直等实海氛祸首,罪在不赦,今幸自来送死,实藉玄庇,臣等当督率兵将殄灭余党,直等惟庙堂处分之。"②

　　虽然胡宗宪改口说"罪在不赦"、"自来送死"、"为庙堂处分",言官

---

　　① 《嘉靖倭乱备抄》(不分卷),嘉靖三十六年十一月庚戌。
　　② (明)许重熙:《嘉靖以来注略》卷五,嘉靖三十六年十一月。《嘉靖倭乱备抄》(不分卷),嘉靖三十六年十一月庚戌。

仍穷追不舍,浙江巡按御史王本固、御史李瑚分别弹劾胡宗宪"岑港养寇温台失事"之罪,并且追论他"私诱汪直启衅"之罪。胡宗宪一再进献祥瑞讨好皇帝,皇帝对他颇有好感①,批示道:"逆直罪浮于贼,宗宪用计诱获,人皆知之,小人嫉功,不明功罪。"胡宗宪自己赶紧上疏辩解:"汪直为东南大患,节经部题,先有购求之文,后有许降之议。臣不惜身家,百计以困之,兹幸擒获。言者诬臣为启衅,是嫁无穷之祸于任事者之身耳。"皇帝下旨安慰道:"卿计擒妖贼,人皆所晓,且竭诚展布,以平余氛。"②

迫于舆论压力,胡宗宪为了自保,违背先前的诺言,向朝廷提请处死王直。嘉靖三十八年(1559)十一月,他上疏朝廷,声称王直等"勾引倭夷,肆行攻掠,东南绎骚,海宇震动,臣等用间遣谍,始能擒获,乞将王直明正典刑,以惩于后。叶宗满、王汝贤姑贷一死,以开来者自新之路"。三法司不同意宽恕叶、王二人。最后由皇帝作出裁决,支持胡宗宪的提议:王直就地斩首示众,叶宗满、王汝贤姑贷不死,永远戍边。③

同年十二月二十五日,王直在杭州官巷口斩首示众。④ 临刑前,他叹息道:想不到死在这里,死我一人,恐怕苦了两浙百姓。关于他死于何地,史书记载各异。嘉靖《宁波府志》说他死于宁波的定海:"(嘉靖三十八年)十二月,法司奏谳王直罪逆,遂即诛,枭首定海关。"⑤这部《宁波府志》编成于嘉靖三十九年,编者应该是目击者,不至于信口开河。但是,王世贞写的《倭志》却说,王直受抚后,到了杭州:"宗宪亦徽人,乃以

---

①　胡宗宪颇有才干,却心术不正,正如万斯同《明史·胡宗宪传》所说:"宗宪为人多权术,喜功名,因文华结严嵩父子,岁遗金帛子女、奇珍淫巧无数。嵩父子德甚。"不仅如此,他还"自媚于上"——拍皇帝马屁,不断向皇帝进献祥瑞,如白鹿、白龟、灵芝之类,并且附上表文,称颂皇上道德超越尧舜,事功驾驭夏禹,令龙颜大悦。

②　(明)许重熙:《嘉靖以来注略》卷五,嘉靖三十七年十一月。

③　(明)王士骐:《皇明驭倭录》卷七,嘉靖三十八年。

④　参看陈文石《明嘉靖年间浙福沿海寇乱与私贩贸易的关系》中有关王直之死的叙述。

⑤　嘉靖《宁波府志》卷二十二《海防书》。

金帛厚赂诱之云:'若降吾,以若为都督,置司海上,通互市。'而直亦自奋,言必能肃清海波赎死命。宗宪与之誓甚苦,直信之,从入杭州。宗宪具状闻上,然不敢悉其故。廷议以直元凶,不可赦,弃市。"①既然已经到了杭州,不可能再回到定海去执行死刑。何况王直受抚后,关押于省城的按察司监狱,是有确证的。《皇明驭倭录》说:"直与宗满、清溪来见,宗宪好言慰之,令系按察司狱,具以状闻,请显戮直等,正国法……"②《嘉靖以来注略》说:"直久不得报,复遣激见宗宪,且要中国一官为质。宗宪反覆谕以无他,命指挥夏正同激往,召直入见。直遂与叶宗满、王清溪入,宗宪令直自系按察司狱,为之奏请,曲贷其死,以系番夷心。"③可见王直并非死于定海而是死于杭州。

在招抚王直的同时,胡宗宪用同样的手法招抚了徐海,而后又利用徐海与陈东之间的矛盾,各个击破。身为幕僚的茅坤对胡宗宪此举赞不绝口:"(徐)海以一缁衣起岛上,五年之间,百战百胜,朝廷遍征海内诸名将,与之喋血吴越诸州郡间,未闻有俘其偏卒者。方其拥兵数万人……当是时,其气飘忽奋迅,固已欲吞江南而下咽矣。何其猛也!已而困于胡公区区之饵,卒之纠缠狼狈,以自翦而死,若刲羊豕然。"④

然而这并不意味着"倭患"的平定,正如沈越所说:"然直虽就擒,而三千人无所归,益恚恨,谓我不足信,抚之不复来,日散掠浙东温台、江北淮扬、闽中、岭表,为祸更惨。"⑤嘉靖三十九年(1560)三月,兵科给事中王文炳向朝廷指出了形势的严重性:"迩者浙直倭患稍宁,而闽广警报踵至,苏松淮扬间博徒悍卒所在绎骚。"⑥

---

① (明)王世贞:《弇州史料前集》卷十八《倭志》。
② (明)王士骐:《皇明驭倭录》卷七,嘉靖三十六年十一月。
③ (明)许重熙:《嘉靖以来注略》卷五,嘉靖三十六年十一月。
④ (明)茅坤:《纪剿徐海本末》,《茅鹿门先生文集》卷三十《杂著》。
⑤ (明)沈越:《皇明嘉隆两朝闻见纪》卷十。
⑥ (明)沈越:《皇明嘉隆两朝闻见纪》卷十。

言官们对已经升官兵部尚书兼右都御史的胡宗宪的弹劾日甚一日。嘉靖四十年(1561)言官罗嘉宾、庞尚鹏揭发平倭战争中各级官员的贪赃枉法，中饱私囊，令人触目惊心："浙直军兴以来，督抚侵盗无虑数千万，张灼可数者，赵文华十万四千，周琉二万七千，胡宗宪三万三千，阮鹗五万八千，史褒善万一千，赵忻四千七百。乞通行追究。"[①]嘉靖四十一年(1562)南京户科给事中陆凤仪弹劾胡宗宪："意欲既满，纵饮长夜，坐视江西、福建之寇，不发一矢，徒日取驿递官民军前粮饷，而斩艾之朘削之。督府积银如山，聚奸如蝟，如乡官吕希周、田汝成、茅坤等辈皆游舌握椠，递为门客。又上宣淫无度，纳乡民之女为妾，……干纪乱常之甚者，乞加显斥。"[②]因此，平倭战争成了财政支出的无底洞，也成了贪腐的渊薮。早在几年前，户科给事中杨允绳就已指出，东南的海寇与北方的边患不同："北边所患胡也，若海寇则十九皆我中华之人，倭奴特所勾引驱率者耳。夫患在胡，则事重于外攘；患在中华之人，则事重于内修。"他所说的"内修"，直指官场的腐败："近年督抚之臣莅任谢恩，必有常例银两，馈送在京权要，大者数百，小者数十，名曰'谢礼'。至于任内有所题请，开送揭帖，则又伴以仪物，名曰'候礼'。又其历任颇深，荣名美擢，或遇地方有事，冀求脱任，或以有罪而求弥缝，或以失事而求覆蔽，如此数遂不赀。然大率此等银两，在省取诸各布政司，直隶取之府州县司。府州既为巧取承迎，不无得色。督抚诸司自知非法，接受亦有腼颜。既入牢笼，实难屡布……且官司所以赂媚督抚，又皆取具于民。近来督抚之交代频繁，则官司之需索亦从而加倍。其不肖者又因之影射乾没，其间指一科十，椎肤剥髓，即令江南四野为墟，赤地千里，区区孑遗待尽之民，尚犹日苦诸酋侵剥之患，臣恐民穷盗起，莫知终极，

① (明)许重熙：《嘉靖以来注略》卷五，嘉靖四十年闰五月。
② (明)王士骐：《皇明驭倭录》卷八，嘉靖四十一年。

异日国家之隐忧,盖不止于海岛之间已也。"①

3. 开放海禁之议

既然剿与抚两手都以失败告终,财政已经不堪重负,必须另谋出路,于是乎开放海禁提上了议事日程。

当初胡宗宪招抚王直时,曾向幕僚唐枢咨询,唐枢写了长篇大论,从胡宗宪的立场反复权衡是否可以接受王直"开港互市"的请求。他毕竟是一个学者,没有官僚的瞻前顾后,倾向于开港互市。这篇《论处王直奏情复总督胡梅林公》②,实在是不可多得的好文章,值得细细阅读。他首先说"顺其请有五利":

其一是应允开港互市实为大利:"今方海寇炽虐,残害地方,财费靡极,公私具困。久经四五年来,算无全策,贼未尽灭。王直自愿招谕岛倭,以夷攻夷,立功报效。坐令地方安堵,东南税赋之场,复旧生理,似亦便宜良计,实为利之大者。"

其二是商道不通使商人转而为寇:"切念华夷同体,有无相通,实理势之所必然。中国与夷各擅土产,故贸易难绝,利之所在,人必趋之。本朝立法,许其贡而禁其为市。夫贡必持货与市兼行,盖非所以绝之。律款通番之禁,下海之禁,止以自治吾民,恐其远出以生衅端……若其私相商贩,又自来不绝,守臣不敢问,戍哨不能阻。盖因浩荡之区,势难力抑,一向蒙蔽公法,相延百数十年。然人情安于睹记之便,内外传袭,倚为生理之常。嘉靖六七年后,守奉公严禁,商道不通,商人失其生理,于是转而为寇。嘉靖二十年后,海禁愈严,贼伙愈盛。许栋、李光头辈

① (明)王士骐:《户科左给事中杨允绳言》,《皇明驭倭录》卷六。
② (明)唐枢:《论处王直奏情复总督胡梅林公》,《木钟台杂集》利卷《海议》。《皇明经世文编》卷二百七十收录此文,标题作《复胡梅林论处王直》。《皇明经世文编》为此文写的按语:"此复胡总督札也。当时俞总戎(大猷)主剿,胡总督主抚,二者各有利害,故一庵(唐枢号一庵)详论之。"

然后声势蔓衍，祸与岁积。今日之事，造端命意，实系于此。夫商之事顺而易举，寇之事逆而难为，惟其顺易之路不容，故逆难之图乃作。访之公私舆论，转移之智，实藏全活之仁。"

其三是开市收税一举两得："开市必有常税。向来海上市货暗通，而费归私室。若立官收料，倍于广福多甚……旧时两浙，北起乍浦，南迄蒲门，萦纡二千里，卫所巡司各衙门兵卒约二十万有奇，岁费五十万有奇，各县征发旧额已定，见今客兵大增，何以处给？且兵荒之余，百姓贫苦，不忍加赋，若得海上之税以济海上年例之用，则一举两得，战守有赖，公私不相困矣。"

其四是使有力者得以从商，则琐琐之辈自能各安本业："海上逐臭之夫无处无之，恶少易动之情亦无处无之。樵薪捕鱼，逞侠射利者，原无定守，不得安于其业，则随人碌碌，乃常情之所必至。使有力者既已从商而无异心，则琐琐之辈自能各安本业，无所效尤，以为适从。故各年寇情历历可指，壬子(嘉靖三十一年)之寇，海商之为寇也；癸丑(三十二年)之寇，各业益之而为寇也；甲寅(三十三年)之寇，沙上之黠夫、云间之良户复大益之而为寇也；乙卯(三十四年)之寇，则重有异方之集矣。迹是而观，能无治其乎？"

其五是此举可以缓解目前之困境："东南乡兵孱弱，未易练成，所调各处骁悍之卒，前事有鉴，恐为地方不测之变。况土尚各别，长技莫施。又居民久疲思息，便宜一节，纵非经久可行，亦姑为目前纾急计，其分量盖得算多而众心愿者。"

接下来他分析了"顺其请有五虑""却其请有四利""却其请有四虑"。其中"却其请有四虑"颇值得注意：一是"如其绝望，必大肆奸猾，鼓动诸岛，增益松江等诸巢"；二是"失此机会，或直恶贯而毙，则在系者不为奇货，承应者无此才力，虽欲为此，又不可作"；三是"天顺以后，市舶权重，市者私行，虽公泫荡然，而海上晏然百年。此乃通商明验。今之议者若谓王直不当宥则可,若以市法永不当开,则恐非细思而详考也";四是"去年贼势猖獗,进兵不收全效,督察赵侍郎延访群情,故有蒋洲、陈可愿之计。二人远涉纡谋,略有次第,却之是弃二人而罔小丑,非所示信矣"。

由于胡宗宪临事变卦,唐枢的建议未被采纳,更谈不上付诸实施了。用历史的眼光来看,这些主张是务实的,具有前瞻性的。这位仰慕圣贤之学,受业于湛若水的儒者,深造实践,留心经世之略,并非浪得虚名。在他的文集中,还有不少精彩的论述,例如:"海寇之炽,自嘉靖五六年始,彼因商道禁严,横行劫掠,然止以南纪澳为巢穴,居有定处。至嘉靖二十年后,许栋、李光头等掠人责赎,声势衍蔓,然止偶遇佛郎机船数只,党有定伙。昔时在倭为寇,在中国为我民;行者为寇,居者为良民。今则华夷深处,内外连结,善恶莫辨";"惟其商道不通,而利之所在,人必趋之,不免巧生计较,商转而为寇。商道既通,则寇复转而为商"。① 又如:"海寇小劫,自嘉靖五六年后始,其掳人索赎,自嘉靖二十年后始。若今日之事,则又所创见者。贼头许栋、李光头既败,张月湖、蔡未山已死,陈思泮为汪五峰所杀,今只林同泉、王万山、陈太公、曾老辈而已,而皆服比于汪。是昔日之寇尚各自自立门头,今已浑同一伙,若欲用间除之,颇有机会。"②

由此可见,他答复胡宗宪咨询所提出的建议,是经过深思熟虑的,为此他还为胡宗宪设计了"开市事宜"十条,宗旨是突破海禁政策,允许人民出海贸易,政府设关收税,使走私贸易转化为合法贸易。具体事宜有:一、"收税则例,悉准广东夷货事理定额";二、"夷商泊船烈港,内地人往彼处交易,事毕各散,毋得久居本处";三、"内地人赍货出海,先

---

① (明)唐枢:《复林石海大巡公帖(壬子七月)》,《木钟台杂集》利卷《海议》。
② (明)唐枢:《军门对巡抚王思质公(癸丑五月)》,《木钟台杂集》利卷《海议》。

于定海关开递报单,验过取照,随赴提举司起票,赴收税衙门纳税,才往烈港成交。其买回夷货,亦先于定海关开递报单,验过取照,复赴提举司起票,赴收税衙门纳税";四、"收税专设布政司官一员,往札定海关,税物随送定海县贮解";五、"赍货往来,限定海港一路,不得别由他道,违者即同私自通番"。① 如此等等。令人遗憾的是,这些精心的设计,没有被采纳,沦为一纸空文。

联系到王直受抚后在监狱中所写的《自明疏》,就更加凸显出唐枢见解之高明。王直有一定的文字功底,这篇《自明疏》写得情真意切:"带罪犯人王直,即汪五峰,直隶徽州府歙县民,奏为陈悃报国、以靖边疆、以弭群凶事。切臣直觅利商海,卖货浙、福,与人同利,为国捍边,绝无勾引党贼侵扰事情,此天地神人所共知者。夫何屡立微功,蒙蔽不能上达,反罹籍没家产,举家竟坐无辜? 臣心实有不甘。前此嘉靖二十九年,海贼首卢七抢掳战船,直犯杭州江头西兴坝堰,劫掠妇女财货,复出马迹山港停泊。臣即擒拿贼船一十三只,杀贼千余,生擒贼党七名,被虏妇女二口,解送定海卫掌印指挥李转送巡按衙门。三十年,大伙贼首陈四在海,官兵不能拒敌,海道衙门委宁波府唐通判、张把总托臣剿获。得陈四等一百六十四名,被掳妇女一十二口,烧毁大船七只,小船二十只……以夷攻夷,此臣之素志,事犹反掌也。如皇上仁慈恩宥,赦臣之罪,得效犬马微劳,驰驱浙江定海外长涂等港,仍如广中事例,通关纳税,又使不失贡期。宣谕诸岛,其主各为禁制,倭奴不得复为跋扈,所谓不战而屈人之兵者也。"②

一方愿意招抚,一方愿意归降,在开港互市这点上达成共识,可惜以王直处死而告终,不仅令王直遗憾,也令唐枢及其他持相同观点的有

---

① (明)唐枢:《上督府开市事宜》,陈子龙等编《皇明经世文编》卷二百七十。
② (明)王直:《自明疏》,《倭变事略》卷四《附录》。

识之士感到遗憾。

与唐枢同时代的人，也发表了类似的主张，虽然深度与广度远远不及，但已经难能可贵了。

嘉靖三十九年（1560）正月，巡抚淮扬都御史唐顺之，向朝廷条陈海防经略，其中第三条"图海外"，谈及"招赦逋逃"与"宣谕日本"，对于此前招抚王直的变卦颇有微词。指出："逋逃不归，东南诚未可以息肩也"；"至于宣谕日本，则浙江军门亦尝请命遣使矣，竟不能尽得其要领，使者坐罪，而其事遂罢"。为了从长计议，他主张恢复日本的贡市："倭夷素性贪诈，利我中国之货，既不与贡则无复望矣，因此遂被奸徒勾引同利，为寇不止，则以偶蹉一年贡期阻回之故也。为今之计，乞题请圣裁，行令各衙门遵照，今后夷人复来求贡，果有真正表印勘合，别无诈伪，姑不计其限例，就与奏请，起送赴京……则倭夷知有贡路之可通，而诡计自销，党类自携，勾引之徒亦可暂缚矣。"[1]其中第六条"复旧制"，主张恢复市舶贸易的旧制："国初，浙、福、广三省设三市舶司，在浙江者专为日本入贡，带有货物，许其交易。在广东者，则西洋番船之辏，许其交易而抽分之。若福建，既不通贡，又不通舶，而国初设立市舶司之意漫不可考矣。舶之为利也，譬之矿然，封闭矿洞，驱斥矿徒，是为上策；度不能闭，则国收其利权而自操之，是为中策；不闭不收，利孔泄漏，以资奸萌啸聚，其人斯无策矣。今海贼据梧屿、南屿诸岛，公然擅番舶之利，而中土之民交通接济，杀之而不能止，则利权之在也。宜备查国初设立市舶司之意，毋泄利孔，使奸人得乘其便。"[2]

嘉靖四十三年（1564），原任福建巡抚谭纶在回籍守制前，向皇帝条陈"经久善后六事"，其第四事是"宽海禁"："闽人滨海而居，非往来海中

---

① （明）吴瑞登：《两朝宪章录》卷十六，嘉靖三十九年正月丙子。
② （明）吴瑞登：《两朝宪章录》卷十六，嘉靖三十九年正月丙子。

则不得食。自通番禁严,而附近海洋鱼贩一切不通,故民贫而盗愈起。宜稍宽其法。"①

看来开放海禁业已成为有识之士比较一致的共识,因此,隆庆元年朝廷准许开放海禁,决非偶然之举。

关于隆庆元年(1567)朝廷批准开放海禁,应是确凿的事实,却不见于《实录》等正史的记载。学者们大多引用明人张燮《东西洋考》的文字:隆庆元年,福建巡抚涂泽民上疏请开放海禁,准贩东西二洋,朝廷允准。②

更早的记载,也许是福建巡抚许孚远写于万历二十年(1592)左右的《疏通海禁疏》,他用追述的语气写道:"迨隆庆年间,奉军门涂(泽民)右佥都御史议开禁例,题准通行,许贩东西诸番,惟日本倭奴素为中国患者,仍旧禁绝。二十余载,民生安乐,岁征税饷二万有奇,漳南兵食藉以充裕。""隆庆初年,前任抚臣涂泽民,用鉴前辙,为因势利导之举,请开市舶,易私贩而为公贩。"③这两段话,比《东西洋考》具体而精准,从明初以降延续二百年的海禁政策开始宣告废弛,允许商民可以前往东洋、西洋与外国商贩进行贸易,使得"私贩"转化为"公贩",即走私贸易转化为合法贸易。这是有划时代意义的大事。

万历二十年(1592),日本丰臣秀吉发动侵略朝鲜的战争,明朝应邀派兵前往援助,战事骤起,海上形势吃紧,兵部重新申严海禁:"凡有贩番诸商,告给文引者,尽行禁绝。敢有故违者,照例处以极刑。官司有擅给文引者,指名参究。"皇帝批准了兵部举措,下达圣旨:"着该抚按官严加禁缉,犯者依律究治。"④

---

① (明)王士骐:《皇明驭倭录》卷八,嘉靖四十三年。
② (明)张燮:《东西洋考》卷七《饷税考》。
③ (明)许孚远:《疏通海禁疏》,《敬和堂集·抚闽稿》。
④ (明)许孚远:《疏通海禁疏》,《敬和堂集·抚闽稿》。

许孚远的奏疏就是在这样的背景下提出的,列举了再度申严海禁造成的危害,希望二十多年开放海禁的政策能够正常延续。因此他的《疏通海禁疏》,对于评估隆庆元年开放海禁的意义,具有重大价值,值得细细分析。

　　首先,反映了沿海商民对于申严海禁的不满情绪。根据福建按察司巡视海道佥事余懋中报告,海澄县番商李福等连名上诉:本县僻处海滨,田受咸水,多荒少熟,民业全在出海贸易,赋役也都仰给于此。往年海禁严绝,人民倡乱,幸蒙建县通商,数十年来,饷足民安。近因倭寇进犯朝鲜,庙堂为防奸人接济硝黄,通行各省禁绝商贩出海,因而贻祸海澄县商贩引船百余只,货物亿万计。生路阻塞,商者倾家荡产,从业者束手断餐,阖地呻嗟,坐以待毙。又据漳州府海防同知王应乾报告,漳州府所属龙溪、海澄二县,地临滨海,半系斥卤之区,多赖海市为业。先前官府顾虑勾引外夷,一再严禁,人民手足无措,渐生邪谋,遂致煽乱,贻祸地方。自从隆庆年间开海禁,准许出海贸易东西二洋,二十余年,民生安乐。近来再度禁绝番商,民心汹汹告扰。

　　其次,指出海禁有四大隐患:

　　——"沿海居民凭藉海滨,易与为乱。往者商舶之开,正以安反侧、杜乱萌也。乃今一禁,彼强悍之徒,俯仰无赖,势必私通,继以追捕,急则聚党遁海,据险流突,如昔日之吴、曾、林、何,变且中起。"

　　——"东西二洋商人,有因风涛不齐,压冬未回者,其在吕宋尤多。漳人以彼为市,父兄久住,子弟往返。见留吕宋者,盖不下数千人。一旦舟楫不通,归身无所,无论弃众庶以资外夷,即如怀土之恩既切,又焉保其不勾引而入寇也。"

　　——"迩者关白①阴蓄异谋,幸有商人陈申、朱均旺在番探知预报,

---

　　① 引者按:"关白"指丰臣秀吉。

盛为之防,不至失事。今既绝通商之路,非惟商船不敢下水,即如宣谕哨探之船亦无由得达,设或夷酋有图不轨如关白者,胡由得而知之?"

——"漳南沿海一带,宁汛兵众数千,年费粮赏五万八千有奇,内二万则取足于商税,若奉禁无征,军需缺乏,势必重敛于民,民穷财尽,势难取给。"

他还针对有关当局申严海禁的理由——战端既开,战略物资硝黄之类必须禁止运往日本,予以反驳:"若缘此而禁绝商路,不几于因噎废食乎?"他郑重向朝廷请求弛禁、复旧通商,为此目的,再度重申弛禁的理由:"东南滨海之地,以贩海为生,其来已久,而闽为甚。闽之福、兴、泉、漳,襟山带海,田不足耕,非市舶无以助衣食,其民恬波涛而轻生死,亦其习使然,而漳为甚。先是,海禁未通,民业私贩,吴越之豪渊薮卵翼,横行诸夷,积有岁月,海波渐动,当事者尝为厉禁。然急之而盗兴,盗兴而倭入。嘉靖之季,其祸蔓延,攻略诸省,荼毒生灵,致烦文武大帅殚耗财力,日寻干戈,历十有余年,而后克底定。于是隆庆初年,前任抚臣涂泽民用鉴前辙,为因势利导之举,请开市舶,易私贩而为公贩,议止通东西二洋,不得往日本倭国,亦禁不得以硝黄铜铁违禁之物夹带出海,奉旨允行,几三十载。幸大盗不作,而海宇晏如。"

因此他认为,开放海禁已是大势所趋,"市通则寇转而为商,市禁则商转而为寇。禁商犹易,禁寇实难,此诚不可不亟为之虑。且使中国商货通于暹罗、吕宋诸国,则诸国之情尝联属于我,而日本之势自孤。日本动静虚实,亦因吾民往来诸国,侦得其情,可谓先事之备"。[①]

随着战事的消停,海禁也渐趋松弛,直至废止。或者说,沿海商人可以合法地前往东西二洋贸易,但是与日本的贸易仍旧处于禁止状态。这实在是一个自相矛盾的政策,而且很难收到实效。许孚远已经察觉

---

① (明)许孚远:《疏通海禁疏》,《敬和堂集·抚闽稿》。

到这一点:"同安、海澄、漳浦、诏安等处奸徒,每年于四五月间,告给文引,驾使鸟船,称往福宁卸载北港捕鱼,及贩鸡笼、淡水者,往往私装铅硝等货,潜去倭国,徂秋及冬或来春方回。亦有藉言潮、惠、广、高等处籴买粮食,径从大洋入倭,无贩番之名,有通倭之实。"①

明末的徐光启在回顾这段历史时,也看到了这一点,对于开放东西二洋贸易的同时仍然禁止日本贸易颇为不解,事实上也难以做到。不仅中国商人出洋后难以控制,而且西洋商人也会乘虚而入,填补空缺。"官市不开,私市不止,自然之势也"——这是他的基本观点。他在《海防迂说》中写道:

> 倭自知衅重,无由得言贡市,我边海亦真实戒严,无敢通倭者,即有之,亦渺小商贩,不足给其国用。于是有西洋番舶者,市我湖丝诸物,走诸国贸易,若吕宋者,其大都会也。而我闽浙直商人,乃皆走吕宋诸国,倭所欲得于我者,悉转市之吕宋诸国矣。倭去我浙直路最近,走闽稍倍之,吕宋在闽之南,路迂回远矣,而市物又少,价时时腾贵,湖丝有每斤价(白银)至五两者。其人未能一日忘我贡市也。②

因此在他看来,既然开放东西二洋贸易,却要把日本作为例外而继续禁止,是不合时宜的,开通与日本的民间贸易,是合乎世界潮流之举,而且对双方都有好处:

> 向者固云官市不通私市不止矣,必明与之市,然后可以为两利之道,可以为久安之策,可以税应税之货,可以禁应禁之物。论者徒恐贡市往来,导之入寇,不知入寇与通市两事也,来市则予之,来寇则歼之,两不相妨也。必绝市而后无入寇,

① (明)许孚远:《疏通海禁疏》,《敬和堂集·抚闽稿》。
② (明)徐光启:《海防迂说》,《徐文定公集》卷四。

必日本通国之中无一人识中国之海道者然后可,此必无之理也。绝市而可以无入寇,必日本通国之中并丝帛、瓷器、药品诸物悉屏去不用然后可,又必无之理也。[1]

徐光启与进入中国的耶稣会士有深入的交往,对世界大势了然于胸,说得有理有节。日本所需中国商品,通过月港、澳门、台湾、马尼拉等渠道,源源不断运入,海禁已经没有实际意义。

4. 月港贸易合法化与广中事例

隆庆元年(1567)福建巡抚题准的"许贩东西诸番",具体是指在漳州府的月港开放海禁,允许民间商人出海往东西二洋贸易。与之配套的是,把月港镇升格为海澄县,在此设立海关(当时称为督饷馆),对进出口货物征收关税(当时称为商税),使得以往的走私贸易转化为合法贸易。这种税收,包含引税、水饷、陆饷。

民间出海贸易的船只,必须由政府核准后颁发"船引",这种船引的税收,叫做"引税"。东西洋船每张船引抽取引税白银三两(后增至六两),中国台湾鸡笼(即基隆)、淡水船每张船引抽取引税白银一两(后增至二两)。

水饷是对出口货物征收的商税,由船商缴纳。为了简便起见,按照船只大小,即按照可能装载货物的数量,制订固定的税则:西洋船面阔一丈六尺以上,每船征收水饷白银五两(面阔每多一尺,加银五钱);东洋船稍小,征收西洋船的十分之七;鸡笼、淡水船更小,船面阔一尺,征水饷银五钱。

陆饷是对进口货物征收的商税,由铺商缴纳。按照货物数量与价值制定税则,如胡椒、苏木等货价值白银一两者,征收陆饷白银二分。

---

① (明)徐光启:《海防迂说》,《徐文定公集》卷四。

此外还有加增饷。月港商船前往吕宋销售中国货物,返回时大多不载货物,而是一船白银货币,难以征收陆饷,政府另设一种特别税,叫做"加增饷",每船缴纳白银一百五十两(后减为一百二十两)。①

李庆新认为:"从隆庆元年'准贩东西二洋',到万历年间,月港对外贸易50余年,形成有地方特色的管理体制,在明后期福建社会经济发展与对外关系中发挥重要作用。首先,为福建地方军饷以及财政开辟了大笔可靠来源。万历三年开征引税时,税额6 000两。万历四年至十一年,税收累增至2万余两。万历二十二年,税饷达2.9万余两。其次,月港税制也体现了明中后期税收制度从实物税制向货币税制转变的历史趋势,其税收结构也为清代外贸税收提供若干制度准备。此外,月港开海适应了明后期福建社会经济发展的要求,为漳泉民众出海贸易提供一条合法渠道。福建商民正是利用这一通道,大规模出海经商贸易,移居南洋、日本,不仅在华商中一枝独秀,而且是南海贸易强劲的海商势力。这恐怕是'月港体制'最值得称道的客观效应。"②

月港贸易的意义并不局限于福建一地,诸如发展了地方经济,增加了多少税收。它的意义带有全局性——最高当局第一次批准民间商人可以出海,可以与外商贸易,否定了沿用达二百年之久的海禁政策,在漳州月港撕开了一个大大的缺口。此后,随着海外贸易的蓬勃发展,带动了沿海地区经济繁荣,从侧面证实了这样一个道理,在全球化的大航海时代,开放海禁是唯一可取的选择。统治者意识到这一点,但是在付出了沉重的代价之后。

而广东地方当局似乎更早认识到这一点,在民间海外贸易方面采取逾越海禁的灵活政策,这就是所谓"广中事例"。当年王直接受招抚

---

① (明)张燮:《东西洋考》卷七《饷税考》。
② 李庆新:《明代海外贸易制度》,社会科学文献出版社,2007年,第343—344页。

时所写的《自明疏》，就明确提出，在浙江沿海采用"广中事例"："如皇上仁慈恩宥，赦臣之罪，得效犬马微劳，驱驰浙江定海外长涂等港，仍如广中事例，通关纳税，又使不失贡期。"①可见"广中事例"的本质就是"通关纳税"，变私贩为公贩。

早在嘉靖八年(1529)，广东巡抚林富就提出"通市舶"的建议，其主旨与几十年后福建巡抚涂泽民"准贩东西二洋"，是一致的。他指出了四大好处：一、"番夷朝贡之外，抽解具有则例，足供御用"；二、"除抽解外，即充军饷。今两广兴兵连岁，库藏日耗，藉此可以充羡，而备不虞"；三、"广西一省，全仰给广东，今小有征发，即措办不前，虽折俸椒木，久已缺乏，科扰于民，计所不免。查得旧番舶通时，公私饶给，在库番货旬月可得银两数万"；四、"贸易旧例，有司择其良者，如价给之。其次资民买卖，故小民持一钱之货，即得握椒，展转交易，可以自肥。广东旧称富庶，良以此耳。"②

广东的情况有一些特殊，澳门已经成为葡萄牙的通商口岸，不在海禁政策制约的范围。因此广东籍官员庞尚鹏提议，不再纠缠于"禁"与"通"的争论，而是提出管理措施："自后番舶入境，仍泊往年旧澳，照常贸易。无失其关市岁利。"③另一广东籍官员霍与瑕谈到了闽浙沿海由于倭患，外商船舶大量云集广东所带来的问题："近日闽浙有倭寇之扰，海防峻密，凡番夷市易皆趋广州。番船到岸，非经抽分不得发卖。而抽分经抚巡海道行移委官，动逾两月。番人若必抽分乃得易货，则饿死久矣。"因此他提出"恤海商"的主张："大易有之，惟能容民，即所以畜众。今能恤海商，即所以固海防也。"④

---

① （明）王直：《自明疏》，《倭变事略》卷四《附录》。
② （明）黄佐：《代巡抚通市舶疏》，《黄泰泉先生全集》卷二十。按，此处巡抚指林富。
③ （明）庞尚鹏：《题为陈末义以保海隅万世治安事》，《皇明经世文编》卷三百五十七。
④ （明）霍与瑕：《上潘大巡广州事宜》，《皇明经世文编》卷三百六十八。

因此,广东和浙江、福建不同,海禁最为松弛,出现了变通灵活的"广中事例"。李庆新说:"明中叶广东海外贸易制度转型,主要体现在三方面:一是商舶'抽分'的出现以及税收结构的改变,区分贡舶、商舶已经没有太大意义;二是葡萄牙人在争议声中最终获允在澳门居留贸易,澳门与广州形成广东贸易管理体系的'二元中心'结构;三是一些新贸易组织的出现。时人把这些新制度称为'广中事例'。"①

"广中事例"为民间的海外贸易开创了一个新局面,与月港贸易遥相呼应,营造了东南沿海前所未有的繁荣景象。

---

① 李庆新:《明代海外贸易制度》,第253页。

第二章
卷入全球化贸易的浪潮

"全球化"一词,早已成为现在的时髦话语。也许是缺乏历史眼光,当代人有一种错觉,以为"全球化"是当今世界的新现象。其实不然。德裔美国学者弗兰克(Andre Gunder Frank)尖锐地批评道:"近来流行的一种说法是,世界经济只是到现在才开始'全球化'。"①他写的引起巨大反响的《白银资本》一书,副标题就是"重视经济全球化中的东方",而他所讨论的时间段是 1500—1800 年,在他看来,在这几个世纪中已经存在"经济全球化"。他比沃勒斯坦(Immanuel Wallerstein)、布罗代尔(Fernand Braudel)更明确地认定,从地理大发现到工业革命之前的时代,已经是经济全球化的时代。

　　这并非他的独创。美国学者罗伯特·基欧汉(Robert O. Keohane)和约瑟夫·奈(Joseph S. Nye)在他们的论著——《全球化:来龙去脉》中,对"全球化"作出了具有历史纵深感的分析:"全球性因素是指世界处于洲际层次上的相互依存的网络状态。这种联系是通过资本、商品、信息、观念、人员、军队,以及与生态环境相关的物质(如酸雨、病原体)的流动及其产生影响而实现的。""我们认为,全球性因素是一种古已有之的现象。而全球化,不论过去还是现在,都是指全球因素增加的过程。"②

　　弗兰克的特殊贡献在于,批判了沃勒斯坦、布罗代尔"世界体系"的

---

　　① [德]弗兰克著,刘北成译:《白银资本——重视经济全球化中的东方》,中央编译出版社,2008 年,第 53 页。
　　② [美]罗伯特·基欧汉、约瑟夫·奈著,陈昌升译:《全球化:来龙去脉》,《国外社会科学文摘》2000 年第 10 期。

欧洲中心论。他认为,1500—1800 年的"经济全球化中的东方"是世界经济的中心,换言之,当时的经济中心并不在欧洲。他写道:

> 在 1800 年以前,欧洲肯定不是世界经济的中心。无论从经济分量看,还是从生产、技术和生产力看,或者从人均消费看,或者从比较"发达的""资本主义"机制的发展看,欧洲在结构上和功能上都谈不上称霸。16 世纪的葡萄牙、17 世纪的尼德兰或 18 世纪的英国在世界经济中根本没有霸权可言……在所有这些方面,亚洲的经济比欧洲"发达"得多,而且中国的明—清帝国、印度的莫卧尔帝国,甚至波斯的萨菲帝国和土耳其奥斯曼帝国所具有的政治分量乃至军事分量,比欧洲任何部分和欧洲整体都要大得多。[①]

他特别强调,在 1500—1800 年,"整个世界经济秩序当时名副其实地是以中国为中心的",因为,"外国人,包括欧洲人,为了与中国人做生意不得不向中国人支付白银,这也确实表现为商业上的'纳贡'";"'中国贸易'造成的经济和金融后果是,中国凭借着在丝绸、瓷器等方面无与匹敌的制造业和出口,与任何国家进行贸易都是顺差。因此,正如印度总是短缺白银,中国则是最重要的白银净进口国,用进口美洲白银来满足它的通货需求。美洲白银或者通过欧洲、西亚、印度、东南亚输入中国,或者用从阿卡普尔科出发的马尼拉大帆船直接运往中国"。[②]

　　欧洲大约在 1300 年开始了商业革命,两个世纪后,海外探险蔚然成风,西班牙和葡萄牙都想在东方贸易中抢占先机。航海探险以及随

---

① [德]弗兰克著,刘北成译:《白银资本——重视经济全球化中的东方》,第 5 页。
② [德]弗兰克著,刘北成译:《白银资本——重视经济全球化中的东方》,第 110、107、108 页。

之而来的殖民帝国,所产生的后果几乎是难以估价的。首先是,使得以往局限于狭窄范围的地中海贸易扩展为世界性事业,航海大国的商船首次航行于"七大洋"(西方人的习惯说法);其次是,商业贸易的数额和消费品的种类大量增长,出现了历史上第一次经济全球化。对于中国而言,影响也是巨大而深远的,一言以蔽之,就是把封闭的"天朝"卷进了全球化贸易浪潮之中。

一　新航路发现与葡萄牙人东来

1. 寻找通往印度的航路

15 世纪的最后二十五年,寻找通往印度的航线,成为葡萄牙海外政策的主要目的。迪亚士(Bortholomew Diaz)奉命率领三艘帆船,于 1487 年 8 月离开里斯本,从海上探寻通往印度的道路。1488 年底,迪亚士回到里斯本,带回了环绕非洲大陆顺利航行和打开通往印度的消息,坚定了国王约翰二世进一步探险的决心。1496 年 12 月,新国王曼努埃尔一世在御前会议上提出继续探险的打算。1497 年 7 月,瓦斯科·达·伽玛(Vasco Da Gama)率领四艘帆船,由里斯本启航,几个月后,在好望角附近的海岸登陆,然后沿着非洲海岸航行到东非的马林迪,再由马林迪越过印度洋抵达印度西海岸的港口。达·伽玛采购了印度的珍珠、胡椒、棉布等商品,满载而归,巨额利润高达资本的 60 倍。四年之后,达·伽玛再次率领船队来到印度,带来的资本约值 240 万法郎,带回去的货物变价到 1 200 万法郎。1499 年 7 月 10 日,达·伽玛返回里斯本。他所探寻的新航路使得欧洲人持续一百年来的努力,终于圆满结束,使得葡萄牙奠定了在东方的基础。[①]

16世纪初,葡萄牙人占领了印度西海岸的贸易港口果阿(Goa)、东西洋交通咽喉马六甲(Malacca,《明史》称为满剌加),以及号称香料群岛的美洛居群岛(Moluccas Islands)。

明朝与马六甲有着悠久的交往历史。1403年明成祖派遣使节到此,马六甲统治者于1405年和1407年派遣使节,向明朝皇帝进献贡品,要求明朝承认它的国家为明朝的藩属。郑和下西洋时曾经访问马六甲,双方之间缔结松弛的政治联盟。《大明会典》记载:"满剌加国,永乐三年,其酋长拜里迷苏剌遣使奉金叶表朝贡,诏封为国王,给印诰。使者言王慕义,愿同中国属郡,岁效职贡。又请封其国西山,诏封为镇国之山,御制碑文赐之。"[②]

马六甲位于马来半岛南部,当是时国际贸易的中转港,也是南洋群岛海上要冲。葡萄牙人攻占其地后,使之成为葡萄牙在东方的军事要塞与国际贸易基地,也是当时的香料集散中心。葡萄牙人由此出发,一面控制香料群岛,一面北上沟通中国。[③]

葡萄牙国王曼努埃尔一世对中国这片神奇的土地怀有极大的兴趣,1508年发出指令:"要弄清中国人的情况。他们来自哪里?距离有多远?到马六甲贸易间隔时间有多长?携带什么商品?每年来往商船的数目和船的规模如何?是否在当年返回?他们在马六甲或者其他什么地方是否设有商馆和公司?他们是否很富有?性格怎么样?有没有武器和大炮?"一连串的问题,既反映了对中国的极大兴趣,也反映了对

①　参见波特《新编剑桥世界近代史》第一卷,中国社会科学出版社,1999年,第562—567页。
②　万历《大明会典》卷一百六《礼部六十四·朝贡二》。
③　参见梁嘉彬《〈明史稿·佛郎机传〉考证》,《明史论丛》之七《明代国际关系》,台北学生书局,1968年,第8—10页。

中国的一无所知。①

　　药材代理商出身的托梅·皮雷斯（Tome Pires）1512 年到达马六甲，在葡属印度总督手下任商馆秘书、会计师兼药材管理官。他在马六甲四处搜集情报，编成《东方诸国记》，呈献给葡萄牙国王，为东方决策提供依据。看看 1515 年葡萄牙人笔下的中国，是饶有兴味的事。书中写道：

　　　　中国不以掠夺他国为荣，看来中国无疑是一个重要的、乐善不倦且又十分富饶的国家。

　　　　中国输出的大宗商品为本色湖丝，数量甚巨；大量散装的彩色丝绸，各种颜色的缎子，五颜六色带格子图案的"恩罗拉多斯"锦缎，塔夫绸与薄如蝉翼的纱（xaas），以及其他各种五彩缤纷的丝绸……上述这些帆船自中国航海抵达马六甲后，中国人无须交纳关税。

　　　　（中国人从马六甲运回的）大宗商品为胡椒——中国人每年要购买十船胡椒，如果能有许多胡椒运往中国的话——丁香、少量的肉豆蔻，一些木香和儿茶。中国人还大量购买薰香、象牙、锡、药用芦荟、堆积如山的婆罗洲樟脑、红色的烧珠、白檀、苏木、不可悉数的新加坡出产的乌木、为数甚巨的坎贝红玛瑙、鲜红色的羽纱以及彩色的羊毛织品。除了胡椒之外，他们对所有其他商品都不太重视。②

　　这些具体而细致的描述，较之先前的一无所知，有了很大的进步。这位当时的中国通，被国王委任为第一任使节出使中国，两者的相遇会

---

①　万明：《明代中葡两国第一次正式交往》，《中国史研究》1997 年第 2 期。
②　［葡］皮雷斯著，夏茂译：《1515 年葡萄牙人笔下的中国》，《中外关系史译丛》第 4 辑，上海译文出版社，1988 年，第 274—289 页。

碰出什么样的火花,是耐人寻味的。相映成趣的是,当时中国人对他们的了解是影影绰绰的,从统称他们为"佛郎机"这点来看,就显得模模糊糊。对海外事务有所研究的郑若曾这样写道:"刑部尚书顾应祥云:佛郎机,国名也,非铳名也。正德丁丑(十二年,1517)予任广东佥事,署海道事,蓦有大海船二只,直至广城怀远驿,称系佛郎机国进贡,其船主名甲必丹。人皆高鼻深目,以白布缠头,如回回打扮。即报总督陈西轩公金,临广城,以其人不知礼,令于光孝寺习仪三日而后引见。查《大明会典》并无此国入贡,具本参奏,朝廷许之。"①

以上所说,就是1517年(正德十二年)由一支葡萄牙舰队载着使臣托梅·皮雷斯在广州城外的珠江抛锚下泊,请求通使之事。在《明实录》中留下了记录:"佛郎机国差使臣加必丹末等贡方物请封,并给勘合。广东镇抚等官以海南诸番国无所谓佛郎机者,又使者无本国文书,未可信,乃留其使者以请。下礼部议处,得旨:令谕遣还国,其方物给与之。"②

这个皮雷斯很会钻营,买通广东地方官,终于获得进京的许可,在正德十五年(1520)进入北京。由于同年年底满剌加(马六甲)国王呈送的求救公文到达北京,明朝君臣获悉这帮佛郎机东来的意图,以及强占东莞县的屯门岛,在那里劫夺财富、掠买人口种种劣迹,便把皮雷斯遣返广州。这就是《明史·满剌加传》所说:"后佛郎机强举兵侵夺其地,王苏端妈末出奔,遣使告难。时世宗嗣位,敕责佛郎机,令还其故土,谕暹罗诸国王以救灾恤邻之义,迄无应者。满剌加竟为所灭。时佛郎机亦遣使朝贡请封,抵广东,守臣以其国素不列王会,羁其使以闻,诏予方物之直遣归。"③葡萄牙人当然不甘心放弃对中国的贸易,径直前往福建

---

① 郑若曾:《经略三》,《筹海图编》卷十三。梁嘉彬《〈明史稿·佛郎机传〉考证》指出:此处所谓"船主甲必丹",即葡语 Capitao Mov 之译音,意为船主,并非人名。"船主甲必丹"云云,语义重复。
② 《明实录·明武宗实录》卷一百五十八,正德十三年正月壬寅。
③ 《明史》卷三百二十五《外国传·满剌加》。

与浙江沿海,参与走私贸易。

2. 葡萄牙人的中国贸易

英国历史学家博克瑟(C. R. Boxer)在《十六世纪的华南》(*South China in Sixteenth Century*)中,如此描述这一段历史:

> 对于葡萄牙人来说,与中国的贸易是非常宝贵的,不经过一场斗争就让他们放弃这一新兴的、前途无量的市场是绝对办不到的。故而在随后的三十年内,佛郎机继续游弋于中国沿海,他们有时在地方官员的默许下进行贸易,有时则完全不把地方官放在眼里。由于最初是在广东相当严厉的那道明王朝禁止其贸易的诏令,葡萄牙人便将自己的注意力转移向较北面的沿海省份——福建与浙江,他们在那儿隐蔽的、无名的诸岛屿及港湾内越冬。在那些暂时的居留地中,最繁盛的要数宁波附近的双屿港,以及位于厦门湾南端的浯港①和月港。②

博克瑟的说法是可信的,在中文史料中可以找到印证。当时的漳州籍官员林希元说:"佛郎机之来,皆以其地胡椒、苏木、象牙、苏油、沉束檀乳诸香与边民交易,其价尤平。其日用饮食之资于吾民者,如米、面、猪、鸡之数,其价皆倍于常,故边民乐与为市,未尝侵暴我边疆,杀戮我人民,劫掠我财物。且其初来也,虑群盗剽掠累己,为我驱逐,故群盗畏惮不敢肆。"③走私贸易的基地,就是福建的浯屿与月港,以及浙江方面的双屿港。郑舜功说:"浙海私商始自福建邓獠。初以罪囚按察司狱,嘉靖丙戌(五年)越狱,遁下海,诱引番夷私市浙海双屿港,投托合澳

---

① 引者按,"浯港"即"浯屿",今称金门。

② [英]博克瑟著,钱江译:《佛郎机之东来》,《中外关系史论丛》第4辑,上海译文出版社,1988年。

③ (明)林希元:《与翁见愚别驾书》,《林次崖先生文集》卷五。

之人卢黄四等，私通交易。嘉靖庚子(十九年)继之许一、许二、许三、许四勾引佛郎机国夷人，络绎浙海，亦市双屿、大茅等港，自此东南衅门始开矣。嘉靖壬寅(二十一年)宁波知府曹诰以通番船招致海寇，故每广捕接济通番之人，鄞乡士夫尝为之拯救，知府曹诰曰：'今日也说通番，明日也说通番，通得血流满地方止。'明年，邓獠等寇掠闽海地方，浙海寇盗亦发。海道副使张一厚，因许一、许二等通番致寇，延害地方，统兵捕之。许一、许二等敌杀得志，乃与佛郎机夷竟泊双屿，伙伴王直，于乙巳岁(二十四年)往市日本……"①

葡萄牙人从 1524 年起，在中国东南沿海闽浙一带进行贸易，他们活动的地域——宁波外海的双屿岛，是远近闻名的走私贸易据点。它孤悬海外，岛民早在明初已经内迁，长期无人居住，极有利于走私贸易。许栋(许二)、李光头(李七)、王直等，以此为据点，进行走私贸易。葡萄牙人贸易之余，在那里栖息越冬，许栋、王直从葡商手中买进各种番货，转手倒卖，还从他们那里购买先进的武器，装备自己的船只，用来对付官军。从 1524 年到 1547 年，葡商在双屿岛上建造了千余座房屋，设立了市政厅、教堂、医院、慈善堂，居民达 3 000 人，其中葡萄牙人 1 200 人，其余是各国的天主教徒。当时的走私贸易十分兴旺，以致形成港口拥堵不堪的景象。据说葡萄牙人每年在双屿岛的交易额达到 300 万葡元以上，绝大部分交易用日本银锭作为支付手段，交易的商品主要是中国的丝绸、瓷器、棉布、粮食，以及从东南亚运来的胡椒等土特产。因此之故，双屿岛一时号称葡属东方殖民地最富庶的商埠。② 西方史家龙思泰(Anders Ljungstedt)说："在其繁荣兴旺的日子里，双屿成为中国人、

---

① (明)郑舜功：《日本一鉴：穷河话海》卷六《海市》。

② 参见张天泽《中葡早期通商史》，香港中华书局，1988 年，第 87—88 页。亦见陈炎《海上丝绸之路与中外文化交流》，北京大学出版社，1986 年，第 188 页；黄庆华《早期中葡关系与澳门开埠》，《史学集刊》1997 年第 4 期。

遏罗人、婆罗洲人、琉球人等等的安全地带,使他们免遭为数众多、横行于整个海域的海盗之害。这个地方向来繁华,但自1542年(嘉靖二十一年)起,由于对日本贸易而变得特别富庶。其地有两座教堂、一座市政厅、两家医院,以及超过1 000幢的私人房屋。尽管这里属中国管辖,但实际上由一个自治市政机构统治着,这个机构由行政司法官、审计官、法官、市议员以及其他六七种官员组成。"①

这种繁荣状况仅仅持续了几年,嘉靖二十六年(1547)朱纨巡抚闽浙,为了消除倭患,调集军队把双屿岛的走私贸易据点彻底捣毁,随后又有漳州的走马溪之战,葡萄牙商人不得不从浙闽沿海退回到广东。

这一时期最值得注意的事当属王直引导葡萄牙商人前往日本。据日本文献《铁炮记》记载,天文十二年即嘉靖二十二年(1543),一艘从中国驶来的大型船舶,抵达九州东南部的大隅半岛南面的种子岛,船上一百多名船员服装与语言都很奇特。其中有一名大明儒生,名叫五峰,以沙滩当纸,与当地人笔谈,介绍这些人是"西南蛮种之贾胡"。② 所谓大明儒生五峰,就是大名鼎鼎的五峰船主王直。此举的意义非同小可,从此开启了中、葡、日的三边贸易的新格局。日本文献《大曲记》说:"有个名叫五峰的从大唐来到平户津,住在现在的印山邸址修建的中国式房屋。他(指平户领主松浦隆信)利用了五峰,于是大唐商船来往不绝,甚至南蛮的黑船也开始驶来平户津。大唐和南蛮的珍品年年充斥,因而京都、堺港等各地商人,云集此地,人们称作西都。"③

广东方面的情况稍好一些。由于广东方面对佛郎机"悉行禁止",导致"番舶几绝",对广东经济造成负面影响。嘉靖八年(1529)新任广

---

① [瑞]龙思泰著,吴义雄译:《早期澳门史》,东方出版社,1997年,第5页。
② 参见洞富雄《铁炮——传入及其影响》,思文阁出版,1991年,第463—464页。亦见松浦章《中国的海商和海贼》,山川出版社,2003年,第50—51页。
③ [日]木宫泰彦著,胡锡年译:《日中文化交流史》,商务印书馆,1980年,第618页。

东巡抚林富向朝廷请求重开广东海禁,允许佛郎机互市,有四大好处:一是"番夷朝贡之外,抽解俱有则例,足供御用";二是"借此可以充羡,而备不虞";三是"查得旧番舶通时,公私绕给,在库番货旬月可得银两数万";四是"小民持一钱之货,即得握椒,辗转交易,可以自肥"。[①] 朝廷批准了林富的奏请,从此形成了广东的特殊政策——"广中事例"。《明史·佛郎机传》说:"自是,佛郎机得入香山澳为市。"

3. 从香山澳到濠镜澳

所谓香山澳,就是位于香山县的港湾——浪白澳。广东地方当局规定,东南亚国家的商船在广州附近的洋澳"驻歇",等候官府的处理。遏罗、占城等国的商船在香山县的浪白等洋澳以及邻近的一些洋澳,等待官员前来抽税,然后与中国商人进行交易。于是浪白澳便成了最为繁忙的交易地点。晚明学者王士性如此描绘道:"香山嶴,乃诸番旅泊之处,海岸去邑二百里,陆行而至,爪哇、渤尼、遏罗、真腊、三佛齐诸国俱有之。其初止舟居,以货久不脱,稍有一二登陆而拓架者,诸番遂渐效之。今则高居大厦,不减城市,聚落万头。"[②]但是浪白澳的地理条件并不理想,一是它距离广州太远,常有海盗出没;二是此地过于荒僻,缺乏经商所需的基本生活保障。因此,外商逐渐把位于珠江口的濠镜澳作为理想的交易场所。

濠镜澳是澳门的别名,它成为中外贸易的一个口岸,据说是负责广东沿海事务的都指挥使黄庆接受葡萄牙人贿赂的结果。中文书籍记载澳门史事最早最详的《澳门纪略》写道:"嘉靖十四年(1535),都指挥黄庆纳贿,请之上官,移泊口于壕镜,岁输课二万金。澳之有蕃市自黄庆

---

① (明)黄佐:《代巡抚通门舶疏》,《黄泰泉先生全集》卷二十。
② (明)王士性:《广志绎》卷四《江南诸省·广东》。

始。"①这一说法似乎源于《明史》,该书写道:"佛郎机遂纵横海上无所忌,而其市香山澳、壕镜者,至筑室建城,雄踞海畔,若一国然。将吏不肖者,反视为外府矣。壕镜在香山县南虎跳门外。先是,暹罗、占城、爪哇、琉球、渤尼诸国互市俱在广州,敕市舶司领之……嘉靖十四年,指挥黄庆纳贿,请于上官,移至壕镜,岁输课二万金,佛郎机遂得混入……闽粤商人趋之若鹜,久之,其来益众,诸国人畏而避之,遂专为所据。"②《明史》的说法过于含糊其辞,实际上嘉靖十四年以后葡萄牙人只是获得了与东南亚各国商人同等的权利,可以在濠镜泊船与经商。博克瑟《佛郎机之东来》说得较为确切:关于在澳门本岛定居之起源已有诸多论述,但迄今未有明确的定论。正如我们某些耶稣会士于1555年在该岛写的那些信件中所知道的那样,在1557年之前,葡萄牙人无疑已经常出入于该地。③

关于葡萄牙人入居澳门的时间,以往学者大多依据万历《广东通志》的说法:"嘉靖三十二年舶夷趋壕镜者,托言舟触风涛缝裂,水湿贡物,愿借地晾晒,海道副使汪柏循贿许之。时仅蓬磊数十间,后工商牟奸利者,始渐运砖瓦木石为屋,若聚落然。"④《澳门纪略》因此说,番人之入居澳门自汪柏始。以后学者大多信以为真。梁嘉彬认为,《澳门纪略》把此事系于嘉靖三十二年(1553)是一个错误,据他考证,汪柏借地是在嘉靖三十六年(1557)。他引征葡萄牙人宾陀所说,在葡人经中国官兵数度屠逐后,只有浪白一口尚可互市,1557年葡人以惯用之贿赂方法,博得中国政府允许在濠镜筑庐,以曝晒、存储货物。梁氏还引征瑞典人龙思泰的说法,认为至1557年,葡人始得入澳。梁嘉彬的结论是:

---

① (清)印光任、张汝霖:《澳门纪略》上卷《官守篇》。
② 《明史》卷三百二十五《外国传·佛郎机》。
③ 参见博克瑟著,钱江译:《佛郎机之东来》,《中外关系史论丛》第4辑。
④ 万历《广东通志》卷六十九《番夷》。

葡人入居澳门,洋人多主 1557 年之说,揆之情理,当亦无误。① 近年来研究早期中葡关系史的万明,对此也有详细的考证,她认为嘉靖三十二年葡人入居澳门的说法,虽然流传至今,具有相当大的影响,却是站不住脚的;国外近年研究澳门史的专著多已采用 1557 年的说法。②

从 1557 年(嘉靖三十六年)开始,葡萄牙人在澳门搭建住房,营造村落,为长久定居之计。到了 1562 年,澳门成为葡萄牙人在中国的唯一居留地,定居人口包括大约 900 名葡萄牙人,几千名从非洲、东南亚掠买来的奴隶,以及 4 000 名中国商民。经过几年的发展,逐渐建成了一个非常大的居留地,拥有三座教堂,一所医院,一座善堂,5 000 多名基督徒。这个地方隶属于驻扎在果阿的葡萄牙印度总督,由每年从印度前往中国、日本的中日贸易船队司令管辖。每年五六月间,这支船队从印度启航前往澳门,在那里停泊十个月或一年,购入大量的中国货物,等候下一个季风,于第二年六月至八月由澳门驶往日本。澳门成为重要的贸易中转港。

此后,由于广州贸易的重新开放,每年一月和六月,外国商人可以两次到广州参加交易会,东南亚各国商人不必经由澳门径直前往广州交易,澳门逐渐成为葡萄牙人独占的商埠。葡萄牙人给它重新命名,因为当地有座供奉"阿妈"(妈祖)的天妃庙,所以把它叫做"阿妈港"或"阿妈澳",葡文简化为 Macau(英文作 Macao)。据学者们研究,福建、台湾、广东一带,妈祖崇拜十分盛行。澳门所在的香山县境内,明清两代至少有十一座妈祖庙。澳门民间相传,明代宪宗成化年间(1465—1487年)闽粤商贾来澳门兴建妈祖庙;或谓澳门妈祖阁的最早建筑弘仁殿建于弘治元年(1488)。1984 年,澳门举行"澳门妈祖阁五百年"纪念。可

---

① 参见梁嘉彬《〈明史稿·佛郎机传〉考证》,《明史论丛》之七《明代国际关系》,第 8—10 页。

② 参见万明《中葡早期关系史》,社会科学文献出版社,2001 年,第 85—87 页。

见葡萄牙人入据澳门以前,澳门妈祖阁早已存在是毫无疑问的。[1] 这与澳门名称的由来,有着密切的关系。瑞典人龙思泰在他的名著《早期澳门史》中如此说:

> 因在娘妈角炮台(Bar Fort)附近有一座供奉偶像的神庙,所供奉的女神成为阿妈(Ama),所以外国作家称之为"阿妈港"(Amangao,port of Ama)。1583 年葡萄牙人将其命名为"神名之港"(Porto de nome de Deos)和"阿妈港"(Porto de Amacao)。这些都是"澳门"(Macao)一词的词源。[2]

这是从外国人的视角而言的。中国人另有一种说法。之所以把濠镜澳叫做澳门,是因为此地以南有十字门,人们把两者合称"澳门";或者说濠镜澳有南台山、北台山作为门户,所以称为澳门。[3]

二 以澳门为中心的全球化贸易

1. "东方第一商埠"——澳门

1557 年葡萄牙人在中国的澳门获得了一个可靠的基地,1571 年在

---

① 章文钦:《澳门妈祖阁与中国妈祖文化》,《澳门历史文化》,中华书局,1999 年,第421—426 页。

② [瑞]龙思泰著,吴义雄译:《早期澳门史》,第 19 页。梁嘉彬《〈明史·佛郎机传〉考证》谓:西人称澳门为 Macao,或为北麓马蛟石之译音,或为南麓娘妈阁的译音。汤开建《澳门诸名刍议》对此作了考证,不同意马蛟石说,认为 Macau 一词的中文形式应是"阿妈港"或"妈港"。

③ (清)张甄陶《澳门图说》(《小方壶斋舆地丛钞》第九帙):"澳门在广州府香山县之东南,去县治陆路一百四十里,水路一百五十里,凡海中依山可避风,有淡水可汲曰澳。又东有大十字门,西有小十字门,海舶由以出入,因呼曰澳门。"印光任、张汝霖《澳门纪略》:"濠镜澳之名,著于《明史》,其曰澳门,则以澳南有四山离立,海水纵横贯其中成十字,曰十字门,故合称澳门。"

日本的长崎得到了另一个基地。此后,这一获利颇丰的贸易便达到其鼎盛时期。正是在葡萄牙东方贸易蓬勃发展的大背景下,澳门从1580年代进入了繁荣的黄金时代,一直持续达半个多世纪。广东巡按御史庞尚鹏说:"近数年来,(夷人)始入濠镜澳筑室居住,不逾年多至数百区,今殆千区以上,日与华人相接,岁规厚利,所获不赀。故举国而来,负老携幼,更相接踵。今夷众殆万人矣。"①

从1561年到1580年,澳门由五百多人增长至两万多人,商业欣欣向荣,迅速向海港城市发展。到1635年,澳门已经号称"东方第一商埠",在这里出现了中国最早的西式洋房、医院、学堂、教堂,以及早期的火炮、船舶、钟表的制造工业,都是在澳门开始的。② 正如龙思泰所说:"葡萄牙人在印度殖民地,策划将整个贸易掌握在自己手中。他们达到了目的,在近一个世纪的时期中,独自享有许多亚洲港口与里斯本之间的通商利益。他们在澳门的不毛之地定居下来,在七八十年的时期中,独占着中国市场……(葡萄牙)商人们大体上几乎独占了整个日本、亚洲与欧洲的贸易而洋洋得意。"③

澳门逐渐成为沟通东西方经济的重要商埠,不仅是晚明中国对外贸易的重要通道,而且是葡萄牙—印度—中国—日本贸易航线的重要枢纽,对于葡萄牙人而言,这是一条十分有利可图的航线。原因是显而易见的:第一,由于东南沿海的倭患,中日之间的正常贸易中断,使得葡萄牙人长期处在独占中日贸易的优越地位;第二,葡萄牙人可以通过澳门这个窗口,直接从中国内地大批采购生丝、丝绸等中国特产,这些中国特产极受日本欢迎,可以在日本高价出售;第三,中国以白银为通货,

---

① （清）庞尚鹏：《区画濠镜保安海隅疏》,《百可亭摘稿》卷一。
② 陈炎：《澳门港在近代海上丝绸之路中的特殊地位和影响——兼论中西文化交流和相互影响》,《海上丝绸之路与中外文化交流》,北京大学出版社,1986年,第195页。
③ ［瑞］龙思泰著,吴义雄译：《早期澳门史》,第100页。

银价较高，日本盛产白银，又以黄金为通货，白银对黄金的比价远低于中国，葡萄牙人可以利用金银的差价，把中国的黄金以及其他货物换取廉价的日本白银，再用日本白银购买中国货物，转手倒卖给日本，获取巨利；第四，欧洲同样酷爱中国的丝绸、瓷器，以及其他远东特产，从澳门经由印度运回葡萄牙出售，带来丰厚的利润。[①]

有鉴于此，葡萄牙人以澳门为中心，来安排远东的贸易活动。每年五六月间，他们乘坐中日贸易船队司令指挥的大帆船，顺着夏季的西南季风，从果阿启航。这种大帆船载重量为 600—1 600 吨，载客量为 500—600 人，船上装载胡椒、苏木、象牙、檀香等印度特产，以及产于美洲经里斯本辗转运来的白银货币。在抵达澳门的近一年时间里，他们把船上装载的白银和货物，都换成中国的生丝、丝绸、黄金、铅、锡、水银、糖、麝香、茯苓、棉纱、棉布等货物。第二年初夏，他们乘着季风前往日本。起初入泊于平户、横濑浦、福田浦等口岸，从 1570 年开始，长崎成为葡萄牙对日贸易的固定商埠。在日本，他们把生丝、丝绸、黄金等中国货以高昂的价格迅速脱手，然后带着大量日本白银与少量日本货，乘着同年秋天的季风返回澳门。抵达澳门后，他们用日本白银大量收购中国生丝、丝绸、瓷器以及其他商品，在第三年秋天，乘着季风返回印度果阿。这样形成的每一个环节：果阿—澳门，澳门—长崎，长崎—澳门，澳门—果阿，都可以赚很多钱，整个过程可以赚取十多万块金币（相当于十多万西班牙银币比索）。[②]

就这样，中国卷入了全球化的远洋贸易之中，西方学者把它概括为"丝—银对流"，这种特征此时已经初露端倪。17 世纪末的苏萨(Fariay Sousa)在《葡萄牙的亚细亚》一书的"澳门条"写道：这里是中华帝国最

---

① 参见费成康《澳门四百年》，上海人民出版社，1988 年，第 43—44 页。
② 参见费成康《澳门四百年》，第 44—45 页。

繁盛的港口,葡萄牙人独家经营,每年 5 300 箱丝织物,每个净重 12 盎司的金条 3 200 个,七筐麝香、珍珠、砂糖、瓷器。要之,丝织物、黄金、瓷器等是中国运往欧洲的主要货物。为此,葡萄牙人向中国输入的是南洋特产和欧洲的毛织物,以及印度的琥珀、珊瑚、象牙、白檀、银币,更多的是胡椒。著名的《林斯霍顿旅行记》,在《1582 年里斯本出发》一节中所写的银币,就是墨西哥铸造的西班牙银圆,是当时欧洲以国际信用而流通的货币。这些银币经由印度、南洋流入中国,这种趋势一直延续到明末。一份 1637 年的文书说,从墨西哥经过菲律宾流入中国的白银数量巨大,不仅如此,从墨西哥走私到西班牙的白银,转移到英吉利人、法兰西人、荷兰人、葡萄牙人之手,然后再由葡萄牙人输送到印度,最后流向白银的集中地中国。另一方面,由于中国的丝绸向日本输送,每年因此流向中国的白银有二百多万两。百濑弘说,从 1557 年葡萄牙人得到澳门贸易的许可,一直到 1640 年,将近一个世纪,葡萄牙独占了欧洲与中国间、日本与中国间、南洋与中国间的多边贸易,从而获得巨额商业利润。1607 年在西班牙—葡萄牙的首都马德里的大官会议上,某官员在谈及澳门贸易时指出,在今日状态之下,以下一事究竟对我帝国有利还是不利? 应该慎重考虑,那就是: 为了从那个地方输送来不太重要的货物,每年送往印度数以百万计的西班牙银圆。所谓向印度运去数以百万计的西班牙银圆或许过于夸张,但是其中的半数流入了中国则是毫无疑问的。[①]

以澳门为中心的转口贸易,把中国卷入全球贸易的网络之中。澳门成为沟通东西方经济的重要国际商埠,葡萄牙人操纵了以澳门为中心的几条国际航线。

———————

① 参见百濑弘《明代中国的外国贸易》,《明清社会经济史研究》,东京研文出版,1980 年,第 16—17 页,第 44—49 页。

2. 澳门—果阿—里斯本之间的远程贸易

葡萄牙人的大帆船把中国的生丝、丝织品、黄金、铜、水银、麝香、朱砂、茯苓、瓷器等货物,从澳门运往果阿,再由果阿运往里斯本。其中数量最多的货物首推生丝,1580 年至 1590 年,从澳门运往果阿的中国生丝 3 000 担,价值白银 240 000 两,利润白银 360 000 两;1636 年从澳门运往果阿的生丝 6 000 担,价值白银 480 000 两,利润白银 720 000 两。从果阿运回澳门的货物,有白银、胡椒、苏木、象牙、檀香等,而以白银为大宗,即以 1585 年至 1591 年为例,用生丝和其他货物换回澳门的白银达 90 万两。这些白银是墨西哥、秘鲁出产的,由西班牙、葡萄牙商人运至塞维利亚和里斯本,再从那里运往果阿,以至于当时的马德里商人说:葡萄牙人从里斯本运往果阿的白银,几乎全部经由澳门流入中国了。17世纪,一艘葡萄牙商船从澳门驶向果阿,装载的货物中,数量最大的是生丝与丝织品,其中有白丝 1 000 担,各色丝绸 10 000—12 000 匹。每担白丝在澳门的售价仅为白银 80 两,运到果阿后的售价高达白银 200 两,利润率达 250%。此外还有大量染色的生丝与瓷器运到欧洲,利润率高达100%至 200%。葡萄牙商人在这种远程贸易的利润是惊人的。[①]

中国台湾学者李隆生的研究表明,葡萄牙船只载运木材、深红色衣料、水晶和玻璃制品,每年 4 月或 5 月离开果阿前往澳门,中途常在马六甲停留,把部分货物换成香料、苏木、鲨鱼皮、鹿皮,如果赶得上季风,可于同年 6 月至 8 月间抵达澳门。从澳门返航的船只,装载中国的丝货、麝香、珍珠、瓷器等商品,抵达果阿时,一部分商品在印度当地销售;一部分运到霍尔木兹,供应阿拉伯世界;一部分运到里斯本,供应欧洲市场。

[①] 参见全汉昇《略论新航路发现后的海上丝绸之路》,《历史语言研究所集刊》第 57 本第2 分,同时刊载《近代中国史研究通讯》第 2 期。并参见万明《中葡早期关系史》,第 152 页。

1600 年前后,每艘由澳门驶往果阿的葡萄牙商船,载运的货物中,生丝占商品总价值的 35%,丝织品占商品总价值的 25%,两者合计占 60%。每年可能有一到三艘葡萄牙商船来往于澳门与果阿之间。每年约有价值 40 万两白银的中国商品(其中丝货价值 24 万两),由澳门运往果阿,毛利率约为 100%,甚或更高一点。值得注意的是,在这条航线上,葡萄牙的官方贸易额与私人贸易额之比为 7∶93,私人贸易占绝对优势。[①]

3. 澳门—长崎之间的远程贸易

葡萄牙人以澳门为中心来安排远东贸易,每年 5 月至 6 月,他们的大帆船顺着夏季的西南季风从果阿启航,装载着印度等地的货物:胡椒、苏木、象牙、檀香以及白银,抵达澳门,把货物出售,用白银买进中国的生丝、丝织品、棉纱、棉布等,于第二年初夏前往日本长崎,出售货物后,换回日本的白银及其他商品,顺着秋季的季风返回澳门,再在澳门用白银买进中国的商品,在第三年秋天返回果阿。因为这样的关系,博克瑟把 1557—1640 年称为澳门与日本贸易的时代。

据日本学者研究,葡萄牙和日本的最初接触,是葡萄牙船漂流到种子岛的 1543 年,1546 年至少有三艘葡萄牙船来到九州。当时葡萄牙还没有获得在中国的稳固基地,因此葡萄牙船直接从印度的果阿驶向日本,大约要花 17 个月时间。葡萄牙船在萨摩的港口出入,为了谋求贸易更有利的地方,1550 年来到博多附近的平户,1579 年选择了长崎。葡萄牙人在日本与中国之间从事转口贸易,一方面把中国的生丝、丝织品等货物运到日本,另一方面把日本的白银带回澳门,用这些白银购入中国的生丝、丝织品等货物,再运往日本,如此循环往复。日本对中国

---

①　参见李隆生《晚明海外贸易数量研究——兼论江南丝绸产业与白银流入的影响》,台北秀威资讯科技出版,2005 年,第 32—34 页。

的生丝需求量很大。从战国时代以来,由于国内统一,社会秩序渐次恢复,生活安定,各地的机织业勃兴,大内氏城下町山口的机织业名闻遐迩,最大的机织地莫过于京都的西阵。17 世纪初,日本的生丝总需求量约为三四十万斤,几乎完全仰赖葡萄牙人从中国运来。由于明朝严厉打击倭寇,中国与日本之间的走私贸易趋于断绝,从澳门前往日本的葡萄牙商船独占了与日本的贸易,因而被称为长崎贸易的独占时代。[①]

1600 年前后,一艘葡萄牙商船从澳门运往长崎的中国货物,其数量、价格、利润率都有记录,极有个案价值,由此可以清楚看到当时澳门—长崎贸易的一般状况。请见下表:

表 1　1600 年前后澳门—长崎贸易状况一览表

货　名	数　量	进货价格(银)	日本售价(银)	销售收入(银)
白色生丝	500—600 担	80 两(担)	140—150 两(担)	79 750 两
丝线	400—500 担	特级 140 两(担)	370—400 两(担)	86 250 两
		普通 55—60 两(担)	100 两(担)	
		次品 40 两(担)	90 两(担)	
绸缎	1 700—2 000 匹	1.1—1.4 两(匹)	2.5—3.0 两(匹)	5 088 两
黄金	3 000—4 000 两	5.4—6.6 两	7.8—8.3 两	28 175 两
棉纱	200—300 担	7 两(担)	16—18 两(担)	4 250 两
棉布	3 000 匹	0.12—8.50 两(匹)	0.23—17.0 两(匹)	14 816 两
汞	150—200 担	40—53 两(担)	90 两(担)	15 750 两
铅	2 000 担	3 两(担)	6.4 两(担)	12 800 两
锡	500—600 担	12 两(担)	22 两(担)	12 100 两

资料来源:李隆生:《晚明海外贸易数量研究——兼论江南丝绸产业与白银流入的影响》,第 86 页,表 3—5。黄启臣、邓开颂《明清时期澳门对外贸易的兴衰》,《中国史研究》1984 年第 3 期。

[①]　参见大隅晶子《十六、十七世纪的中日葡贸易》,《东京国立博物馆纪要》第 23 期(1998 年)。

据统计,崇祯时期每年由澳门运往长崎的中国商品的总价值都在白银一百万两以上,其中崇祯十年(1637)为二百多万两,有时甚至超过三百万两。生丝在其中占很大的比重,例如崇祯八年运往长崎的生丝达2 460担,以每担售价白银600—1 000两计,总价值达白银1 476 000—2 460 000两。利润率大多在100％以上。棉布的利润率更是高达177％—186％。这也印证了法国年鉴派学者布罗代尔(Fernand Braudel)在《15至18世纪的物质文明、经济和资本主义》中的论断:"远程贸易肯定创造出超额利润:这是利用两个市场相隔很远,供求双方互不见面,全靠中间人从中撮合而进行的价格投机。"[①]

4. 澳门—马尼拉之间的远程贸易

这种贸易时而表现为澳门的葡萄牙当局和中国、日本、印度支那之间的贸易竞争形式,时而又以相互补充的形式出现。正如博克瑟所说:"南中国海两个伊比利亚殖民帝国(引者按:指葡萄牙、西班牙)所属中转港相互之间在协同竞争中并存。"[②]1580年,西班牙国王菲利普二世兼任葡萄牙国王后,托马尔议会通过了禁止两个中转港之间的贸易协定,形势趋于复杂化。1614年上半年,荷兰对这两个海上帝国构成了威胁,这项禁令才稍有松动,但两国间的贸易仍处于禁止状态。一方面,在澳门的葡萄牙人希望能同马尼拉进行贸易,因为西班牙商船把西属美洲生产的白银从阿卡普尔科运到了马尼拉,他们不希望西班牙商船直接到中国、日本、澳

---

① [法]布罗代尔著,顾良、施康强译:《15至18世纪的物质文明、经济和资本主义》第2卷,生活·读书·新知三联书店,1996年,第435页。
② [英]博克瑟著,黄鸿钊等译:《16—17世纪澳门的宗教和贸易中转港之作用》,《中外关系史译丛》第5辑,第81—103页。

门进行贸易。另一方面,马尼拉的西班牙人不喜欢花太大代价通过澳门中介,更喜欢直接同中国日本进行贸易。不过尽管有禁令限制,澳门与马尼拉两个中转港之间的正式或非正式贸易始终未曾中断。

从1619年到1631年,中国与菲律宾之间的贸易几乎被澳门的葡萄牙人所垄断,澳门成为中菲贸易的主要通道。从澳门启航的商船,乘着冬季的北风驶向马尼拉,第二年五六月间,乘着夏季的西南风从马尼拉返航。澳门运往马尼拉的商品有日本货、印度货,最多的是中国货,主要是生丝、丝织品以及棉布、瓷器、食物、家具、铁锅等。这些中国商品的一部分供应菲律宾当地居民,大部分(如生丝、丝织品、棉布、瓷器等)由西班牙的马尼拉大帆船运往墨西哥。西班牙人从墨西哥运回的主要是银币,通过葡萄牙人从澳门采购中国商品。据估计,1619年到1631年,每年从马尼拉输入澳门的银币约为135万比索。和澳门—长崎贸易一样,澳门—马尼拉贸易也为葡萄牙人带来了巨额利润,这两个中转港之间的"丝—银对流"一个来回,葡萄牙人能够赚取百分之百的利润。澳门因此而更加趋向繁荣。

此外,还有澳门—东南亚的贸易。约从1630年起,这条贸易路线开始显得重要,每年都有一二艘葡萄牙商船往返于澳门与东南亚之间。到了约1640年,由于澳门—果阿、澳门—长崎、澳门—马尼拉航线受到严重打击,这条航线成为澳门的生命线。

无论是哪一条航线,以澳门为中心的海外贸易,有一个共同的特点,输出的大多是生丝、丝织品、棉布、瓷器等质优价廉的中国货,输入的除了少量各地土特产,大量的是为了弥补贸易逆差的白银货币。中国卷入全球化贸易浪潮的这一特点,引人注目,值得细细探究。

三　尼古拉·一官与"海上马车夫"

　　看到这样的标题,各位可能会有一点奇怪,"尼古拉·一官"何许人也？其实他就是明末清初声名显赫的郑芝龙——闽粤沿海和台湾海上贸易集团的首领。由于他会讲葡萄牙语,充当外商的代理人,接受了基督教的洗礼。Nicolas Iquan 这个名字有一半是"洋"的,即尼古拉,是教名；另一半则是"土"的,即他的小名一官的译音(当地人习惯把排行第一的儿子叫做一官),因此西方史籍称呼郑芝龙为"尼古拉·一官"。英国历史学家博克瑟写的《尼古拉·一官兴衰记》,就是一个典型的例子。①

　　明朝末年,葡萄牙人的澳门贸易陷入了重重危机之中。葡萄牙摆脱了西班牙,恢复独立地位,澳门不再对西班牙国王效忠,因而失去了利益攸关的马尼拉贸易。与此同时,荷兰人不断骚扰澳门的海上贸易,使得澳门陷入混乱。澳门只能另辟蹊径,开发同东帝汶、望加锡、印度支那、暹罗的贸易,作为弥补。声名远扬的郑芝龙巧妙地利用这一形势,穿梭于海盗与官军之间,操纵对日本的贸易。

　　提起郑芝龙,不能不提及他的前辈李旦。

1. 泉州海商李旦

　　李旦是泉州海商,是继林凤之后又一个前往吕宋(菲律宾)进行贸

---

① 参见博克瑟著,松仪摘译《尼古拉·一官兴衰记》,《中国史研究动态》1984 年第5 期。

易的巨头,曾经一度成为中国人在马尼拉的首领。李旦的发财致富,引起当地的西班牙人的觊觎,寻找借口把他关入囚犯船中。神通广大的李旦从囚犯船中逃脱,前往日本,投奔他的兄弟华宇——即西人所说的"甲必丹华"(Captain Whow)。几年之后,李旦建立起一个往返福建、澎湖与日本(平户、长崎)的海上贸易集团。

据中国台湾学者张增信研究,英国东印度公司驻平户商馆代理人理查·科克斯(Richard Cooks)1618年2月15日在一封信中说:"最近两三年中,中国人开始与某一个被他们称为高砂,而在我们海图上称作福尔摩萨(Formosa)的中国近海岛屿进行贸易。当地仅容小船经由澎湖岛进入,而且只与中国人进行交易。该岛距离中国大陆约三十'里格',以至于每次季风来临时,中国人利用小船从事二到三次航行。安得瑞·狄提士(Andrea Dittis)与他的弟弟甲必丹华(Captain Whow)无疑是在当地进行走私贸易的最大冒险投机者。"[①]

据日本学者岩生成一考证,所谓Andrea Dittis就是泉州海商李旦,而Captain Whow就是李旦的兄弟华宇。李旦的大弟华宇以长崎为据点,他的二弟二官(Niquan)以平户(今长崎县平户市)为据点,三弟则在老家泉州策应,形成一个海上贸易网。[②]

天启年间的福建巡抚南居益对于这种情况颇为关注,他指出:福建和浙江的商人,前往日本定居的有数千人之多,在那里和日本人结婚成家,形成聚落,称为"唐市",他们装载中国货物运往日本交易的商船称为"唐船",声势很大,这种贸易很难取缔。侨寓日本的著名人物就是李旦。他是由于江户幕府初期对中国商人的优待政策,而在平户定

---

① 张增信:《明季东南海寇与巢外风气(1576—1644)》,《中国海洋发展史论文集》第3辑,《"中央"研究院中山人文社会科学研究所丛刊(24)》1988年,第334—335页。
② 参见岩生成一《明末侨寓日本支那人甲必丹李旦考》,《东洋学报》第23卷第3号。

居的。①

　　在李旦去世前两年,福建巡抚南居益向朝廷建议,利用李旦的特殊
势力,驱逐霸占中国台湾的荷兰人。1624年,李旦的部下海澄人颜思
齐、南安人郑芝龙,堂而皇之率领部众前往台湾。天启五年(1625)颜思
齐在台湾病死,郑芝龙被推为首领。就在这一年八月,李旦死于日本平
户,郑芝龙巧妙地接收了李旦庞大的资产和船队,成为天启、崇祯年间
东南沿海的海上霸主。他凭借自己的制海权,向航行于中国东南沿海
的商船发放"通行证",确保他们的航行安全,由此获得可观的收益。②

2. 尼古拉·一官——郑芝龙

　　万历三十二年(1604),郑芝龙出生于福建省泉州府南安县安平镇。
泉州南部的安海港,是宋代泉州两大港口之一,海商云集,生意兴隆,政
府在此设置石井镇,负责治安与税收。明代此地有石井巡检司,所以史
书说,郑芝龙是"泉州南安县石井巡司人也"。③ 这个沿海港口历来海上
贸易兴旺发达,为了谋生,很多人一生漂泊海上,郑芝龙也不例外。他
的父亲郑绍祖是泉州知府衙门的库吏,舅舅黄程是海商,从事澳门与日
本、澳门与马尼拉的远程贸易。天启元年(1621年),他前往澳门投奔黄
程,开始了漫长的海商生涯。天启三年(1623),黄程有一批销往日本的
货物,搭载在同乡李旦的商船上,派郑芝龙负责押运。由此,郑芝龙开
始与海商李旦结缘。郑氏兄弟三人,他排行第一,所以小名叫做一官,
弟弟芝虎、芝豹就是二官、三官。当时的澳门已经成了葡萄牙的殖民
地,拥有三个教会,一所贫民医院和一个仁慈堂,大约有五千多基督徒。
在这样的氛围下,郑芝龙接受了基督教的洗礼,取教名尼古拉

---

①　参见松浦章《中国的海贼和海贼》,山川出版社,2003年,第63页。
②　参见松浦章《中国的海贼和海贼》,第65—66页。
③　(清)谷应泰:《明史纪事本末》卷七十六《郑芝龙受抚》。

(Nicolas)。以后他随母舅黄程前往日本,受雇于早已发财致富的中国商人李旦。

李旦以日本平户、长崎为基地,从事日本与中国福建及台湾的贸易。荷兰人进入台湾后,李旦又把台湾作为与日本、澳门、马尼拉、巴达维亚贸易的中转港。李旦很欣赏郑芝龙精明狡诈的经商本领,把他收为养子,又把几艘商船和巨额资金交给他掌握,让他从事与越南、柬埔寨等地的贸易。郑芝龙获得了意想不到的成功,这使他得到了李旦加倍的信任。李旦在日本去世后,郑芝龙名正言顺地继承了他的事业,一跃成为可以和外国商人抗衡的中国海商集团的首领。

大约在1621年(天启元年)或1622年抵达平户不久,郑芝龙和姓田川的日本女子结婚,生下了儿子郑森,也就是日后鼎鼎大名的郑成功。1625年,郑芝龙接收了李旦的船队和财产后,活跃于闽粤沿海,被明朝当局视为海盗头目。崇祯元年(1628)福建巡抚熊文灿无力对付这个海上霸主,便用"招抚"的手段加以笼络,封给他一个"福建游击"的官衔,让他把总部设在厦门,专门对付海商与海盗一身而二任的刘香。当时刘香的势力非同小可,拥有一百多艘船和几千部下,1635年败于郑芝龙之手。此后郑芝龙势力如日中天,根本不听熊文灿的节制,我行我素,地方政府奈何他不得。因此博克瑟说:"他实际上成了福建及其邻近海域的主人。"[1]王赓武认为:"郑芝龙之所以能将其庞大的海上势力统领在一起,靠的是军事上和外交上的技巧,靠的是成功的贸易活动,更重要的是依靠其大家族和忠实的闽南同乡的支持。"[2]

郑芝龙在澳门的一段生活令他终生难忘,因而对澳门有特别的偏爱。当时日本发布禁令,禁止澳门的葡萄牙人前往日本贸易,郑芝龙出

---

① [英]博克瑟著,松仪摘译:《尼古拉·一官兴衰记》,《中国史研究动态》1984年第3期。
② 王赓武:《没有帝国的商人:侨居海外的闽南人》,《海交史研究》1993年第1期。

面协助澳门的葡萄牙人。他派船来到澳门,装载葡萄牙人的货物,运往日本,只收取运费,利润全归葡萄牙人。

荷兰人也企图利用郑芝龙。1640年荷兰人和他达成协议,他本人不直接和日本通商,由他向荷兰东印度公司提供合适的中国生丝和其他商品,每年赊销100万弗罗林,月息2.5%,为期三个月。作为交换,荷兰人在他们的船上给他装运5万元货物和5万元金块,记在公司的账上,他分得最终利润的匹成。这种协议不过是一纸空文,1640年以后,郑芝龙的船队依旧不断地前往日本贸易。当时出入日本长崎港的外商船只的状况如下:

1641年,荷兰船9艘,中国船89艘;

1642年,荷兰船5艘,中国船34艘;

1643年,荷兰船5艘,中国船34艘;

1644年,荷兰船8艘,中国船54艘;

1645年,荷兰船7艘,中国船76艘;

1646年,荷兰船5艘,中国船54艘。

中国船的相当大一部分是郑芝龙的,他的海商霸主地位由此可见一斑。[1]

3. "海上马车夫"——荷兰东印度公司

欧洲历史学家认为,意大利的城邦是近代资本主义的摇篮,威尼斯就是一个典型。然而,当北方的文艺复兴取代意大利的文艺复兴时,尼德兰(Netherlands)取代了威尼斯,成为欧洲最先进的贸易国家。大航海时代的尼德兰的领域大于如今的荷兰,拥有安特卫普、阿姆斯特丹等海港,善于航海贸易,被人们称为"海上马车夫"。他们不满足于北海、

---

① 参见博克瑟著,松仪摘译:《尼古拉·一官兴衰记》,《中国史研究动态》1984年第3期。

波罗的海贸易,希望涉足东方贸易。

十六世纪欧洲对统称"印度货"的中国商品怀有极大的兴趣,逐步富裕起来的市民阶层以及艺术品收藏家们,愿意出高价购买来自中国的丝绸、瓷器、漆器。但是,当时操纵亚欧贸易大权的葡萄牙人更注重亚洲内部的贸易,特别是中国和日本之间的转口贸易。因此很长一个时期内,中国商品进入欧洲的数量十分有限,而且价格昂贵。

荷兰人试图打破这种格局。1581年,荷兰脱离西班牙而独立,并于1588年成立共和国,随即开始了向海外扩张的步伐,与葡萄牙、西班牙争夺殖民地。17世纪的荷兰已经号称"海上霸主",缔造了经济繁荣的"黄金世纪"。

1595—1597年,荷兰人霍特曼(Cornelis de Houtman)率船队绕过好望角的航行取得成功,使得大批荷兰贸易公司短时间内纷纷崛起,介入了同印度人的贸易。1600年,范·内克(Van Neck)率领六艘帆船前往东方,他的使命是,抵达东方后,派遣其中两艘船前往中国。他们的意图是,仿效澳门的葡萄牙人,在广东建立一个贸易基地。遭到了葡萄牙人和西班牙人的联合抵制,并没有成功。葡萄牙学者施白蒂(Beatriz A. O. Basto da Silva)写道:1601年9月27日,澳门海面出现了荷兰阿姆斯特丹号和戈乌达号战船,及范·内克海军上将船队的一艘双桅小船……船上有七百荷兰人,其中七人乘小船上岸,立即被俘虏。第二天,荷兰人又命令双桅小船闯入澳门,船和船上的九个人也立即被俘。[①]关于荷兰人第一次来到广东沿海,中国史籍也有记载。万历《广东通志》写道:"红毛鬼,不知何国,万历二十九年冬,二三大舶顿至壕镜之口。其人衣红,眉发连须皆赤,足踵及趾,长尺二寸,形壮大倍常,似悍澳夷。数诘问,辄译言不敢为寇,欲通贡而已。两台司道皆讶其无表,

---

① 参见施白蒂《澳门编年史》,澳门基金会,1995年,第31页。

谓不宜开端。"①

荷兰人试图获得类似澳门那样的口岸,没有成功,却开启了广州贸易的第一步。当时广州每年春季和夏季都有交易会,外商都可以前往那里进行贸易,于是有了荷兰人的第一次广州贸易。

1602 年,在官员和贵族的仲裁下,荷兰的各公司终于组成了统一的"联合东印度公司",这就是在远东显赫一时的荷兰东印度公司的由来。国会为东印度公司颁发了一份"自好望角以东至麦哲伦海峡整个地域"的贸易特许状,使它获得了贸易垄断权,有权经营东至日本西至波斯湾大片海域的贸易。它的总部所在地巴达维亚(即今雅加达),不仅成为荷兰东印度公司的货物集散中心,而且也是东方殖民地统治中心。

荷兰东印度公司对中国贸易怀有浓厚的兴趣。历史学家皮特·范·丹的《东印度公司志》有《论中国》一章,开宗明义写道:"公司刚建立即着眼对华贸易,因为这个产品可望在欧洲获得巨额利润。"②

荷兰人企图结束葡萄牙人独占这个海上贸易的优势,但是他们没有澳门这样的据点,不可能与中国建立起直接贸易关系,无法与葡萄牙人竞争。1609 年,事情发生了转机,荷兰东印度公司在日本平户开设了一家商馆,打开了一直由葡萄牙人控制的中国产品在日本的市场,它可以根据自己的需求进口中国货物,并且切断了葡萄牙人控制的货源。

荷兰东印度公司拥有在东方开战、订约、占地等特殊强权,内有坚强的组织,外有强大的舰队,驻地有军队、炮台。从十六世纪到十七世纪四十年代,东方的商业大权几乎为荷兰人所独占。荷兰人以马来半岛、爪哇、香料群岛为根据地,既向中国、日本发展,又向印度发展,苏门答腊、爪哇、马六甲等地出产的胡椒、香料的经营,成了荷兰人的专利。1602 至

---

① 万历《广东通志》卷六十九《外志·番夷》。
② [荷] 约尔格著,袁伟强译:《荷兰东印度公司对华贸易》,《中外关系史译丛》第 3 辑,上海译文出版社,1986 年。

1610 年的 8 年间,荷兰东印度公司来往于东方的商船增加到了 69 艘。从 1605 年到 1622 年,荷兰东印度公司每年的红利分配在 15％至 75％之间。

荷、葡竞争的结果,终于导致武装冲突。早在 1603 年,荷兰人先后拦截从澳门开往马六甲、从澳门开往日本的葡萄牙商船,夺得价值昂贵的货物。这样的武装袭击一直持续了很多年,使得葡萄牙人的澳门中转贸易损失惨重。例如:1603 年的一次劫夺,荷兰人获取葡萄牙人的 1 200 包(相当于 2 025 担)生丝、60 吨瓷器;次年在阿姆斯特丹拍卖这批货物,售价高达 350 万荷兰盾,相当于 112 万两白银。由此,阿姆斯特丹成为欧洲最主要的中国丝货市场。

4. 荷兰东印度公司和中国、日本的贸易

为了获得商品,荷兰人吸引中国商人到巴达维亚贸易,但他们运来的中国货质量不好,来自万丹、锦石、北大年及马鲁古群岛的商品也不能令人满意。荷兰人再次生起占领澳门的企图,以牺牲葡萄牙人来垄断对华贸易。关于这一点,1614 年 1 月,荷属巴达维亚总督科恩(J. P. Koen)写信给东印度公司董事长,建议进攻澳门,赶走葡萄牙人,夺取与中国的贸易权。他说:如果荷兰人攻占了澳门,不仅能代替葡萄牙人成为日本市场的中国丝货供应商,而且可以打垮露西塔尼亚帝国在亚洲的主要支柱,还可以断绝菲律宾的西班牙人的支援,轻而易举地占有马六甲和马尼拉,把伊比利亚殖民地帝国一分为二;占领澳门不仅可以封杀中国的海外贸易,而且使荷兰人可以直接获得全世界都渴望得到的中国的财富和产品;如果不能攻占澳门,就应该去占领澎湖和台湾。后来的事态正是这样发展的。1622 年,荷兰舰队攻击澳门的战争以失败而告终。此后,荷兰人试图占据澎湖列岛,没有成功;便以台湾作为立脚点,在此与中国商船进行贸易。荷兰历史学家约尔格写道:1624 年,荷兰人在台湾的安平设立商馆,以后又在淡

水、鸡笼(基隆)设立货栈。台湾很快发展成为荷兰进口中国产品的稳固贸易基地,之后迅速成为中国和日本之间的贸易中转港。1639年,除了中国和荷兰,日本向其他国家实施锁国政策,台湾这个中转港的地位日趋重要。[①]

为了获取更多的中国商品,荷兰东印度公司竭力吸引中国商人前往它所属的商馆进行贸易。

荷兰东印度公司在亚洲各地都建立了商馆,例如:日本、中国台湾、暹罗、柬埔寨、万丹、锡兰、波斯等。这些商馆组成一个巨大的贸易网络。大量从欧洲带来白银,用来采购亚洲的香料、丝货、瓷器。

李隆生提供的统计数字足以显示当时荷兰东印度公司贸易数量的巨大。

表 2　1640 年前后亚洲—荷兰贸易状况一览表

年　份	开往亚洲船数	自亚洲返荷船数	输往东印度白银(万两)
1602—1609	76	40	166
1610—1619	115	50	309
1620—1629	141	71	399
1630—1639	157	75	293
1640—1649	165	93	308
1650—1660	205	103	294
1661—1670	238	127	417
1671—1680	232	133	384
1681—1690	204	141	690

资料来源:李隆生:《晚明海外贸易数量研究——兼论江南丝绸产业与白银流入的影响》,台北秀威资讯科技出版社,2005 年,第 48 页。

---

① 参见[荷]C·J·A·约尔格著,袁伟强译《荷兰东印度公司对华贸易》,《中外关系史译丛》第 3 辑,上海译文出版社,1985 年。

1629—1632 年,日本对荷兰的禁运解除后,荷属台湾的中日贸易额显著增加,一直到约 1640 年,可以说此间是荷兰在东亚的"蜜月期"。1636—1644 年,荷兰与中国的贸易绝大部分是由台湾中转的。1640 年以前,由台湾输出的中国商品,以黄金、丝货、瓷器、砂糖为主;由台湾输往大陆的商品大多是东南亚的香料(特别是胡椒)。1640 年以后,由于中国内部动乱和其他因素,大陆商品供应减少,台湾本地商品出口增多。根据李隆生的研究,荷据时期台湾对外贸易航线和商品的具体情况如下:

中国大陆至台湾航线:生丝、纱绫、缎子、棉布、麻布、衣服、砂糖、瓷器、黄金、白蜡、茯苓、茶叶、大米、小麦、面粉、酒、明矾、水银、锡、铁锅、木器等。

中国台湾至大陆航线:白银、胡椒、苏木、丁香、白檀、豆蔻、红檀、沉香、犀牛角、象牙、琥珀、珊瑚等。

日本至中国台湾航线:银锭、蜡、木材、大米等

中国台湾至日本航线:生丝、缎子、毛织品、麻布、棉布、砂糖、锡、珊瑚、胡椒等。

巴达维亚至中国台湾航线:胡椒、红檀、沉香、豆蔻、椰子油、大米、琥珀、锡、棉纱、几内亚麻布等。

中国台湾至巴达维亚航线:生丝、绢、缎子、棉布、丝棉、砂糖、冰糖、人参、麝香、安息香、茯苓、草药、茶叶、大米、小麦、面粉、瓷器、硫磺、黄金、白蜡、黄铜、明矾、日本木材、杂货等。[①]

根据他的估算,荷兰人经营的中国贸易,大多处于逆差,历年流入中国的白银数量如下:

---

① 参见李隆生《晚明海外贸易数量研究——兼论江南丝绸产业与白银流入的影响》,第51—54 页。

1636 年	37.7 万两
1637 年	19.3 万两
1638 年	45.2 万两
1639 年	53.1 万两
1640 年	69.9 万两
1641 年	52.1 万两
1642 年	51.3 万两
1643 年	34.0 万两
1644 年	20.9 万两①

这些数据看上去有点低估,因为他把荷兰东印度公司与日本的贸易另外计算。其实它的对日贸易中,来自中国的丝货占有很大的比例。荷兰东印度公司的商船于 1609 年抵达日本平户,不仅得到日本官方的许可,而且还在平户建立了商馆,开始了荷日之间的直接贸易。1624 年以前,荷兰东印度公司的生丝、丝织品、瓷器等中国商品,主要是在北大年、暹罗、广南、爪哇等地采购而来,约 1620 年起,荷兰每年进口 530 担中国丝货,绝大部分供应日本。1624 年,荷兰人占领大员(今中国台南),以此为基地,从事中日间的转口贸易。荷兰商船运往日本的货物以中国丝货为主,从日本运出的货物以白银为主。

请看荷东印度公司输入日本的商品额(以白银计价,单位为两):

表 3   1633—1640 年间荷兰东印度公司—日本贸易状况一览表

年　份	丝货输入额	总输入额	丝货占总输入额的比例(%)
1633	8 938	41 481	21.5
1634	138 135	225 589	61.2

①　参见李隆生《晚明海外贸易数量研究——兼论江南丝绸产业与白银流入的影响》,第 68 页。

年　份	丝货输入额	总输入额	丝货占总输入额的比例(%)
1635	229 648	322 965	71.1
1636	347 484	472 343	73.6
1637	526 633	838 190	62.8
1638	770 479	1 227 986	62.7
1639	906 149	1 209 168	74.9
1640	1 660 225	2 044 612	81.2

资料来源：李隆生《晚明海外贸易数量研究——兼论江南丝绸产业与白银流入的影响》，第 101 页。

　　1633 至 1640 年，总计丝货输入额约为 459 万两白银(其中 80％来自中国)，占总输入额的 71.9％，中国丝货在荷日贸易中所占比例之大，由此可见一斑。

四　"马尼拉大帆船" 与太平洋丝绸之路

1. 美洲新大陆的发现与西班牙人东来

　　1492 年 8 月 3 日，西班牙人哥伦布率领 120 人的远征队，分乘"圣玛丽亚号"、"平塔号"、"尼凡亚号"离开西班牙的帕洛斯，越过大西洋，于 10 月 12 日发现了巴哈马群岛，继而又发现了古巴、海地。1493 年 3 月 15 日哥伦布回到帕洛斯，受到了狂热的欢迎，加的斯和塞维利亚商人们相信，一条到达东印度的航路是通向无可估量的财富之路。

与此同时，为南美洲这块土地寻找一条出路的尝试，也在不断进行。1519年8月，麦哲伦从塞维利亚出发，沿着美洲海岸航行，进入了西面的海洋。这个海洋与狂暴的大西洋相比，显得十分平静，因此被麦哲伦命名为太平洋。他们越过太平洋，于1520年4月在菲律宾群岛登陆，麦哲伦本人在宿务岛附近与土著人的战争中阵亡。这个号称"无畏"的远征队硕果仅存的"维多利亚号"，在1522年9月7日返回西班牙的桑卢卡尔港，原先的250人只剩下了18人。然而这次航行意义深远，不但证明了地球是圆的，还证明了美洲是亚洲以外的另一块大陆。由于科尔特斯发现墨西哥的巨大财富，美洲本身愈来愈受到西班牙人的重视，而原先孜孜以求的东方已经退居次要了。① 当西班牙人终于意识到哥伦布及其追随者所发现的既不是中国，也不是真正的印度时，他们全力以赴地寻找一条绕过美洲直抵东方海域那令人垂涎的香料群岛之间的通道，麦哲伦达到了这一目的。

西班牙人在美洲殖民地攫取的利益，似乎并不如葡萄牙人在亚洲的香料—丝货贸易那么可观。他们全力以赴地要找到通往香料群岛的通道。早已在香料群岛驻扎下来的葡萄牙人，不能容忍西班牙人进入这个利润最为丰厚的贸易圈。西班牙人便把眼光投向了菲律宾群岛。由于1545—1548年间发现了墨西哥和秘鲁丰富的银矿，西班牙人暂时把菲律宾搁置一旁。

二十年后，西班牙人再一次关注菲律宾。1565年，海军上将黎牙实比(Mignel Leopez de Legazpi)奉命远征菲律宾，占领了宿务岛。两年后，黎牙实比在宿务岛给西班牙国王菲利普二世报告：中国人和日本人每年都前往吕宋岛和民都洛岛进行贸易，他们带来的货物是丝绸、瓷

---

① 参见艾·巴·托马斯著，寿进文译《拉丁美洲史》，商务印书馆，1973年，第71—79页，第99—101页。

器、香料、印度棉布等。岛上的居民(摩洛人)从中国人和日本人手中获得这些货物后，便四处贸易。1569年，西班牙王室驻菲律宾群岛的代理商从宿务岛写信给西班牙国王，报告葡萄牙人与中国、日本的贸易，是迄今为止所见到的规模最大利润最丰厚的贸易。[①] 1570年，黎牙实比致函西班牙的墨西哥总督，指出：如果把贸易中心放在马鲁古群岛，那么宿务岛作为基地是可取的；如果把贸易中心转向中国沿海，那么最好把吕宋岛作为基地。基于这一考虑，黎牙实比攻占了吕宋岛，在巴石河畔建立了一个以耶稣的名字命名的城市，就是后来的马尼拉。[②] 黎牙实比怂恿国王尽快把马尼拉作为殖民地，因为它的地理位置十分理想，便于同日本、中国、爪哇、婆罗洲、香料群岛进行贸易。

西班牙人占领马尼拉时，那里已有150名华人居住，从事丝绸、棉布和其他杂货的贩卖。于是西班牙人和中国人的直接贸易就开始走上轨道，每年航行到马尼拉港口的中国商船逐年增加。西班牙人的到来，势必与早就在那里的中国商人发生矛盾。矛盾的聚焦点就是中国海商巨头林凤袭击马尼拉事件。[③]

林凤，即西文史料所称Limahong，已由中外史家考证确定。他是潮州饶平人，是海商集团的首领，手下拥有海船上百艘，人员三千，经常来往于台湾、澎湖与闽粤沿海。明朝官方把他视为海盗，不断追剿。林凤逃离沿海，在吕宋岛附近截获一艘从马尼拉返航的商船，夺走船上的黄金、墨西哥银币以及其他货物，随即率领62艘船只，驶向马尼拉港。他两次袭击马尼拉港失败后，率领船队残余的37艘船退向澎湖。当时

---

① 参见博克瑟著，钱江译《佛郎机之东来》，《中外关系史译丛》第4辑，第309—310页，第312页。

② 参见裴化行《明代闭关政策与西班牙天主教传教士》，《中外关系史译丛》第4辑，上海译文出版社，1988年，第260页。

③ 参见陈荆和《林凤袭击马尼拉事件》，《明史论丛》之七《明代国际关系》，台北学生书局，1968年，第110页。

的福建把总王望高前往马尼拉,请求西班牙人合力捉拿;当他获悉林凤已经逃跑后,返回福建,把这一事件奏报朝廷。于是此事便在《明实录》《明史》留下了记录:

> 福建巡抚刘尧诲奏报,把总王望高等以吕宋夷兵败贼林凤于海,焚舟斩级,(林)凤溃围遁,复斩多级,并吕宋所赍贡文、方物以进。[1]

> 明年(万历四年,1576 年)秋,把总王望高以吕宋番兵讨平之。[2]

这是中国官方与西班牙的首次接触,反映了对海上实情的无知,也暴露了中国官员的腐败一面。例如:王望高根本没有在菲律宾参战,却向福建巡抚谎称在菲律宾临阵督战,并对每名士兵赏赐 400 两银子。又如:王望高要求西班牙总督证明林凤已被杀死,并设法寻找一个人头冒充林凤首级,遭到西班牙总督拒绝。再如:王望高把随船带来的一部分丝织品、棉织品等赠送给西班牙总督、司令官、队长及军士,其余物品一律高价出售,作了一笔假公济私的生意。[3]

对于林凤袭击马尼拉事件,学者却有不同的评价:“林凤南犯吕宋,昔人视为盗寇逃亡之穷技,今则视为英雄殖民海上之壮图。盖林凤诚能立国吕宋,驱走西人,华人在菲岛之势力,或可日渐雄厚,而于华人殖民南洋之事业,亦或可自此渐盛。惜明人见不及此,必邀西人共期驱除,林凤固无所容身,而华人之寄居菲岛者,亦由是痛遭屠戮,而无可如何矣。”[4]

---

① 《明实录·明神宗实录》卷五十四,万历四年九月丙申。
② 《明史》卷二百二十二《凌云翼传》。
③ 参见陈荆和《林凤袭击马尼拉事件》,《明史论丛》之七《明代国际关系》,第 122 页。
④ 张维华:《明季西班牙在吕宋与中国之关系》,《明史论丛》之七《明代国际关系》,台北学生书局,1968 年,第 97 页。

这种说法并非毫无根据。前往吕宋经商的中国人,1571年不过一百五十名,1588年增长为一万名,1603年三万名。而在那里的西班牙人不过区区一千名,两者的对比意味深长。西班牙殖民者既仰赖华商源源不断运来的生丝、丝织品,又担心难以控制,处心积虑地在马尼拉的巴石河南岸,划定一个华人集中居住地区,以便强化管制。在商言商,西班牙商人难以和中国商人竞争,正如一位学者所说:"华商一直是这个国家最成功的商人……起初,西班牙商人试图与华商竞争,但是他们很快就对更加精明、更加节俭和更加坚忍不拔的华人甘拜下风。华人在事业中保持低生活水平,从而他们能够用较低的售价挤垮他们的大部分竞争者。"①

万历三十年(1602),福建"妄男子"张某、阎某,诡称吕宋有机宜山,其上生金豆,若派人采摘,一年可得黄金十万两。朝廷命福建矿税太监高寀派人前往核实。引起西班牙的菲律宾总督怀疑,谣言四起。西班牙当局当即命令寓居马尼拉城内的华商全部移居城外。华商恐生不测,陆续迁回城内,设防自卫。遭到西班牙军队围攻,擒杀华商达几千人之多。以后又乘势屠杀,死伤两万多人,其中多数是漳州、泉州商人和他们的家属。此后,华商视吕宋为畏途,不敢前往贸易。但是在菲律宾的西班牙殖民者,非常依赖华商的马尼拉贸易,一旦断绝,经济陷入困境,特地派遣使节前来中国粉饰真相。福建沿海商人则因为马尼拉贸易有利可图,继续前往。

西班牙殖民者始终对华商有所戒备,颁布一系列禁令:一是,华商船只往返吕宋,离港时,须将同来之客旅舟人全数附船回国,不得任意留居;二是,在马尼拉城内指定三地,归华商居住,不得随意迁移;三是,

---

① [菲]欧·马·阿利普:《华人在马尼拉》,《中外关系史译丛》第1辑,上海译文出版社,1984年,第108页。

华商不得随意在吕宋岛内往来,如无马尼拉政府的执照,不得到离城二英里的地方行动。不过十几年以后,禁令松动,华人聚居日渐增多,华人聚居处自行管理,司法制度与当地不同。华人来者既众,西班牙当局疑虑愈深,终于在 1639 年(崇祯十二年)再度发生屠杀华人的惨案,历时四个月,死伤二万二千人。[①]究其根本原因,一言以蔽之,就是善于经营的华商与西班牙人以及土著居民的利害冲突。

一位学者分析道:"中国商人前往吕宋经营,对吕宋人和西班牙人在该岛生存的利害关系是显而易见的。中国商人以吕宋为外层贸易带,参与世界市场的流通,对于世界市场中的活跃分子西班牙商人来说,意义重大。而中国商人也是趋之若鹜,当仁不让。所以西班牙人的心情十分矛盾。一方面企盼中国商人送来他们需要的商品,一方面又时时对中国人存有戒心;一方面借机寻衅,挑起当地土著人一道向华人华商多次挥起屠刀,杀害无辜,一方面在每次屠杀后血迹未干之时,就因市场萧条不得不又一次向华人华商开放市场。"[②]

事实确实如此。

2. 从马尼拉到阿卡普尔科的太平洋丝绸之路

由于葡萄牙人独占了对日本的贸易,西班牙人便致力于中国贸易,他们把中国商品从菲律宾运往墨西哥。1565 年 6 月 1 日,"圣巴勃罗号"帆船从宿务返回墨西哥,于 10 月 8 日抵达阿卡普尔科,从此开辟了横渡太平洋的航线。1566 年,"圣赫罗尼莫号"帆船从阿卡普尔科抵达马尼拉,于是乎,连接马尼拉与阿卡普尔科,亦即往返于亚洲与美洲的远程贸易航线初露端倪。从马尼拉到阿卡普尔科的航行颇为艰巨,需

[①] 参见张维华《明季西班牙在吕宋与中国之关系》,《明史论丛》之七《明代国际关系》,第 100—104 页。

[②] 陈东有:《走向海洋贸易带》,江西高校出版社,1998 年,第 132—133 页。

要耗费五六个月时间,抵达后,在阿卡普尔科逗留两三个月,然后扬帆朝南航行,遇到顺风,仅需 40 到 60 天就可抵达马尼拉。

航行于太平洋上的马尼拉大帆船,属于总的船队的一部分,大约将近两年往返于阿卡普尔科与马尼拉一次。西班牙商人在菲律宾群岛,除了与岛上的土著人交易外,主要致力于同中国乃至印度进行广泛的交易,因此可供运回墨西哥的货物十分丰富,包括中国的生丝、丝绸、瓷器,印度的细棉布、蜜蜡、宝石。船队抵达阿卡普尔科以后,就在当地举办盛大的集市,来此交易的,有带去土产品的印第安人,还有来自墨西哥城和秘鲁利马的西班牙商人。中国的生丝和丝绸有现成的市场,富有的白人喜欢用来制成华丽的服装。1579 年,西班牙批准了利马和阿卡普尔科之间的贸易,此后,从阿卡普尔科运往秘鲁的丝绸、香料、细棉布运销于巴拿马直到智利一带;秘鲁商船向阿卡普尔科带去水银、可可和银币。西班牙的美洲殖民地,早就有自己的丝织业,马尼拉大帆船运来了中国的生丝、绸缎质量精美、价格低廉,当地的丝织业就此衰落。1600 年,西班牙当局对当地的养蚕业加以限制,断绝了本地蚕丝的供应,源源不断输入的中国生丝,成为墨西哥工厂的原料。[1]

对于马尼拉大帆船贸易,不同学者的两种观点值得注意。一种是:"初期的贸易并不受任何限制,于是从菲律宾驶往新西班牙、秘鲁和美洲其他地区的船舶数目迅速增加。因为这些地区的商人已经发现这种贸易所带来的巨额利益;他们往往通过代理人或经纪人纷纷加入这种贸易行列。这就导致双重的后果:首先,西班牙开始意识到,由于中国丝绸的竞争,他在西印度的贸易已日暮途穷;其次,大量白银流入中国人手里。这种形势使王室不得不进行干预,以制止灾祸的蔓延。"另一种是波旁王朝的经济学家、贸易自由主义的拥护者何塞·德坎皮约·

---

[1]　参见[美]艾·巴·托马斯著,寿进文译《拉丁美洲史》,第 71—79、99—101 页。

科西奥表达的不同见解："要设法扩大马尼拉贸易的范围及商品种类；利用西班牙比其他欧洲国家更优越的方面，即西班牙拥有为整个亚洲所广泛接受的白银，开展既同亚洲人，也同在亚洲的欧洲人的双重贸易。而且他还建议，要在原有的基础上增加商船的数量，在不损害宗主国利益的前提下，进口东方的丝、棉织品是适宜的。他认为最好购买中国货，不购买欧洲货，因为中国永远不会构成对美洲的威胁；而欧洲一旦以西班牙的白银养肥了自己，就会用武力来对付西班牙。"①

　　西班牙王室在权衡利弊得失之后，开始对马尼拉大帆船贸易采取官方控制措施。这种控制在不同时期体现在不同的法令中：从1589年规定的"整批交易"制，到1703年的"定期集市"制。后一种形式成为中国商人同马尼拉的西班牙商人进行贸易的一般形式。在集市中买卖双方可以自由议价，直接交易，这一方式一直维持到马尼拉大帆船贸易停止之时。②

　　中国经济史专家严中平的论文《丝绸流向菲律宾白银流向中国》，对马尼拉大帆船与太平洋丝绸之路，有精当而概要的论述。1574年和1576年的文献资料表明，中国商人运到马尼拉的货物有：面粉、食糖、干鲜果品、钢、铁、锡、铅、铜、瓷器、丝织品和小物件。到了1580年代，情况有所变化，货物的排位是：生丝、绸缎、棉布、夏布、陶器、瓷器、玻璃器、面粉、饼干、咸肉、火腿、黄油、干鲜果品、家畜、家禽、家具等。1590年代中国来货还包括：天鹅绒、织锦缎（本色的和绣花的）、花绫、厚绸、棉布、夏布、面纱、窗帘、被单、铜铁器具、火药以及其他生活用品，应有尽有。而其中生丝、丝绸、瓷器等中国特产，遍销西班牙本土和它的各

――――――――――
　　① ［墨］维·罗·加西亚：《马尼拉帆船（1739—1745年）》，《中外关系史译丛》第1辑，第154—155页。
　　② 参见刘文龙等《中国与拉丁美洲大洋洲文化交流志》，上海人民出版社，1998年，第129页。

殖民地;棉布、麻布也为西属殖民地土著居民普遍接受,西班牙占领马尼拉后,中国的棉布很快成为菲律宾群岛土著居民的生活必需品。1591年菲律宾总督发现,菲律宾群岛的土著居民由于用中国棉布作为衣料,不再种棉纺纱织布,以至于下令禁止土著居民服用中国丝绸和棉布。1592年,这位总督向西班牙国王报告:中国商人收购菲律宾棉花,转眼就从中国运来棉布,棉布已经成为菲律宾销路最大的中国商品。如果土著居民自行纺织,不仅可以自给,还可以向墨西哥输出40万比索的布匹。这位总督的话毫无实际意义,以后土著居民还是大量穿用中国衣料。

中国的纺织品还由马尼拉大帆船运销到西属美洲殖民地。早在16世纪末叶,中国棉布就在墨西哥市场上排挤了西班牙货。原因很简单,因为中国货价廉物美,所以印第安人和黑人都用中国货,而不用欧洲货。中国丝绸就更为畅销了,正如严中平所说:中国对西班牙殖民帝国的贸易关系,实际上就是中国丝绸流向菲律宾和美洲,白银流向中国。16世纪末,中国丝绸就已经威胁到西班牙产品在美洲的销路,17世纪初,墨西哥人穿丝绸多于穿棉布,丝绸当然是中国产品。1611年,墨西哥总督再一次呼吁禁止中国丝货进口。到了1637年,情况越发严重,墨西哥的丝织业工厂都以中国丝为原料,墨西哥本土的蚕丝生产几乎被消灭了。墨西哥的近邻秘鲁,也是中国丝绸的巨大市场,因为中国丝绸在秘鲁的价格只抵得上西班牙制品价格的三分之一。从智利到巴拿马,到处出售中国丝绸。中国丝绸不仅泛滥于美洲市场,而且绕过大半个地球,远销到西班牙本土,在那里直接破坏了西班牙的丝绸生产。[1]

法国年鉴派历史学家布罗代尔写到马尼拉大帆船时,把它纳入15至18世纪的全球经济事业来考察,他说:16世纪各种因素协力促成的

---

[1] 参见严中平《丝绸流向菲律宾白银流向中国》,《近代史研究》1981年第1期。

运动,是从西班牙"前往美洲","从贸易角度看,马尼拉大帆船代表着一条特殊的流通路线……在这里每次都是墨西哥商人占有利地位。他们匆匆光顾阿卡普尔科交易会,却在时隔数月或数年后遥控马尼拉的商人(后者转而牵制住中国商人)"。他还说:"美洲白银1572年开始一次新的引流,马尼拉大帆船横跨太平洋,把墨西哥的阿卡普尔科港同菲律宾首都(马尼拉)连接起来,运来的白银用于收集中国的丝绸和瓷器、印度的高级棉布,以及宝石、珍珠等物。"①

3. 从月港到马尼拉

以丝货为主的中国商品的输出地,是福建的月港。小小的月港有着不凡的经历,它与福建沿海由来已久的菲律宾走私贸易有着密切的关系。当时漳州的月港、诏安的梅岭、泉州的安海、福鼎的桐山,都是海商进行走私贸易的据点,而月港最为引人注目,因为走私贸易——当时称为"贩夷"、"贩番"或"贩洋",使得这个小镇成为"人烟辐辏"、"商贾成聚"的商港,号称"小苏杭",明朝中叶以后一跃而为福建最为发达的对外贸易港口。嘉靖二十七年(1548),福建地方官根据当地百姓请求,上疏朝廷,希望把月港由镇升格为县。嘉靖四十五年(1566)这一请求获得批准,月港镇成为漳州府属下的一个新县——海澄县。那主要原因,在政府看来,月港形势险要,作为对外贸易港口,加强管理是当务之急,在此设县适应了这一需要。

从月港出发的商船主要的目的地就是吕宋,由于吕宋贸易获利丰厚,刺激了贸易日趋兴旺。万历时代晋江人何乔远说:"比岁人民往往入番商吕宋国矣,其税则在漳(州)之海澄海防同知掌之。民初贩吕宋,

---

① 〔法〕布罗代尔著,顾良、施康强译:《15至18世纪的物质文明、经济和资本主义》,第2卷,第167、172、197页。

得利数倍,其后四方贾客丛集,不得厚利,然往者不绝也。"①何氏所说"不得厚利"云云,并不确切,《海澄县志》认为"博利可十倍":"富家以资,贫人以佣,输中华之产,骋彼远国,易其方物以归,博利可十倍,故民乐之。"②另一万历时代晋江人李廷机也说:"少时尝见海禁甚严,及倭讧后始弛禁,民得明往,而稍收其税以饷兵。自是波恬,或言弛禁之便,盖贫民借以为生,冒禁阴通,为患滋大。而所通乃吕宋诸番,每以贱恶什物贸其银钱,满载而归,往往致富。"③

大量事实证明,隆庆元年(1567)政府当局开放海禁,准许人民出海贸易,把先前的走私贸易引向合法化轨道,是有远见卓识的。这种开明的举措进一步促进了月港的繁荣,利民而且利国——百姓因外贸而富裕,国家因开关征税而多了财源。利民的一面,已如上述。利国的一面,有人把月港称之为皇帝的小金库:"我穆庙(隆庆)时除贩夷之律,于是五方之贾熙熙水国,刳艅艎,分市东西路……而所贸金钱,岁无虑数十万,公私并赖,其殆天子之南库也。"④

从月港运往马尼拉的中国货物,大多是一些生活用品,如水瓶、瓷器、铜器、铁器之类,尤其受欢迎的大宗货物是生丝、丝织品。中国精美的生丝与绸缎很受欢迎,往往以高价向中国商人收购。随着贸易的发展,福建商人逐渐移居马尼拉,专门从事商业中介职业,与西班牙人约定价格,回国采办。为了减少运输的不便,移居当地的华人就在当地生产、供应,于是出现了一批华人经营的织造、彩绘的作坊、商店。这就更加促进了中菲之间的贸易。

根据李隆生的统计,1574 年至 1644 年,每年进入马尼拉港的商船,

① (明) 何乔远:《闽书》卷三十九《版籍志》。
② 崇祯《海澄县志》卷十一《风俗》。
③ (明) 李廷机:《报徐石楼》,《皇明经世文编》卷四百六十。
④ (明) 张燮:《东西洋考》卷首,周起元序。

来自中国大陆的数量远远大于来自中国台湾、澳门及日本的数量。在总计1 320艘商船中,来自中国大陆的有1 013艘,来自澳门的有60艘,来自日本的有57艘,来自台湾的有32艘。[①] 而来自中国大陆云云,主要是指从月港出发的商船。李隆生统计,1619年至1631年的13年间,输入马尼拉的商品总值为472.8万两白银,其中来自中国大陆的商品价值194.8万两,占总价值的41%。请看下表(单位:白银万两):

表4　1619—1631年间中国输入马尼拉商品状况一览表

年份	中国大陆价值	%	葡澳价值	%	其他地区价值	%	总值
1619	14.9	61	1.5	6	7.9	33	24.3
1620	37.0	54	11.8	17	19.7	29	68.5
1621	8.9	25	12.9	36	13.8	39	35.6
1622	10.7	32	9.8	29	12.9	38	33.4
1623	2.3	13	5.7	31	10.2	56	18.2
1624	4.0	30	7.2	54	2.2	16	13.4
1625	14.6	41	9.2	26	11.4	32	35.2
1626	30.1	52	13.7	24	14.2	24	58.0
1627	27.2	66	10.8	26	3.1	8	41.1
1628	3.9	20	12.1	63	3.1	16	19.1
1629	5.3	20	9.0	33	12.6	47	26.9
1630	8.4	19	15.5	35	20.6	46	44.5
1631	27.5	50	10.0	18	17.1	31	54.6
总计	194.8	41	121.2	27	148.8	31	472.8

资料来源:李隆生《晚明海外贸易数量研究——兼论江南丝绸产业与白银流入的影响》,第141页。

---

　　① 参见李隆生《晚明海外贸易数量研究——兼论江南丝绸产业与白银流入的影响》,第136页。

4. 从澳门到马尼拉

中国商品进入马尼拉的另一个渠道是澳门，那就是生意兴隆的马尼拉—澳门航线。早在 1580 年，有 2 艘澳门商船和来自福建沿海的 19 艘商船一起抵达马尼拉港。就在这一年，葡萄牙被西班牙兼并，按照双方签订的条约，在海外贸易方面，原葡萄牙属地可以自由的同西班牙属地进行贸易。葡萄牙人把他们擅长的澳门—长崎贸易纳入这个贸易圈中，构成了澳门—马尼拉—长崎三角贸易。葡萄牙人从澳门把中国生丝和丝织品运往马尼拉，换取白银，再用这些白银换取更多的中国丝货，运往长崎，换回日本白银。在澳门—马尼拉贸易鼎盛时期，即 1619 至 1631 年间，每年从马尼拉流入澳门的白银价值 135 万比索，大约相当于一艘马尼拉大帆船从墨西哥运来的白银。[①]

从上表可知，澳门与马尼拉的贸易量，在中菲贸易中所占比重不大。尽管如此，博克瑟仍然对澳门的中转港作用给与高度评价，他认为，经由澳门葡萄牙人之手，向中国输入日本和美洲白银，对晚明经济繁荣起过一定作用；澳门—马尼拉贸易时而表现为澳门和中国、日本、越南之间贸易竞争形式，时而又以相互补充的形式出现。因此南中国海两个伊比利亚殖民帝国所属中转港，在相互协同竞争中并存。1580年菲力普二世就任葡萄牙国王后，托马尔议会通过了禁止这两个中转港(及澳门、马尼拉)之间的贸易协定，此后形势变得更加复杂。1614 年上半年，荷兰对这两个海上帝国构成了相当大的威胁，此项禁令才缓和下来。澳门的葡萄牙人希望能同马尼拉进行贸易，因为西班牙商船把西属美洲出产的白银，从阿卡普尔科运到了马尼拉，有着巨大的诱惑

---

① 参见纪宗安《十六世纪以来澳门在太平洋大帆船贸易网中的作用与地位》，《暨南学报》1999 年第 6 期。

力;但是他们不希望西班牙商船直接到中国、日本、澳门插手贸易。尽管两国有着利害冲突,这两个中转港之间的正式或非正式的贸易一直未曾中断过。①

法国耶稣会汉学家裴化行在《明代闭关政策与西班牙天主教传教士》一文中说:马尼拉方面摆脱了澳门,直接与中国来往,从大陆运载货物到菲律宾来的沙船,从每年12艘至15艘,增加到20多艘,每艘船上有100多名船员。从11月到次年5月,这些船往返于海上。丝货如此充沛,以至于菲律宾土著人都放弃了纺织业。这些中国丝货从菲律宾运往西班牙人的美洲,与来自塞维利亚的产品争夺市场,获得成功。美洲和菲律宾的殖民者从事着这种利润可观的贩运,始终吸引着更多的中国人去马尼拉。②

中国商人运往马尼拉的生丝种类繁多,从品质上看,有精细的(细丝),也有较粗的(粗丝);从颜色上看,有白色的(本丝),也有其他颜色(色丝)。丝织品的种类更多,有绢纱、锦缎、白绸、彩绸、印花绢、线绢、天鹅绒、丝袜、花绸阳伞、丝麻混纺织品等。生丝与丝织品成为中菲贸易的大宗商品。中国商船抵达后,在生丝市场,与西班牙人交易,买主以银锭或银币作为支付手段。西班牙人把这些货物装上大帆船,在六月底以前开往美洲。③

因此,史家评论说,马尼拉不过是中国与美洲之间的太平洋丝绸之路的中转港,马尼拉大帆船严格说来是运输中国货的中国大帆船。舒尔茨在《马尼拉大帆船》中有一段非常精彩的评论:"中国往往是大帆船

---

① 参见博克瑟著,黄鸿钊等译《16—17世纪澳门的宗教和中转港之作用》,《中外关系史译丛》第5辑,第86—87页。
② 参见裴化行《明代闭关政策与西班牙天主教传教士》,《中外关系史译丛》,第4辑,第261页。
③ 参见全汉昇《自明季至清中叶西属美洲的中国丝货贸易》,《中国经济史论丛》第一册,香港新亚研究所,1972年,第459—460页。

贸易货物的主要来源。就新西班牙(墨西哥及其附近的广大地区)的人民来说,大帆船就是中国船,马尼拉就是中国与墨西哥之间的转运站,作为大帆船贸易的最重要商品的中国丝货,都以它为集散地而横渡太平洋。在墨西哥的西班牙人,当无拘无束地谈及菲律宾的时候,有如谈及中华帝国的一个省那样。就马尼拉方面来说,每年航经中国海的商舶,着实是它的繁荣基础。"[1]

5. 中菲贸易的鼎盛时代

有鉴于此,晚明时期从中国沿海开往马尼拉的商船源源不断,形成了中菲贸易的鼎盛时代。从月港、澳门开往马尼拉的商船,满载着中国的生丝、绸缎、瓷器及其他商品,每年在马尼拉海关交纳的进口税,占该海关进口税总额的 50% 以上,17 世纪初上升至 80%,最高年份达到 92.06%,每年的贸易额超过 100 万比索。[2]

全汉昇对明季中菲贸易作了精深的研究,请看他所作的 1586—1645 年马尼拉港每年平均征收入口税额表:

表5 1586—1645 年间马尼拉港每年平均征收入口税额表

年　　代	进口税总额(A)	向中国商品征收的进口税(B)	B 与 A 之比(%)
1585—1590	13 383.0	4 909.0	36.68
1591—1595	36 155.5	22 065.5	61.00
1596—1600	43 104.5	24 155.5	56.04
1601—1605	42 982.9	30 304.2	70.50

---

[1]　全汉昇:《明季中国与菲律宾间的贸易》,《中国经济史论丛》第一册,第425—426 页。
[2]　参见陈炎《澳门港在近代海上丝绸之路中的特殊地位和影响》,《海上丝绸之路与中外文化交流》,北京大学出版社,1986 年,第 190—195 页。

年　代	进口税总额(A)	向中国商品征收的进口税(B)	B 与 A 之比(%)
1606—1610	59 066.0	46 390.6	78.52
1611—1615	70 355.0	64 482.0	91.50
1616—1620	51 337.0	37 843.0	73.50
1626—1630	25 720.0	18 623.5	72.40
1631—1635	42 194.0	34 283.8	81.10
1636—1640	31 037.0	27 483.8	88.60
1641—1645	22 075.0	18 599.4	84.06

资料来源：全汉昇《明季中国与菲律宾间的贸易》，《中国经济史论丛》第一册，香港新亚研究所，1972 年，第 431 页。

据此，全氏分析道："可知在十六七世纪之交的数十年内，马尼拉海关课征的入口税，在入口税总额中每年都占很高的百分比，有时高至百分之九十以上。由此我们可以推知，在马尼拉每年输入外国货的总值中，中国货价值所占百分比，一定非常之大。不特如此，输入菲律宾的中国货物，并不都要缴纳关税，例如粮食（甚至各种食物）、军需品等的输入，自一五八九年起都得到免税的优待……如果把这些免税进口的货物也包括在内，价值当然更大了。"全氏还依据当时对中国货物课征 3% 的入口税，推算出这一时期菲律宾每年从中国输入货物的价值（除免税物品以外），约为 1 333 333 西元（比索）。[①]

全汉昇对 1577 年至 1644 年马尼拉每年进港商船数量统计表明，1588 年、1596 年、1609 年、1610 年、1612 年、1635 年、1637 年，来自中国大陆的商船都在 40 艘以上，最多的一年达到 50 艘（1637 年）。每年到

[①]　参见全汉昇《明季中国与菲律宾间的贸易》，《中国经济史论丛》第一册，第 431—432 页。

达马尼拉的商船,除了墨西哥来的大帆船,中国商船占绝大多数,有时等于进港船舶的全部。因而中国商品在马尼拉港的进口税中占有的比重,从1586至1590年的36.68％,增长到1611至1615年的91.50％,1636至1640年的92.06％,是有充分依据的。

钱江认为,中国与菲律宾的贸易大致可以分为五个阶段:

1570—1579年是初兴阶段,前往马尼拉的中国商船数量迅速上升,从平均每年2艘,增加至每年7至8艘。在这十年中,共约75艘中国商船到马尼拉,最多一年(1575年)有14艘。

1580—1643年是鼎盛阶段,贸易规模在不断扩大,在这64年中,前往马尼拉的中国商船共约1 677艘,平均每年约26艘,如果扣除缺乏记录的三年(1590、1593、1595),那么平均每年27至28艘。

1644—1684年是停滞阶段,平均每年只有6至7艘中国商船前往马尼拉。

1685—1716年是复兴阶段,平均每年有16至17艘中国商船前往马尼拉。

1717—1760年是衰退阶段,平均每年有12至13艘中国商船前往马尼拉。

由此可见,晚明时期正处在中菲贸易的鼎盛阶段,中国商船每年进入马尼拉的数量大多在25艘上下波动,贸易额是相当可观的。西班牙驻菲律宾总督在1603年12月的一份报告中说,中国商品入口关税一年就是52 000比索。按照关税率3％计算,1603年进入马尼拉港的中国货物的价值约为1 733 333比索。1609年中国商品的入口关税为32 113.33比索;1608年为38 288.42比索;1612年为95 639.28比索;1614年为36 105.26比索。每艘中国商船的平均货值约为35 000比索,当时中国商船的平均利润率为150％,那么35 000比索的商品在马尼拉出售后可得80 000比索(约合白银60 000两)。不仅中国商人获得厚利,而且中国官府每年从前往马尼拉的商船那里可以征收 8 000—10 000 两白银的关税。[1]

中国与马尼拉的贸易,到 1620 年代发生了变化,荷兰人占据中国台湾并把它发展成中国与日本之间的中转站以后,中国大陆沿海来的商船到此休整,然后向北驶向日本,向南驶向马尼拉,以及棉兰老、印度尼西亚、印度支那半岛。法国历史学家维也纳根据荷兰史料《巴达维亚城日志》提供的数据.1625—1641 年间经由台湾中转的中国商船的走向,主流依然是最有诱惑力的马尼拉。例如:1625 年,由华南出发的中国商船,前往马尼拉的有 30—50 艘,前往柬埔寨的有 7 艘,前往印度支那的有 8 艘,前往暹罗的有 6—7 艘。1626 年,由华南出发的中国商船,前往马尼拉的有 70—80 艘,前往柬埔寨的有 4 艘,前往印度支那的有 4 艘,前往马来半岛北大年的有 1 艘。到了 1632 年、1633 年、1640 年,中国与马尼拉的贸易中断,原因是马尼拉的华人在贸易上所占的优势使西班牙当局感到不安,不断制造排华事件,据说有37 000华人在马尼拉郊区遇害。但是这种中断是暂时的,因为西班牙人无法直接和中国大陆开展贸易,所以动荡一过,中国沿海商船前往马尼拉贸易又得以恢复。这一时期中国商船牢牢控制了马尼拉贸易,因为西班牙人需要源源不断地把中国丝货通过马尼拉大帆船运往墨西哥阿卡普尔科港。马尼拉生丝市场的繁荣,吸引了中国移民前往马尼拉经商发展,无怪乎有人说,17 世纪时的马尼拉城,与其说是欧洲式的,还不如说是中国式的。[2]

---

[1] 参见钱江《1570—1760 年中国和吕宋贸易的发展及贸易额的估算》,《中国社会经济史研究》1986 年第 3 期。

[2] 参见玛丽-西比尔·德·维也纳《十七世纪中国与东南亚的海上贸易》,《中外关系史译丛》第 3 辑,第 217—219 页。

五　贸易顺差与巨额白银流入中国

1. "商业上的'纳贡'"

无论是葡萄牙还是西班牙、荷兰,在与中国的贸易中始终处于结构性的贸易逆差地位,为了弥补这种逆差,不得不支付硬通货——白银。因此,美洲和日本的白银源源不断流入中国,成为当时全球经济中一道独特的风景。德国学者弗兰克在《白银资本——重视经济全球化中的东方》中,戏称这种结构性贸易逆差为"商业上的'纳贡'",他说:"'中国贸易'造成的经济和金融后果是,中国凭借在丝绸、瓷器等方面无与匹敌的制造业和出口,与任何国家进行贸易都是顺差","外国人,包括欧洲人,为了与中国人做生意,不得不向中国人支付白银,这也确实表现为商业上的'纳贡'。"[①]

中国的贸易顺差与巨额白银的流入,引起学者们的关注,做了各种角度的研究,最有代表性的是梁方仲、百濑弘、艾维四、严中平、全汉昇、弗兰克。

梁方仲1939年发表的长篇论文《明代国际贸易与银的输出入》,着重论述"欧人东来以后的海舶贸易时期",其结论是:"欧洲东航以后银钱及银货大量地由欧洲人自南北美洲运至南洋又转运来中国。关于这方面的数字,虽然亦缺乏不堪,但根据前面所说,由万历元年至崇祯十七年(1573—1644)的72年间合计各国输入中国的银元由于贸易关系

---

① ［美］弗兰克著,刘北成译:《白银资本——重视经济全球化中的东方》,第107—108页。

的至少超过一万万元以上。比时中国为银的入超国家,已毫无疑问"。①

日本学者百濑弘的专著《明清社会经济史研究》指出:由于中国丝绸向日本转送,每年可以获得135万两白银。除此之外,还有美洲的白银。墨西哥铸造的西班牙比索——当时欧洲具有国际信用的流通货币,经由印度、南洋流入中国。从墨西哥运送到西班牙的白银,由葡萄牙人输送到印度,最后流向中国。而西班牙人与葡萄牙人相比,处于不利地位,对中国贸易不可能凭借其他物资,只能凭借新大陆丰富的白银来发展对华贸易。因此向中国流去的白银逐年增加,最初的年额是30万比索(西班牙银元),1586年达到50万比索,1600年达到200万比索,其后多年超过了200万比索大关,1621年一艘大帆船就打破了300万比索的纪录。②

美国学者艾维四(William S. Atwell)对白银流入中国课题有长期的研究。1980年他在中美史学讨论会上提交的论文《从国内外银产和国际贸易看明史的时代划分》指出:中国银产低落的情形似乎维持到18世纪初,幸亏16世纪和17世纪中国能够输入许多外国的白银。从1530年到1570年,中国最重要的白银来源是日本,因为当时的中日贸易多为非法,所以我们无法知道日本流入中国白银究竟多少。有一个估计,16世纪中叶可能达到53万两。无可否认,日本白银对这一时期中国有很大的影响,至少可以解释1560至1570年代庞尚鹏和海瑞为什么在浙江与福建实行一条鞭法。由于1567年政府放松对海上贸易的控制,长崎贸易、马尼拉贸易的繁荣,使得1577年进入太仓的白银一跃而成为1560年代最高纪录的两倍。③

他在此后的论著中继续深化研究,指出:1570年代中国深受货币

①　梁方仲:《明清赋税与社会经济》,中华书局,2008年,第562页。
②　参见百濑弘《明清社会经济研究》,东京研文出版,1980年,第56—60页。
③　参见艾维四《从国内外银产和国际贸易看明史的时代划分》,"自宋至1900年中国社会及经济史"中美史学讨论会,1980年,北京。

革命的影响,比如南美洲以水银提炼的方法提高了银产量,在秘鲁最有名的银矿,银产量开始大增。16 世纪末至 17 世纪初,日本的银产量也大量增加,1560 至 1600 年,日本白银年输出平均数在 33 750 至 48 750 公斤之间。日本学者小叶田淳认为,17 世纪初,日本、中国、葡萄牙、荷兰商船运出的日本白银可能达到 150 000 至 157 000 公斤之间,其中的大多数流入了中国。他认为,从南美洲运到中国的白银也相当多,16 世纪末到 17 世纪初,从菲律宾流入中国的南美洲白银达到 57 500 至 86 250 公斤之间。据他的估算,美洲流入中国的白银,每年大约在 57 吨到 86 吨之间。而且马尼拉不是南美洲白银进入中国的唯一门户,还有一部分从澳门、台湾和东南亚进入中国。因此总数可能更大一些。①

中国学者严中平的论文《丝绸流向菲律宾白银流向中国》指出:从马尼拉向西属美洲贩卖中国丝绸的利润,最高可达十倍。大利所在,人争趋之。墨西哥和秘鲁的西班牙商人纷纷涌到马尼拉去贩运中国货物。西班牙当局曾多次限制贸易额,比如从马尼拉运往阿卡普尔科的货物总价值不得超过 25 万比索,从阿卡普尔科运往马尼拉的货物和白银总价值不得超过 50 万比索;以后又不断限制向中国输出白银。但是屡禁不止。从马尼拉向阿卡普尔科运去的货物价值最大的是中国纺织品,特别是丝绸;从阿卡普尔科返航马尼拉时装载的货物中,价值最大的是白银,特别是白银铸币比索。关于流入中国的白银数量,只有零星的记载,例如一个文件说,1586 年马尼拉流入中国的白银,由每年 30 万比索增加到 50 万比索;1598 年的文件说,马尼拉进口货物价值常在 80 万比索左右,有时超过 100 万比索;1598 年另一个文件说,从墨西哥运往马尼拉的白银 100 万比索,都流到中国去了。有人估计,在 1565—1820

---

① 参见弗兰克《白银资本——重视经济全球化中的东方》,第 204—205、477 页。

年间,墨西哥向马尼拉输送了白银4亿比索,绝大部分流入了中国。[1]

另一位中国学者钱江对此也做过估算,结论如下:17世纪航行于东南亚地区的商船,每艘船的商品货值在8万比索(折合白银6万两)以上,是普遍的情形。如以每艘中国商船平均贸易额8万比索,便可根据历年马尼拉港中国商船数量对贸易额作出初步估算:1570至1760年,中国与吕宋的贸易总额约为24752万比索(折合白银18564万两),平均每年贸易额约为129.59万比索(折合白银97.20万两)。[2]

中国经济史专家吴承明修正了钱江的估计,用经济学方法,列出1570—1649年抵达马尼拉的中国商船数量和运回白银数量:

表6　吴承明关于1570—1649年间抵达马尼拉之中国商船数量与运回白银数量统计表

年　　代	船　只　数	输入白银(万两)
1570—1579	75	28.5
1580—1589	234	88.9
1590—1599	185	70.3
1600—1609	274	104.1
1610—1619	273	103.7
1620—1629	237	90.1
1630—1639	368	139.8
1640—1649	181	68.8

资料来源:吴承明《市场·近现代化·经济史论》,云南大学出版社,1996年,第271—272页。

1570—1649年,经由马尼拉流入中国的白银(不包括经由澳门流入中国的白银)累计6322.8万两。

---

[1]　参见严中平《丝绸流向菲律宾白银流向中国》,《近代史研究》1981年第1期。
[2]　参见钱江《1570—1760年中国和吕宋贸易的发展及贸易额估算》,《中国社会经济史研究》1986年第3期。

2. 全汉昇：美洲白银的 1/2 被运到中国

在这方面最有深度的研究当推全汉昇，他的论文《明清间美洲白银的输入中国》，系统而精深地分析了这个问题。从 1565 年至 1815 年的两个半世纪，西班牙政府每年都派遣一艘至四艘载重 300—1 000 吨的大帆船，横渡太平洋，来往于墨西哥阿卡普尔科与菲律宾马尼拉之间。据墨西哥发表的文献说，西班牙人购买中国货的代价，必须用白银或银币来支付，因为中国商人既不要黄金，也不收任何其他物品作为代价，而且也不把其他货物从菲律宾输入中国。他根据比较可靠的记载，把 16 世纪到 18 世纪西班牙人每年用大帆船从美洲运往菲律宾的白银数量列表如下：

表 7　16—18 世纪西班牙大帆船从美洲运往
菲律宾之白银数量统计表

年　　代	数额（单位：西班牙银元即 peso）
1598 年	1 000 000
1602 年及以前	2 000 000
1604 年	2 500 000
约 1620 年	3 000 000
1633 年	2 000 000
1688 年及以前	2 000 000
1698—1699 年	2 070 000
1712 年及以前	2 600 000
1714 年及以前	3 000 000—4 000 000
1723 年	4 000 000
1729 年及以前	3 000 000—4 000 000
1731 年	2 434 121

年　　代	数额(单位：西班牙银元即 peso)
1740 年前后	3 000 000
1746—1748 年	4 000 000
1762 年	2 309 111
1764 年	3 000 000
1768—1773 年	1 500 000—2 000 000
1784 年	2 791 632

资料来源：全汉昇《明清间美洲白银的输入中国》，《中国经济史论丛》第一册，香港新亚研究所，1972 年，第 438—439 页。

全汉昇解释道：由上表可知，在 16 至 18 世纪，每年由大帆船自美洲运往菲律宾的白银，有时多达 400 万西元，有时只有 100 万西元，大多时候在 200—300 万西元间。当然，有时因为遭受敌人的劫掠，或在海洋中航行失事，大帆船运往菲律宾的银子不免要大受损失。不过无论如何，到了 1765 年 2 月 10 日，马尼拉最高法院检察长向西班牙国王上奏说："自从菲律宾群岛被征服(1565 年)以来，运到这里的白银已经超过二万万西元。"

全氏论文另有"明清间美洲白银每年经菲输华数额表"，数据如下：

表 8　明清间美洲白银每年经菲输华数额表

年　　代	数额(单位：西元)
1586 年以前	300 000
1586 年	500 000
1598 年及以前	800 000—1 000 000
1602 年及以前	2 000 000
1604 年	2 500 000
1633 年及以前	2 000 000

年　　代	数额(单位：西元)
1729 年及以前	3 000 000—4 000 000
1815 年	1 550 000

资料来源：全汉昇《明清间美洲白银的输入中国》，《中国经济史论丛》第一册，第 444 页。

他对此解释道：我们可知自 16 世纪下半叶西班牙人抵达菲律宾以后，每年由菲律宾输入中国的美洲白银，初时为数十万西元，其后越来越增加，到了 16 世纪末叶已经超过 100 万西元；到了 17 世纪，增加至 200 余万西元；及至 18 世纪，增加更多，可能达到三四百万西元；19 世纪初期，又下降至 150 余万西元。德科民(De Comyn)估计，自 1571 年至 1821 年的 250 年中，由西属美洲运往马尼拉的银子共约 40 000 万西元，其中四分之一或二分之一都流入中国。全汉昇认为德科民说的"四分之一"显然估计太低，"二分之一"即 20 000 万西元或更多些，可能比较接近事实。[①]

全汉昇的这一研究成果受到西方学者的广泛关注。布罗代尔在他的巨著《15 至 18 世纪的物质文明、经济和资本主义》中说："一位中国历史学家最近认为，美洲 1571 至 1821 年间生产的白银至少有半数被运到中国，一去而不复返。"就是征引全汉昇的观点。他在书中论述，16 世纪"各种因素协力促成的运动"是从下半叶前往美洲。从贸易角度看，马尼拉大帆船代表着一条特殊的流通路线。在这里每次都是墨西哥商人占有利地位。他们匆匆光顾短暂的阿卡普尔科交易会，却在时隔数月或数年后遥控马尼拉的商人(后者转而牵制住中国商人)。美洲白银 1572 年开始一次新的分流，马尼拉大帆船横跨太平洋，把墨西哥的阿卡

---

① 参见全汉昇《明清间美洲白银的输入中国》，《中国经济史论丛》第一册，第 435—439、444—446 页。

普尔科港同菲律宾首都马尼拉连接起来,运来的白银被用于收集中国的丝绸、瓷器、印度的高级棉布,以及宝石、珍珠等物。[1]

至于从日本流入中国的白银,全氏也有涉及,他说:"因为中国市场上白银的购买力远较日本为大,中国商人在日售货所得的白银,自然大量运载回国。上述王在晋记载往日本贸易的中国商船,有两名银匠,利用船中的炉冶、风箱、器具,把倭银倾销熔化,炼成一锭一锭的银子。根据小叶田淳教授的研究,在1542年,有三艘自日本开往泉州的商船,共载银8万两,即每艘载银26 000余两,或约1 000公斤。又据岩生成一教授的计算,在十七世纪初期,赴日贸易的中国商船,每艘平均自日运银23 500两回国。到了1641年,中国各商船共自日输出白银35 625公斤,或90余万两;及1646年,输出银更多至63 750公斤,或160余万两。"又说:"出国贸易的朱印船,除载运各种日本物产外,因为日本银产丰富,每艘都输出大量白银,有时一艘多至5 600公斤。据估计,朱印船每年自日运出的银子,共约三万至四万公斤,多过中国商船自日本运出的数量,差不多有葡船自日运出的那么多。"[2]

在论及远程贸易的巨额利润时,布罗代尔说,远程贸易肯定创造出超额利润。这是利用两个市场相隔很远,供求双方互不见面,全靠中间人撮合而进行的价格投机。这种远程贸易对于中国东南沿海经济发展起到了巨大的影响。他说了一段意味深长的话:

> 中国南方从福州和厦门到广州一带,海面和陆地犬牙交错,形成一种溺谷型海岸,那里的情况不也同样如此吗? 在这一带,海上的旅行和冒险推动着中国资本主义的发展,中国资

---

① 参见布罗代尔著,顾良、施康强译《15至18世纪的物质文明、经济和资本主义》,第432—435页。

② 全汉昇:《明中叶后中日间的丝银贸易》,《历史语言研究所集刊》第五十五本第四分,第643—644页。

本主义只是在逃脱国内的监督和约束时,才能充分施展其才能。这部分从事对外贸易的中国商人在 1638 年日本实行闭关锁国后,同荷兰商人一样,甚至比后者更加有效地参与日本列岛的铜和银的贸易;他们在马尼拉接收大帆船从阿卡普尔科运来的白银;中国始终派人出外经商,中国的工匠、商人和货物深入南洋群岛的每个角落。①

3. 弗兰克:中国占有了世界白银产量的 1/4 至 1/3

这一领域的最新研究成果首推弗兰克的《白银资本——重视经济全球化中的东方》,该书的第三章第一节,标题是《世界货币的生产与交换》,全面回顾了这一问题的研究状况,并提出自己的看法。他的看法是,跨太平洋的白银贸易,有很大一部分是走私活动,没有记录,具体数字也无法搞清,因此跨太平洋运送的白银总数始终被低估。这是确凿无疑的。其实与日本贸易的走私活动更多,流向中国的白银更容易低估。这一难题一时难以破解,目前只能就现有学者的研究成果作出综合估算。弗兰克指出,每年从美洲跨太平洋流入中国的白银数量,全汉昇的统计数字最小,艾维四其次,弗林(Dennis Flynn)最大。每年从美洲流入中国的白银具体数字如下:

全汉昇:50 吨

艾维四:57—86 吨

弗林:125 吨

弗兰克特别强调,亚洲的白银供应大户是日本。从 1560 年到 1600 年,它每年生产和供应 50 吨白银;从 1600 年到 1640 年,每年生产和供

---

① [法]布罗代尔著,顾良、施康强译:《15 至 18 世纪的物质文明、经济和资本主义》,第 647 页。

应 150 吨到 190 吨白银;最高峰的 1603 年为 200 吨。从 1550 年到 1645 年的近一百年内,总产量将近 4 000 吨至 8 000 吨。1560—1640 年的 80 年间,日本成为一个主要的世界白银生产国和出口国。日本出口到中国的白银数量,比从太平洋运来的美洲白银多 3 倍到 7 倍,平均为 6 倍到 7 倍。[①]

根据沃德·巴雷特(Ward Barrett)估算,从 1600 年到 1800 年,亚洲大陆至少吸收了经欧洲转手的美洲白银 32 000 吨,经马尼拉转手的美洲白银 3 000 吨,以及来自日本的白银大约 10 000 吨,总数至少为 45 000 吨。美洲白银产量迅速增长,16 世纪总产量为 17 000 吨,平均年产量为 170 吨。17 世纪总产量为 42 000 吨,平均年产量为 420 吨;其中大约 31 000 吨输入欧洲,欧洲又把 40%即 12 000 吨以上的白银运到亚洲。18 世纪总产量为 74 000 吨,平均年产量为 740 吨,其中 52 000 吨输入欧洲,又有 40%即 20 000 吨运往亚洲。但是弗林和其他一些学者提示,未输入欧洲的大部分白银没有留在美洲,而是从太平洋运往亚洲,即每年有 15 吨白银是从墨西哥的阿卡普尔科用马尼拉大帆船直接运到马尼拉,几乎所有这些白银都又转送到中国。跨越太平洋运送的白银数量,有时相当于从欧洲流向中国的白银数量。

至于 16 世纪至 17 世纪中叶,流入中国的白银数量,根据弗兰克的综合,大体如下:

美洲生产的白银	30 000 吨
日本生产的白银	8 000 吨
总数	38 000 吨
最终流入中国的白银	7 000 吨—10 000 吨

---

① 参见弗兰克著,刘北成译《白银资本——重视经济全球化中的东方》,第 204—206 页。

弗兰克的结论是："因此中国占有了世界白银产量的四分之一至三分之一。"①这些白银并非一般商品，而是货币形态的资本，由此可见，这一时期"整个世界经济秩序当时名副其实地是以中国为中心的"。②

这样的结论确实是令人惊讶的，16世纪至17世纪中叶的一百多年中，凭借贸易的渠道流入中国的白银货币，竟然高达7 000吨至10 000吨。把白银货币用"吨"来衡量，中国读者很不习惯，如果换算成中国的"两"，大约是2.24亿两至3.2亿两。这并非夸张之词，李隆生的研究结论与此相近："不难看出每位学者的估计结果都不相同，且差异颇大，若取各家平均，则明季由日本流入中国的白银为170百万两，西属美洲流向中国的白银为125百万两（经菲律宾和经欧洲的比例约为2∶1），合计295百万两。所以，整个明季由海外流入的白银可能近300百万两，每年平均300万两左右。"③也就是说，在这一百多年中，有3亿两白银货币流入中国，大体相当于国库税银收入的总和。贸易力量之巨大，令人叹为观止！

全汉昇研究明季至清中叶西属美洲的中国丝货贸易，得到的结论有助于理解上述现象。他说："中国的丝织工业，因为具有长期发展的历史背景，技术比较进步，成本比较低廉，产量比较丰富，故各种产品能够远渡太平洋，在西属美洲市场上大量廉价出卖，连原来在那里独霸市场的西班牙丝织品也要大受威胁。因此，当西班牙帝国自欧洲本部扩展至美洲和菲律宾后，中国丝货的输入美洲，竟引起西班牙国内丝织业者与海外殖民者间的严重冲突。这一事实告诉我们：在近代西方工业

---

① ［美］弗兰克著，刘北成译：《白银资本——重视经济全球化中的东方》，第407—408页。

② ［美］弗兰克著，刘北成译：《白银资本——重视经济全球化中的东方》，第110页。

③ 李隆生：《晚明海外贸易数量研究——兼论江南丝绸产业与白银流入的影响》，第165页。

化成功以前,中国工业的发展,就它的产品在国际市场上的竞争能力来说,显然曾经有过一页光辉灿烂的历史。"①其实,岂止西属美洲贸易是如此,欧洲、日本的贸易也是如此,才成就了巨额白银流入中国的辉煌记录。

---

① 全汉昇:《自明季至清中叶西属美洲的中国丝货贸易》,《中国经济史论丛》第一册,第473页。

第三章

江南市镇：多层次商品市场的繁荣

地理大发现后的全球经济带动了晚明的进出口贸易,源源不断流入中国的白银,作为"一般等价物"的硬通货,为晚明社会的银本位货币体制奠定了坚实的基础。由于生丝、绸缎、棉布等商品的出口持续增长,这种"外向型"经济,极大地刺激了东南沿海地区商品经济的高度成长,刺激了多层次商品市场的繁荣,它的载体就是多种类的商品集散中心——市镇。诚然,商品经济的高度成长与商品市场的繁荣,有它的内在动力,这种动力从宋代以来一直在稳定而持续地起作用,到了明代中叶达到一个新高峰。由于葡萄牙人、西班牙人、荷兰人、日本人全面介入中国的对外贸易,把原先主要面向国内市场的商品生产,转化为同时兼顾国内和国外两个市场。

集市与市镇是既有联系又有区别的两个概念。集市或市集,是初级商品交易场所,换言之,是低层次的商品市场,广泛存在于全国各地。以中国之大,地无分南北东西,几乎都可以见到集市的踪影,他们大多有固定的集期,形成定期赶集的习俗。市镇是在集市高度发展的基础上成长起来的,它已经超越定期赶集的层次,成为每天都生意兴隆的工商业中心。如果说集市比较接近于乡村,那么市镇就比较接近于城市,日本学者把市镇称为"地方小都市"是十分恰当的。明代江南的许多市镇的规模与功能都不亚于县城,某些特大型市镇的经济地位甚至凌驾于县城之上,这是晚明大变局中引人注目的现象。

一 江南经济的高水平发展

1. 从"苏湖熟,天下足"到"湖广熟,天下足"

近世江南经济的高水平发展,有一个漫长的过程。经历永嘉之乱、安史之乱,北方两次移民高潮,促进了江南的开发与经济成长。经过五代十国时期的割据局面,刺激了区域经济进一步开发,南唐、吴越尤为显著,太湖流域农业生产得到长足进步,正如《宋史·范祖禹传》所说:"国家根本,仰给东南。"而以苏州为中心的"吴中"又是"国家根本"的根本,陆游《常州奔牛闸记》说:"而吴中又为东南根柢,语曰:'苏湖熟,天下足。'"宋朝时出现的"苏湖熟,天下足"的现象,似乎是当时人普遍的看法,范成大《吴郡志》就有和陆游一样的说法;高斯得《宁国府劝农文》说得更为深刻,他在分析两浙路的水稻高产区时说:"上田一亩,收五六石。故谚曰:'苏湖熟,天下足。'虽其田之膏腴,亦由人力之尽也。"高斯得强调的是"人力之尽",即精耕细作,高度集约化经营,显然和人口增加有着密切的关系。

美国经济学家珀金斯(Dwight H. Perkins)《中国农业的发展(1368—1968)》,采用英国人类学家埃斯特·博塞勒普(Ester Boserup)所总结的一个模式:人口增长是人类历史上农业发展(也就是集约化)的主要动力。从多年一收的刀耕火种农业,发展到一年三收的水稻经济,就是一个由于人口因素而集约化的例证。他认为,人口增长是传统农业从粗放到集约化的动力,人口增长决定了农业生产率的提高。①

宋金对峙时期,北方人民大量南迁,形成第三次移民浪潮,大约有
500 万北方移民迁入并定居于江南地区,为江南农业集约化经营奠定了
基础。另一方面,南宋政府为了维持与北方政权的对峙局面,必须大力
发展农业生产,劝农政策成为当务之急。当时大批农书、劝农文陆续刊
印,陈旉《农书》与楼璹《耕织图诗》的流行决非偶然。在这种情况下,
"苏湖熟,天下足"的形成,便不足为奇了。

进入明代,情况发生了变化。原先曾经以天下粮仓闻名的苏州、
湖州及其周边地区,由于商品经济高度成长,手工业、商业迅猛发展,
促使农家经营的商品化倾向日益加剧,大量耕地改种收益更高的经
济作物(如桑、棉之类),以适应市场不断增长的需求。农业生产格局
由先前的粮食作物为主,改变为经济作物为主,使得原先的"粮仓"逐
渐转化为缺粮区。与此同时,另一个新的"粮仓"正在悄悄形成,那就
是长江中游的湖广地区。大约在 15 世纪,湖广作为"天下粮仓"已成
定局,所产粮食沿着长江而下,源源不断供应江浙各地。于是,"湖广
熟,天下足"的格局,取代了"苏湖熟,天下足"的格局,形成了一个划
时代的变化。

2. "湖广熟,天下足"何时形成?

"湖广熟,天下足",对于研究中国历史尤其是明清史至关紧要,吸
引了许多学者来考证它出现的时间。

1947 年,日本学者加藤繁在他的论文《关于在中国的棉作特别是它
的品种的发达》中,首次探讨了这个问题。他发现明末刊本——朱绍本

---

① 参见珀金斯著,宋海文等译《中国农业的发展(1368—1968)》,上海译文出版社,1984
年,第 25—28 页。黄宗智《华北小农经济与社会变迁》,中华书局,1986 年,第 8—9 页。

《地图综要》内卷"湖广总论",提到了这样一点:"楚固泽国,耕稼甚饶,一岁再获,柴桑吴楚多仰给焉。谚曰:'湖广熟,天下足。'言土地广沃,而长江转输便易,非他省比。"加藤繁据此推断,"湖广熟,天下足"形成于明末。[①]

1953年,日本学者藤井宏在其长篇论文《新安商人的研究》中,也提及这个问题。他指出,加藤博士把《地图综要》作为明末的著作,但是从内阁文库本《地图综要》的内容来看,此书的编撰年代不能追溯到清朝顺治以前。不过他还是判断,"湖广熟,天下足"这一谚语"至迟当在明末即已出现"。他写道:"湖广方面,首先必须大书特书的是,明末到清代这地方成为中国米谷主要产地。它成为长江下游的江苏、浙江、安徽南部以及广东、福建的米谷供给地。顺治年间所作的《地图综要》中初次见到谚曰'湖广熟,天下足'之语,在清代诸书中此谚迭见。从来所谓'江浙熟,天下足'之谚,此时遂为上述谚语所代替,这是中国农业经济史上最值得注目的一个现象。"他还引用《广艳异编》、《近事丛残》、万历《秀水县志》等文献,推论说:"自明代中叶以后,湖广米豆已逐渐补充江浙粮食的不足,到明末终于出现了如上的谚语。"[②]

1962年,日本学者岩见宏在《湖广熟,天下足》的短文中考证出,嘉靖七年(1528)作序的何孟春《余冬序录》已经提到"湖广熟,天下足"这个谚语,从而推测,湖广米的输出成为注目的现象,至迟应在正德年间(1506—1521)。[③]

1976年,日本学者安野省三在《"湖广熟,天下足"考》中,对岩见宏的新见解表示赞同。他认为,作为湖广米向外地输出的条件,是湖广地

① [日]加藤繁:《关于在中国的棉作特别是它的品种的发达》,载《东洋学报》第三十一卷一号(1947年)。

② [日]藤井宏:《新安商人的研究》,载《东洋学报》第三十六卷一号(1953年);傅衣凌的中译文载《徽商研究论文集》,安徽人民出版社,1985年,第157页及第251页注35。

③ 参见岩见宏《湖广熟,天下足》,载《东洋史研究》第二十卷第四期(1962年)。

方产米的增加,并且特别分析了"一岁再获"的内涵,以及它对于湖广农业生产的意义——导致米谷产量的迅猛增长。[①]

1977年,韩国学者吴金成在《明末洞庭湖周边垸堤的发达》中指出,湖广米经由商人之手向省外流出的事实,可以追溯到15世纪中期。他不再着眼于"湖广熟,天下足"谚语更早出现于哪一本文献,而是着眼于15世纪中期洞庭湖周边农业生产发展水平的可能性分析,并由此得出结论:洞庭湖周边地域的稻作地带上升为中国粮仓的地位,是15世纪中期渐次形成的。[②]

1979年,日本学者寺田隆信在《湖广熟,天下足》一文中,在李延昰《南吴旧话录》中找到了一条新资料,证明"湖广熟,天下足"谚语早在天顺年间(1457—1464)就已经存在。因而他推测,15世纪中期,湖广地方已经被认为是天下粮仓。[③]

至此,我们可以认定,15世纪中期,湖广成为全国粮仓,"湖广熟,天下足"已成定局。这一点还可以从湖广内部农业的发展状况得到证实。美籍华裔学者何炳棣1959年由哈佛大学出版的《1368—1953中国人口研究》一书已经指出:占城稻的引进和水稻早熟品种的进一步发展,保证了两熟制(即"一岁再获")的成功,使中国农业特别是水稻区农业著称于世。直到南宋时,水稻早熟品种的传播范围还局限于浙江、江苏南部、福建和江西。近代中国的粮仓——皖南低地和湖北、湖南的大部分地区还缺乏早熟品种,因而农业并不发达。他说:"早熟稻不仅保证两熟制的成功,而且延长了长江地区的经济霸权。这一霸权的确凿证据是:在整个宋元明时期,稻米区的人口增长比华北的(人口增长)快得

---

① 参见安野省三《"湖广熟,天下足"考》,载《木村正雄先生退官记念·东洋史论集》,东京汲古书院,1976年。
② 参见吴金成《明末洞庭湖周边垸堤的发达及其历史意义》,载《史朋》第十期(1979年)。
③ 参见寺田隆信《湖广熟,天下足》,载《文化》第四十三卷一、二期(1979年)。

多。在元明二代,早熟稻的栽种在西南各省和湖北、湖南也相当普遍,两湖从此成了中国的谷仓。"①

吴金成的专著《明代社会经济史研究》第二章第一节,标题是《明代汉水下游的农业发达》,首先论述的问题是"明代的湖广米流出"。他发掘一些史料,证明在 15 世纪后半期,湖广作为谷仓的地位,已经为长江下游的人们广为知晓。例如他引用邵陛《两台奏议》中的奏疏,揭示这样的史实:"外省巨商,鳞集辐辏,搬运不绝,以致本省(湖广)米价腾涌……富家见价之高,甘心商贩,贫民绝称贷之路。"②他认为这是万历年间湖北荆州、承天、汉阳、贵州等府,以及湖南岳州、衡州、永州等府,能够见到的米谷输出的记录。此外,他还列举正统年间、成化年间、嘉靖年间、隆庆年间湖广米谷输出的记录,来证明这一点。

日本学者重田德关于清代湖南米市的研究,使人们对"湖广熟,天下足"有了立体的理解。他指出:其一,湘潭是湖南内部米谷最大的集散地,乾隆《湘潭县志》写道:"湖南米谷,自衡州而下,多聚卖于湘潭。大约视湖北、江南之时价为低昂。"其二,汉口是湖广、四川米谷最大的交易市场。据赵申乔《自治官书》所载的康熙四十八年(1709)一个奏疏说:"湖南相距江浙甚远,本处所产之米,运下江浙居多。或在汉口地方出售,或专卖与江浙贸易之人。"③

以上所说,只是问题的一个方面,另一方面是江南地区本身的变化。原先曾以全国粮仓著称的苏州、湖州及其周边地区,明中叶以后,随着商品经济的发展,大量耕地用于桑、棉等经济作物种植,对外地商品粮需求日趋增加。加上这一地区人口稠密的特点,致使仰赖

① [美]何炳棣:《1368—1953 中国人口研究》(中译本),上海古籍出版社,1989 年,第170—175 页。此书英文版 1959 年由哈佛大学出版。

② [韩]吴金成:《明代社会经济史研究》(日文本),东京汲古书院,第 195—198 页。

③ [日]重田德:《清初湖南米市场的考察》,东京大学《东洋文化研究所纪要》第十册(1956 年),后收入《清代社会经济史研究》(岩波书店,1975 年)。

湖广粮食接济的趋势日益突显。晚明苏州地方官黄希宪说:"吴中五方杂处,日食甚繁……吴所产米原不足供本地之用,若江广(江西、湖广)之米不特浙属藉以济运,即苏属亦望为续命之膏。"[①]同时代人吴应箕的话可以作为一个旁证:江南"地阻人稠,半仰食于江、楚、庐、安之粟"[②]。也就是说,江南所需的粮食的一半是从湖广、江西及皖南运来。

清初以降,这种形势更趋明朗化。细读《雍正朱批谕旨》可以发现,无论是封疆大吏的密折,还是皇帝的朱批,都不约而同地探讨江浙仰赖湖广的问题。

鄂尔泰说:"湖广全省向为东南诸省所仰赖,谚所谓'湖广熟,天下足'者,诚以米既充裕,水又通流之故。"[③]

谢明说:"惟江西、湖广产米尤多,向来邻省每于江楚籴买,江楚之民亦赖粜卖米石,得价资用。"[④]

杨宗仁说:"湖广产米之地,为东南所仰给。"[⑤]

雍正帝本人深知此种情况,在王景颢的奏折上朱批道:"朕知江浙粮米历来仰给于湖广。"[⑥]

江南地区需要湖广等地粮食,除了这一地区"地窄人稠"的因素,最主要的因素是,这一地区的经济发展已经进入到一个新阶段,出现了乡村工业化(或曰"早期工业化"),丝织业、棉织业的蓬勃发展,大量耕地种植经济作物,为丝织业、棉织业提供原料,寻求最大经济效益,因而不得不输入商品粮。正如雍正年间浙江巡抚程元章所说:"杭嘉湖三府属

---

① (明)黄希宪:《抚吴檄略》卷一《为祈饬籴之禁大沛邻郡封事(崇祯十三年三月二十九日移牒苏州府长洲吴县檄)》。
② (明)吴应箕:《楼山堂集》卷十《兵事策第十》。
③ 《雍正朱批谕旨》,鄂尔泰(八年四月二十日)奏疏。
④ 《雍正朱批谕旨》,谢明(九年正月二十四日)奏疏。
⑤ 《雍正朱批谕旨》,杨宗仁(元年十一月十七日)奏疏。
⑥ 《雍正朱批谕旨》,王景颢(二年八月二十日)奏疏。

地,地窄人稠,民间多以育蚕为业,田地大半植桑,岁产米谷,除办漕外,即丰收之年尚不敷民食,向藉外江商贩接济。"①这种分析是中肯的,可以从地方志中找到佐证。例如康熙《嘉兴府志》说:"(粮食)每不能自给,待食于转输者十之三四。"②原先盛产粮食的嘉兴府尚且要输入30%至40%的商品粮,其他地区可想而知。

与杭嘉湖三府属地"田地大半植桑"相类似,苏松二府属地的棉作区耕地大半用来植棉,一般棉作区的比例大多是"棉七稻三"(例如松江府、太仓州),亦即"三分宜稻七分宜棉",有的地方(例如嘉定县)甚至"专种棉花","不产米"。这一地区仰给于外地粮食的程度似乎更胜一筹。

宋代的农业革命和商业革命,以及"苏湖熟,天下足"局面的出现,为江南市镇的兴起提供了有力的经济支撑,不少江南市镇都可以追溯到这一时代。南宋嘉泰年间编撰的《吴兴志》记载,吴兴(即以后的湖州府)已有六个市镇:乌墩镇(即乌镇)、施渚镇、梅溪镇、四安镇、新市镇、和平镇。③ 此外,南浔镇、双林镇、菱湖镇都兴起于南宋。编撰于元代至元年间的《嘉禾志》记载当时的秀州(嘉兴府)已有魏塘镇、宁海镇、澉浦镇、广陈镇,以及白牛市(枫泾镇的前身)、陶庄市、新城市、永乐市(濮院镇的前身)、当湖市、半逻市、青镇市(青镇的前身)、语儿市、石门市、皂林市、凤鸣市、洲钱市。④ 湖州府与嘉兴府商品市场的蓬勃发展气势,已经跃然纸上。据陈国灿、奚建华《浙江古代城镇史》,南宋时秀州(嘉兴府)有市镇 39 个,临安府(杭州府)有市镇 36 个,吴兴(湖州府)有市镇 35 个。⑤ 邻近的苏州、松江等地情况大体如此。

---

① 《雍正朱批谕旨》,程元章(年月不明)奏疏。
② 康熙《嘉兴府志》卷十二《风俗》。
③ 嘉泰《吴兴志》卷十《管镇》。
④ 至元《嘉禾志》卷三《镇市》。
⑤ 陈国灿、奚建华:《浙江古代城镇史》,安徽大学出版社,2003 年,第 120 页。

3. 江南的乡村工业化

进入明代以后,商品经济不断向纵深发展,日益深入农村,促使农家经营的商品化程度不断提升,集中体现在传统的蚕桑丝织经济与新兴的棉纺织经济,带动了农民家庭手工业的专业化与市场化,经济收益明显增加,导致农业结构发生变化——蚕桑压倒稻作,棉作压倒稻作,从而改变了先前以粮食作物为主体的农业模式,代之以与市场密切相关的经济作物的栽培,以及对蚕茧、棉花的深加工带动的手工业的飞速繁荣,于是出现了"早期工业化"。

李伯重《江南的早期工业化(1550—1850)》指出:1850 年以前的三个世纪中,江南工业的发展,使得工业在江南经济中所占的比重日益提高。到了 19 世纪初,在江南大部分地区,工业的地位已与农业不相上下,在经济最发达的江南东部,甚至可能已经超过农业。为了避免误解,李伯重在该书"导论——本书题解"中,对"早期工业化"做了解释:"所谓早期工业化,指的是近代工业化之前的工业发展,使得工业在经济中所占的地位日益重要,甚至超过农业所占的地位。由于这种工业发展发生在一般所说的工业化(即以工业革命为开端的近代工业化)之前,因此又被称为'工业化前的工业化'。"[①]

在这种背景之下,江南成为国家财赋重地,是不言而喻的。明孝宗时的大学士丘濬在《大学衍义补》中,对韩愈关于"赋出天下而江南居十九"的论断,加以补充"以今观之,浙东西又居江南十九","而苏、松、常、嘉、湖五郡又居两浙十九也"。他还说:"今国家都燕,岁漕江南米四百余万石,以实京师,而此五郡者,几居江西、湖广、南直隶之半。"[②]明世宗

---

① 李伯重:《江南的早期工业化(1550—1850)》,社会科学文献出版社,2000 年,第 16 页、第 2 页、第 6—7 页。

② (明)丘濬:《大学衍义补》卷二十四《经制之义·下》。

时的大学士顾鼎臣一再强调"苏、松、常、镇、杭、嘉、湖七府,供输甲天下",是"东南财赋重地"。[①] 从他们的言论中可以看到两点:其一,他们或是把苏松常嘉湖五府并提,或是把苏松常镇杭嘉湖七府并提,可见朝野上下已经把这一地区看作一个有着共同特点的整体;其二,这一地区向国家缴纳的赋税数量之大,其他地区无法望其项背,因此号称财赋重地。

编成于明中叶的《大明一统志》记录了全国二百六十多个府州的赋税数字,极为珍贵。把这些分散的数字放在一起,可以清晰地看到,苏、松、常、杭、嘉、湖六府的赋税在全国是名列前茅的:

苏州府	2 502 900 石
松江府	959 000 石
常州府	764 000 石
嘉兴府	618 000 石
湖州府	470 000 石
杭州府	234 200 石[②]

把这些数字与全国赋税总额 26 560 220 石加以比较,那么,苏州府的赋税占全国赋税总额的将近十分之一,苏松常嘉湖杭六府的赋税占全国赋税总额的五分之一至四分之一;而苏、松二府的赋税分别名列全国的第一位与第二位。这种态势到了明代后期更加明显,据顾炎武《肇域志》记载,当时苏州府赋税已增至 3 503 980 石,松江府赋税已增至 1 031 460 石。[③]

---

① (明)顾鼎臣:《陈愚见铲积弊以裨新政疏》,《顾文康公集》卷一。
② 《大明一统志》(万历中万寿堂增订本,日本汲古书院影印)相关各卷。按:该书提供的税粮数字前四十名,占第二位的平阳府数字有误,因此实际第二位应该是松江府。
③ 参见顾炎武《肇域志·江南·南直隶》。

二　晚明：江南市镇的迅猛发展时代

1. 苏州府与松江府的典型分析

明代的苏州府、松江府、杭州府、嘉兴府、湖州府，不仅是财赋重地，而且是农工商各业发达的经济重心。农家经营的商品化与市场化，需要有更高层次的市场与之相适应，这就给市镇的发展提供了巨大的空间。

从发展经济学的观点来看，传统社会的经济发展大体经历三个阶段：第一阶段是传统农业扩张式发展，即以扩大耕地面积来谋取发展；第二阶段是农业的商品化与专业化阶段，不再依赖外延式的发展，而是谋求内涵式的发展；第三阶段是工业化阶段。明代的江南已经超越了第一阶段，进入第二阶段，并且向第三阶段迈进。市镇经济的蓬勃繁荣就是在这种背景下出现的。试以苏州府和松江府为例稍加分析。

经济最发达的苏州府，据正德《姑苏志》记载，苏州府属各州县的市镇是十分稠密的。吴县有六镇一市，长洲县有三镇五市，昆山县有五镇四市，常熟县有五镇九市，吴江县有四镇三市，嘉定县有八镇九市，太仓州有四镇十市。[①] 如果把一个县的前后记载加以对比，那么这种迅猛发展之势显示得更加清楚。

先看吴江县。弘治《吴江县志》记载了四镇二市：平望镇、黎里镇、同里镇、震泽镇、县市、江南市。嘉靖《吴江县志》记载了四镇十市，也就

---

① 正德《姑苏志》卷十八《乡都》。

是说，几十年间新增了八个市。四个镇依然是平望镇、黎里镇、同里镇、震泽镇；十个市除了原先的辈市、江南市，新增了八斥市、双杨市、严墓市、檀丘市、梅堰市、盛泽市、新杭市、庄村市。① 到了清朝初年，新增了三个镇，所以在康熙《吴江县志》中是七镇十市：平望镇、黎里镇、同里镇、震泽镇、盛泽镇、芦墟镇、章练塘镇、县市、江南市、新杭市、八斥市、双杨市、严墓市、檀丘市、梅堰市、庄村市、黄溪市。② 其中尤其值得注意的是，盛泽由一个村落升格为市，再由市升格为镇，一举成为吴江县以及邻近地区绫绸集散中心，最典型地显示了吴江县经济成长的轨迹。

再看嘉定县。正德年间有八镇九市，到了万历年间，增加到十七镇、三市、六行③。值得注意的是，大批"市"由于规模巨大、地位重要，逐渐升格为"镇"，因此镇的数量增加了一倍多。具体情况如下：南翔镇、娄塘镇、新泾镇、罗店镇、月泾镇、外冈镇、广福镇、大场镇、真如镇、杨家行镇、江湾镇、青浦镇、徐家行镇、安亭镇、黄渡镇、纪王镇、葛隆镇、练祁市、钱门塘市、封家浜市、殷行市、陆家行、刘家行、吴家行、蒋家行、赵家行。正德年间的真如市、娄塘市、新泾市、广富市、纪王庙市，万历年间都升格为镇，此外还新增了月浦、外冈、杨家行、徐家行、葛隆等镇，其中一些大镇，如南翔镇、罗店镇成了与全国市场紧密联系的超地域市场。④

常熟县市镇的发展也令人瞩目。正德年间有十四个市镇，到了嘉靖年间增加到二十二个市镇，即从原先的五镇九市，一变而为六镇十六市：福山镇、许浦镇、梅李镇、庆安镇、常熟镇、涂崧镇、杨尖市、河阳市、奚浦市、徐家市、唐市、李市、支塘市、归家市、双凤市、直塘市、李墓市、沙头市、甘草市、璜泾市、张家市、练塘市。由于嘉靖《常熟县志》把划归

① 弘治《吴江县志》卷二《市镇》。
② 康熙《吴江县志》卷三《疆域》。
③ 按：苏松一带，民间把新兴的基层市场称为"行"，类似于"市"。
④ 正德《姑苏志》卷十八《乡都》。

太仓州的一些原属常熟县的市镇也列入其中,因而实际增加的数量并没有那么多。不过市镇的规模确实有明显的拓展。例如福山镇,"居民可二千余家,中有甃衢,有通(州)、泰(州)、苏(州)、湖(州)商舶";又如梅李镇,"居民可二千余家,中有甃衢,许浦未塞,有通、泰、苏、湖商舶";再如支塘市,"居民可二千余家,有商舶"。①

经济发展水平仅次于苏州府的松江府,从正德《松江府志》可知,当时松江府两个县共有市镇四十四处,数量少于苏州府,但是松江府只有华亭、上海二县,而苏州府有七个州县,相比较而言,并不逊色于苏州府。松江府的华亭县有十六镇六市,上海县有十一镇十一市。其中一些较大的市镇已经相当繁荣,如乌泥泾镇、枫泾镇、朱泾镇、北七宝镇、三林镇都有发达的棉纺织业,共同构筑了松江府"绫布二物,衣被天下"的盛况。而依靠盐场繁荣起来的新场镇、下沙镇、周浦镇,在盐场衰退后,迅速转型,依然保持工商业兴旺的态势,尤其是新场镇,歌楼酒肆鳞次栉比,其繁华程度超过了上海县城,有"赛苏州"之誉。②

据崇祯《松江府志》记载,明末时,松江府市镇增加到六十一个,其中华亭县增加了莘庄镇、龙华镇、陈家行市;而万历元年由华亭、上海二县析置的青浦县,除了上述二县划归的市镇外,新增了朱家角镇、沈巷镇、刘夏镇、北竿山镇、郏店镇、重固镇、艾祁镇、古塘镇、金家桥镇、杨扇镇、天兴庄镇、双塔镇(商榻镇)、王巷市、杜家角市。③

新析置的青浦县,介于苏州府与松江府之间,市镇的发展最为可观,高潮在万历年间。这从万历《青浦县志》可以看得很清楚。最值得注意的是嘉靖、万历之际兴起的朱家角镇,一举成为青浦县最繁华

---

① 嘉靖《常熟县志》卷二《市镇志》。
② 正德《松江府志》卷九《镇市》。并参考正德《金山卫志》下卷《镇市》,正德《华亭县志》卷五《镇市》,弘治《上海县志》卷二《镇市》,嘉靖《上海县志》卷三《建置》。
③ 崇祯《松江府志》卷三《镇市》。

最重要的市镇,所谓"商贾辏聚,贸易花布,为今巨镇"。与它形成网络的其他市镇,也生气蓬勃:双塔镇(商榻镇)是"商人往来苏松适中之地,至夕驻此停榻",是一个人流、物流的枢纽;跨吴淞江两岸的黄渡镇,江北老街属于嘉定县,江南新街属于青浦县,正处在兴起阶段——"近来商贩颇盛";先前已经见诸记载的金泽镇,则日趋兴旺发达,除了"市盛"(商业繁盛),"列肆又他镇所无","佛庐穷极壮丽"是它的一大特色。①

2002 年,中国台湾学者范毅军的论文《明中叶以来江南市镇的成长趋势与扩张性质》,对苏州府、松江府市镇的数量增长进行了细致的研究。根据他的统计,苏州府(七个州县)的市镇数量增长大体如下:

1550 年以前	102
1551—1722 年	128
1723—1861 年	157
1862—1911 年	264
1912—1949 年	283

从上述统计中可以看到一个宏观的趋势:明代以来直至民国时代,苏州府市镇数量是在逐步增加的,后一个时间段都超过前一个时间段,即民国超过晚清,晚清超过清中叶,清中叶超过明末清初,明末清初超过明中叶以前。

松江府(七个县)的市镇数量增长也是如此:

1550 年以前	59
1551—1722 年	113
1723—1861 年	167
1862—1911 年	369

---

① 万历《青浦县志》卷二《镇市》。

1912—1949 年	352[1]

上述两个统计数字清楚地表明,经济最发达的苏松二府的市镇,在明末清初、清中叶以及晚清,都有迅猛的增长,而尤以晚清最为突飞猛进,显然与通商口岸上海的发展有着密切的关系。

2. 江南市镇的规模与结构

当然,仅仅关注数量的增长是不够的,如要再进一步,就必须关注江南市镇的规模与结构的变化。

人们通常说"市镇",其实"市"与"镇"并非一个概念,"市"的规模比"镇"小得多。从嘉靖《吴江县志》提供的数据可以知道,"市"的居民大约在一百户至三百户之间,如盛泽市(一百户)、严墓市(二百余户)、八斥市(三百余户)、双杨市(三百余户);五百户至一千户的为数较少,如梅堰市(五百户)、新杭市(一千户)。[2] 但是有些"市",规模虽小,经济地位却十分显赫。例如:吴县的月城市,号称"各省商贾所集之处,又有南北濠、上下塘,为市尤繁盛"[3]。又如长洲县的枫桥市,"与阊门相属","为储积贩贸之所会归","为水陆孔道,贩贸所集,有豆米市"[4],是长江三角洲最大的粮食集散中心。再如长洲县的山塘市,"储积商贩亚于枫桥,而川广诸货骈集焉",这就是著名的"虎丘山塘",街长七里,故有"七里山塘"的美誉。[5]

一般而言,"镇"的规模比"市"大多了,大致在一千户至数千户之间。据嘉靖《吴江县志》记载,黎里镇和同里镇,嘉靖年间居民二千余

---

① 范毅军:《明中叶以来江南市镇的成长趋势与扩张性质》,载《历史语言研究所集刊》第73卷第3分(2002年),第451页。

② 嘉靖《吴江县志》卷一《疆域》。

③ 正德《姑苏志》卷十八《乡都》。

④ 康熙《长洲县志》卷八《市镇》。

⑤ 康熙《长洲县志》卷八《市镇》。

家,震泽镇居民一千家。① 据顺治《临平记》记载,明末的临平镇,"地不满十里,户不满万人"。② 某些特大型的镇,居民达到或超过一万户。潘尔夔《浔溪文献》说,南浔镇"市廛云屯栉比","阛阓鳞次,烟火万家,苕水流碧,舟航辐辏,虽吴兴之东鄙,实江浙之雄镇"。③ 类似这样"烟火万家"的,还有乌青镇,康熙《乌青文献》说:"居民殆万家,又为乌程之巨镇……乃若乌镇一区,实为浙西垄断之所,商贾走集四方,市井数盈于万户。"④

乌青镇堪称江南市镇中的巨无霸,号称"宛然府城气象"。康熙《乌青文献》说:"地僻人稠,商贾四集,财赋所出甲于一郡……乌程、归安、桐乡、秀水、崇德、吴江等六县辐辏,四通八达之地……丛塔宫观,周布森列,桥梁阛阓,不烦改拓,宛然府城气象。"乌青镇规模之宏大,经济之繁荣,可以和湖州府城、嘉兴府城相媲美,所以说"宛然府城气象"。嘉靖、万历时期,乌青镇充分发挥经济发达交通便利商贾云集的有利因素,成为居民万户的特大型市镇,管辖它的乌程县、桐乡县的县城根本无法望其项背。乌镇纵七里横四里,青镇纵七里横二里,共有东西南北四个坊门:庠昌门——青镇之南门,通杭州;澄江门——乌镇之北门,通苏州;朝宗门——青镇之东门,通嘉兴;通霅门——乌镇之西门,通湖州。康熙《乌青文献》解释道,虽无城垣,却有坊门,实际上是"以郡城规模名之"⑤。

确实,乌青镇名义上是镇,其实无论规模与格局,都具备府城的架势,"巨丽甲他镇,市达广袤十八里"(当时湖州府城、嘉兴府城的周长不过十二里)。镇中街巷密布,万历《乌青镇志》记载,全镇除了东街、西

---

① 嘉靖《吴江县志》卷一《疆域》。嘉庆《同里志》卷一《沿革》。
② 顺治《临平记》卷一《事记第一》。
③ 咸丰《南浔镇志》卷一《疆域》。
④ 康熙《乌青文献》卷一《疆域》。
⑤ 康熙《乌青文献》卷一《建置》。

街、龚庆坊、积善坊等四条大街,另外还有街巷五十八条。有些街巷颇具历史色彩,例如:波斯巷——在兴德桥西,旧名南瓦子,万历三年(1575)同知刘公辟为大街;北瓦子——在安利桥南,西通太平桥,原先是"妓馆戏剧上紧之处";沈家巷——在金鼓桥西,北通沈侍郎百花庄;顾家巷——在通安桥北,乃顾尚书花园所在;庆和巷——在乌将军庙东,北至吴家浜,旧有楼;穿钱巷——在监镇衙前,临河有望佛桥。四座坊门以及密集的街道,完全具备了县城的条件,无怪乎万历年间当地人上书朝廷,请求在那里建立县治。[①] 但是一直到清末民国时代,它始终是一个镇而已。

兴起于南宋的南浔镇,由于得天独厚的自然条件和经济优势,很快成为与乌青镇并驾齐驱的特大型市镇。它是江南市镇中唯一有城墙建筑的,元末张士诚占据此地时,在镇四周修建城墙,周长一千多丈,高三丈,宽一丈。明朝建立后,皇帝下令拆毁南浔城墙,以其砖石修筑苏州城墙。但是城墙基址尚存,周长三里,成为南浔镇的古迹——"吊桥"、"城隍上"、"太尉城"。

拆城后,代之以四栅,建东西南北四栅,东栅、西栅皆有吊桥、城隍。南浔镇商业中心逐渐向北迁移,形成以通津桥为中心的"中市",通津桥横跨运河(湖州府城至平望镇之间的运河),周围是繁华的商业区,自西而东的运河与自南而北的市河在通津桥附近相交,构成十字港,周围有通津桥、清风桥、明月桥相连,运河及南市河、北市河两岸是通衢大街。

据潘尔夔《浔溪文献》说,嘉靖、隆庆以来,南浔镇日趋兴旺,"阛阓鳞次,烟火万家",进入了持续数百年的繁荣时期。正如万历时当地名人朱国桢所说:"(南)浔虽镇,一都会也。"它南北长七里,东西宽三里,每当蚕丝上市时,"客商云集,四民各司其业,彬彬然一大镇会",与宋元

---

① 万历《重修乌青镇志》卷一《门坊街巷志》。

时代已经不可同日而语了。这一变化，集中体现在荻塘(东塘)的重修上。万历十六年至十七年(1588—1589)，乌程知县重修了湖州府城至平望镇的运河塘岸，全长一百二十里，成为与运河平行的，从湖州通往苏州的陆路要道。万历三十六年(1608)政府当局用青石加固堤岸，尤其是南浔至平望一段，起到了驰道(国道)的作用。荻塘在南浔镇的一段，正好处于商业繁华的闹市——"市廛丛簇，夹岸骈闐"①。

以上透过乌青镇与南浔镇两个例子，看到了江南市镇的繁荣。需要强调的是，江南市镇的优势在于它是一个"网络"，而不是孤立的"点"。发达的市镇网络，把各个市镇联成一体，发生密切的经济联系。例如盛泽镇，它的周边地区盛产丝绸，尤以吴绫久负盛名，它的集散地不在吴江县城而在盛泽镇。乾隆《吴江县志》说："凡邑中所产，皆聚于盛泽镇，天下衣被多赖之，富商大贾数千里辇万金来买者，摩肩连袂，如一都会焉。"②这里所说的"凡邑中所产，皆聚于盛泽镇"云云，就是说周边市镇、乡村生产的丝绸都要向盛泽镇聚集，充分显示了市镇网络的功能。由于盛泽镇及其周边地区丝织业发达，本地所产蚕丝不能满足，镇上丝行大多向邻近市镇采购。沈云《盛湖杂录》说："东则嘉善、平湖，西则新市、洲钱、石门、桐乡，南则王庄、濮院、新篁、沈荡，北则溧阳、木渎，由丝行赴买，分售机户。"如果没有一个完善的市镇网络，是难以想象的。

南浔镇是湖丝的集散地，当地有两句名言：一句是"湖丝遍天下"，另一句是"缫丝莫精于南浔人"。把这两者集中在一处的就是南浔镇，它的优势透过市镇网络尽显无遗。每当新丝上市，各地商贾纷纷前来收购，苏州、杭州的织造衙门也派员前来收货。这是一个方面，另一方面是，南浔镇及其周边地区精于缫丝，但蚕茧原料不足，需要透过市镇

---

① 咸丰《南浔镇志》卷六《古迹》。
② 乾隆《吴江县志》卷五《物产》。

网络供应,于是形成这样的局面:南浔镇商人多前往嘉兴一带买茧,提供给缫丝者;而嘉兴的各个市镇的商人则运送蚕茧前来南浔出售。① 乌青镇也有类似情况。它与南浔镇比邻,也以出产湖丝而闻名。每当小满新丝上市时,各地的商人纷至沓来,大批收购,盛况空前。康熙《乌青文献》说"各处大郡商客投行收买","平时则有震泽、盛泽、双林等镇各处机户零买经纬自织",又有贩子"贸丝诣各镇卖于机户"②。看得出来,乌青镇与震泽镇、盛泽镇、双林镇是构成紧密网络的。

朱泾镇、枫泾镇、吕巷市、杨巷市所构成的棉纺织市镇网络,则是另一种典型。朱泾镇是明清两代闻名全国的棉布集散地,所产标布尤为精良,镇中标行(经营标布的牙行)林立,估客云集。枫泾镇的大布、小布、棉花、棉纱,远近闻名,镇中布局(布行)遍布,局中雇佣的染匠、砑匠(踹匠)往来成群。③ 枫泾镇是与朱泾镇齐名的棉纺织业中心,清初当地人如此描述这两个镇的盛况:"前明数百家布号,皆在松江枫泾、朱泾乐业。"④在这两个镇上,居然有数百家经营棉布贸易的商号,足见其时的繁华。朱泾镇、枫泾镇与吕巷市、杨巷市构成的市镇网络,起到互补的作用:"杨巷市与吕巷、朱泾鳞次鼎分。"⑤朱泾镇的铁锭、吕巷市的纺车,驰名于苏州、松江、嘉兴各地,号称"朱泾锭子吕巷车"。这种网络不仅限于邻近地区,而且是跨地区的。例如青浦县的金泽镇,以其精湛的工艺生产的锭子、纺车,吸引各市镇的商人、机户前来购买,据《金泽小志》说:"锭子以铁为之,车以绳竹为轮,夹两柱,中枢底横三木,偏左而昂其首,以著锭子,轮旋而纱成焉。到处同式,而金泽为工。东松郡(松江府),西吴江,南嘉善,北昆山、常熟,咸来购买。故'金泽锭子谢家车',

---

① 民国《南浔镇志》卷三十一《农桑二》,卷三十二《物产》。
② 康熙《乌青文献》卷二《土产》。
③ 嘉庆《朱泾志》卷一《疆域志·沿革》。光绪《枫泾小志》卷十《拾遗志·拾遗》。
④ 顾公燮:《消夏闲记摘抄》卷中《芙蓉塘》。
⑤ 乾隆《金山县志》卷一《疆域·镇市》。

方百里间习成谚语。"①可见金泽镇的名牌产品,透过市镇网络,辐射范围可达百里方圆。

市镇的基础在四乡农村,与四乡农村的产业有着密切的关系,与农业经济的商品化程度不断提高有着密切的关系,与家庭手工业的专业化,或者说早期工业化有着密切的关系。由于各地的地理状况、产业结构有所不同,所以市镇普遍呈现出不同的专业化色彩。从经济地理的角度来看,苏、松、杭、嘉、湖地区大体可以分为蚕桑区、棉作区、稻作区,有些地方或许会有所交叉,但三者之中必有一项为主。因此,丝绸业市镇、棉布业市镇、粮食业市镇就成为市镇的主要类型。此外,基于各地的特色产业,还分布着其他专业市镇,例如盐业市镇(周浦镇、新场镇)、榨油业市镇(石门镇)、笔业市镇(善琏镇)、冶业市镇(炉头镇、庙村市)、窑业市镇(干家窑镇、瓶窑镇)、渔业市镇(青村镇、沈港镇、福山镇)、编织业市镇(黄埭镇、唯亭镇、唐市镇)、竹木山货业市镇(埭溪镇、箬头镇)、刺绣业市镇(光福镇、下沙镇)、菸叶业市镇(屠甸镇)、制车业市镇(章练塘镇)、造船业市镇(织里镇)、海运业市镇(澉浦镇、乍浦镇、浏河镇)等。②

以下专就丝绸业市镇与棉布业市镇,展开分析。

三 丝绸业市镇的分布及其特色

太湖流域是传统的蚕桑丝织地区,号称"湖丝遍天下"。所谓"湖丝

---

① 道光《金泽小志》卷一《土产》。
② 参见樊树志《江南市镇:传统的变革》,复旦大学出版社,2005年,第203—214页。

165

遍天下",不仅是指生丝行销天下,而且是指各色丝织品行销天下,这是一层意思。另一层意思是,这一地区的生丝、丝织品不仅行销全国,而且行销世界,此"天下"可谓大矣。因此湖丝特别是它的精品"辑里丝",名冠一时,声名远扬各大洲。

在生丝与丝织品的生产与流通过程中,太湖周边的丝绸业市镇网络的集散功能与市场机制,发挥着重要的作用。

1. 丝绸业市镇的分布

大批丝绸业市镇分布于太湖东南面的扇形地带,星罗棋布,使得原先的乡村迅速趋于城市化,这在其他经济区域是罕见的。从其分布密度就可以看到,这些市镇有着非同一般的经济活力。最近的相距只有几里,例如盛泽镇与王江泾镇相距六里,南浔镇与震泽镇相距九里。较远的也不过二三十里,例如濮院镇与王店镇、王店镇与硖石镇,相距二十里;盛泽镇与震泽镇相距三十里,濮院镇与乌青镇相距三十二里,长安镇与临平镇相距三十五里;南浔镇与双林镇、双林镇与菱湖镇、乌青镇与双林镇、南浔镇与乌青镇,相距均为三十六里。他们相互之间联系密切,人流物流从不间断,构成了充满活力的市镇网络,向各地市场辐射,形成"湖丝遍天下"的局面。

太湖周边的丝绸业市镇,就其经营性质而言,可以区分为丝业市镇与绸业市镇两大类。

(1) 丝业市镇

震泽镇。地滨太湖,位于吴江县治西南九十里。宋代还是一个市——震泽市,居民数十家,明代成化年间居民增至三四百家,由市成镇。嘉靖年间发展到"地方三里,居民千家"的规模。清初以降进一步发展,"货物并聚,居民且二三千家"。震泽镇四乡,居民以蚕桑为业,农家精于缫丝,所缫之丝较他处更为光白,细的可为纱缎经,俗名经丝;稍粗的多用来织绫,俗名绸丝。四乡农家生产的经丝、绸丝汇集于镇上丝行,由丝行批发给各地前来的客商,震泽镇因而成为蚕丝的集散中心。

南浔镇。西距湖州府治(乌程县附郭)六十一里,北距太湖口十八里,湖州至平望的运河穿越全镇,与南北向的市河相交于镇中。它兴起于南宋,到明代嘉靖、万历年间日趋兴旺,成为"烟火万家"、"舟航辐辏"的巨镇。范颖通《研北居琐录》对它的描述是这样的:"前明中叶,科第极盛","当蚕丝入市,客商云集","彬彬然一大都会矣"。镇南的丝行埭是丝行集中之地,"列肆购丝","商贾骈集,贸丝者群趋",既有"乡农卖丝争赴市",也有"客商大贾来行商"。明清两代成为湖丝的主要集散中心。

乌青镇。乌镇隶属于湖州府乌程县,青镇隶属于嘉兴府桐乡县,却隔河相望,近在咫尺,当地人习惯合称乌青镇。南宋时已很著名,其后几度浮沉兴衰。明代成化、弘治年间,日趋繁荣,正如陈观《校正乌青志序》所说,当时镇上店铺民居"鳞次栉比,延接于四栅"。到嘉靖年间出现了"商贾四集,财赋所出甲于一邑"的盛况,"居民殆万家","宛然府城气象"。四乡生产的湖丝,以西乡所产为上品,号称"辑里丝"(俗称七里丝),北乡所产次之。小满新丝上市时,"各处大郡商客投行收买",一派繁忙景象。

菱湖镇。位于湖州府治(归安县附郭)南四十里,兴起于南宋,元末毁于兵火。明初复兴,设税务司,由市升格为镇。嘉靖、万历年间迅速趋于繁荣,当时人描述道:"第宅连云,阛阓列螺,舟航集鳞",号称"归安雄镇"。菱湖四乡盛产湖丝,万历《湖州府志》说:"(湖丝)属县俱有,惟出菱湖洛舍者第一。"[①]天启《吴兴备志》说,菱湖前后左右三十里内所产湖丝,由农家摇丝船运到镇上,丝行临河收丝,"四五月间,乡人货丝船

---

① 万历《湖州府志》卷三《物产》。

167

排比而泊","投主交易而退"。①

新市镇。位于德清县治东北四十五里,兴于宋而盛于明。根据正德《新市镇志》及康熙《德清县志》记载,该镇"街衢市巷之盛,人物屋居之繁,琳宫梵宇之壮,蚕丝粟米货物之盛",为全县之冠。西乡北乡农村栽桑养蚕缫丝,镇上叶市丝市兴旺,丝的品质以纯正而著称。②

石门镇。位于崇德县治北二十里,俗称石门湾,康熙二年(1663)崇德县改名为石门县,石门镇遂改名为玉溪镇。明人王稺登《客越志》说:"(石门)地饶桑肥,蚕丝成市,四方大贾岁以五月来贸丝,积金如丘山。"康熙《石门县志》说,明清之际,"农桑视昔更盛",丝市繁荣,"公私取偿丝市","丝市之利胥仰给贾客腰缠,乃大驵小侩递润其腹,而后得抵乡民之手"。③ 与丝行相呼应的桑叶行、绸行也因之繁忙,"岁盛时坐贾持衡,行商麕至,资以贸迁","民间纺绸、花绸、绫罗、纱帛,织者输困,贸者辐辏,机杼可谓勤矣"。

塘栖镇。位于杭州府治北五十里,与湖州府德清县合辖。光绪《塘栖志》说,嘉靖年间,"市区氓橡鳞次栉比,北乡左右越墟出贩者,晨驰夕鹜,肩摩迹累";又说,塘栖四乡"遍地宜桑,春夏间一片绿云,几无隙地,剪声梯影,无村不然,出丝之多,甲于一邑,为生殖大宗"。

临平镇。位于杭州府治东五十七里,兴起于南宋,万历《杭州府志》描述当时的盛况:"户口蕃盛,商贾买卖者十倍于昔。"元末明初,塘栖镇兴起以后,它的重要地位有所下降,但仍是一个中型市镇,顺治《临平记》说它"地不满十里,户不满万人"。四乡农家经济主要仰赖蚕丝,临平镇因而成为附近蚕丝的集散地——"海宁、仁和、上塘蚕丝于临平贸易居多"。

---

① 天启《吴兴备志》卷二十九《琐征》。
② 正德《新市镇志》卷一《物产》,康熙《德清县志》卷二《市镇》。
③ 康熙《石门县志》卷一《纪疆·市镇》。

当然,丝业市镇并非只有这些,以上不过略举数例而已。

(2) 绸业市镇

濮院镇。位于桐乡县与秀水县之间,旧名永乐市,以丝绸业闻名,《濮川所闻记》说:"收积机产,远方商贾旋至旋行。"①据县志与镇志记载,明初时,"居者渐繁,人可万余家","民务织丝绽","商旅辐辏"。万历年间,"改土机为纱绸,制作绝工,濮绸之名遂著远近,自后织作尤盛",镇上街巷"接屋连檐,杼声盈耳"。当地人说:"吾里机业十室而九,终岁生计于五月新丝时尤亟。富者居积,仰京省镳至,陆续发卖。而收买机产,相传设市翔云(观),今则俱集大街,所谓永乐市也。日中为市,接领踵门。至于轻重诸货,名目繁多,总名曰绸。而两京、山西、湖广、陕西、江西、福建等省各以时至,至于琉球、日本。濮绸之名几遍天下。"②

王江泾镇。位于秀水县治北三十里,宋代称为闻川市,元代称为王江泾镇,明代万历年间达于鼎盛——"多织绸,收丝缟之利,居者可七千家"。据《闻川志稿》说,明末清初已发展成"烟火万家"的大镇,"其民多织缯为业,日出千匹,衣被数州郡"。

双林镇。位于湖州府治东南五十四里,兴起于明初,其时"户不过数百,口不过千余";明末清初增至三千余户,嘉庆、道光之际发展成接近万户的大镇。它的代表性产品是包头纱(绢),有"通行于天下"的说法。这一产业在明代成化年间就很有名,四方商贾纷纷前来采购农家织造的纱绢。《双林镇志》说:"明正(德)嘉(靖)以前仅有高溪纱帕,隆(庆)万(历)以后机户巧变百出,名目繁多,有花有素,有重至十六七两者,有轻至二三两者……客商云集,贩往他方者不绝。又有官绢、灯绢、

---

① 嘉庆《濮川所闻记》卷一《总叙》。
② 乾隆《濮镇纪闻》(不分卷)《总叙·风俗》。

裱绢。"①

　　盛泽镇。原名青草滩,直至明初仍是一个村落,居民仅五六十家,只有称为"寅亥市"②的村市。四乡的蚕桑丝织业却由来已久。乾隆《吴江县志》说:"绫绸之业,宋元以前惟郡人为之。至明(洪)熙、宣(德)间,邑民始渐事机丝,犹往往雇郡人织挽。成(化)、弘(治)以后,土人亦有精其业者,相沿成俗。于是盛泽、黄溪四五十里间,居民乃尽逐绫绸之利。有力者雇人织挽,贫者皆自织,而令其童稚挽花,女工不事纺绩,日夕治丝。"盛泽镇就是在这个基础上发展起来的。据明末冯梦龙《醒世恒言》的描述,明末的盛泽镇真是盛况空前:"市河两岸绸丝牙行约有千百余家,远近村坊织成绸匹,俱到此上市。四方商贾来收买的,蜂攒蚁集,挨挤不开。"进入清代以后,迅猛发展成为"以绫绸为业"的万户大镇,其繁华程度可以与苏州商业区阊门相媲美,成为吴江县无可匹敌的绫绸贸易中心。

　　丝绸业市镇还有很多,以上仅举数例。即使以米市著称的硖石镇,所产丝绸也很有特色,其中一款"紫微绸"就是价格昂贵的上品。万历时嘉兴人李日华在日记中写道:"硖石人来言,用雪水澡茧作绵,有天然碧色,织以为绸,谓之松阴色,甚雅观,但不易多得也。余谓,蚕食桑,肠中抽绎,青苍是其本色,特木气既极,反兼金化,故茧被白章耳。雪者天地至洁之物,故能濯露其本色,非谬巧也。"③当地人说:"以丹井水缲茧,色微碧","名松阴色,享上价"。④

　　江南市镇的各色丝绸巧夺天工,有天时地利人和的优势,故而能够

---

　　① 民国《双林镇志》卷十六《物产》。民国《双林镇志》卷十六《物产》:"包头绢,妇女用为首饰,故名。惟本镇及近村乡人为之,通行天下。"民国《双林镇志》卷十二《碑碣·张廉:重建化成桥碑铭(成化十一年)》:"溪左右延袤数十里,俗皆织绢,于是四方之商贾咸集以贸易焉。"
　　② 按:这种六日一集的"寅亥市",在经济发达的苏州府吴江县十分罕见,在周边地区几乎没有类似的现象,因此可以推定是宋元时代的遗风。
　　③ (明)李日华:《味水轩日记》卷四,万历四十年五月二十四日条。
　　④ 嘉庆《硖川续志》卷五《物产》,卷十九《丛谭》。

畅销天下。

2. 丝绸业市镇的经营方式

市镇作为手工业与商业中心,具有商品生产与流通的功能,既与本地乡村联系密切,又与全国各地市场联成一体。丝绸业市镇首先是一个生丝、丝织品以及其他商品的交流中心,它的经济结构与经营方式,必然带有强烈的商品色彩和市场色彩,迥然不同于乡村,也不同于作为行政中心的府城和县城,传统的经济结构正在悄无声息地发生变化,正是这样的活力和魅力,使得它们可以持续兴旺发达几个世纪之久。

以下透过牙行、客商、机坊三大经济支柱,稍加分析。

市镇上经济实力最为雄厚的是各类牙行,它们构成了市场的主体,成为商品生产者和商品销售者的中介,亦即乡人与客商之间的沟通者。它们一方面招徕生产丝、绸的乡人,另一方面接待从各地前来收购丝、绸的客商,左右着市面繁荣与生意兴旺。牙侩开设的牙行,以往学者对他们多加非议,以为是"中间盘剥",殊不知,如果缺失了牙行这个环节,商品将无法有序地流通,市场将无法有序地运作。牙行既然是市场经济发展的必然产物,自有它存在的合理性。从山根幸夫的专著《明清华北定期市的研究》可以看到,即使是经济不甚发达的乡村集市,都有牙行的设置,以保障买卖得以有序地进行。[①] 难以想象,经济发达的江南市镇如果没有了牙行将会如何运作。诚然,牙行存在不少陋规陋习,上下其手,使得买卖双方利益受损。但是,现代市场经济中的中介公司,都有形形色色的中间盘剥,我们何必苛求于几百年前的牙行呢!

濮院镇可以作为一个典型,镇上牙行门类很多,有绸行、丝行、桑叶行、菸叶行、六陈行、麻皮行等规模较大的牙行,还有一些规模较小的牙

---

① 参见山根幸夫《明清华北定期市的研究》,东京汲古书院,1995 年,第 55—58 页。

行,例如经手鸡、鹅、豆、麦批量买卖的牙行,叫做"小行";经手糠秕批量买卖的牙行叫做"糟食行";甚至还有"招徕柴船,及每早率乡人向各家以油易肥(用油换取人粪)者",叫做"酾油卖柴行"。[1]

绸行又称绸庄,是从事绸缎等丝织品贸易的中介机构,专门收购四乡农家以及镇上机户、机坊生产的商品,然后成批量转售给客商。生意繁忙季节,绸行不仅"坐庄"收货,还主动"出庄"收购,或由"接手"(又叫"绸领头")居间介绍。《濮川所闻记》说:"绸行日向午赴市收绸,谓之出庄;其善看绸者,谓之看庄;归行再按,谓之复庄。""绸既成,有接手诣绸行售之,每一绸分值若干,谓之用钱。"[2]绸行所收的绸匹是生绸,必须练熟、平整,才能作为成品流通于市场。因此,绸行收绸后,全部交付练坊加工,然后再转销给各地来的客商。由于各地客商对规格要求不同,绸行也有所分工,分别有京行、建行、济宁行、湖广行、周村行的区分,其中京行的财力最为雄厚。[3]

丝行专门收购四乡农家生产的生丝,每当新丝上市之时,丝行派人四处招徕乡人,收购新丝。杨树本《濮院琐志》的描述十分生动:"乡人抱丝诣行,交错道路。丝行中着人四路招揽,谓之接丝日,至晚始散。于是泉布盈肩,乡之人有烂醉街头矣。"[4]丝行收购的生丝,除了销售本地机户、机坊之外,大量转销苏州、杭州、绍兴、南京、镇江、盛泽等地各帮丝商。值得注意的是,丝行大多兼业绸行生意,绸行也兼收生丝,但绸行并不转销生丝,而是把它交给机户加工成绸,这种做法叫做"拆丝"。[5]

桑叶行从事新鲜桑叶的买进卖出,由于这种商品的特殊性,为了保鲜,也为了保持价格优势,买进与卖出之间衔接紧密。因此桑叶行大多

---

① 嘉庆《濮院琐志》卷七《杂流》。该志作序于乾隆三十九年,刊刻于嘉庆十三年。
② 嘉庆《濮川所闻记》卷三《织作》。
③ 嘉庆《濮川所闻记》卷三《织作》,引沈廷瑞《东畲杂记》。
④ 嘉庆《濮院琐志》卷六《岁时》。
⑤ 民国《濮院志》卷十四《农工商》。

设立于市镇四栅河边码头,以利船只进出。立夏后三日,新桑叶上市,桑叶行纷纷开市,有头市、中市、末市,每一市三日,三市共九日;每日又分早市、午市、晚市,市价一日三变。机户买桑叶大多不付现钱,而是赊购,待到新丝上市后,才付清叶钱,称为"敲丝车钱"。①

绸行、丝行、桑叶行构成丝绸业市镇的基本特色,也是这类市镇的三大经济支柱;其余牙行虽然处于补充地位,却不可或缺,不仅提供其他农副产品的购销渠道,也为市镇的运行提供了活力。

以丝业贸易为主的市镇,丝业牙行的经济实力最为引人注目。双林镇接待各地丝商的丝行,有广行与客行之分,遍布于镇的四栅,生意十分兴隆。《双林镇志》说:"丝业牙行聚四方商旅,饶富立致……在本镇经纪者,以丝、绵、绸、绢为盛。有资设店获利固易,而精其业者,即空手入市,亦可日有收获……客商赍银来者动以千万计,供应奢华,同行争胜,投客所好,以为迎合,无所不至。"②每年新丝上市,闽广一带富商大贾纷纷前来收购新丝,头蚕、二蚕是大市,交易额往往"日出万金"。每逢客商多而丝货少时,丝行雇船下乡收买,谓之"出乡";代替丝行收买新丝的称为"抄庄",买进后专卖给丝行的称为"掇庄"(俗称贩子),代替"掇庄"招揽乡货出卖的称为"撑早船"。多种多样的交易中介,把新丝市场搞得热火朝天。中秋节后,客商大多满载而归,受雇于丝行的"伙友"(伙计)大多散去,此时镇上的丝市称为"冷丝市",仅仅维持零星发卖,以期与来年的"新丝市"衔接,所以当地人说"买不尽湖丝"。③

菱湖镇的丝行,有大行、小行之分,不但资本规模有大小之别,而且经营方式也有所不同。所谓大行,是指财力雄厚的牙行,它们收购新丝

---

① 民国《濮院志》卷十四《农工商》,引沈涛《幽湖百咏》"叶仙诗句今年好,毕竟丝车容易敲",意为只要蚕丝收成好,不愁桑叶欠款收不到。
② 民国《双林镇志》卷十五《风俗》。
③ 民国《双林镇志》卷十六《物产》。

后,为各地客商提供巨额货源。所谓小行,又称"钞庄"(或称抄庄),它们收购的新丝大部分转售给大行,小部分出售给购买量不大的"买丝客人"。此外还有一种完全从属于"大行"的中介人,叫做"小领头",俗称"白拉主人",专门为乡人寻找买家,为大行组织货源,从中收取佣金。[①]有了大行、小行、小领头三种层次的交易系统,新丝的交易渠道变得十分顺畅。每当新丝上市,农家生产的新丝,用丝船运载到镇上出售,叫做"投主交易"。丝行则临河收买,一派繁忙景象。有人如此描写道:"四五月间,乡人货丝船排比而泊。"[②]

南浔镇的丝行大体类似,也有大行、小行、小领头之分。小行又称"划庄"——"买之以饷大行";小领头(俗称白拉主人)——"招乡丝代为之售,稍抽微利"。南浔镇是湖丝最大的集散中心,丝行的主角自然是大行,因其销售对象与经营方式不同,而有京庄(京行)、广庄(广行)、经庄(经行)、乡庄(乡行)的分别。时人的诗句生动地反映了湖丝贸易的繁盛景况:

> 间阎填喧驵侩忙,一榜大书丝经行。
>
> 就中分列京广庄,毕集南粤金陵商。[③]

所谓"京广庄",就是南浔镇势力最为雄厚的丝行——京庄、广庄。京庄也称京行,专门供应苏杭两地织造局(官办机构)所需上等湖丝,织成绸缎后解送京师,供皇宫消费。广庄也称广行,专门接待广东客商,又称客行,经由广东客商之手出口海外。经庄也称经行,专门收购织造绸缎的经丝(区别于纬丝),又细分为专售苏州客商的"苏经",以及专售广东

---

① 光绪《菱湖镇志》卷十一《舆地略·物产》。
② 天启《吴兴备志》卷二十九《琐征》。
③ 咸丰《南浔镇志》卷二十一《农桑》,引董蠡舟《卖蚕诗》。又董恂《卖蚕诗》内容类似:"初过小满梅正黄,市头丝肆咸开张。临衢高揭纸一幅,大书京广丝经行。区区浔地虽偏小,客船大贾来行商。乡人卖丝别粗细,广庄不合还京庄。"

客商的"广经"。① 丝行是南浔镇无可匹敌的经济支柱,当地人说"镇人大半衣食于此"②,可以推论,南浔镇以丝行谋生者占全镇人口一半以上,由此可见,丝行在南浔镇经济结构中的重要地位。

　　盛泽镇作为绫绸集散中心,牙行中的龙头老大非绸行莫属,镇上财大气粗的绸行比比皆是。明末苏州人冯梦龙笔下的盛泽热闹非凡:"市上两岸绸丝牙行约有千百余家,远近村坊织成绸匹,俱到此上市,四方商贾来收买的,蜂攒蚁集,挨挤不开。"③这虽是小说家言,却并非虚构,盛泽镇的绸丝牙行有数百家,确是不争的事实。新编《吴江县志》记载:在绫绸业鼎盛时期,盛泽镇的绸行多达百余家,丝行有近百家,领投(或曰领头)有近两百家,绸、丝、领三行共计四百多家,构成盛泽镇的经济支柱。④ 盛泽镇的绸行不仅要收购四乡生产的绫绸,而且要收购整个吴江县各地所产的绫绸,由此集中向外输出。正如乾隆《吴江县志》所说:"吴绫见称往昔,在唐充贡,今郡属惟吴江有之,邑西南境多业此……凡邑中所产,皆聚于盛泽镇,天下衣被多赖之。"⑤既然是"天下衣被多赖之",就意味着这个绫绸集散中心必然万商云集,如果没有数量众多的绸行,是难以想象的。因此盛泽镇的经济状况取决于"商客之盛衰",换句话说,取决于绸行生意之盛衰,原因是显而易见的:"盖机户仰食于绸行,绸行仰食于商客,而开张店肆者即胥仰食于此"。⑥

　　丝绸业市镇的丝、绸行销全国乃至海外市场,在这个流通过程中,各地客商以及由他们结成的商帮,功不可没。当然商人熙熙攘攘都是为了逐利,在他们眼里,精美绝伦的蚕丝和丝织品可以为他们带来巨额

----

① 咸丰《南浔镇志》卷二十四《物产》,引潘尔夔《浔溪文献》。
② 咸丰《南浔镇志》卷二十一《农桑》。
③ (明)冯梦龙:《醒世恒言》卷十八《施润泽滩阙遇友》。
④ 新编《吴江县志》,江苏科学技术出版社,1994年,第80—81页。
⑤ 乾隆《吴江县志》卷五《物产》。
⑥ 乾隆《盛湖志》卷下《风俗》。

利润,因而把丝绸业市镇视为财富之渊薮,前仆后继,纷至沓来,致使丝绸业市镇富商大贾云集。那副俗不可耐的对联"生意兴隆通四海,财源茂盛达三江",用在这里,倒是很贴切的。

从清初的地方志可知,以出产濮绸而闻名的濮院镇,"万家烟火,民多织作绸绢为生,为都省商贾往来之会";"一镇之内,坐贾持衡,行商麇至,终岁贸易不下数十万金"。① 说一年的贸易额高达白银数十万两,这个估计看来过于保守,清初人说,濮院镇"日出万绸",一天的成交量是一万匹。根据方志资料,绸的价格按照轻重而定,康熙时,绸每两值银一钱。② 一匹绸的重量不等,重的十六七两,轻的二三两,姑以每匹十两计,每匹绸的价格为白银一两,一万匹的价格是白银一万两,全年的贸易额必定超过白银一百万两无疑。何况沈廷瑞《东畬杂记》说:"所谓日出万绸,盖不止也。"③由此可以推论,濮院镇全年贸易额当在白银数百万两左右。客商购买力之大,于此可见一斑。

南浔镇的湖丝贸易也是如此。温丰《南浔丝市行》诗云"一日贸易数万金"④,如果以康熙时绫绸价每两值银一钱计,一天的贸易额达白银数万两。湖丝贸易的旺季是从小满到中秋,约四个半月,以每天贸易额数万两计,整个旺季的贸易额大概在白银五百万两左右。这一估计可以得到印证。根据《南浔镇志》记载"湖丝极盛时,出洋十万包",十万包湖丝的售价约为白银一千万两左右。由此可见,明清之际南浔镇"一日贸易数万金",并非夸张之词。⑤

从上述两个典型事例,已经可以看到各地客商在丝绸业市镇的购

---

① 康熙《桐乡县志》卷一《市镇》。雍正《浙江通志》卷一百二《物产》。
② 乾隆《吴江县志》卷三十八《风俗·生业》:"明嘉靖中,绫绸价每两银八九分,丝每两(银)二分。我朝康熙中,绫绸价每两(银)一钱,丝价尚止(银)三四分。"
③ 嘉庆《濮川所闻记》卷三《织作》,引沈廷瑞《东畬杂记》。
④ 民国《南浔志》卷三十一《农桑》,引温丰《南浔丝市行》诗。
⑤ 民国《南浔志》卷四《河渠》,引徐友珂《重浚三十六溇港议》。

买力令人叹为观止。这类富商巨贾的经营方式，当然不会停留在一般行商的水平上，他们凭借巨额资金以及长年累月的经营，都在各个市镇建立了营业据点，不少人从行商转化为坐贾。为了维护自身利益，陆续设立了长期性的商务公共机构——会馆、公所。这里所说的会馆，主要是指商人会馆，它是一种地缘性的组织，俗称同乡会馆，在某一地区经商的同乡商人的公共空间，在同乡互助的职能之外，兼具商业协调的功能。公所则是一种业缘性的组织，即依照行业划分的同业公所，与后世出现的同业公会有着渊源关系。会馆、公所的建立，成为当地工商业发达，市场经济繁荣的一个显著标志。

3. "有力者雇人织挽，贫者皆自织"

由于各地市场对于太湖周边地区生产的精美绝伦的丝绸的需求与日俱增，小规模的农家个体生产难以在数量与质量上有所突破，于是在丝绸业市镇上出现了以雇佣劳动为特征的手工作坊——机坊。乾隆《吴江县志》谈到绫绸业发展状况时指出：明代成化、弘治以后，"土人（指吴江本地人）亦有精其业者，相沿成俗，于是盛泽、黄溪四五十里间，居民乃尽逐绫绸之利，有力者雇人织挽，贫者皆自织"。① 可见"有力者雇人织挽"的现象在明中叶已经出现，但规模如何，不得而知，只能从后世的记载加以推论。乾隆《盛湖志》称："中元夜，四乡佣织多人，及俗称曳花者约数千计，汇聚东庙并升明桥，赌唱山歌，编成新调，喧阗达旦。"②盛泽镇受雇于机坊的雇佣劳动者——佣织及曳花——数量达数千人之多，可见机坊数量之多、规模之大。与机坊配套的练坊（一作炼

---

① 乾隆《吴江县志》卷三十八《风俗·生业》。
② 乾隆《盛湖志》卷下《风俗》。按：手工织机有素机、花机两类。花机，即提花机，又名攀花机、花楼机，操作时，由一小厮（即曳花儿）坐于花楼上，专司提花；另一名成年织工（即佣织）坐在地面操作织机，进行开口、投梭、打纬、卷取等工序，上下配合。

坊)、染坊、踹坊、轴坊也有大批雇佣劳动者,数量也相当之多。清人说:"(盛泽镇)凡练绸之坊十余,染坊三十余,踹、轴等坊亦如之,业此者近千人。"①由此向前追溯,晚明时"有力者雇人织挽",绝非个别现象,是可以断定的。

与盛泽镇比邻的黄溪市,"雇人织挽"也蔚然成风,不仅形成"机户出资,机工出力"的雇佣关系,而且形成了固定的劳动力市场,有一技之长的机工,每天清晨"立长春、泰安二桥,以待雇织,名曰走桥,又曰找做"。生意繁忙时,机户为了招徕机工,往往百般迁就,"每逢节候,肴馔必更丰焉";佣工"或食无兼味,辄去而他适"。到了生意萧条时,机坊减少雇工,劳动力过剩,那些"无人雇织"者,往往衣食无着,"沿途求乞以为常"。② 显然这些"佣织"虽有一技之长,却是一无所有的无产者,他们可以看作近代城市无产者的先辈,他们的出现,或许标志着江南市镇由传统向近代的转型。

这种新现象是有典型意义的。吴江县的"走桥"、"找做",在长洲县称为"唤找"。康熙《长洲县志》的一则资料反映了明清之际的情况,极有价值:

> 工匠各有专能,匠有常主,计日受值。有他故,则唤无主之匠代之,曰唤找。无主者,黎明立桥以待,以车纺丝者曰车匠,立濂溪坊。什百为群,延颈而望……若机房(即机坊)工作减,此辈衣食无所矣。③

情况表明,在丝绸行业中,明清之际已经普遍使用雇佣劳动,由此而产生出颇具规模的劳动力市场。这种前所未见的社会经济现象,透露出

---

① (清)沈云:《盛湖杂录》。
② 道光《黄溪志》卷一《疆土·风俗》。
③ 康熙《长洲县志》卷三《风俗》。

丝绸业市镇的勃勃生机。

这并非苏州府独有的现象,嘉兴府也有类似情况。介于秀水县、桐乡县、嘉兴县之间的濮院镇,织绸业有着悠久历史,出产的濮绸闻名遐迩。镇上拥有较多织机与资本的机坊,在生产旺季,临事雇佣工匠,都可以求助于镇上的劳动力市场。劳动力市场所在的镇北太平巷,并非主干道,却与北大有街、北廊棚等商业街连接,方便的交通条件使它成为有一技之长的工匠待雇的集结地点,久而久之形成一个劳动力市场。当地人这样描述道:"太平巷,本福善寺,西出正道,阖镇织工、拽工(即曳工),每晨集此以待雇。"①《濮完琐志》写得更为具体,一则是:

> 机杼为阖镇恒产,男女藉此养育者累累皆是。计其名,有络丝,有织工,有挽工(拽工),有牵经,有刷边,有运经,有扎扣,有接头,又有接收,有敉绸,有看庄。或人兼数事,或专习一业。生平足不出巷,目不见外事,衣于是,食于是,尽其力而终身焉。

另一则是:

> 织工、拽花或遇无主,每早各向通衢分立,织工立于左,拽工立于右,来雇者一见了然,谓之"巷上"。②

每天早晨,织工、拽工站立于太平巷左右两侧,等待雇主招募,习以为常,除了这些织工、拽工,其他雇佣劳动者的名目还有不少,例如练坊雇佣的"练手"——"每坊佣者数十人,名曰练手"③。此外还有"典当司柜,多徽州人;成衣、木局,多宁波人;镊工,半句容人;银匠,多绍兴人;

---

① 嘉庆《濮川所闻记》卷二《地宇·坊巷》。
② 嘉庆《濮院琐志》卷一《机杼》,卷七《杂流》。
③ 嘉庆《濮川所闻记》卷三《人物·织作》。

漆工,多江西人"。①

机坊还把生丝交给农家妇女加工,称为络丝。关于"络丝",《濮院琐志》说:"妇女多工络丝,每一两给钱三文,近则倍之,一日所获,可以自给。"②这是另一种形式的雇佣劳动,按照络丝数量的多少支付工钱(由一两三文增至一两六文),妇女一天劳动所得可以养活自己。与络丝相衔接的牵经、刷边、运经,都需要雇工操作。机坊不仅对于丝的整理极其讲究,而且对绸缎的花样也很考究。在织机花楼上的拽工(曳花儿)的操作都有板有眼:"机上有木架,谓之花楼,拽工坐其上。花样另有样本,业是者以世相传,需用时,向其家赁之。拽者随其样,两手扯拽,令开其丝,梭跳越而过,则丝浮而亮,凑合成花,无不毕肖。"③分工如此细密,如此专业,无怪乎太湖周边市镇的丝绸巧夺天工,广受青睐。

综上所述,人们不难看到江南丝绸业市镇的盛况,为全球化贸易中的"丝—银对流"提供了强有力的支撑。全汉昇说得好:"中国的丝绸工业俱有长期发展的历史,技术比较进步,成本比较低廉,产量比较丰富,所以中国产品能够远渡太平洋,在西属美洲市场上大量廉价出售,连原来独霸该地市场的西班牙丝织品也大受威胁。由此可知,在近代西方工业化成功以前,中国工业的发展使中国产品在国际市场上的强大竞争力来说,显然曾经有过一页光荣的历史。中国蚕丝生产遍于各地,而以江苏和浙江之间的太湖区域最为重要……海外市场对中国丝绸需求量非常大,因而刺激这个地区蚕丝生产事业的发展,使人民就业机会与货币所得大量增加,当然是一个重要因素。"④

---

① 嘉庆《濮院琐志》卷七《杂流》。
② 嘉庆《濮院琐志》卷一《机杼》。
③ 嘉庆《濮院琐志》卷一《机杼》。
④ 全汉昇:《略论新航路发现后的海上丝绸之路》,台湾《近代中国史研究通讯》第二期(1986 年)。同时刊载《历史语言研究所集刊》第五十七本第二分(1986 年)。

四　棉纺织业与棉布业市镇

1. 乌泥泾与黄道婆

原产于印度河流域的棉花,最早由陆路与海路传入中国,然而长期停留于西北、西南边疆地区,对中原地区并无影响。真正传入中原尤其是江南地区,是在宋代以后。元代以降,这方面的记载日渐增多,反映了棉花种植的推广,成效十分明显。这就不能不提到乌泥泾镇与黄道婆。

乌泥泾镇,位于上海县城西南二十六里,其旧址在今华泾镇北、长桥镇南,龙华乡东湾村一带。它得名于一条流向黄浦(今名黄浦江)的河流——乌泥泾,兴起于宋代,是松江府上海县一个古老市镇。然而大自然对乌泥泾镇并不特别慷慨,那里土地贫瘠,要养活日益增多的人口并不容易。于是乡民另谋生路,从闽广一带引进棉花种子,广为栽培,因而乌泥泾畔成了松江府境内最早栽种棉花的地区。这是有文献为证的:

> 闽广多种木棉,纺绩为布,名曰吉贝。松江府东去五十里许,曰乌泥泾,其地土田碗瘠,民食不给,因谋树艺,以资生业,遂觅种于彼。①
>
> 木棉,宋时乡人始传其种于乌泥泾,今沿海高乡多植之。②

---

① (元)陶宗仪:《辍耕录》卷二十四《黄道婆》。
② 正德《松江府志》卷五《土产》。

（上海）邑产棉花自海峤来，初于邑之乌泥泾种之，今遍地皆是。①

如果把松江府看作"衣被天下"的棉纺织业中心，那么乌泥泾镇就是这个中心的策源地。

这一切又和黄道婆密切相关。乌泥泾人黄道婆早年流落到海南岛崖州，学习了当地黎族的棉纺织技术，于元成宗元贞年间（1295—1297）返回故里乌泥泾，带回了当地的棉纺织技术，正如陶宗仪所说，她教农家妇女"做造扦弹纺织之具，至于错纱配色，综线挈花，各有其法。"②成果是十分明显的。当地人王逢回顾道："（黄道婆）躬纺木棉花，织崖州被以自给，教他姓妇不少倦。未几，被更乌泾，名天下，仰食者千余家。"③所谓"崖州被"就是海南岛崖州的一种特色花布，黄道婆教乌泥泾人仿造这种特色花布，花色艳丽，成为远近闻名的畅销产品。这里生产的棉布除了"崖州被"以外，见诸文献的还有"番布"。正德《松江府志》特地在"番布"条下注明"出乌泥泾"，还说："其后，三梭布制为象眼、绫纹、云朵、膝襴、胸背等样，盖出于此。"④意思是说，此后松江棉布的各种品种，都是由"番布"演化而来的，可见乌泥泾对于松江以及江南棉纺织业的兴起具有举足轻重的作用。

郑光祖说，黄道婆"以广中治木棉之法，教当地轧弹纺织，久之，三百里内外悉司其事。"⑤明白无误地指出棉花种植与棉纺织业由乌泥泾镇向三百里内外的传播幅度。吴伟业则进一步指出这种传播的具体路径："（棉花）自上海、练川以延及吾州，冈身高仰，合于土宜。"⑥

① （清）褚华：《木棉谱》，《上海掌故丛书》。
② （元）陶宗仪：《辍耕录》卷二十四《黄道婆》。
③ （元）王逢：《梧溪集》卷三《黄道婆祠并序》。
④ 正德《松江府志》卷五《土产》。
⑤ （元）郑光祖：《一斑录杂述》卷一。
⑥ （清）吴伟业：《木棉吟序》，《梅村家藏稿》卷十。

从乌泥泾起步的棉花种植和棉纺织业，导致松江府境内农业经济和农家经营发生了革命性的变化。一方面，棉花种植超过了传统的稻谷种植，即所谓"棉作压倒稻作"，出现了"棉七稻三"乃至"棉九稻一"的格局。① 另一方面，棉花种植以及对棉花的深加工——纺纱织布，为农家带来了巨大的经济效益，成为主要的经济来源——"衣食全赖此"。② 无怪乎黄宗智《长江三角洲小农家庭与乡村发展》要称之为"棉花革命"。③

棉纺织技术的不断完善，不但带动了棉纺织业的发展，也带动了棉花种植的推广，从松江府各县到苏州府所属的嘉定、太仓、常熟等地，都是"三分宜稻，七分宜木棉"的地区。④ 明初上海县人顾彧《竹枝词》唱道：

平川多种木棉花，织布人家罢绩麻。

昨日官租科正急，街头多卖木棉花。⑤

明中叶以降，棉花种植逐渐由冈身以东向冈身以西推移，由松江府向北向西向南推移，种植棉花从事棉纺织业的地区不断扩大。不妨略举数例于下：

昆山一带，"多种木棉，土人专业纺织"，最为奇特的是，男子从事纺织，正如地方志所说："至于麻缕机织之事，则男子素习焉，妇人或不如也。"⑥

嘉定一带，"棉花通邑栽之，以资纺织"，"邑之民业，首藉棉布，纺织

① 康熙《嘉定县志》卷一《风俗》。
② 万历《上海县志》卷一《风俗》。
③ 参见黄宗智《长江三角洲小农家庭与乡村发展》，中华书局，1992年，第4页。
④ （清）吴伟业：《木棉吟序》，《梅村家藏稿》卷十。
⑤ 万历《上海县志》卷一《地理志·风俗》。
⑥ 嘉靖《昆山县志》卷一《风俗》，卷二《土产》。

之勤,比户相属,家之租庸、服食、器用、交际、养生、送死之费,胥从此出。"①

海盐县一带,"地产木棉花甚少,而纺之为纱,织之为布者,家户习为恒业"。②

平湖县北三十里新带地区,"饶鱼米花布之属";县东北二十七里灵溪地区,"产细布,人争市之"。③

于是,农家经营出现了新变化。嘉靖时期松江人徐献忠在《布赋序》中说:"邑人以布缕为业,农氓之困藉以稍济……乡村纺织尤尚精敏,农暇之时,所出布匹以万计,以织助耕。"④这种"以织助耕"已经迥然不同于传统"男耕女织"的自给自足模式,而是商品化经营,市场色彩十分浓厚。

首先,农家所种棉花并非用于自己消费,而是作为商品抛入市场,因而棉花市场遍布于各个市镇。每当秋季棉花上市之际,棉花牙行大量收购棉农出售的棉花,然后转销给外来的客商,棉花交易十分兴隆。嘉定县的新泾镇就是一个棉花交易中心。万历《嘉定县志》、康熙《嘉定县志》都说"嘉(定)土沙瘠,宜木棉,不宜禾(指水稻),而禾与木棉必相间种植,一年种稻,方可三年种棉";"春作悉以栽(棉)花为本业","(棉)花财入筐,即为远贾所贩","民之公私皆赖焉"。

太仓的鹤王市也是一个声名远扬的棉花交易市场。每年秋收后远商挟带巨资前来收购,因而"市廛阗溢","市之沃饶甲于境内"。⑤鹤王市棉花色泽纤维均佳,深受福建、广东客商欢迎,"闽广人贩归其乡,必题'鹤王

---

① 万历《嘉定县志》卷七《田赋考中·物产》。
② 天启《海盐县图经》卷四《方域篇之四·县风土记》。
③ 康熙《平湖县志》卷四《风俗志·习俗》。
④ 康熙《松江府志》卷五《风俗》。
⑤ 道光《增修鹤市志略》卷上《原始》。

184

市棉花'",销路很好,因此"每年航海来市,无虑数十万金"。① 小小的鹤王市,每年棉花的外销量价值白银数十万两,足见商品化程度之高。

棉花作为商品进入市场,其价格随各种因素而波动,明末清初松江府上海县人叶梦珠,记录了从天启元年(1621)到康熙二十三年(1684)的棉花价格,极端最高价格每担卖到白银九两,极端最低价格每担仅值白银五钱至六钱,通常价格每担值银三四两,较低价格每担值银一二两。② 棉农经济收益受市场影响之大,由此可见一斑。

其次,农家纺纱、织布的商品化、市场化。常见的一种经营方式,农家"纺木棉为纱者,市钱,不自织"③。不仅金山卫如此,其他地区也是如此。正德《松江府志》说:"纺织不止村落,虽城中亦然。里妪晨抱纱入市,易木棉以归,明旦复抱纱以出,无顷刻闲。织者率日成一匹。有通宵不寐者。田家收获,输官偿息外,未卒岁,室庐已空,其衣食全赖此。"④天启《海盐县图经》所说大体相同:

> 地产木棉花甚少,而纺之为纱,织之为布者,家户习为恒业,不止乡落,虽城中亦然。往往商贾从旁郡贩绵花列肆吾土,小民以纺织所成或纱或布,侵晨入市,易绵花以归,仍治而纺织之。明旦复持以易,无顷刻闲。纺者日可得纱四五两,织者日成布一匹。⑤

2. "绫布二物,衣被天下"

崇祯《松江府志》在写到当地的棉纺织业时说"机杼轧轧,有通宵不

---

① 道光《增修鹤市志略》卷下《物产》。
② 参见叶梦珠《阅世编》卷七《食货四》。
③ 正德《金山卫志》下卷一《风谷》。
④ 正德《松江府志》卷四《风俗》。崇祯《松江府志》、康熙《松江府志》、康熙《青浦县志》的风俗部分,都有类似记载。
⑤ 天启《海盐县图经》卷四《方域篇之四·县风土记》。

寐者",并且引用张世美《织布词》加以映衬:

> 当窗织,急生计,口食相关殆非细。
>
> 泖上有田岁不熟,日资一匹聊接济。①

这就为徐献忠《布赋序》所说"邑人以布缕为业,农氓之困藉以稍济"做了注释。正是这样的勤奋,营造了"衣被天下"的辉煌。正德《松江府志》有一段极为经典的话语,颇为脍炙人口,成为学者们引用率极高的文献:

> 俗务纺织,他技不多,而精线绫、三梭布、漆纱方巾、剪绒
> 毯,皆为天下第一……前志云:百工众技与苏杭等。要之,吾
> 乡所出,皆出于实用,如绫布二物,衣被天下,虽苏杭不及也。②

值得注意的是,松江出产的优质棉布,诸如精线绫、三梭布、尤墩布、飞花布、稀布、标布等,都是农家织机上生产出来的,也就是说,农家的商品化手工业为国内外市场提供了名噪一时的棉布精品,连苏州、杭州都望尘莫及。当然,与松江府毗邻的苏州府所属各县也并不逊色,正如正德《姑苏志》所说:"木棉布,诸县皆有之,而嘉定、常熟为盛。"③嘉定县所产棉布在苏州府首屈一指,吸引各地商人前来批量购买,万历《嘉定县志》这样描述道:"商贾贩鬻,近自杭、歙、清、济,远至蓟、辽、山、陕。"④这就是说,嘉定棉布近销杭州、徽州、山东,远销北京、辽东、山西、陕西,也是"衣被天下"的。

乾隆时代上海县诸生褚华,"生平留意经济名物、海隅轶事"⑤,对于松江上海一带农家的棉业经营,仔细观察与详细记载,涉及种棉、卖花、

---

① 崇祯《松江府志》卷七《风俗》。
② 正德《松江府志》卷四《风俗》。
③ 正德《姑苏志》卷十四《物产》。
④ 万历《嘉定县志》卷六《田赋·物产》。
⑤ (清)褚华:《沪城备考》卷末《自叙》。

轧花、纺纱、浆纱、织布、染布、踹布、卖布等环节。乡人卖布于牙行,牙行转售于布商。褚华的六世祖于设牙行,招徕布商。他写道:

> 明季,从六世祖赠长史公,精于陶猗之术,秦晋布商皆主于
> 家,门下客常数十人,为之设肆收买,俟其将成行李时,始估银与
> 布,捆载而去。其利甚厚,以故富甲一邑。至国初(清初)犹然。①

苏州府的嘉定、常熟、昆山一带,情况大体相似。嘉定县钱门塘市可为一例。它的周边乡村出产一种"丁娘子布","纱细工良,明时有徽商僦居里中,收买出贩。自是,外冈各镇多仿之,遂俱称钱门塘布"。外冈镇也因此而兴盛,万历时"四方巨贾富驵,贸花布者,皆集于此,遂称雄镇"。②

"绫布二物,衣被天下",促成了这一地区的市镇与乡村的普遍富裕。有一条资料颇值得注意,反映的是嘉定县诸翟镇的情况:

> 乡民多恃布为生。往时各省布商,先发银于庄,而徐收其
> 布,故布价贵。贫民竭一日之力,赡八口而有余。③

农家从事纺纱织布,一天的劳动所得,足以赡养八口之家,还有富余。这在以前是难以想象的。以前的江南农家的单一稻作经营,显然无法与此时的棉作经营相抗衡,也就是说,棉作经营的收益远远高于稻作经营,是毫无疑义的。王韬曾对种植棉花与种植水稻作过比较,结论是:"辛勤倍于禾稼,而利亦赢。"④那意思是说,种棉花比种水稻辛苦,但获利超过水稻。这个结论可以进一步论证于下。

松江地区,棉花与水稻的亩产量,有高有低,为便于比较,各取一个

---

① (清)褚华:《木棉谱》。
② 民国《钱门塘乡志》卷一《土产》。
③ 咸丰《紫堤村志》卷二《风俗》。
④ (清)王韬:《瀛壖杂志》卷二。

中间值：棉花每亩可收一担（一百斤），水稻每亩可收米二石（三百斤）。按照物价平稳年份的价格加以比较：棉花每担价银三两，米每石价银八钱，两石米价银一两六钱。由此可知，种植棉花的收益是种植水稻的将近两倍。[①] 这就是当地棉花种植得以迅速推广的深层原因。何况稻米除了作为口粮，只有出售；而棉花除了出售，还可以纺纱、织布，从深加工中获取更多的收益。

农妇如果专门从事纺纱，扣除原料、成本，所获得的差价，即劳动报酬，足可养活自己。褚华谈到纺纱时说："夜以继日，得斤许即可糊口。"[②]地方志所说"里妪晨抱纱入市，易木棉以归，明旦复抱纱出，无顷刻闲"[③]，终于可以获得索解，原来纺纱可以养活自己。如果纺纱之后自己织布，那么收益更为可观。前面已经引用《紫堤村志》所说"贫民竭一日之力，赡八口而有余"。顾清《傍秋亭杂记》说，松江地区可以用棉布纳税，折算的标准是，细布一匹准米二石，粗布一匹准米一石。[④] 织布收益之高可见一斑。

这可以用另一种计算方法予以证实。清初一匹标布的价格是银二钱，农家妇女织布一匹，按棉三斤织布一匹计算，扣除原料成本银九分（以一百斤棉值银三两计算），净余银一钱一分。当然，这必须自家另有人手纺纱、浆纱为支撑。如果织成十五匹布，其收益相当于一亩水稻田一熟的收益（二石米即一两六钱银子）。这是一种比较方法。还有一种比较方法，农村一般短工，"日给工食银五分"[⑤]。即使以两名妇女一天

---

① （清）张春华：《护城岁时衢歌》："木棉……一亩之入，有百斤为满担，倍者为双担。"何良俊《四友斋丛说》："（松江）西乡……土肥获多，每亩收三石者不论，只说收二石五斗，每岁可得米七八十担矣，故取租有一石六七斗者。东乡田高岸陡……若年岁丰熟，每亩收一石五斗。"各取中间数据：棉一担、米二石。价格资料取自叶梦珠《阅世编》卷七《食货》。

② （清）褚华：《木棉谱》。

③ 正德《松江府志》卷四《风俗》。

④ 顾清《旁秋亭杂记》卷上："吾乡（松江）折税布，曰：阔白三梭者，准米二石，纳价银七钱，俗谓之细布；阔白棉布者，准米一石，纳价银三钱以上至四钱，俗谓之粗布。"

⑤ （清）陆世仪：《青浦魏令君德化记》，《陆桴亭文集》卷六。

织布一匹计算,其收益一钱一分银子,依然高于两个短工的工食银
(一钱)。

这无疑是农家经营商品化、市场化所带来的新现象,也是棉作压倒
稻作,家庭手工业收入超过纯农业收入的根本原因,"绫布二物,衣被天
下"因此获得了源源不绝的动力。

根据吴承明的估计,明代后期江南棉布的输出量约为每年 1 500—
2 000 万匹。[1] 范金民的估计是,明代后期松江府棉布年产量 2 000 万
匹,松江以外地区棉布年产量 500 万匹,总计 2 500 万匹。[2] 李伯重的
估计稍异于上述二人,他认为明代后期江南棉布年产量约为 5 000 万
匹,需要 170 万农妇从事纺织,才能生产出如此数量的棉布。[3] 这些宏
观分析数据略有差异,或许还有商榷的余地,但他们的共识是明显的:
江南棉布集中生产于松江府及其周边地区,绝大部分出于农村妇女之
手。这显然有助于对"绫布二物,衣被天下"的理解,也有助于对江南市
镇经济的理解。

3. 棉布业市镇的分布状况及其特色

棉布业市镇在长江三角洲市镇网络中,具有举足轻重的地位,与丝
绸业市镇遥相呼应,构成本地区经济腾飞的双翼。它们为棉纺织个体
生产者、手工作坊、经营棉花棉纱棉布的牙行以及外来客商,搭建一个
沟通的平台,成为各地市场的联系渠道,也是商品生产与交易中心。这
些市镇主要集中于松江府、苏州府及其周边地区。从明代中叶起,它们
就以引人注目的姿态,和各地市场联成一体,源源不断地把本地区的优

---

[1] 参见吴承明《中国资本主义与国内市场》,中国社会科学出版社,1985 年,第 259—
263 页。
[2] 参见范金民《明清江南商业的发展》,南京大学出版社,1998 年,第 29—30 页。
[3] 参见李伯重《江南的早期工业化(1550—1850)》,第 42 页。

质产品输送到全国各地乃至海外,号称"衣被天下"是当之无愧的。它们大致可以分为棉花业市镇与棉布业市镇两大类。

棉花业市镇是以棉花交易为特色的市镇,首推新泾镇与鹤王市。

新泾镇。在嘉定县治东三里,因新泾这条河流而得名,又名澄桥镇,东西长一里。虽然不大,却是附近有名的棉花集散中心,《嘉定县志》说它"为棉花管履所集,顷年更盛"。[①] 每当棉花上市的季节,镇上牙行(俗称花行)纷纷忙于收购四乡农家出售的棉花,呈现一派繁忙景象:

> 市中交易,未晓而集。每岁棉花入市,牙行多聚。少年以羽为翼,携灯拦接,乡民莫知所适。抢攘之间,甚至亡失货物。[②]

之所以会出现这种抢夺棉花的现象,根本原因在于,本地区出产的棉花质地精良,时常供不应求。

鹤王市。在太仓州治东北二十四里,原属昆山县,弘治十年划归太仓州。众所周知,"市"的规模小于"镇",鹤王市也是如此,但地位并不低下,正如《鹤市续志》所说:"鹤王市居全县中心,东滨大江,西达邑城,南控浏河,北抵沙溪,以形势言,实为水陆辐辏之要冲……乾嘉之际,人文蔚起,科第相望,循吏名儒辈出。"[③]此地属于沙质土壤,适于种植棉花,所产棉花品质优良,纤维柔韧细白,只产于方圆十余里范围之内。当地人这样描述:"鹤市棉花,比之他乡柔韧而加白,每朵有朱砂斑一点,离市十数里即无。"[④]

值得注意的是,这种情况可以追溯到元末明初,《增修鹤市志略》的编者按语这样写道:

> 棉自元世至近邑,崖州黄婆教扞弹纺织之法,而种以繁。

---

① 康熙《嘉定县志》卷一《疆域·市镇》。
② 万历《嘉定县志》卷三《风俗》。
③ 民国《鹤市续志》卷首《续志序》。
④ 道光《增修鹤市志略》卷下《物产·木棉》。

邑高阜全恃植此。昔人所种出西番，衣被天下者也。①

因此，鹤王市棉花成为优质棉花的代名词，各地商贩慕名前来采购，盛况空前。志称，杨林塘岸土沙埴得宜，闽广人贩归其乡，必题曰"鹤王市棉花"。每秋航海来市，无虑数十万金。近市土厚田肥，为阖邑冠，故其民殷富，其俗淳厚。每岁木棉有秋，市廛阗溢，远商挟重资，自杨林湖径达，而市之沃饶甲于境内矣。②

《增修鹤市志略》刊刻于道光年间，但是这种盛况——闽广商人数十万两银子的采购规模，以及鹤王市富甲全太仓，由来已久。至少可以说，从明代一直延续至清代。乾隆《镇洋县志》说："闽广人贩归其乡者，市题必曰'太仓鹤王市棉花'，每秋航海来贾于市，无虑数十万金，为邑首产。"③看来，《增修鹤市志略》采用了《镇洋县志》的文字。从该志上下文推测，至迟晚明时已经如此兴旺了，这可以从太仓人吴伟业的著作中得到证实："隆万中，闽商大至，(太仓)州赖以饶。"④吴氏所说的"州赖以饶"，当然包括棉花的外销带来的巨额收益。

棉花交易并不限于上述两地，一些盛产棉布的市镇也有兴旺的棉花交易。例如七宝镇，《蒲溪小志》写道："棉花，吾乡种此者十居六七。种有早、晚，色有紫、白，吾乡所种皆白色。以供纺织，且资远贩，公私赖之。"⑤所谓"以供纺织，且资远贩"云云，是说当地所产棉花，除了供本地人纺纱织布以外，还大批远销外地。真如镇也是如此，所产棉花量多质优，"色有紫白，种有早晚，以供纺织，且资远贩，公私赖之"。⑥ 月浦镇四乡地处沿江，多沙质土壤，出产优质棉花，尤以"紫花"（天然的紫色棉

---

① 道光《增修鹤市志略》卷下《物产·木棉》。
② 道光《增修鹤市志略》卷下《物产》，卷上《原始》。
③ 乾隆《镇洋县志》卷一《物产》。
④ (清)吴伟业：《木棉吟序》，《梅村家藏稿》卷十。
⑤ 道光《蒲溪小志》卷一《物产》。
⑥ 乾隆《真如里志》卷一《物产》。

花)享誉市场。《月浦志》说:"棉花,有紫、白二种,月浦以此为大宗。"陈钧《月溪棹歌》说:"千家村里人喧闹,八月棉花满客航。"①反映了棉花交易的兴旺景象。

外冈镇四乡地势高亢,盛产棉花,每当棉花上市时,"牙侩持灯而往,悬于荒郊要路,乘晦交易"。②牙行(花行)挑灯收买棉花是一个普遍现象,杨光辅这样描写棉花交易:"天未明,棉花上市,花行各以竹竿挑灯招之,曰收花灯。"他的竹枝词写道:

> 淞南好,耕织不辞劳,刷布经车沿街走,收花灯竹插檐高,辛苦利如毛。③

褚华笔下的棉花交易又是一番景象:"邑产者,另有行户,晨挂一秤于门,俟买卖者交集户外,乃为之别其美恶而交易焉。少者以篮盛之,多者以蒲包。"他所说的行户,即棉花牙行,是棉花交易的中介机构,农家必须把棉花卖给牙行,然后由牙行转售给外来客商。这种棉花交易,贸易额非常巨大:"闽粤人于二三月载糖霜来卖,秋则不买布,而止买花衣④以归。楼船千百,皆装布囊累累。"⑤从"楼船千百"、"布囊累累"可知,闽粤商人运走的棉花数量相当可观。

棉布业市镇多是松江府与苏州府一些规模宏大、商贾云集的市镇,以棉布生产与贸易为经济支柱,最引人注目的有朱泾镇、枫泾镇、七宝镇、朱家角镇、南翔镇、罗店镇、外冈镇、娄塘镇等。

朱泾镇。原属松江府华亭县,顺治十三年析置娄县后,划归娄县;雍正二年析置金山县后,划归金山县,乾隆二十五年成为金山县治。朱

---

① 光绪《月浦志》卷九《风俗志·物产》,卷一《舆地志·市镇》。
② 乾隆《续外冈志》卷一《风俗》。
③ (清)杨光辅:《淞南乐府》,《上海掌故丛书》。
④ 按:当地人称皮棉为花衣。
⑤ (清)褚华:《木棉谱》。

泾镇四乡生产棉花,农家精于纺织,所产标布质地精细,优于远近闻名的尤墩布。清人赵慎徽这样回顾朱泾镇棉布业的兴旺:

> 万家烟火似都城,元室曾经置大盈。
>
> 估客往来多满载,至今人号小临清。

正如诗中所说,朱泾镇兴起于元代,逐渐成为一个人口万户的大镇,经济支柱就是棉布交易。赵慎徽自己为诗所作的注释,特别强调:"(朱泾镇)明季多标行,有小临清之目。"①所谓"标行",是从事标布贸易的牙行;所谓"估客",是各地前来购买标布的客商。这些估客并非等闲之辈,个个携带巨额资金,叶梦珠《阅世编》的记载可以作为佐证:"前朝(指明朝)标布盛行,富商巨贾操重资而来者,白银动以数万计,多或数十万两,少亦以万计,以故牙行奉布商如王侯。"②由于生意兴旺带来的繁荣昌盛,可以和运河沿线的商业城市临清相媲美,故而号称"小临清"。这种比喻并不夸张,只消看一下顾公燮《消夏闲记摘抄》便可略知一二:"前明数百家布号,皆在松江枫泾、朱泾乐业,而染坊、商贾悉从之。"③所谓"布号",是经营棉布贸易的牙行,朱泾、枫泾两镇有棉布牙行数百家之多,镇上棉布交易规模之巨大,由此可见一斑。这些布行财大气粗,还兼营染坊、踹坊,加工棉布,营业额相当可观,由此带动了各行各业的繁荣,使得朱泾镇成为富庶的工商业中心:"商舶鳞集,群倡杂处其间"。④

枫泾镇。介于松江、嘉兴两府之间,北半部属于华亭县(后划归娄县),南半部属于嘉善县。匹乡农家多植棉且精于纺织,镇上从事棉布

---

① 嘉庆《朱泾志》卷一《疆域志·沿革》。
② (清)叶梦珠:《阅世编》卷七《食货五》。
③ (清)顾公燮:《消夏闲记摘抄》卷中《芙蓉塘》。
④ 嘉庆《朱泾志》卷二《建置志·节孝祠》,《龚郡尊嵘祠堂碑记》所写清初朱泾镇:"后枕秀州塘,水大且驶,有桥曰万安,为江浙孔道,商舶鳞集,群倡杂处其间。"

交易的布号(布行)鳞次栉比,数以百计,还有众多的染坊、踹坊,是一个棉布贸易、加工中心。《枫泾小志》说:"康熙初,里中多布局(布号),局中多雇染匠、矾匠,皆江宁人,往来成群。"①可见明清之际当地棉布业的繁盛程度。四乡农家生产的棉布,有大布、小布两种(大布以四丈为一匹,小布以二丈二尺为一匹),农家普遍以植棉、纺纱、织布为主业。② 大量棉花、棉纱、棉布都拿到镇上出售,促使镇上商号生意持续兴隆。沈蓉城《枫泾竹枝词》写道:

> 贸易隆盛百货全,包家桥口集人烟。
>
> 男携白布来中市,女挈黄花向务前。

如果没有注释,今人很难明白其中的意思,幸好沈蓉城自己做了注释:"隆昌桥又名务前桥,在包家桥北,元设白牛务于此。棉花晚收者为霜花,色多黄。"③隆昌桥又名秀兴桥,与包家桥都在镇南部的中市(镇中心),是商业繁华之区,农家和布号、纱庄的交易,大多在此进行。新编《枫泾镇志》说:"明清两代,土布业兴旺,商贾汇集,市场繁荣。土布庄(店)就有两百余家,年购销量达两百多万匹(每匹约 6—7 米)。"④这种盛况从明代后期一直持续一两百年。清初当地人如此描绘枫泾镇:"物阜民殷,巨贾辐辏,称邑都会。"⑤晚清人则声称此地的繁华数百年一以贯之:"市廛辐辏,烟户繁盛,农工商各安其业……虽区宇只此一隅,而灵秀钟聚,不逊通都大邑,又地为水陆所凑,商贾骈集,田野沃饶,民务

---

① 光绪《枫泾小志》卷十《拾遗志·拾遗》引吴遇坤《天咫录》,提及康熙二十二年,染匠、矾匠扰害乡民案件,以及有关此案的碑记(原碑在玉虚观)。该碑记云:"康熙初,里中多布局,局中多雇染匠、矾匠,皆江宁人,往来成群,扰害乡里,民受其累,积愤不可遏……设计愤杀,死者数百人。"

② 光绪《枫泾小志》卷一《区域志·食货》。

③ 光绪《枫泾小志》卷十《拾遗志·拾遗》。

④ 新编《枫泾镇志》,汉语大词典出版社,1993 年,第 1—6 页。

⑤ 康熙《嘉善县志》卷二《乡镇》。

勤俭,户号殷富,数百年来未之变也。"①枫泾镇数百年的繁华,与棉布业的持续兴旺密切相关。

七宝镇。松江府上海县的七宝镇,既是一个棉业市镇,也是一个布业市镇。《蒲溪小志》说:"俗务纺织,清晨抱布入市,易花米以归,来旦复抱布出。织者率日成一匹,其精敏者日可二匹。田家收获,输官偿租外,未卒岁而室庐已空,其衣食全赖此以出。"②这条资料最值得关注的是,"织者率日成一匹"一句,其中既有技术熟练的因素,又有夜以继日的勤奋因素。"日成一匹"并非夸张之词,张春华《沪城岁时衢歌》也有类似的记载:"织布者皆女工,日可得布一匹。亦有极一日半夜之功,得布两匹者,然亦仅见。"③《蒲溪小志》又说:"布之属,有标、扣、稀三种。比户织作,昼夜不辍,乡镇皆为之。暮成布匹,晨易钱米,以资日用。"④七宝镇四乡农家生产标布、扣布、稀布,扣布又名小布,密而狭;稀布疏而阔,阔一尺二寸,长二丈二尺。当时人说,"龙华稀、七宝稀最驰名";"布之精者为尖,有龙华尖、七宝尖名目"。⑤可见七宝镇的棉布是颇为精致的。

朱家角镇。位于青浦县治西十二里的朱家角镇,万历年间已经号称"商贾辏聚,贸易花、布,为今巨镇"。⑥ 是松江府境内与朱泾镇、枫泾镇并驾齐驱的棉布贸易中心,其商业繁华程度或许超过了朱泾与枫泾,因此当地人说"两泾不及珠街阁"。所谓"两泾"即为朱泾镇、枫泾镇,珠街阁乃朱家角镇的雅称,"两泾不及珠街阁",或许有当地人的自夸成分,却并不失真,从地方志的记载就可获得证明。崇祯《松江府志》说:

---

① 光绪《枫泾小志》卷首《枫泾小志序(光绪十七年)》、《重辑枫泾小志序(光绪十七年)》。
② 道光《蒲溪小志》卷一《风俗》。
③ (清) 张春华:《沪城岁时衢歌》,《上海掌故丛书》。有的学者经过计算,推定四个工作日可以织成一匹布。与"日成一匹"差距甚大,有待商榷。
④ 道光《蒲溪小志》卷一《物产》。
⑤ 民国《法华乡志》卷三《土产》。
⑥ 万历《青浦县志》卷二《镇市》。

"朱家角镇,商贾辐辏,贸易花、布,京省标客往来不绝,为今巨镇。"①所谓"标客",就是从全国各地前来购买标布的客商,镇东的明记场是标客集散之地,正如朱家角镇志《珠里小志》所说:"明记场,在东市报安桥侧。康熙时,朱家角镇商贾贸易骈集,东市明记场,茶场酒肆,为京洛标客居停之所。今仅存茅屋数椽,瓜田廿亩。"②东市报安桥一带,是各地布商交易歇脚的场所,茶楼酒肆林立,从晚明到清代前期,一直十分繁荣(嘉庆年间逐渐衰落)。朱家角镇的物产,除了稻米,首推棉布。这里所产的棉布有刷经、拍浆的区分,前者缜密,后者细软;又有大号、小号之别,大号阔九寸五分,长十九尺,小号阔八寸三分,长十八尺;又有"本色布"、"青蓝布"与"杜织稀"的区分。本色布由南翔、苏州两处布商收买;青蓝布由布商贩往崇明、南北二沙;杜织稀(稀布)多销往本乡。③

南翔镇。嘉定县的棉纺织业非常发达,所产紫花布、斜纹布、药斑布、棋花布、诸暨布等,都是畅销品。所谓药斑布是一种染色布,工艺精致:"以布抹灰药染青,俟其干去之,则青白相间,有楼台、人物、花鸟之形,为帐幕衾帨颇佳。"④所谓棋花布是另一类型的色布,与药斑布不同,并非织成布以后再染色,而是用染成青色的棉纱与白色棉纱间织而成,因花纹如同棋盘,故名棋花布。这些精品棉布深受各地市场欢迎,正如万历《嘉定县志》所说:"首藉棉布,纺织之勤,比户相属……商贾贩鬻,近自杭、歙、清、济,远至蓟、辽、山、陕。"⑤棉布的集散中心就在位于嘉定县治南二十四里的南翔镇。南翔镇历史悠久,宋元时已成巨镇,明代更趋鼎盛。它的四乡农村生产优质棉花,"其短花繁",每斤可收花衣(皮棉)六七两,用此种棉花纺纱织布,俱成精品。农家精于纺织,所产棉布

---

①　崇祯《松江府志》卷三《市镇》。
②　嘉庆《珠里小志》卷五《里巷》。
③　嘉庆《珠里小志》卷四《物产》。
④　正德《练川图记》卷上《物产》。
⑤　万历《嘉定县志》卷六《田赋·物产》。

有浆纱、刷线两种。刷线布又名扣布，是行销远近的名品，《南翔镇志》如此描述它："光洁而厚，制衣被耐久，远方珍之。布商各字号俱在镇，鉴择尤精，故里中所织甲于一邑。"①镇上的布商字号大多由徽州商人经营，他们收购各色棉布，贩运到江淮、临清等地。南翔镇出产的棉布品质"甲一邑"，棉布营业额在嘉定一县之中遥遥领先，另两个棉布业市镇——娄塘镇、纪王镇望尘莫及，故有"银南翔"之称，仅次于比邻的罗店镇（号称"金罗店"）。

罗店镇。原属嘉定县，雍正三年（1725）析置宝山县后，划归宝山县。四乡盛产棉花，有"金底"者，每斤可收花衣六七两；另有紫棉（俗称紫花），呈天然紫色，是织"紫花布"的原料。② 棉花是农田主要作物，也是农家主要经济来源，当地人说："罗店四乡，土产稻三棉七，农民生计惟赖木棉"；"种田之暇，惟以纱为布"；"妇女昼夜纺织，公私诸费皆赖之"。③ 所产套布、泗泾布、紫花布、斜纹布、棋花布远近闻名。镇上经营棉花、棉布的牙行（花行、布行）林立，成为全镇的经济支柱，故有"金罗店"的美誉。明代前期罗店镇已经位居嘉定县七大市镇之首，万历年间发展成为著名的工商业中心，《罗店镇志》说："罗店素称饶富，有金罗店、银南翔之名。"④这是因为，从万历到康熙年间，罗店镇作为棉布贸易中心，吸引了大批徽州商人，生意兴隆，堪与邻近的南翔镇相媲美。罗店镇的兴起晚于南翔镇，后来居上，逐渐在总体经济水平上超过了南翔镇，所以人们称为金罗店、银南翔。到清末时，罗店镇的大小店铺总计有六七百家，南翔镇稍显逊色。《宝山县续志》说："罗店市镇最巨，为全邑冠……其地东贯练祁（河），输运灵便，百货骈集，故虽处腹里，而贸易

---

① 嘉庆《南翔镇志》卷一《疆里·物产》。
② 康熙《嘉定县志》卷四《物产》。光绪《罗店镇志》卷一《疆里志·物产》。
③ 光绪《罗店镇志》卷一《疆里志·风俗》。康熙《嘉定县志》卷四《物产》。
④ 光绪《罗店镇志》卷一《疆里志·风俗》。

繁盛,综计大小店铺六七百家……市街凡东西三里,南北二里,以亭前街、塘西街最为热闹,次则塘东街、横街等。乡民上市,每日三次。物产以棉花、棉布为大宗。"①其实,清末时的罗店镇已经趋向衰微,依然是庞然大物,由此可以推知,鼎盛时期的规模更加可观。

外冈镇。隶属于嘉定县的外冈镇,以出产优质棉布闻名遐迩,万历以来,外冈布名闻遐迩,成为徽商争购的佳品。崇祯《外冈志》说:"神宗初年,民渐稠密,俗称繁庶。四方之巨贾富驵,贸易花、布者,皆集于此,遂称雄镇焉。"又说:"惟外冈布因徽商僦居钱鸣塘收买,遂名钱鸣塘布。"②其中紫花布尤佳,比其他布价贵一倍。而浆纱布、飞花布堪称绝品,"纱必匀细,工必精良,价逾常布"。布商众口一词:"外冈之布,名曰冈尖,以染浅色,鲜妍可爱,他处不及……故苏郡布商在镇开庄收买。"③

娄塘镇。僻处嘉定县北一隅的娄塘镇,四乡农家"习花、布以营生","比户缉纺缫之具,连村机轧之声。浆纱(布)行于本境,刷线(布)达于京师"。④ 因而在明清之际享有"花布码头"的美誉。康熙二十四年(1685)立于镇上的一块石碑记载了它往昔的荣光:"窃本邑娄塘一镇,虽系弹丸,而所产木棉布匹,倍于他镇。所以客商鳞集,号为花布码头。往来贸易,岁必万余,装载船只,动以百计。"⑤该镇所产斜纹布特别有名,誉为"女红之巧制":"经直纬错,织成水纹胜子,望之如绒","土人筐而饷客,莫不诧异绝伦"。药斑布也很畅销,"青白文稠,花鸟人物,错采纠缪,虽非佳品,辄得贵酬"。⑥

---

① 民国《宝山县续志》卷一《舆地·市镇》。
② 崇祯《外冈志》卷一《沿革》,卷二《物产》。
③ 乾隆《续外冈志》卷四《物产》。
④ 乾隆《娄塘志》卷八《杂志志》。
⑤ 上海博物馆资料图书室编:《上海市碑刻资料选辑》,上海人民出版社,1980年,第96页。
⑥ 乾隆《娄塘志》卷四《杂类志》。

4. 棉布业市镇的经济结构与经营方式

(1)"土人专业纺织"。所谓"专业纺织",意味着农家已经成为纺织专业户,这些农家把纺纱织布当作自家的主业,亦即经济收益的主要来源。明末嘉定人张鸿磐在写给朝廷的奏疏《请照旧永折疏》中,希望政府在征收赋税时不必征收实物(粮食),可以征收折色(货币)。他申述的理由是:嘉定"地不产米,水不通漕","仅种木棉一色,以棉织布,以布易银,以银籴米,以米充兑。舟楫不通,粮艘莫集,百里担负,辗转折阅。籴之,则嘉定一石比旁县之二石;兑之,则嘉定二石不及旁县之一石。"①张氏的本意是谈赋税问题,从中透露出嘉定县棉布业市镇周围农村的普遍状况是"以棉织布,以布易银,以银籴米",这是和传统经济结构截然不同的。以往人们所说的农民家庭副业,本意是"以织助耕",即以纺织的收益弥补农耕收益的不足,显然是"耕"为主,"织"为副。但是在棉布业市镇的四乡,情况发生了变化,原先的副业上升为主业,它的标志就是"以棉织布,以布易银,以银籴米"。地方志所说"多种木棉,土人专业纺织","邑之民业首藉棉布②,就是这个意思。诸如此类的记载比比皆是,例如徐献忠《布赋序》说:"邑人以布缕为业,农氓之困,藉以稍济。然其为生甚疲苦,非若他郡邑蚕缫枲苎之业,力少而利倍者,可同语也。"③专业纺织之家虽然辛苦,也不如丝织业的"力少而利倍",但毕竟"农氓之困藉以稍济",是不争的事实。《真如里志》说:"比户织作,昼夜不辍,暮成布匹,晨易钱米,以资日用。"④《蒲溪小志》也说:"比户织作,昼夜不辍,乡镇皆为之。暮成布匹,晨易钱米,以资日用。"⑤

---

① 嘉庆《南翔镇志》卷十二《杂志·纪事》,引张鸿磐《请照旧永折疏》。
② 崇祯《松江府志》卷六《物产》。
③ 崇祯《松江府志》卷六《物产》,引徐献忠:《布赋序》。
④ 乾隆《真如里志》卷一《风俗》。
⑤ 道光《蒲溪小志》卷一《物产》。

这种变化带来的显著效益,便是农村与市镇的逐渐富庶。《紫堤村志》追忆先前棉布业繁荣时的状况时说:"乡民多恃布为生,往时各省布商先发银于庄(布行),而徐收其布,故布价贵,贫民竭一日之力,赡八口而有余。"[①]这是一个很重要的信息,贫民依赖纺纱织布的收入,赡养一家八口,还有结余。农家的这种经营方式是一大进步,长江三角洲农村之所以富庶,这是一个至关重要的因素。

这种变化还带来了社会风气的新气象,家家户户都把纺纱织布当作一项事业,不仅农家如此,甚至连城市中的士大夫之家也是如此,卷入纺织,向市场谋利。万历时的于慎行说:"吴人以织作为业,即士大夫家多以纺绩求利。其俗勤啬好殖,以故富庶。然而可议者如华亭相在位,多蓄织妇,岁计所绩,与市为贾。"[②]于慎行言简意赅地揭示了这一地区的新气象,一是"以织作为业";二是"士大夫家多以纺绩求利",甚至堂堂内阁首辅徐阶家族也"以纺绩求利","与市为贾",卷入市场的商业浪潮之中。这一地区富庶的原因,由此可见一斑。

(2)"富商巨贾操重资而来市"。外地客商,主要是徽州商人、晋陕商人、闽粤商人等,挟带巨额资金,前来收购棉纺织品,带动了市场的活跃,是棉布业市镇日趋繁荣的经济动力。清初松江府上海县人叶梦珠的一段文字写得最为深刻:

> 棉花布,吾邑所产已有三等,而松城之飞花、尤墩、眉织不与焉。上阔尖细者曰标布,出三林塘者为最精,周浦次之,邑城为下,俱走秦、晋、京边诸路……其较标布稍狭而长者曰中机,走湖广、江西、两广诸路,价与标布等。前朝标布盛行,富商巨贾操重资而来市者,白银动以数万计,多或数十万两,少

---

① 咸丰《紫堤村志》卷二《风俗》。
② (明)于慎行:《谷山笔麈》卷四《相鉴》。

亦以万计,以故牙行奉布商如王侯,而争布商如对垒。①

这里所说的"标客",是指前来购买"标布"的客商,他们充斥于各棉布业市镇,从"明季多标行"的朱泾镇②,到"京省标客往来不绝"的朱家角镇③,到处都有他们的足迹。他们身带数万两至数十万两白银,运销的数量相当于数十万匹至数百万匹之间,由此可见,晚明时棉布业市镇每日集散的棉布数量之大,镇上牙行(布行、布庄)的贸易组织功能之强大。

一些外来的富商巨贾凭借雄厚的经济实力,陆续在市镇开设经营机构——棉布字号,亦即布号、布庄,直接插手棉布交易,例如:"苏郡布商多在(外冈)镇开庄收买"④;"布商字号俱在(南翔)镇,鉴择尤精"⑤;"有陕西巨商来镇设庄收买布匹"⑥。

(3) 牙行与行霸。 棉布业市镇的经济中枢,毫无疑问是牙行。它操纵市镇经济的运行:"市中贸易,必经牙行,非是,市不得鬻,人不得售"⑦;"贫民持物入市,不许私自交易,横主索值,肆意勒索,名曰佣钱",举凡"花(棉花)、布、柴、米、纱、穄(谷物),下及粪田之属(肥料),皆有牙行,类皆领帖开张"⑧。

棉布业市镇上最有财有势的牙行,首推布行,有的称为"花纱布行",操纵棉花、棉纱、棉布的交易。一种方式是各省布商先发定金给布行(布庄),分批收布;另一种方式是布商挟带资金到市镇直接向布行(布庄)购买现货。褚华《木棉谱》说,他的六世祖在明代就是专门接待

---

① (清)叶梦珠:《阅世编》卷七《食货五》。
② 嘉庆《朱泾志》卷一《疆域志·沿革》。
③ 崇祯《松江府志》卷三《镇市》。
④ 乾隆《续外冈志》卷四《物产》。
⑤ 嘉庆《南翔镇志》卷一《疆里·物产》。
⑥ 民国《月浦里志》卷五《实业志·商业》。
⑦ 嘉庆《安亭志》卷三《风俗二产·风俗》。
⑧ 光绪《月浦志》卷九《风俗志·风俗》。

陕西、山西商人的布行老板，此公很会经商，"门下客常数十人，为之设肆收买。俟其将成行李时，始估银与布，捆载而去，其利甚厚，以故富甲一邑"①。牙行的实力非同小可。

牙行凭借势要之家撑腰，以及自己的经济实力，常常成为地方一霸，俗称"行霸"。花行、布行、柴行、米行、猪行，都有行霸。既然称为行霸，意味着不按市场规则办事，一言以蔽之，就是欺行霸市。手段之一是擅自抬高或压低价格，牟取暴利；手段之二是各种名目的敲诈勒索："擅取用钱，卖者买者各有抑勒，曰内外用"②。此类行霸各个市镇都有。康熙《嘉定县志》说："市镇之为民害有二，一曰行霸。私立牙行，高低物价，擅取用钱，买者卖者各有除勒，名曰内用、外用。结连光棍，邀人货物，卖布者夺其布，贸花者夺其花，乡人不得自由。"③

这里所说的"结连光棍，邀人货物"，指的是行霸雇佣市井无赖欺行霸市的行径，俗称"打降"、"白拉"。

崇祯《太仓州志》说："旧时棍徒赤手私立牙行，曰行霸。贫民持物入市，如花、米、布、麦之类，不许私自交易，横主价值，肆意勒索，曰用钱。今则离市镇几里外，令群不逞要诸路，曰白赖。乡人持物，不论货卖与否，辄攫去，曰：'至某店领价。'乡民且奈何，则随往。有候至日暮半价者，有徒呼哭归者，有饥馁嗟怨被殴伤者。"④

《南翔镇志》说："市井恶少无赖所谓打降、白拉者，是处有之，南翔为甚。白拉聚集恶党，潜伏道侧，候村氓入市，邀夺货物。或私开牙行，客商经过，百计诱致，不罄其资不止。此等恶习，最为民害。"⑤

---

① （清）褚华：《木棉谱》。
② 光绪《罗店镇志》卷一《疆域考·风俗》。
③ 康熙《嘉定县志》卷四《风俗》。它所说的"民害有二"的另一害是"敛头"："迎神赛会，搭台演戏，坐派金钱，不如意，群殴之"。
④ 崇祯《太仓州志》卷五《风俗》。
⑤ 嘉庆《南翔镇志》卷十二《杂志·纪事》。

白拉即白赖,打降即打行,在吴语方言中,"拉"与"赖"、"降"与"行"同音,因而在地方志中白拉与白赖、打降与打行是一个意思,都是行霸指使流氓无赖,用各种手段欺行霸市,强买强卖。这种现象兴起于万历年间的苏州府各市镇,逐渐蔓延于松江府各市镇,明末清初愈演愈烈。[①]

牙行原本是市场运行不可或缺的一环,出现了行霸,使得牙行的劣根性恶性膨胀。因而牙行成为市镇上新兴势力与守旧势力的混合物,带有自相矛盾的两重性:一方面推动市场经济的发展,藉以从中获利;另一方面又用自己的手破坏市场经济的正常发展。只要市场继续繁荣,购销两旺,这类现象便不会消失。这就是为什么地方官屡次勒石严禁,却屡禁不绝的根本原因。

(4)品牌与商标。松江府及其周边地区棉纺织业蓬勃发展,产品远销海内外,声誉鹊起,逐渐形成若干优质品牌。正德《松江府志》所说的"天下第一"的品牌有:精线绫、三梭布、漆纱方巾、剪绒毯等。[②]崇祯《松江府志》所说的"尤尚精敏"的品牌有:三梭布、云布、标布、官布、飞花布、织花绒布、尤墩布、紫花布等。[③]所谓"官布",又称"红纱官布",以两端织红纱为标记,一匹布折二石米,折纳赋税,足见此种布匹之精良。所谓"三梭布",又称三纱布,幅宽三尺余,质地紧密。成化年间松江人把它送给京城达官贵人,流闻禁廷,于是大量仿造,织成赭黄、大红、真紫等色。所谓"云布",是以蚕丝为经,棉纱为纬织成,又称"丝布",其精品美如花绒,花纹如织锦,素者极为淡雅。所谓"飞花布",又称"丁娘子

---

① 康熙时苏州府长洲县人裒人获引用《亦巢偶记》说:"打行,闻兴于万历间,至崇祯时尤盛";"鼎革以来,官府不知其说,而吏胥又不晓文义,改作降字。"(《坚瓠九集》卷二)按:打行(打降)兴起于万历年间的说法是有根据的,万历时松江人范濂说:"恶少打行,盛于苏州……此风沿入松(江),以至万历庚辰(八年)后尤甚。又名撞六市,分列某处某班,肆行强横"(《云间据目抄》卷二)。

② 正德《松江府志》卷四《风俗》。

③ 崇祯《松江府志》卷五《风俗》。

布"，纱极细，光洁如银。民间相传，丁娘子是明代松江有名的织布能手，家住华亭县东门外，她不仅善于织布，而且擅长弹棉，弹棉技术熟练，花皆飞起，用来织布，极为轻软，故而称为飞花布。明代松江贡布，以丁娘子布为首选，大多供宫廷制作衬衣，轻软保暖。这些都是著名品牌。

一些无良商人非法经营，假冒品牌与商标，牟取暴利。毫无疑问，这是市场经济迅猛发展的产物，明末清初已经成为引人注目的社会现象。可惜文献记载缺漏，只能从碑刻资料中略窥一二。

顺治十六年(1659)四月立于松江知府衙门的《苏松两府为禁布牙假冒布号告示碑》，揭露了牙行奸商(即所谓奸牙)沈青臣等，假冒松江金三阳字号品牌，作出裁决，在衙门口刻石立碑公示。从这个碑文可以看到以下几点：

第一，当时假冒松江棉布品牌、商标之风，由来已久，泛滥成灾，布商字号与奸牙之间的诉讼纠纷不断，从明末延续到清初，严重扰乱市场秩序。因此布商恳请官府明断，永禁假冒。官府接受了这一请求，勒石刻碑，碑文劈头就说："苏松两府遵奉抚院宪禁明文，江南松江府为假号横行等事。本月二十九日，准苏州府关文开：奉钦差巡抚江宁等处都御史张批。据金三阳呈，讦奸牙沈青臣假冒三阳号记，私刊刷印缘由。奉批：仰苏州府立提，限三日连人解报。"

第二，当时各地布商前往全国最大的商业中心苏州购买松江优质棉布，已有明确的品牌、商标意识，即碑文所说"商贾贸易布匹，惟凭字号识认，以昭信义"。

第三，经营棉布的字号，也都在布匹上印刷自己的品牌商标，即碑文所说"各照本记字号印刷贸易"，奸牙沈青臣假冒"三阳号记"，"私刻印刷"。

第四，当时江宁巡抚、苏州知府、松江知府等地方行政当局，态度鲜明地保护优质棉布品牌商标,严禁假冒,碑文声明:"金三阳字号历年已久,乃沈青臣勾同别商,射利假冒,奸徒伎俩";"何物奸牙沈青臣,敢于垄断居奇,私翻摹刻,以伪乱真,丑布射利"。由此可见,假冒品牌商标的沈青臣,与别的奸商合谋,在劣质棉布上,印上"私翻摹刻"的松江金三阳品牌商标,以假乱真,牟取暴利。官府判定,这是"奸徒伎俩",应予严禁。

第五,碑文重申:"自禁之后,各照本记字号印刷贸易,不许仍前构通混冒,致起衅端";"众商各立号记,上供朝廷之取办,下便关津之稽查,取信远商,历年已久,向有定例,不容混冒"。以后再有假冒品牌商标者,必将严惩不贷,原因在于,不仅"起衅生端",而且"上误国课,下病商民",一旦发现,"许即指名报府,以凭立拿究解抚院,正法施行,决不轻贷"。①

然而,由于松江优质棉布销路十分旺盛,利润可观,一些奸牙仍然以身试法,一而再再而三地假冒松江品牌商标,非法牟利。顺治十六年(1659)立碑严禁之后,依然故我,康熙四十二年(1703)再次立碑重申禁令。这从反面表明,以前的禁令并无成效。到了乾隆元年(1736)第三次立碑严禁,说明假冒品牌商标之风愈演愈烈。所以官府要在松江知府衙门立碑重申:"国朝定鼎以来,历奉督抚各宪批饬,勒石永禁,苏松两府字号布记,不许假冒雷同,著有成案。今因法久渐弛,苏郡又有布商窃冒字号招牌,呈请藩院饬禁。"②

这一切,正是晚明形成的陋习在清代的延续。由此也可以看到,明末清初的江南苏松一带,随着市场经济的繁荣,工商业者的品牌商标意识已日趋高涨,而唯利是图的无良商人假冒品牌商标的勾当,也屡禁

---

① 《苏松两府为禁布牙假冒告示碑》(顺治十六年),《上海碑刻资料选辑》,第84—85页。
② 《松江府为禁苏郡布商冒立字号招牌告示碑》(乾隆元年),《上海碑刻资料选辑》,第85—88页。

不绝。

看来,松江棉布"衣被天下"的道路,并不一帆风顺。令人感慨唏嘘的是,数百年后的当今,市场经济所遭遇的假冒品牌商标之风,在明清之际的苏松早已出现。

5. "土布出洋"一瞥

江南市镇出产的棉布号称"衣被天下",是名副其实的,因为它不仅运销全国,而且还出口海外,故而称为"土布出洋"。

据汪敬虞研究,中国棉布远销南洋群岛,在 16 世纪后期有了历史文献的记载,17 世纪初,被称为 Cangas 的中国棉布,由澳门出口望加锡和交趾支那。与此同时,从澳门开往日本的商船也有同样的记录。1600 年左右,从澳门开往长崎的葡萄牙商船,载有 3 000 匹中国手工织造的棉布。[①] 其实,刊印于嘉靖四十一年(1562)的《筹海图编》早已有中国棉布出口日本的记录,该书说,运往日本的中国商品,第一位的是生丝,第二位的是丝棉,第三位的是棉布,书中如此描写日本:"布,用为常服,无棉花故也。"[②]

据严中平研究,1580—1590 年间,中国商人运往菲律宾马尼拉的商品中,棉布仅次于生丝与绸缎,居于第三位。中国的土布很快就成为菲律宾群岛土著居民的生活必需品。1591 年西班牙的菲律宾总督发现,土著居民因为服用中国衣料,不再种棉织布。次年这位总督向西班牙国王报告,中国商人收购菲律宾棉花,运回国内,转眼就从中国运来棉布,棉布已经成为菲律宾销路最大的中国商品。不仅如此,中国棉布还由马尼拉大帆船运销西班牙美洲殖民地,早在 16 世纪末,中国棉布在

[①] 汪敬虞:《从棉纺织品的贸易看中国资本主义的产生》,《汪敬虞集》,中国社会科学出版社,2001 年,第 367—368 页。

[②] (明)郑若曾:《倭国事略》,《筹海图编》卷二。

墨西哥市场上挤占了西班牙货。有的文献说,因为中国棉布价廉物美,所以印第安人和黑人都用中国货而不用欧洲货。[①]

这些情况表明,晚明时代中国棉布已经畅销海外,而这种价廉物美的棉布主要来自江南。

此后,江南棉布的出口贸易日趋兴旺,全汉昇《鸦片战争前江苏的棉纺织业》对此有精深的研究,他这样写道:

> 早在十八世纪的三十年代,英国东印度公司已经开始购运"南京棉布(Nankeen)"。南京为清代江苏省治,两江总督驻在那里,可以说是江苏的代表,故外人称江苏出产的棉布为南京棉布。在鸦片战争后不久,一个在上海附近考察的英国植物学者也说:"在上海附近种植的棉花,名曰南京棉花,用它纺织成的棉布,叫做南京棉布。"[②]

足见"南京棉布"已在欧洲享有盛誉。精确地说,既然是"上海附近种植的棉花"纺织的棉布,理应叫做"上海棉布"或者"松江棉布",才比较名副其实。不管叫什么,江南棉布在海外风行一时,已经是不争的事实。嘉定县、宝山县出产的紫花布,尤其成为欧洲的畅销货,用它制成长裤,流行于 19 世纪初的法国。这种紫花布裤子,也是英国绅士的时髦服装,在伦敦的大英博物馆中,还可以看到当年进口的中国棉布。

这是一种多么令人神往的"土布出洋"的辉煌景象。透过这种辉煌,人们看到了明清时期江南棉纺织业以及棉布业市镇盛极一时的历史。

---

① 严中平:《丝绸流向菲律宾白银流向中国》,《近代史研究》1981 年第 1 期。
② 全汉昇:《鸦片战争前江苏的棉纺织业》,《中国经济史论丛》第二册,第 638—639 页。

五 经济高度成长与奢侈习俗风靡

从宋朝以来,江南因经济繁荣、社会富庶而蜚声全国,"上有天堂,下有苏杭"的民间谚语生动地表明了这一点。明中叶以降,江南经济进入高度成长时期,农工商各业蓬勃发展,多层次市场的形成及市场经济的活跃,十分引人注目。全国乃至海外市场对这里的优质丝绸与棉布的需求日益增长,进一步刺激了江南经济与社会的繁荣。这一地区的经济中心——苏州,成为全国最繁华的城市,直到近代上海兴起以后,它的地位才被上海所取代。苏州的繁华带来了奢侈风尚,使它成为当时的时尚之都,邻近的地区纷起仿效,奢侈风尚逐渐弥漫于苏松杭嘉湖诸府所属各县各市镇。

1. 社会风尚由俭入奢

江南地区的奢侈风尚源于苏州,通过频繁地往返各地的商人为媒介,很快向各地散播,各地都把苏州当作时髦中心,纷纷仿效,以苏州时尚为时尚。嘉靖、万历时人张瀚说:"至于民间风俗,大都江南侈于江北,而江南之侈尤莫过于三吴。自昔吴俗习奢华,乐奇异,人情皆观赴焉。吴制服而华,以为非是弗文也;吴制器而美,以为非是弗珍也。四方重吴服,而吴益工于服;四方贵吴器,而吴益工于器。是吴俗之侈者愈侈,而四方之观赴于吴者,又安能挽而之俭也?"又说:"自金陵而下,控故吴之墟,东引松(江)、常(州),中为姑苏。其民利鱼稻之饶,极人工之巧,服饰、器具足以炫人心目,而志于富侈者争趋效之。"①另一位嘉

---

① (明)张瀚:《松窗梦语》卷四《百工纪》、《商贾纪》。

靖、万历时人王士性说得更妙："苏人以为雅者,则四方随而雅之;俗者,则随而俗之……海内僻远皆效尤之,此亦嘉、隆、万三朝为始盛。"①这确实是值得注意的动向。翻检江南的地方志,几乎都异口同声地说,明中叶以来,社会风气逐渐由俭入奢,即由俭朴走向奢侈。

嘉靖、万历时人徐献忠:"今天下风俗惟江之南靡而尚华侈,人情乖薄,视本实者嗤鄙之。"②

万历《嘉定县志》:"富室召客,颇以饮馔相高,水陆之珍常至方长,至于中人亦效慕之,一会之费,常耗数月之食。"③

崇祯《松江府志》:"吾松自崇辛巳(十六年)以来,日新月异,自俭入奢……"④

康熙《吴江县志》说:"明初芟夷豪门,诛戮狂士,于是俗以富为不幸……习尚俭素,男子不植党,妇人不市游,久而成俗……迨百年后,人始尚文乐仕,而俭素之习因而渐移。迩来弥甚,厌故常而喜新说,好品藻而善讥评,淳庞之气鲜有存者。"⑤

光绪《常昭合志稿》引《陈司业集·风俗论》:"万历后,率以声华气谊相高,寻盟结社,千里命驾,贫不负诺,富不易交。在闾里中,峨角中,蹑朱履,眼高于顶,负手逍遥,担夫走卒望而却避……往时履袜之属出女红,今率买诸市肆矣;往时茶坊酒肆无多家,贩脂膏脯者恒虑不售,今则遍满街巷,旦旦陈列,暮辄罄尽矣;往时非贵显不乘轩,今则肩舆塞路矣。"⑥

① (明)王士性:《广志绎》卷二《两都》。关于此点,可参看王卫平:《明清时期江南城市史研究——以苏州府为中心》,人民出版社,1999年;王家范:《百年颠沛千年往复》,上海远东出版社,2001年;陈江:《明代中后期的江南社会与社会生活》,上海社会科学院出版社,2006年。
② (明)徐献忠:《吴兴掌故集》卷十二《风土》。徐献忠,字伯臣,号长谷,松江府华亭县人,嘉靖乙酉科举人,曾任奉化知县。为躲避倭乱,侨寓吴兴,编成《吴兴掌故集》。此书名为"掌故集",实即一部湖州府志。
③ 万历《嘉定县志》卷二《风谷》。
④ 崇祯《松江府志》卷七《风谷》。
⑤ 康熙《吴江县志》卷十三《风俗》。
⑥ 光绪《常昭合志稿》卷六《风俗志》。按:陈祖范,康熙、雍正间常熟人,《陈司业集》是其文集。

这种情况大体从明中叶开始显现，到万历年间日趋明显，以后愈演愈烈，直到清朝前期依然如此。康熙《淞南志》引用"旧志"说，从明朝以来，"人有恒产，多奢少俭"，入清以后犹有过之而无不及，"今则家无担石者十居其五，而饮食服饰竞以侈靡相尚"。该志书编者引用清初余起霞的话来证实这一点："吾乡习尚日异月新，余幼时见亲朋宴集，所用不过宋碗，其品或四或六，其味亦只鱼虾鸡豕；婚娶盛筵果单，实以枣栗数枚而已。自后，宋碗变为宫碗，宫碗又变为水盘，水盘又变为五簋十景九云锣。其中所陈，穷极水陆。一席所费，可作贫家终岁需矣。往时及见里中素封之家，所服不过褐芏而已，今则绸不足而纱之，纱不足而缎之，缎不足而绫之、锦之，甚且袭以银鼠、褐以紫貂。一帽也，倏而昂其顶，倏而广其檐。一履也，俄而镶其面，俄而厚其底。如是者谓之时人，否则，群以村汉目之。举世滔滔，莫知所自始，亦莫究其所终。"[①]如此追求时尚，一顶帽子，时而讲究高顶，时而讲究阔檐；一双鞋子，时而讲究镶面，时而讲究厚底，与今日的时尚风气颇有异曲同工之妙。人们追求排场，挥金如土，还自诩为"时人"——时尚中人，也就是当今所谓引领潮流的时髦人物，他们眼中的"村汉"，犹如现今上海人眼中的"乡下人"。看了这条史料，生活于现今上海的笔者，竟有一种"穿越"的感觉。《淞南志》的说法并未夸张失实。明末松江诸生吴履震也有类似的看法："今富贵佻达子弟，乃有绫缎为裤者，暴珍何如？奢侈之俗，纨绔之习，吾松更甚于他方。毋论膏粱势厚，弃菅蒯而贱罗绮，下至舆台仆隶，咸以靡丽相矜诩。"[②]

为什么会出现"由俭入奢"的现象？一言以蔽之，农工商各业发达，市场经济繁荣，社会生活富裕所带来的必然结果。这种状况，在江南市镇的年中行事的排场中显示得淋漓尽致。

① 康熙《淞南志》卷一《风俗》。
② （明）吴履震：《五茸志逸》卷二《尚衣缝工》。按：吴履震，字长公，别号退庵道人，松江府华亭县人。抗清失败后，流离失所，晚年构筑陋室"落叶居"，撰写《五茸志逸》，记载故老传闻。

2. 奢侈风尚的典型分析

著名的濮绸产地濮院镇,万历年间,"改土机为纱绸,制作绝工,濮绸之名遂著远近,自后织作尤盛",镇上街巷"接屋连檐,机声盈耳"[①]。濮院镇因此成为嘉兴府境内最为富庶的市镇,年中行事也就带上了奢华的色彩。正月初一"大年朝",镇上开设机坊的人家,男女更换新衣,向神祇行礼如仪,神祇包括在厅堂供奉财神,在织机左面供奉"佛马",谓之"机头土地"(视为土地神)。然后参加僧寺尼庵的佛会,迎接喜神,谓之"走喜神"。四乡以蚕桑丝织为生的农家,正月间举行"田柴之会",祭祀田祖、蚕花诸神,巫师唱歌侑神;入夜,燃放爆竹、花筒,夜阑送神,焚烧田柴,谓之"照田柴"或"烧田柴",意在祈求丰年。正月上旬,年事粗了,各个机坊开始召女红络丝,谓之"开络"。待到丝料齐备,于是召集机工开始织绸。镇上商家则要等到正月半以后方才开张。正月半以前整个市镇喜气洋洋,地方志如此描写道:

> 阖镇市廛,新岁惟鱼肉冠履等铺不罢市鬻,余须以次开张,至元宵始遍。遇天气晴朗,春风鼓动,里人新衣丝履,顶时式红绒冠,往来道左,锣鼓爆竹,间时辄发。茶肆弹演小说,近村隙地竖长竿缚刍燎之,以祈有年。助以流星花炮,举音乐,打元宵鼓。乡之人醵分酣饮,以尽其欢,谓之田蚕会。烟火、烛龙、马灯之外,又有寻橦、走索、跳大头诸戏。妇女则召柴姑(俗称灰七姑)、苇姑(俗称三娘子)、筲箕姑、帚姑(即如愿),以卜一岁之休咎。[②]

到了三月,繁忙的养蚕季节开始,因为是生计所系,故有隆重的信

① 嘉庆《濮川所闻记》卷三《织作》。
② 嘉庆《濮院琐志》卷六《风谷》。

仰仪式。三月初三日,晴主蚕熟,育蚕农家贴门神,闭门不炊,亲戚朋友不相往来,揉草头和粉,制作青白色茧圆(状如蚕茧的汤圆),祭祀蚕花诸神,并且有全镇集体的迎神赛会与之配合。这种迎神赛会不仅规模宏大,气氛热烈,而且排场豪华,一掷千金。万历年间嘉兴名士李日华,在《味水轩日记》中记录了万历三十八年三月初三日濮院镇迎神赛会的盛况:

> 三月三日,秀水濮院镇醵金为神会,结缀罗绮,攒簇珠翠,为抬阁数十座,阁上率用民间娟秀幼稚妆扮故事人物,备极巧丽,迎于市中。远近士女走集,一国若狂。盖无赖辈诱惑愚荡,利其科敛干没,所入不赀故耳。且迎会之日,民间亲戚,来聚其家,浆酒藿肉,费用甚侈,贫者至典质以应之。又有抬阁经行之处,群恶少竟自毁拆墙屋,无可告诉。甚则逾越之盗乘人尽出,恣行探肤,不良之姬,飘荡之子,潜相拐引。其他幼弱挨挤,蹈背折支,酗狂斗狠,丧生构讼,骚然不宁者数月未已。镇民甚苦之,云每三年必遭一劫,盖三年一迎会故也。特以镇去郡邑远,官法不能尽行,而无赖辈结党横肆,良民不敢触之也。今岁郡中诸无赖辈抵掌效尤,以城隍神为由,自闰三月十四起,至二十五六日,昼夜骑马嘶锣,纠聚勒索。嘉兴陆令君前后出示,严禁不止,反借他事编歌谣以污蔑之,又假借诸乡绅名目,公行抗拒,日夜攒簇抬阁,城内外约七八十,拥塞街巷。司理沈公出,不避道,公怒,命焚之,诸无赖虑人抢掠,各拆卸遁去。余以为令行禁止,乃可为国。令不行禁不止,何乱不酿? 何法可恃?[①]

---

① (明)李日华:《味水轩日记》卷二,万历三十八年四月二日条。又,同年四月三日条记载:"群少呼集,装演愈炽。松江、无锡、杭(州)、湖(州)之人,万艘鳞集。"四月四日条记载:"群少迎会未止。"一掷千金的狂欢延续数日。

显然，迎神赛会既是一种民间信仰，也是一种民众狂欢，正如茅盾谈到乌镇"香市"时所说："'清明'过后，我们镇上照例有所谓'香市'，首尾约半个月。赴'香市'的群众，主要是农民。'香市'的地点，在社庙。从前农村还是'桃源'的时候，这'香市'就是农村的'狂欢节'。"①既然是民众的狂欢节，必然鱼龙混杂，泥沙俱下，带来一些治安问题。李日华对此颇为反感，对于令不行禁不止耿耿于怀。但是，在经济繁荣的时代，要想禁止这种迎神赛会的狂欢活动是不可能的。他的日记透露了迎神赛会排场豪华，热闹非凡，故而"远近士女走集，一国若狂"，如果没有强大的经济后盾支撑，是难以想象的。只要濮院镇经济持续繁荣，这类狂欢活动必定会继续下去，要想禁是禁不掉的。

乾隆时人胡琢在《濮镇纪闻》中说："南新街，明时屡举佑圣会，称极盛"；"每数载，于三月三日迎佑圣会，称为胜举……犹于日间迎会，夜间迎灯，一国若狂，至今此风未艾"。他还引用谢天瑞《鹤林新露补》的一则记载，反映了康熙时期濮院镇迎神赛会的盛况："余于康熙庚子、辛丑间，见嘉兴濮院三月三日有佑圣会，吴江有五方贤圣会。碎剪锦绮，饰以金玉，穷极人间之巧，糜费各数千金。舳舟万计，男女咸集，费且无算。"②看来从万历至康熙，这种奢侈风尚始终未曾停息，在地方志中可以清晰地看到这一点。不过这种奢侈排场，并非为奢侈而奢侈，而是和生产经营密切相关的。

迎神赛会这一天，乡人每一圩各装一船，举行划船会，用松毛作棚，船中敲锣打鼓，有人椎髻簪花，扮作蚕妇，先翻"叶仙诗"，占卜桑叶价格高低；接着又有"把蚕"、"称茧"、"缫丝"等举动，占卜蚕丝丰歉。又有人扮作农夫，占卜田岁丰歉。濮院镇四乡划船数十艘，往来如织，装载士

① 茅盾：《茅盾全集》，人民文学出版社，1986年，第11卷，第168—170页。
② （清）胡琢：《濮镇纪闻》卷末《杂识》，卷首《总叙·风俗》。

女前往观赏的船只更多,民间谓之"闹清明"。这种闹清明,并不把祭祖扫墓放在第一位,而是突出与当地民生休戚相关的蚕桑业,关联到桑叶价格的高低、蚕丝收成的好坏,为此祈求蚕花诸神庇佑,带有明显的市井色彩、商业色彩。

此后的年中行事,几乎都与蚕桑事业息息相关。小满时节,有所谓"动三车"仪式,即开动丝车、油车、水车,意味着农忙季节已经到来。从这一天开始,家家关门闭户,叫做"蚕关门"。直到采茧时,才开禁,亲戚之间才可以互相走动,叫做"蚕开门"。七月十五日的中元节,有盂兰会、水陆道场、翻经会,乡人以为此类活动"利于蚕花",趋之若鹜。十二月十二日为"蚕生日",养蚕人家开始暖蚕种,并做蚕茧状的汤圆——茧圆来祭祀灶神,祈求来年蚕桑继续兴旺。[①] 当人们把民间信仰与日常生产、生活融合在一起的时候,当宗教活动与生计活动融为一体的时候,信仰的色彩逐渐淡去,演化为代代相传的习俗,这是和市场经济繁荣趋势相一致的巨大进步。

从经济的角度看,濮院镇丝绸业兴旺发达,经济实力雄厚,年中行事极尽奢侈之能事,是很自然的事。从明至清始终如此。前面说到"佑圣会",下面不妨再看看"鳌山会"。《濮院琐志》写道:

> 鳌山会,数年一举。共二十四座,每坊各出其一,以天字号为首,凤栖次之。余坊行走先后,悉有成规,并各分主宾迎送,不相紊也。先作山骨,凡可以点缀山色者,靡不穷搜巧购,求巧厌形。届期募硖川(硖石镇)冶工制细铁条,以小儿扮神仙故事。山之巅结彩亭,用五色绸簇栏杆、藻井、椽题、梁栋之物,陈设几案金玉器具,旁坐一人或二三人,亭之上或坐一二人,用细铁条自履至臂,视手中所持物,随其形屈曲而出。忽

---

① 万历《嘉兴府志》卷一《风俗》。民国《濮院志》卷六《风俗》。

214

于空中立一人其上，远望之但见虚无缥缈而来，初不解其连属之巧，殊可观也。其所服之裙率皆新制，又以珍珠缀其裾领，金钏珠冠皎日之下光彩眩目。虽百计挪移，好胜者在所不恤，计数日之间费且盈万。而远近来观者篙楫纵横，男女填溢，所谓举袂成帷，挥汗如雨，不是过也。①

一个鳌山会，豪华之极，花去银子上万两，主办者竟然"在所不恤"，成群结队前来参与、观赏的人群的花销，更是一个庞大的数字。这种奢侈是有经济后盾的，且看当地日常婚礼的排场便可明白。有意思的是，《濮院琐志》的编者讲出了很有意思的背景：这种奢侈风尚是深受苏州影响而形成的，这点非常值得注意。请看：

> 婚嫁之礼宜称其家，而濮（院）之业绸者多与苏（州）人往来，目见耳闻，渐务奢华。如男家求吉，钗珥之外，加以果茶；女家允吉，冠履之外，佐以糕饵。此风自昔有之，今则有加无已。茶必茗器精工，果则添设果匣。向来用糕者十之一二，亦不过四盘而止，近来务从丰厚，每糕重四五十两，五十为一架，饰以剪彩，自四架至八架，率以为常。其后道日亲迎诸仪，无不称是。②

湖丝集散地南浔镇，在南宋兴起以后就蔚为大观，到明嘉靖、万历之际日趋繁荣，号称"阛阓鳞次，烟火万家，苕水流碧，舟航辐辏"③。高度发达的市场经济，培育出日趋奢侈的社会风尚。万历时当地人王道隆《菰城文献》谈到风尚变化，这样写道："成化（1465—1487）以前，谋饔飧者以兴贩为能，养子弟者以读书为讳，哗者好勇而争讼，细民重释而

---

① 嘉庆《濮院琐志》卷六《岁时》。
② 嘉庆《濮院琐志》卷六《杂仪》。
③ 咸丰《南浔镇志》卷一《疆域》，引潘尔夔《浔溪文献》。

215

信巫。今则市廛以质当相先,宴席以华侈相尚,拥资则富屋宅,买爵则盛舆服,钲鼓鸣笳用为长乐,差有僭逾之风焉。"①这当然是王道隆的一己之见,眼光或许有所偏颇,有意思的是,他把"市廛以质当相先"与"宴席以华侈相尚"作为当时社会风尚的特征,虽然是以批判语气说出的,却在无意中道出了社会经济发展与风尚变化的互动关系。国内外市场对湖丝的大量需求,刺激了南浔镇市场经济的繁荣,工商各业欣欣向荣,带动了作为融资渠道的典当业随之兴旺,于是出现了"市廛以质当相先"的新现象。这里所说的"质当",主要是指工商业者筹措资金的渠道,每天贸易额几万两银子,需要大量的现金流通,质当成为一个重要渠道。工商业者经营有道,容易富裕,才会出现"以华侈相尚"的社会风气,才会"富屋宅"、"盛舆服"。

其后,此风更盛。这并非守旧士大夫感叹的"世风日下"、"人心不古",而是繁华的市场经济带来的必然现象。由于南浔镇久盛不衰,这种风气持续的时间也特别长,它的四时节庆活动极尽豪华之能事。正月初五为"五路财神"生日,以商人为主体的南浔镇民十分重视接财神活动。五更时分,祭祀牲醴,称为"接五路"(意为接五路财神),又叫"接路头",是镇上牙行店铺以及依赖商业谋利的各色人等祈求发财的活动,当地人谓之"祀五路神,以祈利达","是日,诸贾人毕集拜叩祈财"。②

到了元宵节,又一轮欢庆开始。镇上锣鼓声不绝于耳,美其名曰"元宵鼓"。街头巷尾到处张灯结彩,贴出藏头诗句,任人猜测,称为"打灯谜"。镇民扎造龙、象、狮、马各色灯笼,在街市提灯游行。每夜迎神赛会,必有数十对灯笼点缀其间,望去宛若纱縠,引导出游的神像,谓之"出灯会"。张镇《浔溪渔唱》吟咏元宵灯会盛况:

---

① 道光《南浔镇志》卷一《风俗》,引王道隆《菰城文献》。
② 道光《南浔镇志》卷一《风俗》。咸丰《南浔镇志》卷一《疆域》。

元宵风景尽堪夸，画鼓咚咚灯市哗。

梵字栏杆珠箔卷，争看水面放莲花。

此种热闹景象持续十余天，耗费的资财当然不是一笔小数目。

五月十三日，关圣大帝生辰，士民焚香拜祝，敛资出会，喧阗街市。五月二十日为分龙日，南浔镇东西南北四栅，在空旷场地演练水龙。七月七日金元总管诞辰，对于南浔镇而言有着特殊意义，排场之大不亚于春节与元宵节，镇上商家出资，请戏班演剧竟日。七月十五日为中元节，是地官赦罪的日子，和尚抄录亡者姓名，遍送檀越，谓之"关节"。镇上有盂兰盆会，夜里放焰口，向饿鬼施食，沿河放灯，谓之"照冥"。市井之家出资，聘请僧人设瑜伽焰口，大街小巷几乎每夜都如此。七月三十日，地藏诞辰，士女前往东藏寺烧香最盛，入夜，各家门前设供香烛，曰"点地灯"。九月初五，南浔镇土神崔、李二承事生日，商贾先期而至，手技杂戏毕集，报赛演剧连日不停。有小艇架以红栏，挡以青幔，仿六柱吴船样式，让游客乘船看戏。镇上茶馆酒楼，家家弦歌纷喧，通宵达旦，令骚人逸士、估客寓公无不流连忘返。一直到年底，此类节庆活动持续不断。毋庸讳言，此类活动带有浓烈的迷信色彩，但是如果单有迷信而无繁荣的经济支撑，这种大操大办的侈靡之风断然难以为继。咸丰时代当地人感叹："迩来风会日趋，稍不如昔，奢靡渐启。"[1]

这种说法是有问题的。侈靡之风并非咸丰时代"渐启"的，早在嘉靖、万历时代已经"渐启"，到了咸丰时代是愈演愈烈了。原因就在于南浔镇的湖丝贸易进入了黄金时代，社会较前更加富庶了，哪里谈得上"稍不如昔"？上述欢度节庆一掷千金的奢侈之风，映衬的是经济繁荣带来的欢愉，它一定是盛世才有的景象。到了衰世或乱世，此风便难觅踪影，原因只有一条：失去了经济的支撑。

---

[1]　咸丰《南浔镇志》卷二十三《风俗》。

万历《杭州府志》记载:"元宵前后张灯五夜,而十五夜为最盛……至期,人家各缚结山棚,悬灯其上,通衢或神庙前,醵金装结鳌山船灯……此五夜箫鼓喧阗,往来游观者至二三鼓始罢。豪家开宴,则装放烟火架以娱客。浪游子弟亦多造硝黄花筒,相对斗胜,谓之赛花……街巷歌行舞队,竟为奇胜者种种。"[1]光绪《枫泾小志》在谈及"赛神之举莫甚于枫泾"时指出:"则童子十岁以下貌端好者,遍扮诸天列宿,尽态极妍,衣皆奇丽,珠以万计,金玉以千计。其有不足,则假诸邻邑。互相夸耀,举国若狂,费几累万。至期,士女倾室往观,百里内闻风而来者,舟楫云集,河塞不通,一时传为盛举。"[2]试问,在经济萧条、食不果腹的情境下,人们还有如此雅兴不远百里前来共襄盛举吗?此种"举国若狂,费几累万"的盛况还可能再现吗?

3. 奢侈风尚的经济意义

中国的传统思想一向是批评奢侈风尚的,以为社会习俗由俭入奢不是一件好事情,这是从道德层面思考的结果。如果从经济层面来思考的话,就会得出不同的结论。

晚明的江南,经济突飞猛进,蚕桑丝织业与棉纺织业由农家副业一跃而为主业,李伯重把它称为"江南的早期工业化",与工业革命以前的欧洲有相似之处。他在《江南的早期工业化(1550—1850)》一书的导论中说:"所谓早期工业化,指的是近代工业化之前的工业发展,使得工业在经济中所占的地位日益重要,甚至超过农业所占的地位。"他研究了1850年以前三个世纪江南工业的发展,得出的结论是:工业在江南经济中所占的比重日益提高,到了19世纪初,在江南大部分地区,工业的

---

[1] 万历《杭州府志》卷十九《风俗》。
[2] 光绪《枫泾小志》卷十《拾遗》。

地位已与农业不相上下,在经济最发达的江南东部,甚至可能已经超过农业。①

社会日渐富裕,人们的思想观念发生了变化。正德、嘉靖间松江府上海县人陆楫便是这种思潮的代表者。他在《蒹葭堂稿·杂著》中,批判了正统的禁奢观念,为奢侈辩诬,以深邃的目光论证奢侈风尚的经济意义,谱写了中国经济思想史上极有价值的一页。故而笔者不厌其烦地援引于下,以飨读者:

> 论治者类欲禁奢,以为财节则民可与富也。噫! 先正有言:"天地生财止有此数。"彼有所损,则此有所益,吾未见奢之足以贫天下也。自一人言之,一人俭则一人或可免于贫;自一家言之,一家俭则一家或可免于贫。至于统论天下之势则不然。治天下者将欲使一家一人富乎? 抑亦欲均天下而富之乎?
>
> 予每博观天下之势,大抵其地奢则其民必易为生;其地俭则其民必不易为生也。何者? 势使然也。
>
> 今天下之财赋在吴越。吴俗之奢莫盛于苏,越俗之奢莫盛于杭。奢则宜其民之穷也。而今苏杭之民,有不耕寸土,而口食膏粱;不操一杼,而身衣文绣者,不知其几何也。盖俗奢而逐末者众也。只以苏杭之湖山言之,其居人按时而游,游必画舫肩舆,珍馐良酝,歌舞而行,可谓奢矣。而不知舆夫、舟子、歌童、舞妓,仰湖山而待爨者不知其几。故曰:"彼有所损,则此有所益。"若使倾贩而委之沟壑,则奢可禁。不知所谓奢者,不过富商大贾、豪家巨族自侈其宫室、车马、饮食、衣服之奉而已。彼以粱肉奢,则耕者庖者分其利;彼以纨绮奢,则鬻者织者分其利。正孟子所谓"通功易事,羡补不足"者也。上

---

① 李伯重:《江南的早期工业化(1550—1850)》,第1—36 页。

之人胡为而禁之？

　　若今宁、绍、金、衢之俗最号为俭，俭则宜其民之富也。而彼诸郡之民，至不能自给，半游食于四方，凡以其俗俭而民不能相济也。要之，先富而后奢，先贫而后俭。奢俭之风起于俗之贫富。虽圣王复起，欲禁吴越之奢，难矣！或曰："不然，苏杭之境为天下南北之要冲，四方辐辏，百货毕集，故其民赖以市易为生，非其俗之奢故也。"噫！是有见于市易之利，而不知所以市易者正起于奢。使其相率而为俭，则逐末者归农矣，宁复以市易相高耶？且自吾海邑言之，吾邑僻处海滨，四方之舟车不一经其地，谚号为"小苏州"，游贾之仰给于邑中者，无虑数十万人。特以俗尚甚奢，其民颇易为生尔。然则吴越之易为生者，其大要在俗奢，市易之利则特因而济之耳，固不专恃乎此也。长民者因俗以为治，则上不劳而下不扰，欲徒禁奢，可乎？呜呼，此可与智者道也。[1]

陆楫这篇反对政府当局"禁奢"政策的短论，精彩之极，犹如空谷足音，振聋发聩。思路奇特，立论严密，发他人所未发，令人耳目一新。对于奢侈的看法，不但超越了前人，而且超越了同时代人，面对社会的转型，向陈腐的传统观念发起挑战，对工商业发达和市场经济繁荣带来的奢侈现象，给予最大限度的肯定，认为它是社会富裕的产物，反过来必将促进社会进一步富裕。在此基础上对江南地区"由俭入奢"的转变，作出了令人信服的解释，不必看作洪水猛兽；迂腐守旧之辈感叹"世风日下"，倡导官府"禁奢"，是不合时宜的。

---

　　① （明）陆楫：《蒹葭堂稿》卷六《杂著》。按：1957年杨联陞在《哈佛亚洲学报》第20卷发表论文《侈靡论——传统中国一种不寻常的思想》，论述中国早期历史上的侈靡论，文末有一个附录，从《纪录汇编》中引录《蒹葭堂杂著摘抄》，较早从经济思想史角度关注陆楫反对禁奢的主张。

陆楫的理论不独在当时具有创新价值，即使在今日也不无启发意义。

首先，他指出了奢侈现象出现的社会经济前提——"先富而后奢，先贫而后俭"，也就是说，富裕带来奢侈，贫穷带来俭朴。

其次，他指出了奢侈并非浪费的同义词，消费更不是浪费的同义词，奢侈性消费在消耗社会财富的同时，刺激了生产与市场，这就叫做"彼有所损，则此有所益"。

再次，奢侈带动消费，带动社会总需求的增长，促进工商各业的发展，带动服务行业的精益求精，从而创造更多的就业机会。他说："奢则其民必易为生。"他的家乡上海县因此而繁荣，号称"小苏州"，原因也在于此："游贾之仰给于邑中者，无虑数十万人。特以俗尚其奢，其民颇易为生尔。"

再其次，以奢侈形式表现出来的消费需求，促进市场经济繁荣，带动社会风尚变化。此种奢侈并非无源之水无本之木，并非人们的矫揉造作，而是市场经济的必然产物。开全国风气之先的苏州、杭州就是最好的例证："苏杭之境为天下南北之要冲，四方辐辏，故其民赖以市易为生，非其俗之奢故也"；"是有见于市易之利，而不知所以市易者正起于奢。"

对于这样一位有思想的学者，人们所知甚少，或许是他的父亲陆深名声太大，遮蔽了他，他的小传大多依附于陆深名下，而没有单独立传。《松江府志》《上海县志》都在陆深传中捎带写到陆楫。嘉庆《松江府志》为陆深立传，引用《陆氏家传》关于陆深和他子孙的记载，其中涉及陆楫："子楫，字思豫，才思警敏，能文章，尤善决策辩难，有经世志。嘉靖己酉（二十八年），已拟解首，仍失之。日事著作，《蒹葭堂稿》一编，鸿识巨见，深中窾要，竟赍志以没，不获遂其学。"[1]寥寥几十字，太过于简

---

① 嘉庆《松江府志》卷五十二《古今人物传四·陆深》。

略。《上海县志》的陆深传附带提及陆楫，也是如此简略："子楫，字思豫，号小山。少颖敏，读书过目不忘，属文善议论。以父荫，由廪生入太学。著有《蒹葭堂稿》《古今说海》。年未四十卒，无子。"[1]尽管文字简略，多少还是能够窥探一些信息，例如"尤善决策辩难，有经世志"；"鸿识巨见，深中窾要"云云。明中叶以来，江南经济高度成长带来的社会巨变，造就了经世致用的人才，关注社会现实的眼光。当然也和陆楫所受的家教有关，吴履震写陆深教子，有言："陆俨山出入馆阁，前后几四十年，每见国朝前辈抄录得一二事，便命其子熟读而藏之。盖士君子有志用世，非兼通古今，何得言经济？此先儒所以贵练达朝章……今世学者尽有务为博洽，不究心当代事故，一问及朝廷典章，及一代经制沿革，恍如隔世。纵才华迈众，恐其见诸施为，自至窒碍，宜识者目为俗子，无足怪矣！"[2]可见陆楫的庭训有别于他人，"有志用世"，"兼通古今"，"务为博洽"，又"究心当代事故"，对于当世的见解自然不同凡响。对苏松一带的奢侈风尚的看法，也就迥然有别于凡夫俗子。吴履震写道："尚衣缝工云：上近体俱松江布，本朝家法如此。太庙红纻丝拜裀立脚处乃红布，其品节又如此。今富贵佻达子弟，乃有绫缎绒为裤者，暴珍何如？奢侈之俗，纨绔之习，吾松更甚于他方。毋论膏粱势厚，弃菅蒯而贱罗绮，下至舆台仆隶，咸以靡丽相矜诩。"对此，吴履震只能哀叹："江北齐晋，便有古朴之风矣。嗟嗟，中流之砥，安睹朝歌胜母之乡哉！"[3]面对奢侈风俗，吴履震只有哀叹的份，而陆楫却给出了合理的解释，思想家与平庸之辈的差异彰显无遗。

台湾学者巫仁恕说："陆楫在晚明并非著名的士大夫，所以其说直到1950年代，才被史学家傅衣凌与杨联陞发掘出来，指出其重要性。

---

① 同治《上海县志》卷十八《人物·陆深》。
② （明）吴履震：《五茸志逸》卷二《陆俨山条》。
③ （明）吴履震：《五茸志逸》卷二《尚衣缝工条》。

虽然到清代仍可见陆楫说之后继者,如清初人魏世效(1653—?)、乾嘉时人法式善(1753—1813)与顾公燮、嘉道时人钱泳(1759—1844)等都有类似的看法,他们都尝试将奢侈朝向'去道德化'与'去政治化',但是因为主张此说大部分是'小儒',在知识界中并非主流,在思想界与知识界所造成的影响恐怕有限。寻从对实际社会面的影响来观察,明代只有少数地方志显示部分地方官对奢侈风气的思想与陆氏同调(如崇祯《漳州府志》),清代的地方志虽出现以平实的语言记载奢侈风气,并将其视为客观现象而未置褒贬之词,然而也未见明显赞同陆氏之奢靡论者。"①

毫无疑问,这是客观存在的事实,陆楫的奢侈理论的影响确实有限,并非思想界的主流。正因为如此,他的奢侈理论的出现本身,就值得大书特书,因为他敏锐地察觉到社会经济的巨变,人们的思想观念也应该跟上这种变化。赞同者少,并不影响新理论的价值,思想史上的先行者往往如此。

只要不囿于传统偏见,用社会发展的眼光来衡量,都会赞同这种远见卓识。乾隆间苏州人顾公燮就与陆楫遥相呼应,提出类似的观点:"即以吾苏郡而论,洋货、皮货、绸缎、衣饰、金玉、珠宝、参药诸铺,戏院、游船、酒肆、茶店,如山如林,不知几千万人。有千万人之奢华,即有千万人之生理。若欲变千万人之奢华而返于淳,必将使千万人之生理亦几于绝。此天地间损益流通,不可转移之局也。"②苏州是明清时代的时尚中心,奢侈风尚的发源地,通过往返苏州的商人,向各地散播苏州的奢侈风尚。顾公燮有这样的见解——"有千万人之奢华,即有千万人之生理",是毫不奇怪的。

_____

① 巫仁恕:《品味奢华:晚明的消费社会与士大夫》,联经出版事业股份有限公司,2007年,第314—315页。

② (清)顾公燮:《消夏闲记摘抄》卷上《苏俗奢靡》。

江南经济的高度成长,为奢侈风尚提供了肥沃的土壤,而奢侈风尚的弥漫,刺激了江南经济的更加繁荣。这一趋势,已被历史所证实。

　　放宽历史的视野,欧洲也是如此。与马克斯·韦伯同时代的德国学者维尔纳·桑巴特(Werner Sombart)在《奢侈与资本主义》一书中,对于奢侈的论述,与两三百年前的陆楫、顾公燮有着惊人相似之处,都肯定了奢侈的经济意义。桑巴特理论的精髓,他自己概括为一句话:奢侈生出了资本主义! 他用经济学与社会学的眼光分析了欧洲 17、18 世纪的奢侈现象,独抒己见:"奢侈促进了当时将要形成的经济形式,即资本主义经济的发展。正因为如此,所有经济'进步'的支持者,同时也是奢侈的大力创导者。"这一理论,被《奢侈与资本主义》的英译本导言作者菲利普·西格曼称为"桑巴特关于资本主义生产过程的心理学的奢侈动力理论"。西格曼在评价桑巴特关于奢侈消费对资本主义的重要性时指出:"到了 17 世纪,在欧洲广泛出现的已经增长的财富,带动了非常强烈的奢侈需求,桑巴特认为这一变化震动了从手工业立场看待商业到关注工业资本主义的所有商人。农业也对奢侈需求产生了回应……到 18 世纪时,所有真正的奢侈品企业都转变为通常以大规模生产为特征的资本主义企业。"[①]欧洲的海外贸易起源于奢侈品消费,而中国江南生产的生丝、绸缎、棉布等商品,正是欧洲所追求的奢侈品。欧洲的奢侈品消费刺激了海外贸易的发达,生丝、绸缎、棉布源源不断地运往欧洲,而作为支付手段的巨额白银流入中国,推动了江南市镇及其四乡蚕桑丝织业与棉纺织业的持续繁荣兴旺,使得江南市镇日趋富庶,奢侈风气蔓延。

　　当然,江南市镇的奢侈并没有导致资本主义,却名副其实地使传统

---

　　① [德]维尔纳·桑巴特著,王燕平、侯小河译:《奢侈与资本主义》,上海人民出版社,2005 年,第 264 页。

经济转型为市场经济。这是另一个值得探讨的问题。彭慕兰(Kennerh Pomeranz)在《大分流：欧洲、中国及现代世界的发展》中文版序言中说，他很赞同法国历史学家布罗代尔对市场经济与资本主义之间作出的区别：18世纪的清代中国非常肯定已经出现了"市场经济"，相对而言，当时的中国几乎没有出现"资本主义"。① 何其独到的见解！不过我想补充一句，这种市场经济早在晚明的江南已经出现了。

欧洲17、18世纪的奢侈，与此前中国江南的奢侈，内容不尽相同，但本质是一致的。奢侈是消费观念的更新，是伴随经济繁荣而衍生的新的消费方式，人们在消费社会财富的同时，刺激了社会财富更大规模的增长。16世纪的陆楫已然认识到这一点，是难能可贵的。

六　余　论

李伯重的《江南的早期工业化(1550—1850)》，从纺织业、食品业、服装制作业、日用百货业、烟草加工业、造纸业、印刷业、工具制造业、建材业、造船业等方面，展开论证，得到的结论是，1850年以前的三个世纪中，江南工业的发展，使得工业在江南经济中所占的比重日益提高。到了19世纪初，在江南大部分地区，工业的地位已与农业不相上下，在经济发达的江南东部，甚至可能已经超过农业。用欧洲的标准来衡量，此时江南农村可能已经"过度工业化"了。②

为了避免引起误解，李伯重在该书第一章"导论——本书解题"中，

① 参见彭慕兰著，史建云译《大分流：欧洲、中国及现代世界的发展》，第5页。
② 李伯重：《江南的早期工业化(1550—1850)》，第16页。

对"早期工业化"作了解释:"所谓早期工业化,指的是近代工业化之前的工业发展,使得工业在经济中所占地位日益重要,甚至超过农业所占的地位。由于这种工业发展发生在一般所说的工业化(即以工业革命为开端的近代工业化)之前,因此又被称为'工业化前的工业化'。"①一些西方学者把近代早期欧洲农村工业的重大发展,称为"原始工业化",指的是欧洲许多地区农村家庭手工业生产的重大发展。

多年之前,英国计量经济学家麦迪森(Angus Maddison)出版了《中国经济的长期表现:公元 960—2030 年》《世界经济千年史》,他的结论是:公元 1000 年,中国的 GDP 占世界 GDP 总量的 22.7%,1500 年占 25%,1600 年占 29.2%,1700 年占 22.3%。而 1600 年欧洲各国的情况是:法国占 4.7%,意大利占 4.3%,德国占 3.8%,英国占 1.8%;1700 年,法国占 5.3%,意大利占 3.9%,德国占 3.7%,英国占 2.9%。②尽管学术界对此仍有异议,但他的数据给予人们很多的启示,是不可否认的。

无独有偶,2000 年,美国历史学家彭慕兰在普林斯顿大学出版了《大分流:欧洲、中国及现代世界经济的发展》,引起国际学术界轰动,2001 年获得美国历史学会费正清奖、世界历史学会年度奖。2003 年,此书由江苏人民出版社推出中译本。他的研究结论是:直到工业化得到充分发展前,欧洲并不比东亚好多少;工业革命前夜,欧洲并没有领先于东亚,但其制度促使工业化必然发生,东亚则不然。他的创造性在于,把中国与欧洲比较,把江南与英格兰比较。中国与欧洲大小相当,中国有先进的江南,也有落后的西北;欧洲有先进的英格兰,也有落后的塞尔维亚。1750 年的长江三角洲,有人口 3 100—3 700 万,相当于一个欧洲国家,其

①　李伯重:《江南的早期工业化(1550—1850)》,第 2 页。
②　参见刘逖《前近代中国总量经济研究(1600—1840)——兼论安格斯·麦迪森对明清 GDP 的估算》,上海人民出版社,2010 年,第 22—24 页。

经济发达程度,可以与英格兰比较研究。

比较的结果,颠覆了西方盛行的观点:西方的崛起与东方的落后。他认为,欧洲核心区(北大西洋核心区)和世界其他一些地方(尤其是东亚)核心区之间经济命运的大分流,在18世纪相当晚的时候至19世纪才出现。在此之前,即18世纪的中国,在知性和其他方面都比早先著作对它的描述更有活力。① 简单地说,在欧洲工业革命发生之前,中国尤其是长江三角洲的经济,并不比欧洲尤其是英格兰的经济落后;工业革命发生以后,欧洲尤其是英格兰的经济迅猛发展,而中国没有发生工业革命,于是就落后了。这就是他所说的"大分流",分界点就是工业革命。

这样的视角,对于我们了解晚明的中国以及江南,其启发意义是不言而喻的。

---

① 参见彭慕兰著,史建云译《大分流:欧洲、中国及现代世界经济的发展》,第2页,第5—8页。

第四章
思想解放的潮流

明代前期的思想界沉闷而僵化,科举取士都以宋儒朱熹的经注作为标准答案,致使朱子学风靡一时,并且走向了极端,士子们一味死记硬背,人云亦云,没有自觉自由的思想。明清之际的文史大家张岱对这种状况深恶痛绝,用辛辣的文笔抨击科举八股的流弊:"我明自高皇帝开国,与刘青田(刘基)定为八股文字,专精宣力,一题入手,全于心灵、筋脉、声口、骨节中揣摩刻画,较之各样文体,此为最难。三场取士,又专注头场。二百八十二年以来,英雄豪杰埋没于八股中,得售者什一,不得售者什九。此固场屋中之通病也……李卓吾曰:'吾熟读烂时文百余首,进场时做一日誊录生,便高中矣。'此虽戏言,委是实录。"①

　　张岱引用李贽的"戏言",确实是"实录"。李贽自幼浸淫于儒家经典中,先读《易经》、《礼经》,后来改读《尚书》,于嘉靖三十一年(1552)乡试中举。他自嘲为"竟以《尚书》窃禄",并用轻蔑的语气自述"窃禄"的过程:"稍长,复愤愤,读传注不省,不能契朱夫子深心。因自怪,欲弃置不事。而闲甚,无以消岁日,乃叹曰:'此直戏耳。但剽窃得滥目足矣,主司岂一一能通孔圣精蕴者耶?'因取时文尖新可爱玩者,日诵数篇,临场得五百。题旨下,但作缮写誊录生,即高中矣。"②如此率真的自白,嘲讽僵化死板的科举考试,深得名士张岱的激赏,引入他的《石匮书》,读来真是痛快淋漓! 不过张岱忽略了最要紧的一句"读传注不省,不能契朱夫子深心",流露出对儒家经典以及朱熹传注的不满情绪。

---

①　(明)张岱:《石匮书》卷二百六《文苑列传总论》。
②　(明)李贽:《焚书》卷三《卓吾论略(滇中作)》。

这恐怕不仅仅是李贽一个人的感受。关于这一点,杜维明有深刻的揭示:"在帝国的庇护下,宋代大师的私人思想著述成了每一个求取官位的人必读的书。由于朱熹的哲学综合是新儒学思想的不可争议的顶点,所以他对儒学经典的解释在1313年被宣布为官方学说,成为《四书大全》(《四书集注》)和《五经大全》(《五经集注》)的基础。这些书1415年遵圣旨编纂。这两套集注被指定为考试课本。结果,朱熹的宋代儒学版本成了科举考试不可分割的一部分……不幸的是,这种融合'往好处说是鼓励人们去关心只言片语、孤立的细节、无关紧要的东西;往坏处说则导致死记硬背、照本宣科而不追求意义和价值的习惯'。一旦朱熹广博的道德形而上学被转变成纯经院形式,'批判精神、创造性思想、道德目的和活力就逐渐消失了'。"①值得注意的是,杜维明特别强调,这是朱熹学说的异化:"毫无疑问,朱熹的本意与这种高度仪式化选拔官员的形式毫无关系。然而,随着这个常规化和标准化的过程形成强势,他原本要洞察人生设计,达到道德自我意识与思想和价值的外在把握的微妙平衡,后来却淹没在一套死记硬背、掌握经典外在化的说教中。读书成了追求社会上进的功利性的工具,追求知识变成了要求机械地吸收诗文的形式。"②

有独立思想的知识人对于这种现状是不满意的。首先挺身而出打破僵化沉闷空气的是陈献章。他力图摆脱传统的束缚,企求思想的解放,竭力强调怀疑的重要性——有了怀疑精神,敢于怀疑圣贤,敢于怀疑经典,才会有觉悟,才会有长进。后继者王守仁宣称:儒家追求的道,乃是天下的公道,儒家追求的学,乃是天下的公学,并非孔子所私有,并非朱子所私有;主张"学贵得之心",反对以孔子之是非为是非。李贽则

① 杜维明:《青年王阳明——行动中的儒家思想》,生活·读书·新知三联书店,2013年,第9页。文内单引号中的语句,系杜氏引自陈荣捷《王阳明的传习录和其他儒学著作》一书。
② 杜维明:《青年王阳明——行动中的儒家思想》,第9—10页。

把阳明先生的观点进一步发挥，大胆地喊出，千百年来之所以无是非可言，原因就在于咸以孔子之是非为是非。

于是乎，一场思想解放的浪潮席卷了一个时代，也深深地影响了后世。

一　陈献章："小疑则小进，大疑则大进"

1. "江门心学"的怀疑精神

对于一般读者而言，宋明理学令人望而生畏，太多的概念、术语，含义难以捉摸，当时人的行文与言说方式，也与今人相去甚远。因此，愿意阅读这类文章的人似乎越来越少了。有鉴于此，我想用浅近的文字来表达自己的看法，尽量跳出玄虚的窠臼。

陈献章的学问，被后人称为"江门心学"，博大精深，我认为最值得称道的是怀疑精神。他的至理名言传诵至今，影响最大的无疑是这样一段通俗易懂的话："前辈谓：学贵知疑。小疑则小进，大疑则大进。疑者觉悟之机也，一番觉悟，一番长进。"[①]这段话在明代思想史上的地位，无论怎样高度评价，都不会过分。他所说的"疑"，无论是"小疑"还是"大疑"，指向十分明确：儒家圣贤和儒家经典。他的意思很明白，如果不敢怀疑圣贤，不敢怀疑经典，就不可能有"觉悟"，也不可能有"长进"。在思想因官方钳制而日趋僵化的时代，这样直抒胸臆的言论弥足珍贵，

---

① （明）陈献章：《与张廷实主事》，《陈白沙集》卷二。

仿佛于无声处听惊雷,振聋发聩,使得无数沉迷于死记硬背圣贤语录而无自觉思想的士子们幡然醒悟。

这一段文字,是他与弟子张诩(字廷实)讨论"学诗"书信中的话,故而前面几句说:"半江改稿,翻出窠臼,可喜。学诗至此,又长一格矣。"在这段话的后面,他强调"凡学皆然,不止学诗",可见他是就学问的一般规律与境界而言的,并不仅仅限于"学诗"。

陈献章能够取得这样的"觉悟",决非一朝一夕之功,而是经过不断的挫折与探索,才渐入佳境的。他回顾道:"予少无师友,学不得其方,汩没于声利、支离于粃糠者盖久之。年几三十,始尽弃举子业,从吴聘君(吴与弼)游,然后益叹迷途其未远,觉今是而昨非,取向所汩没而支离者,洗之以长风,荡之以大波,惴惴焉惟恐其苗之复长也。坐小庐山十余年间,履迹不逾于户阈。俯焉孳孳以求,少进于古人,如七十子之徒于孔子。盖未始须臾忘也。"[1]显然,师从著名的儒学大师吴与弼,并没有破解求学的迷惘,博览群书也没有领悟学问的真谛,真正奏效的是静坐中的思考。他的另一段自述,讲得更为清楚:"仆才不逮人,年二十七,始发愤从吴聘君学,其于古圣贤垂训之书,盖无所不讲,然未知入处。比归白沙,杜门不出,专求所以用力之方,既无师友指引,惟日靠书册寻之,忘寐忘食,如是者亦累年,而卒未得焉。所谓未得,谓吾此心与此理未有凑泊吻合处也。于是舍彼之繁,求吾之约,惟在静坐。久之,然后见吾此心之体隐然呈露,常若有物,日用间种种应酬,随吾所欲,如马之御衔勒也。体认物理,稽诸圣训,各有头绪来历,如水之有源委也。于是涣然自信曰:作圣之功,其在兹乎?"[2]

他说得非常清楚,对于心学真谛的觉悟,对于"学贵知疑"的觉悟,

---

[1] (明)陈献章:《龙岗书院记》,《陈白沙集》卷一。亦见陈献章《白沙先生至言》卷二。

[2] (明)陈献章:《白沙先生至言》卷二。

对于"小疑则小进,大疑则大进"的觉悟,是在静坐思考中得来的,即所谓静坐自得,就是他向门生反复强调的:"为学须从静坐中养出个端倪来。"①因此他最重视"自得"二字,追求自己的心得,不人云亦云。在他看来,"学贵自得,苟自得之,则古人之言我之言也。"②他批评当时的学者不求自得的倾向,说:"今世学者各标榜门墙,不求自得,诵说虽多,影响而已。"③他所写的《道学传序》有一段批判后学者的文字:"夫子之学非后世所谓学,后之学者记诵而已耳,词章而已耳……吾闻之六经夫子之书也,学者徒诵其言而忘味,六经一糟粕耳,犹未免于玩物丧志。今是编也,采诸儒行事之迹与其论著之言学者,苟不但求之书,而求诸吾心。察于动静有无之机,致养其在我者,而勿以闻见乱之,去耳目支离之用,全虚圆不测之神,一开卷尽得之矣。非得之书也,得自我者也。盖以我而观书,随处得益,以书博我,则释卷而茫然。"④他认为后世之学与孔子之学相去甚远,因为后世学者只知背诵词章,抛弃了内核,在他们嘴里的六经变成了糟粕,研究经学无异于玩物丧志。所以他主张为学之道,最要紧的是"求诸吾心","以我观书",而不要"以书博我"。

明白了这些,我们就可以理解他高唱"小疑则小进,大疑则大进"的深意了。毫无疑问,臻于这种境界,和他拒绝仕进、隐居静坐的生涯,有着很大的关系。

2. "为学须从静坐中养出个端倪来"

陈献章,字公甫,广东新会人,世居白沙里,人称白沙先生。正统十二年(1447),二十岁时乡试中举,次年会试中乙榜,得以进入国子监。

① (明)陈献章:《与贺克恭黄门》,《陈白沙集》卷二。
② (明)张羽:《陈白沙先生行状》,《陈白沙集》卷末《附录》。
③ (明)陈献章:《白沙先生至言》卷二。
④ (明)陈献章:《道学传序》,《陈白沙集》卷一。

景泰五年(1454),二十七岁时师从吴与弼。康斋先生性格严毅,学者来问,大多不答,唯独优遇陈献章,问答讲求夜以继日。但是白沙先生并不满意,因为"未知入处"。半年以后离去,放弃举子事业,杜门不出,专心致志探求"学贵自得"方法。每天都埋首于书册,寻寻觅觅,到了废寝忘食的地步,用功过度,几乎病倒,仍然没有"自得"——找不到"此心"与"此理"可以"凑泊吻合"的境界。于是构筑阳春台,每天在其中静坐思考。终于有一天豁然顿悟,就是他后来所说的"见吾此心之体隐然呈露",自信地感叹道:"道在是矣!"[①]后来他每每告诫来向他求学的士人,希望他们在静坐中养出端倪来,完全是自己的经验之谈。邓元锡评论道:"学自宋南渡来,以穷理、居敬为二门。而穷理者颇役心于载籍,专文析辞为致精;其居敬者又以心操心,以念克念,以用心失之者恒众也。公甫实始求之静,求之一,舍繁求约,舍难求易,而学以自然为宗,以忘己为大,无欲为至。其用力以勿忘勿助之间,纤毫人力不着,为天则也。"[②]

成化三年(1467),他再度重游太学,国子监祭酒邢让要他和杨龟山《此日不再得》诗。他应声赋诗一首:

> 能饥谋艺稷,冒寒思植桑。少年负奇气,万丈摩青苍。梦寐见古人,慨然悲流光。吾道有宗主,千秋朱紫阳。说敬不离口,示我入德方。义利分两途,析之极毫芒。圣学信匪难,要在用心臧。善端日培养,庶免物欲戕。道德乃膏腴,文词固粃糠。……迩来十六载,灭迹声利场。闭门事探讨,蜕俗如驱羊。隐几一室内,兀兀同坐忘。那知颠沛中,此志竟莫强。譬如济巨川,中道夺我航。顾兹一身小,所系乃纲常。枢纽在方

---

① (明)耿定向:《白沙先生专》,《耿天台先生文集》卷十三。
② (明)邓元锡:《白沙先生》,《皇明书》卷三十五《理学》。

寸，操舍决存亡。胡为漫役役，斫丧良可伤。愿言各努力，大海终回狂。①

就诗论诗，并没有多少诗意，他的诗大多想阐明哲理——为学之道，比如喜欢用"鸢飞鱼跃"的意象来说明"学贵自得"，"正在勿忘勿助之间，便是鸢飞鱼跃"。写给弟子湛若水的诗曰："君若问鸢鱼，鸢鱼体本虚。我拈言外意，六籍也无书。"②这首诗也是如此，所要宣扬的是"道德乃膏腴，文词固粃糠"，有鉴于此，他自己"迩来十六载，灭迹声利场。闭门事探讨，蜕俗如驱羊"。他一向批评学者只知记诵词章，使得六经沦为糟粕，未免玩物丧志，因为他们不懂得"求诸心"，一味"求之书"。而为学之道的真谛，"非得之书，得自我"。邢让深知其中三昧，对这首诗大为赞赏："龟山先生不如也，真儒复出矣！"③焦点不在诗的本身，而是"真儒复出"。陈献章就此名震京师，名士罗伦、庄昶与之结为道学之交，户科给事中贺钦听他论学，叹道："至性不显，宝藏犹霾，世即用我，而我奚以为用？"即日辞官而去，执弟子礼。贺钦告别白沙后，回归家乡，日夜读书，随事体验，不得要领。陈白沙写信指点，他的那句传世名言——"为学须从静坐中养出个端倪来，方有商量处"④，就是致贺钦信的原话。进士姜麟专程前往白沙，谒见陈先生，事后对人说："吾阅人多矣，如先生者，耳目口鼻，人也；所以视听言动者，殆非人也。"连声称赞："活孟子，活孟子！"⑤

出于对这位"活孟子"的敬仰，广东布政使彭韶、巡抚都御史朱英，先后向朝廷推荐，希望仿照当年礼聘吴与弼的先例起用陈献章。吏部的官僚不以为然，打起了官腔：陈献章不过是"听选监生"，并非隐士，如

---

① （明）郑晓：《翰林检讨陈公》，《皇明名臣记》卷十九。
② （明）尹守衡：《皇明史窃》卷七十二《道学·陈献章》。
③ （明）耿定向：《耿天台先生文集》卷十三《白沙陈先生传》。
④ （明）郑晓：《给事中贺公》，《皇明名臣记》卷十九。
⑤ （明）尹守衡：《皇明史窃》卷七十二《道学·陈献章》。

欲起用，必须经过吏部的考试。殊不知陈献章做学问不是为了当官，当即以旧疾发作为借口婉言谏绝。为此写了情真意切的奏疏，向皇帝"恳切终养"，让人们看到了白沙先生富有感情的另一面：

> 臣父陈琮年二十七而弃养，臣母二十四而寡居，臣遗腹之子也。方臣幼时，无岁不病，至于九龄，以乳代哺。非母之仁，臣委于沟壑久矣。臣生五十有六年，臣母七十有九，视臣之衰，如在襁褓。天下母子之爱虽一，未有如臣母忧臣之至、念臣之深者也。臣以母恩无以为报，而臣母以守节，应例为有司所白，已蒙圣恩，表厥宅里。是臣以母氏之故，荷陛下之深恩厚德，又出于寻常万万也。顾臣母以贫贱早寡，俯仰无聊，殷忧成疾，老而弥剧。使臣远客异乡，臣母之忧臣日甚，愈忧愈病，愈病愈忧，忧病相仍，理难长久。臣又以病躯忧老母，年未暮而气已衰，心有为而力不逮……惟陛下以大孝化天下，以至诚体万物……察臣初无愿仕之心，悯臣久病思亲不能自己之念，乞敕吏部放臣暂止田里，日就医药，奉侍老母，以穷余年。①

皇帝同意他的请求，授予他翰林院检讨的头衔，要他在"亲终疾愈"之后，"仍来供职"。② 此后虽然不断有人推荐，他始终隐居不出。可见他的辞官并非矫情，确实是不愿进入仕途，终其一生都在践履自己的信念："为学须从静中坐养出个端倪来。"在他看来，熙熙攘攘你争我斗的官场，无法清静，当然养不出"学贵自得"的端倪来。

弘治十三年(1500)二月十日，在一片虚寂中，陈献章安然病逝，享年七十三岁。死前身穿朝服头戴朝冠，在弟子扶掖下，焚香礼拜，向北面五拜三叩头，说："吾辞吾君。"然后作诗一首；

---

① （明）陈献章：《乞终养疏》，《陈白沙集》卷一。
② （明）尹守衡：《皇明史窃》卷七十二《道学·陈献章》。

托仙终被谤,托佛岂多修。

弄艇沧溟月,闻歌碧玉楼。

他对弟子说:"吾以此辞世。"七月二十一日,葬于圭峰之麓、辛向之原,参加葬礼的有几千人。十一月十二日,改葬于皂帽峰下。[1]

白沙先生的思想学说,很长一段时间为政界学界主流人士所不屑,张岱为他立传,在文末道出了其中缘由:"《石匮书》曰:予读国史载献章之学,无以逾人,岭海宿学有仕于朝者,皆不之许。献章授官之后,称病不谢而去。途中拥驺从别义槩,扬扬得意,闻者笑耻。疑而不信,取献章所著书读之,而后知献章也。后车数十乘,从者数百人,古人举动,亡也久矣,末世耳目,宜自异也。所谓岭海宿学,谓丘濬耶。"[2]当然对陈献章不屑一顾的并不仅仅只有丘濬一人。直到万历年间,朝廷批准他从祀孔庙,争议才告一段落。

万历十二年(1584),耿定向为王守仁、陈献章从祀孔庙所写的奏疏,给予陈献章高度评价:"当训诂汩溺之余,名理梦呓之日,而学以静观默识为务,以致虚立本为宗,其深造自得之趣,坚直明懿之履,抑可谓醇乎醇者矣。昭代学术知反约而求诸心,不为口耳支离之骛者,实其开先也。"[3]确实,陈献章的贡献就在于开一代风气之先。万历十三年(1585),皇帝下达诏书:批准陈献章从祀孔子庙庭,称先儒陈子,赐谥号文恭。聚讼纷纭多年的公案终于有了定论。门人林俊对先生作了这样的总结:"其立志甚专,向道甚勇,涵养甚熟,德器粹完,脱落清洒,独超造物牢笼之外,而寓言寄兴于风烟水月之间,盖有舞雩陋巷之风焉。"[4]其中"独超造物牢笼之外",堪称传神之笔,与耿定向的开风气之先的论

---

① 参见湛若水:《明故翰林院检讨白沙陈先生改葬墓碑铭》,《陈白沙集》卷末《附录》。

② (明) 张岱:《石匮书》卷二百一《儒林列传·陈献章》。

③ (明) 耿定向:《议从祀疏(甲申左院草)》,《耿天台先生文集》卷二。

④ (明) 焦竑:《翰林检讨陈公》,《熙朝名臣实录》卷二十一。

说,可以遥相呼应。

3. 陈门弟子：从贺钦到湛若水

陈献章终其一生没有担任一官半职，翰林院检讨不过是皇帝赐予的虚衔，从未履职，无权无势。然而他的思想影响了整整一代知识人，门下弟子无数，较著名的有贺钦、林光、李承箕、湛若水等，纷纷效法先生，不求仕进，专注于学问，把江门心学发扬光大。

贺钦，字克恭，成化二年(1466)进士，出任户科给事中，服膺于白沙先生学说，辞官而去，执弟子礼。告别白沙后，回归闾山，构筑小斋，悬挂先生肖像，夙夜读书，随事体验，觉无要领。白沙先生写信告诫他："为学须从静坐中养出个端兒来，方有商量处。"于是沉味此旨，十余年杜门不出，有来求教者，他逊谢道："学者君子之为己，教者圣贤之余事，自治不瞻，何暇及人？"①弘治初年，朝廷授予陕西参议、抚治商洛之职，他以老母有病为由，上疏恳辞，但不忘推荐老师，在奏疏中说："新会县历事监生陈献章，天性高明，学术纯正，诚当世之大贤，为士夫之矜式，宜以非常之礼起之，或任内阁，俾参大政；或任经筵，使养君德。"②朝廷并没有接受这一建议，假如真的"以非常之礼起之"，恐怕陈献章也未必肯出山。由此我们可以窥见贺钦对于老师的高山仰止之情和无上的企盼。

林光，字缉熙，成化间举人，进京会试时，得见白沙先生，遂纳贽称弟子，放弃会试。先生隐居家乡不出，他也深居青湖，在榄山筑室，闭门静养。在给先生的书信中说："端默逾月，从此得些光景，服膺夫子'朝闻夕死'之说，以为圣言激切若此，必不欺天下、误来世。所谓闻者，断

---

① （明）尹守衡：《皇明史窃》卷七十三《道学·贺钦》。
② （明）郑晓：《给事中贺公》，《皇明名臣记》卷十九。

不在耳目之间,陈迹之上。读尽天下书,说尽天下理,无自得入头处,总是闲也。"深得乃师"学贵自得"的真谛,后人评曰:"(林)光之学,务自得,故其体验独有卓见若此。"①

李承箕,字世卿,成化中乡试中举,放弃会试,投奔陈献章。当时白沙先生以心学名重天下,反对者讥刺其近于禅学。陈献章对此是不以为然的:"为毁者有曰:自立门户者是流于禅学者,甚者则曰'妄人率人于伪者'。姑以迹之近似者言。孔子教人文行忠信,后之学孔氏者则曰'一为要'。一者,无欲也,无欲则静虚而动直,然后圣可学而至矣。所谓'自立门户者',非此类欤? 佛氏教人曰'静坐',吾儒亦曰'静坐';曰'惺惺',吾儒亦曰'惺惺'。调息近于数息,定力有似禅定。所谓'流于禅学者',非此类欤?"②李承箕对陈献章心悦诚服,不远千里前往谒见,先生大喜曰:"吾与子神交久矣。"两人形影不离,登临吊古,赋诗染翰,投壶饮酒,从不谈及为学之方。日子久了,李承箕恍然大悟说:"箕得之矣,凡学以言传非真传也,其有目击而道存者乎?"告别之日,先生赠诗一首:

> 上上昆仑峰,诸山高几重?
>
> 望望沧溟波,百川大几何?
>
> 卑高入揣料,小大穷多少?
>
> 不如两置之,直于了处了。

李承箕领悟了诗中的微言大义,回到家乡,每天端坐一室,洗涤身心,径造本真。有人劝他著书立说,他回答得很妙:"近世笺注繁芜,郢书燕说,鼎沸丝棼,思一铲去之,而更推波助澜耶!"③

---

① (明)尹守衡:《皇明史窃》卷七十四《道学·林光》。

② (明)陈献章:《白沙先生至言》卷四。

③ (明)尹守衡:《皇明史窃》卷七十四《道学·李承箕》。

湛若水,字民泽,一字原明,乡试中举之后,焚毁参加会试的"路引",追随白沙先生讲学。先生殁后,接受朋友劝告,参加会试,弘治十八年(1505)得中进士,由庶吉士而出任翰林院编修。在京师与王阳明一起提倡心学,学者尊称为甘泉先生。这一点至关重要,阳明与白沙并无直接交往,由于甘泉的关系,构筑两者间的桥梁。陈门弟子中,湛若水传承乃师衣钵,影响最为深远,后人评论:"其学自谓白沙传以道,要曰'勿忘勿助之间',揭示学者以随处体认天理。"①嘉靖初年,他升任侍读学士,鉴于皇帝暑月停止经筵,上疏劝谏:"臣职在劝学,愿圣明于一日之间,以端居静思为本,以温习寻求为业。"升任礼部侍郎后,又上疏重申对于"为学"的看法:"天理者也,即孟子勿忘勿助之谓也,日用之间,随时随处,随动随静,存其心于勿忘勿助之间,而天理日见焉。"②都是在宣扬白沙先生的思想。③

　　湛若水广收门徒,所到之处必建书院,祭祀白沙先生,遭致正统人士的非议,御史游居敬在一道奏疏中攻击道:"王守仁之学主于致良知,湛若水主于体认天理,皆祖宋儒陆九渊之说,而少变其辞,以号召好名媒利之士。然守仁谋国之忠,济变之才自不可泯。若水迂腐之儒,广收门徒,私创书院,其言近似,其行大非。乞戒谕以正人心、端士习。"④

　　王阳明是和他站在同一立场的,在《论学书》中说:"颜子没而圣人之学亡,曾子唯一贯之旨传之孟轲。绝又二千余年,而周程续。自是而后,言益详,道益晦,析理益精,学益支离,无本而事于外者,益繁

――――――――――

　　① (明)尹守衡:《皇明史窃》卷七十五《道学·湛若水》。
　　② (明)尹守衡:《皇明史窃》卷七十五《道学·湛若水》。
　　③ (明)焦竑:《尚书湛公》,《熙朝名臣实录》卷二十二。焦竑说:"(湛若水)平生志笃而力勤,无处不授徒,无日不讲学,从游者殆遍天下。所论以自然为本体,以勿忘勿助为工夫,大抵得之师门为多。"
　　④ (明)尹守衡:《皇明史窃》卷七十五《道学·湛若水》。

以难……而世之学者，章绘句琢以夸俗，诡心色取，相饰以伪，谓圣人之道劳苦无功，非复人之所可为，而徒取辩于言词之间……而圣人之学遂废。则今之所大患者，岂非记诵词章之习？而必之所从来，无亦言之太详、析之太精者之过钦？"他还特别指出，自从与甘泉先生交往之后，获益匪浅："某幼不问学，陷溺于邪僻者二十年，而始究心于老释。赖天之灵，因有所觉，始乃沿周程之说求之，而若有得焉。顾一二同志之外，莫予翼也，岌岌乎仆而复兴。晚得友于甘泉湛子，而后吾志益坚，毅然若不可遏，则予之资于甘泉多矣。甘泉之学务求自得者也，世未之能知，其知者且疑其为禅。"①阳明先生公然承认他的学问"资于甘泉多矣"，从中也可以看到陈献章的间接影响。陈献章在生命的最后岁月，把湛若水视为继承遗志的最佳人选，给他留下遗言："今世学者各标榜门墙，不求自得，诵说虽多，影响而已，无可告语者。"②又写了一封长信，担心平生所学半途而废，寄希望于得意门生湛若水："碧玉楼卧病逾半月，忽得手札，读之喜甚，遂忘其病也。学无难易，在人自觉耳。才觉退，便是进也；才觉病，便是药也。眼前朋友可以论学者几人，其失在于不自觉耳。近因衰病，精力大不如前，恐一旦就木，平生学所至如是，譬之行万里之途，前程未有脱驾之地，真自枉了也。思于吾民泽告之，非平时漫浪得已不已之言也，倘天假之年，其肯虚掷耶！"③他所要交代的依然是学贵自得、学贵自觉。湛若水不负所托，为之发扬光大，得到王阳明的首肯："甘泉之学务求自得。"

①　（明）王守仁：《别湛甘泉序》，《阳明先生道学钞》卷一《论学书》。
②　（明）陈献章：《遗言湛民泽》，《陈白沙集》卷二。
③　（明）陈献章：《与湛民泽》，《陈白沙集》卷三。

二 王守仁:"虽其言之出于孔子,不敢以为是也"

王守仁,字伯安,因筑阳明洞讲学而号阳明子,人称阳明先生。黄宗羲对于这位余姚同乡前辈是推崇备至的:

> 有明学术,从前习熟先儒之成说,未尝反身理会,推见至隐,所谓此亦一述朱耳,彼亦一述朱耳……自姚江指点出"良知人人现在,一反观而自得",便人人有个作圣之路。故无姚江,则古来之学脉绝矣。①

明确指出他不同于前人之处,不再"习熟先儒之成说",不再"述朱"——重复朱熹的成说,延续了"古来之学脉"。但是他写的《姚江学案》,似乎刻意回避这样一个问题:王阳明死后,他的学说何以被朝廷定为"伪学"、"邪说"? 难道仅仅是"致良知""人人有个作圣之路"? 为什么嘉靖皇帝要指责他"放言自恣,诋毁先儒,号召门徒虚声附和,用诈任情,坏人心术"? 要回答这个问题,必须关注他思想中锋芒毕露的另一面。

1."学贵得之心"

若要开掘阳明思想锋芒毕露的一面,我以为最应该关注的是王阳明在《答罗整庵少宰书》中的两段话。一段是:

---

① (清)黄宗羲:《明儒学案》卷十《姚江学案》。

夫道，天下之公道也；学，天下之公学也，非朱子可得而私也，非孔子可得而私也。

另一段是：

夫学贵得之心，求之于心而非也，虽其言之出于孔子，不敢以为是也，而况其未及孔子者乎！求之于心而是也，虽其言之出于庸常，不敢以为非也，而况其出于孔子者乎！①

这两段话，气魄宏伟而又逻辑严密，极具震撼力与说服力。以笔者读史所得，在王守仁的前辈抑或同时代人中，难以看到这样锋芒犀利的言辞。其可贵之处就在于，敢于向孔子和朱子大声说不。在朱熹思想成为钦定的主流意识形态的时代，敢于发出不同的声音，挣脱无形的网罗，强调无论求学还是求道，都应出于自己的心得，独立思考，不要以孔子的是非为是非，也不要以朱子的是非为是非，实在是难能可贵的。

为了避免断章取义，有必要铺叙来龙去脉。《答罗整庵少宰书》是阳明对朋友罗钦顺《与王阳明书》的答复。罗氏写于正德十五年（1520）夏的书信，是平心静气的学术探讨，与后来桂萼之流的攻讦诬陷截然不同。罗氏《与王阳明书》是对王氏所著《大学古本》与《朱子晚年定论》的学术性商榷。既然是商榷，语气自然客客气气："昨拜书后一日，始获奉领所惠《大学古本》、《朱子晚年定论》二编，珍感珍感！某无似，往在南都，尝蒙海益，第苦多病，怯于话言，未克倾吐所怀，以求归于一，是恒用

---

① （明）王守仁：《王文成全书》卷二《语录二·传习录中》。按：王阳明的著述，由门人徐爱、薛侃、钱德洪、王畿等陆续刊刻成单行本。隆庆六年，浙江巡按御史谢廷杰把单行本合并，刊刻全集，仿照《朱子全书》之例，定名为《王文成全书》。乾隆时，此书收入《钦定四库全书》之集部别集类。

为歉。去年夏,士友有以《传习录》①见示者,亟读一过,则凡向日所闻,往往具在,而他所未闻者尚多。乃今又获并读二书,何其幸也!"

寒暄之后,切入主题,罗氏首先评论《大学古本》。所谓《大学》,即与"五经"并列的"四书"之一。朱熹的《四书集注》在当时已被钦定为科举考试的范本,蒙上了圣贤经典的色彩。王阳明指出朱熹的《大学集注》修改了孔门相传的《大学》原貌,编写了这本《大学古本》,恢复其本来面貌,试图以此来改变人们对于朱子的盲从倾向。这种大胆的举动引起朱子信仰者的非议,罗钦顺便是其中最具代表性的一位。罗氏批评王氏以"支离"为借口,"遂去朱子之分章,而削其所补之传",勇气可嘉,但是未免于"俗学"、"禅学"之窠臼:"惟是圣门《大学》之教,其道则无以易,此学者所当由之以入,不可诬也。外此或夸多而斗靡,则溺于外而遗其内;或厌繁而喜径,则局于内而遗其外。溺于外而遗其内,俗学是已;局于内而遗其外,禅学是已。凡为禅学之至者,必自以为明心见性,然于天人物我未有不二之者,是可谓之有真见乎?"②罗氏意在维护圣门之教,维护朱子的权威,语气虽然严厉,却并未越出学术讨论的界线。

王阳明对当朝南京礼部侍郎罗钦顺的回信彬彬有礼,完全是朋友之间的商榷。正德十五年(1520)六月,由江西吉安前往泰和途中写的《答罗整庵少宰书》,开头写道:"某顿首启,昨承教及《大学》,发舟匆匆,未能奉答。晓来江行稍暇,复取手教而读之,恐至赣后人事复纷沓,先具其略以请。"然后谈到,近几年来,对于心学,有人"非笑",有人"诟訾",有人"置之不足较量辨议",而"肯反复晓谕,恻然惟恐不及救正",

---

① 按:《传习录》有不同版本。正德十三年,门人薛侃把同门师兄徐爱所辑《传习录》一卷,加上自己与陆澄所辑先生论学文字,共三卷,刊刻出版。嘉靖三年,门人南大吉续刻《传习录》,增为五卷(其中有《答罗整庵少宰书》)。罗钦顺看到的《传习录》,当为薛侃所编的版本。
② (明) 罗钦顺:《与王阳明书(庚辰夏)》,《困知记·附录》。

"心深且至者"非先生莫属。客气归客气,道理必须辩明。他首先讲明自己对于当世学风的不满:"世之学者稍能传习训诂,即皆自以为知学,不复有所谓讲学之求,可悲矣!"而当世之讲学者有两种人,一种是"讲之以身心",另一种是"讲之以口耳",前者是"行著习察,实有诸己";后者是"揣摸测度,求之影响"。接下来回答罗氏对于《大学古本》的批评,引出他关于"学贵得之心"的观点:

> 来教谓,某《大学古本》之复以人之为学,但当求之于内,而程朱格物之说不免求之于外,遂去朱子之分章,而削其所补之传。非敢然也,学岂有内外乎?《大学古本》乃孔门相传旧本耳,朱子疑其有所脱误,而改正补缉(辑)之。在某则谓其本无脱误,悉从其旧而已矣。失在于过信孔子则有之,非故去朱子之分章而削其传也。夫学贵得之心,求之心而非也,虽其言之出于孔子,不敢以为是也,而况其未及孔子者乎!求之于心而是也,虽其言之出于庸常,不敢以为非也,而况其出于孔子者乎!且旧本之传数千载矣,今读其文词,既明白而可通,论其工夫,又易简而可入,亦何所按据而断定此段之必在于彼,彼段之必在于此,与此之如何而缺,彼之如何而补,而遂改正补缉之。无乃重于背朱,而轻于叛孔已乎![1]

他坚持认为《大学古本》是孔门相传的旧本,朱熹怀疑有所脱误,擅自改动,不仅分章,而且加上传注。他不过是恢复原貌而已,为什么不去追究朱某的"叛孔",而要追究王某的"背朱"呢?

清初经学家毛奇龄是站在王阳明一边的,他为王阳明作传,谈及此事说:"时讲学京师,尝以《大学原本》示人。人大惊,反有以改窜圣经讦

---

① (明)王守仁:《答罗整庵少宰书》,《王文成全书》卷二《语录二·传习录中》。亦见《阳明先生则言》卷下。

于廷者。"毛氏对朱熹《四书集注》也有所非议,他的考证结论是:"文成所示者是《礼记原本》,今行世有注释者,系门人伪入之,大不足据。"①可见王阳明是有根据的,并非罗氏所说的"俗学"、"禅学"。不过王阳明的本意并不想考证《大学》的版本,而是想阐明一个道理:"学贵得之心,求之于心而非也,虽其言之出于孔子,不敢以为是也,而况其未及孔子者乎!"

关于《朱子晚年定论》,罗钦顺看得非常仔细,他在《与王阳明书》中批评道:"又详《朱子晚年定论》,盖以其中岁以前所见未真,爰及晚年,始克有悟,乃于其论学书牍三数十卷之内,摘此三十余条,其意皆主于向里者,以为得于既悟之余,而断其为定论。斯其所择宜亦精矣,第不知所谓晚年者断以何年为定?"罗氏指出王氏把早年之文误作晚年,晚年之文误作早年,结论是"考之欠详,而立论之太果"。因此,一方面肯定阳明"天资绝出,而日新不已,向来恍若有悟之后,自以为证诸五经四子,沛然若决江河而放诸四海,又以为精明的确洞然,无复可疑,某固信其非虚语也";另一方面奉劝他:"独于朱子之说有相牴牾,揆之于理,容有是邪!"②

对于罗氏指出的"考之欠详",王氏虚心接受:"中间年岁早晚,诚有所未考,虽不必尽出于晚年,固多出于晚年者矣。"他一向不屑于训诂考据之学,写《朱子晚年定论》的本意是想破除人们对于朱子的迷信。回信中直言不讳,为了追求"道",不得已与朱子牴牾,然后引出他的名言"夫道,天下之公道也":

> 为《朱子晚年定论》,盖亦不得已而。然中间年岁早晚,诚
> 有所未考,虽不必尽出于晚年,固多出于晚年者矣。然大意在

---

① (清) 毛奇龄:《王文成传本》卷一。
② (明) 罗钦顺:《与王阳明书(庚辰夏)》,《困知记·附录》。

委曲调停，以明此学为重。平生于朱子之说如神明蓍龟，一旦与之背驰，心诚有所未忍，故不得已而为此。"知我者谓我心忧，不知我者谓我何求。"盖不忍牴牾朱子者，其本心也；不得已而与之牴牾者，道固如是，不直则道不见也。执事所谓决与朱子异者，仆敢自欺其心哉？夫道，天下之公道也，学，天下之公学也，非朱子可得而私也，非孔子可得而私也。天下之公也，公言之而已矣，故言之而是，虽异于己，乃益于己也；言之而非，虽同于己，适损于己也。益于己者，己必喜之；损于己者，己必恶之。然则某今日之论，虽或于朱子异，未必非其所喜也。[1]

信的末尾，他向罗钦顺先生指出："执事所以教，反复数百言，皆以未悉鄙人格物之说，若鄙说一明，则此数百言皆可以不待辩说而释然无滞。"[2]客观而论，人的一生思想有所变化，寻常之极，即使圣贤也不例外。朱熹晚年曾经表示"觉今是而昨非"的意思，不必翻阅《朱子全书》，只消看看《宋史·朱熹传》便可明白。王守仁也有今是而昨非的感言："若某之不肖，盖亦尝陷溺于其间几年，怅怅然既自以为是。赖天之灵，偶有悟于良知之学，然后悔其向之所为包藏祸机，作伪于外，而心劳日拙者也。"[3]因此写《朱子晚年定论》实在不应该大惊小怪。

据王阳明年谱记载，正德十三年(1518)迎来了一个著作出版高潮。这年七月，《大学古本》与《朱子晚年定论》先后在戎马倥偬之余，在江西刊刻出版。八月，门人薛侃刊刻《传习录》。关于《大学古本》，年谱写道："先生出入贼垒，未暇宁居，门人薛侃、欧阳德、梁焯、何廷仁、黄弘纲……皆讲聚不散。至是回军休士，始得专意于朋友，日与发明《大学》

---

[1] （明）王守仁：《答罗整庵少宰书》，《王文成全书》卷二《语录二·传习录中》。

[2] （明）王守仁：《答罗整庵少宰书》，《王文成全书》卷二《语录二·传习录中》。亦见《阳明先生则言》卷下。

[3] （明）王守仁：《阳明先生则言》卷上。

本旨,指示入道之方。先生在龙场时,疑朱子《大学章句》非圣门本旨,手录古本,伏读精思,始信圣人之学本简易明白,其书止为一篇,原无经传之分。格致本于诚意,原无缺传可补。以诚意为主,而为致知格物之功,故不必增一敬字……至是,录刻成书,旁为之释,而引以叙。"①《朱子晚年定论》也同时刊刻出版,阳明为此书所写的序言,讲明其缘起:"昔谪官龙场,居夷处困,动心忍性之余,恍若有悟,体验探求,再更寒暑,证诸六经四子,洞然无复可疑。独于朱子之说有相牴牾,恒疚于心。切疑朱子之贤,而岂其于此尚有未察。及官留都,复取朱子之书而检求之,然后知其晚岁固已大悟旧说之非,痛悔极艾,至以为自诳诳人之罪不可胜赎。世之所传《集注》、《或问》之类,乃其中年未定之说,自咎以为旧本之误,思改正而未及。而其诸《语类》之属,又其门人挟胜心以附己见,固于朱子平日之说犹有大相缪戾者。而世之学者局于见闻,不过持循讲习于此,其于悟后之论,概乎其未有闻,则亦何怪乎! 予言之不信,而朱子之心无以自暴于后世也乎!"②这是在强调朱子晚年"大悟旧说之非,痛悔极艾",有必要澄清其晚年定论,作为学术探讨,应该在情理之中。至于阳明先生所说,朱熹的《集注》、《或问》都是中年未定之说,《语类》则挟带门人自己的见解,似乎言过其实。究竟是否如此,今日学者仍可讨论。

正德十四年(1519),他在给友人的信中谈及《朱子晚年定论》,提出另一种解释:"留都时,偶因饶舌,遂致多口,攻之者环四面。取朱子晚年悔悟之说,集为《定论》,聊藉以解纷耳。门人辈近刻之雩都。初闻甚不喜,然士夫见之,乃往往遂有开发者,无意中得此一助,亦颇省颊舌之劳。"③由此看来,此书带有某种论战的色彩,是对围攻者的巧妙反击。

当代学者对此也有不同看法。陈荣捷认为,由于同朱熹的学说相

①　(明)王守仁:《王文成全书》卷三十二《附录一·年谱一·正德十三年七月》。
②　(明)王守仁:《王文成全书》卷三十二《附录一·年谱一·正德十三年七月》。
③　(明)王守仁:《与安之(己卯)》,《王文成全书》卷四《文录·书一》。

抵触,阳明受到许多批评,他编写此书主要是针对这些批评做出的反应。陈氏说:"王阳明的处境一定非常艰苦。一方面为了减少敌意,另一方面为了使他自己的理论从朱熹嘴里说出来,他从朱熹写给二十四人的三十四封信中,每封信选取一段……于 1518 年用以上书名刊行,试图证明朱熹晚年改变了立场并采取了王阳明所提倡的观点。这些选摘是任意的,并且多数是断章取义的。"①杜维明则认为:"阳明努力阐明他的新思想,其实并不与朱熹晚年定论相抵触,这是出于他力求与这位宋代大师的精神取向相一致的内心渴求,而不是出于一个实用的目的:取悦于同辈中的多数学者、官员,他们都是朱熹的追随者。"②

这些解释都有根据,也言之成理。不过王阳明本人并不就事论事,立论更为高远,这就是他在答复罗钦顺的质疑时,所强调的基本立场:"夫道,天下之公道也,学,天下之公学也,非朱子可得而私也,非孔子可得而私也";"夫学贵得之心,求之于心而非也,虽其言之出于孔子,不敢以为是也,而况其未及孔子者乎! 求之于心而是也,虽其言之出于庸常,不敢以为非也,而况其出于孔子者乎"!

这是他的思想宣言,也是他始终坚持的根本观点,在与友人论学时,他再次重申这一看法:"夫君子之论学,要在于得之于心,众皆以为是,苟求之心而未会焉,未敢以为是也;众皆以为非,苟求之心而有契焉,未敢以为非也。心也者,吾所得于天之理也,无间于天人,无分于古今。"③这是他对儒家经学传统作了深刻批判之后,悟出的真谛。在他看来,六经非他,乃是"吾心之常道",《易》是"志吾心之阴阳消息者",《书》是"志吾心之纪纲政事者",《诗》是"志吾心之歌咏性情者",《礼》是"志吾心之条理

---

　　① 杜维明:《青年王阳明——行动中的儒家思想家》,第 194—195 页。
　　② 杜维明:《青年王阳明——行动中的儒家思想家》,第 197 页。
　　③ (明)王守仁:《答徐成之》,《阳明先生道学钞》卷一《论学书》。按:李贽因《王文成全书》携带不便,与汪本钶摘编成《阳明先生道学钞》。

节文者",《乐》是"志吾心之欣喜和平者",《春秋》是"志吾心之诚伪邪正者"。又说,六经是"吾心之记籍",六经"具于吾心",就好像"产业库藏"具存于家中,记籍不过是"名状数目"而已。但是后世学者不明白这个道理,"不知求六经之实于吾心,而徒考索于影响之间,牵制于文义之末,硁硁然以为六经矣"。于是他毫不留情地谴责经学家"乱经"、"侮经"、"贼经":

> 六经之学其不明于世,非一朝一夕之故矣。尚功利,崇邪说,是谓乱经;习训诂,传记诵,没溺于浅闻小见,以涂天下之耳目,是谓侮经;侈淫辞,竞诡辩,饰奸心盗行,逐世垄断,而犹自以为通经,是谓贼经。若是者,是并其所谓记籍者而割裂弃毁之矣,宁复知所以为尊经也乎?①

这样痛快淋漓的针砭,触及经学积重难返的弊端。他与顾东桥的长篇答问也涉及这一问题,其中有一段说到孔孟之后,圣学日远日晦,揭示的仍然是经学的积弊:

> 圣学既远,霸术之传积渍已深,虽在贤知,皆不免于习染。其所以讲明修饰,以求宣畅光复于世者,仅足以增霸者之藩篱,而圣学之门墙遂不复可睹。于是乎,有训诂之学而传之以为名,有记诵之学而言之以为博,有词章之学而侈之以为丽,若是者纷纷籍籍,群起角立于天下,又不知其几家,万径千蹊,莫知所适。世之学者如入百戏之场,欢谑跳踉,骋奇斗巧,献笑争妍者四面而竞出,前瞻后盼,应接不遑,而耳目眩瞀,精神恍惑,日夜遨游,淹息其间,如病狂丧心之人,莫自知其家业之所归。时君世主亦皆昏迷颠倒于其说,而终身从事于无用之

---

① (明)王守仁:《稽山书院尊经阁记》,《王文成全书》卷七《文录·序》。

虚文，莫自知其所谓。间有觉其空疏谬妄、支离牵滞，而卓然自奋，欲以见诸行事之实者，极其所抵，亦不过为富强功利王霸事业而止。圣人之学日远日晦，而功利之习愈趋愈下。①

类似的批判不胜枚举，例如："圣贤之道坦若大路，夫妇之愚可以与知，而后之论者忽近求远，舍易图难，遂使老师宿儒皆不敢轻议。故在今时，非独其庸下者自分以为不可为，虽高者特达皆为此学为长物，视之为虚谈赘说，亦许时矣。当此之时，苟有一念相寻于此，真所谓空谷足音。"②又如："后世学术之不明，非为后人聪明识见不及古人，大抵多由胜心为患，不能取善相下。明知其说之已是矣，而又务为一说以高之，是以其说愈多而惑人愈甚。凡今学术之不明，使后学无所适从，徒以致人之多言者，皆吾党自相求胜之罪也。"③

锋芒毕露的批判，得罪了一批人，对他的责难之声不绝于耳。阳明平心静气地对待，既不为一时之毁誉而动摇，也不以人言为尽非。在给门人陆元静的书信中写道：

> 然则今日之多口，孰非吾侪动心忍性、砥砺切磋之地乎？且彼议论之兴，非必有所私怨于我，彼其为说，亦将自以为卫夫道也。况其说本自出于先儒之绪论，固各有所凭据。而吾侪之言骤异于昔，反若凿空杜撰者。乃不知圣人之学本来如是，而流传失真，先儒之论所以日益支离，则亦由后学沿袭乖谬，积渐所致……虽然，昔之君子盖有举世非之而不顾，千百世非之而不顾者，亦求其是而已矣，岂以一时毁誉而动其心邪！惟其在我者有未尽，则亦安可遂以人言为尽非。伊川、晦

①　（明）王守仁：《答顾东桥书》，《王文成全书》卷二《语录二·传习录中》。
②　（明）王守仁：《复唐虞佐(庚辰)》，《王文成全书》卷四《文录·书一》。
③　（明）王守仁：《阳明先生则言》卷上。

庵之在当时，尚不免于诋毁斥逐，况在吾辈，行有所未至，则夫人之诋毁斥逐，正其宜耳。凡今争辩学术之士，亦必有志于学者也，未可以其异己而遂有所疏外。是非之心人皆有之，彼其但蔽于积习，故于吾说卒未易解，就如诸君初闻鄙说时，其间宁无非笑诋毁之者？久而释然以悟，甚至反有激为过当之论者矣，又安知今日相诋之力不为异时相信之深者乎！①

如此坦荡而自信，如此自谦而坚定，背后是他坚信的理念“学贵得之心”，不为经典词句所束缚：“凡看经书，要在致吾之良知，取其有益于学而已，则千经万典，颠倒纵横，皆为我之所用。一涉拘执比拟，则反为所束缚，虽或特见妙诣，开发之益，一时不无，而意必之见，流注潜伏，盖有反为良知之障蔽而不自觉者矣。”②由此便可以理解他的那句名言了：“求之于心而非也，虽其言之出于孔子，不敢以为是也。”后人常常讥刺他“六经注我”、“我注六经”，恰恰显示了他对经学的犀利批判，强调“皆为我之所用”，而不被经典束缚的思想锋芒。

2. 贬谪龙场：“动心忍性，恍若有悟”

任何思想家都有思想形成与演变过程，王守仁也不例外。他常常向朋友门生回顾自己的探索经历，一则说：“某早岁业举，溺志辞章之习。既乃稍知从事正学，而苦于众说之纷扰疲尔，茫无可入，因求诸老释，欣然有会于心，以为圣人之学在此矣。然于孔子之教间相出入，而措之日用，往往阙漏无归，依违往返，且信且疑。其后谪官龙场，居夷处困，动心忍性之余，恍若有悟，体验探求，再更寒暑，证诸六经四子，沛然若决江河而放之海也，然后叹圣人之道坦如大路。而世之儒者妄开窦

---

① （明）王守仁：《与陆元静(壬午)》，《王文成全书》卷五《文录·书二》。
② （明）王守仁：《阳明先生则言》卷上。

径,踏荆棘,堕坑堑。究其为说,反出二氏之下,宜乎世之高明之士厌此而趋彼也。"①再则说:"某幼不问学,陷溺于邪僻者二十年,而始究心于老释。赖天之灵,因有所觉,始乃沿周程之说求之,而若有得焉。顾一二同志之外,莫予翼也,岌岌乎仆而后兴。晚得友于甘泉湛子,而后吾之志益坚,毅然若不可遏,则予之资于甘泉多矣。"②前者强调谪官龙场后的顿悟,后者强调通过湛若水得益于"江门心学"的启示。

总结得最为全面的,莫过于他的得意门生王畿、钱德洪。

王畿说:"先师之学凡三变而始入于悟,再变而所得始化而纯。"王阳明少年时代英毅凌迈、超侠不羁,泛滥于辞章,驰骋于兵法。接触朱熹格物穷理之学后苦于其繁难,自叹与圣学无缘,于是究心于佛老之学(也即他自己所说的"求诸老释"),日夕勤修,练习伏藏,洞悉机要,颇得其精髓。据他自己说:"尝于静中内照形躯如水晶宫,忘己忘物,忘天忘地,与空虚同体,光耀神奇,恍惚变幻,似欲言而忘其所以言,乃真境像也。"③但是他并不满意,所以且信且疑。最大的变化是正德三年(1508)谪官到了贵州龙场之后,困境的磨难使他"恍然神悟":不离人伦物理的感应,而是是非非无则自见,对照四书五经,殊言而同旨,感叹圣人之学坦如大路。自此之后,尽去枝叶,一意追求本原,默坐澄心,"精神意思凝至融结,不复知有其他"。一时学者闻之翕然,但是,有的人苦于难以领悟真谛,有的人醉心于顿悟之便捷,忘记学问的积累,渐有喜静厌动,玩弄疏脱之弊。正德八年(1513)在滁州讲学时,王阳明提倡"动静合一,工夫本体"之说,加以纠正。其后在江西平叛期间,不忘与随从门生论学,专提"致良知"三字,倡导"知之真切笃实处即是行","行之明觉精察处即是知",乃是孔门简易直截的根源。这大概就是王畿所谓"三

① (明)王守仁:《阳明先生则言》卷上。
② (明)王守仁:《别湛甘泉序》,《阳明先生道学钞》卷一《论学书》。
③ (明)王畿:《龙溪先生全集》卷二。

变"。至于"再变",则是嘉靖初年在家乡居丧守制期间,由于此前的动荡阅历,使得学问更加成熟,达到化境:时时知是知非,时时无是无非,开口即得本心,更无假借凑泊,如赤日丽空,而万象自照;如元气运于四时,而万化自行。①

钱德洪对先生学问的变化也有类似的总结,一则说:"师学静入于阳明洞,得悟于龙场,大彻于征宁藩,多难殷忧,动忍增益。学益彻,则立教益简易。"②再则说:"滁阳为师讲学首地,四方弟子从游日众。嘉靖癸丑(三十二年)秋,太仆少卿吕子怀复聚徒于师祠。洪(钱德洪)往游焉,见同门高年有能道师遗事者。当时,师惩末俗卑污,引接学者多就高明一路,以救时弊。既后,渐有流入空虚,为脱落新奇之论。在金陵时,已心切忧焉。故居赣则教学者存天理、去人欲、致省察,克治实功。而征宁藩之后,专发致良知宗旨,则益明切简易矣。"③

思想的变化,都与动荡而坎坷的经历密切相关,即钱德洪所说,"多难殷忧,动忍增益"。其中最为关键的转折点,贬谪龙场后三年磨难的动心忍性。

为了说明问题,不妨稍加追述。弘治十八年(1505)五月初六日,三十六岁的孝宗皇帝病危,在乾清宫寝殿召见内阁大学士刘健、李东阳、谢迁,向他们托孤。他知道自己唯一的儿子朱厚照自幼喜好逸乐,将来必定"纵欲败度",对内阁大臣说:东宫聪明,但年幼,好逸乐,先生每勤请他出来,读些书,辅他做个好人。不出所料,朱厚照(明武宗)即位后,果然如此,重用东宫时的亲信太监刘瑾、马永成、谷大用、魏彬、张永、丘聚、高凤、罗祥,这些人气焰嚣张,号称"八虎",每天忙于引导小皇帝游玩,不理朝政。户部尚书韩文与各部大臣联名上疏,弹劾"八虎",造作

① (明)王畿:《龙溪王先生全集》卷二《语录·滁阳会语》。
② (明)王守仁:《王文成全书》卷二十九《续编四》,钱德洪按语。
③ (明)王守仁:《王文成全书》卷二十六《续编一·与滁阳诸生并问答语》,钱德洪按语。

巧伪,淫荡皇上之心,沉迷于击毬走马、放鹰逐犬、俳优杂剧,日游不足,夜以继之。大臣们请求皇上忍痛割爱,对"八虎"明正典刑。皇帝不但没有对他们严加惩处,反而任命刘瑾为司礼监掌印太监兼任团营提督,马永成为东厂提督,谷大用为西厂提督,张永等掌管京营军队,把宫廷的机要、特务及警卫大权,交给了"八虎"。"八虎"中,司礼监掌印太监刘瑾权势最为显赫。

言官戴铣、薄彦徽向皇帝上疏,请求"斥权阉,正国法,留辅保,托大臣",矛头直指刘瑾。专擅朝政的刘瑾以"忤旨"罪,逮捕戴铣等言官,关入锦衣卫镇抚司诏狱。在此紧要关头,兵部主事王守仁挺身而出。他和李梦阳是好朋友,不但精于辞章,而且都气节奕奕,对刘瑾之流专擅朝政极为不满,毅然呈进为戴铣辩护的奏疏——《宥言官去权奸以彰圣德》,气势逼人:"君仁则臣直,诸官言直,自宜嘉纳,开忠谠之路。而乃赫然下令,缇骑旁午,拘挛在道,则骤有上关宗社危疑不测之事,孰从闻之?"[1]他说臣不知戴铣等所言是否在理,其间或许有"触冒忌讳"之处。但是戴铣等"职居司谏,以言为责",如果他们的言论是对的,应该嘉纳施行;如果言论不妥,也应该予以包容,以利于广开言路。如今陛下惩处戴铣等人,非但无补于国事,反而彰显陛下的过错。[2]

刘瑾见到"危疑宗社"云云,大为光火,假传圣旨,把王守仁押入锦衣卫诏狱,廷杖五十,死而复苏之后,贬谪到贵州龙场驿(今贵州修文县),从正六品的兵部主事降为偏远山区的小小驿丞。刘瑾不肯善罢甘休,暗中派人尾随,伺机刺杀。王守仁察觉后,半夜时分,把自己的衣服鞋子放在钱塘江边,布置投江而死的现场,还留下一首遗诗:"百年臣子悲何及,夜夜狂涛泣子胥。"然后搭乘一艘商船前往舟山,途中遇到飓

---

① （明）王守仁:《宥言官去权奸以章经德》,《王文成全书》卷九《别录一·奏疏一》。
② （明）王守仁:《宥言官去权奸以章经德》,《王文成全书》卷九《别录一·奏疏一》。

风,漂流到福建,隐姓埋名于武夷山中。

他十七岁时,在江西铁柱宫遇见一位道士,相见如故,结为挚友。巧得很,居然在武夷山又巧遇这位道士,王守仁如实相告惧祸隐身之事,道士说:先生意欲远遁避祸,但是你的尊公(父亲)还在朝为官,此举恐怕连累尊公。听从他的劝告,王守仁吟咏道"海上曾为沧水使,山中又拜武夷君",坦然赶赴龙场驿。①

龙场驿在万山丛中,荒凉而贫瘠。他刚到的时候,没有住房,就在岩洞中住宿。苗民对他十分尊重,为他伐木建造了一间屋子。他是只身前来的,无书可读成为最大的寂寞,正是这种境遇成就了日后享誉学界的"心学"。

弘治五年(1492),王守仁二十一岁,浙江乡试得中举人,次年会试落第。内阁大学士李东阳安慰道,你今年不第,来年必为状元,试作来岁状元赋一首如何? 他悬笔立就,一旁各位大老惊叹:"天才,天才。"也有妒忌者说:"此子取上第,目中无我辈矣。"弘治九年(1496)再次会试,果然被妒忌者所压制而再次落第。回到家乡余姚,在龙泉山寺结诗社。退休官员魏瀚,平时雄才自放,与他对弈联诗,见他佳句迭出,逊谢道:老夫当退避三舍。这位才子与一般文人迥然有别。何乔远说:"守仁初溺于任侠,再溺于骑射,三溺于辞章,四溺于神仙,五溺于佛氏,而归正于圣贤。"②三举而中会试第二名,登上"甲榜",和李梦阳、何景明、边贡、乔宇、汪俊、储瓘互相切磋学问。在出任兵部主事之前,早已名声远扬。由于直言极谏,遭此厄运,改变了他的仕途,王守仁坦然接受。

贬谪到了龙场驿,没有书可读,不得不改变做学问的方法,静坐顿悟。这一点,以前某些学者有所忽略,以为他是故意"束书不观"。而明

---

① (明) 黄绾:《阳明先生行状》,《王文成全书》卷三十七《附录六·世德纪》。

① (明) 黄绾:《阳明先生行状》,《王文成全书》卷三十七《附录六·世德纪》。
② (明) 何乔远:《名山藏》卷八十五《儒林记·王守仁》。

257

清两代的史家早已点破，乃不得已而为之。

何乔远引王阳明原话，说："龙场在南夷万山中，无所得书，日坐石穴中，默记旧读，随手录之，意有所会，辄为训释，而不必其尽合于先贤者。"[1]

张岱《石匮书》引用了这一段话，可见他是赞同这一说法的。[2]

王世贞说："诸苗夷相率伐木为室，以居守仁。守仁乃益讲学，所治经往往取心得，不必与前训故比矣。"[3]

耿定向说："先生于时困衡动忍，不惟得失荣辱胥已解脱，即死生一念亦为拼置，端居澄默以思，倏若神启，大解从前伎俩见趣，无一可倚，唯此灵昭不昧者相为始终，不离伦物感应，而是是非非天则，自见证之六经四子无不吻合，益信圣人之道坦若大路如此。"[4]

万斯同说："既谪龙场，穷荒无所得书，日夕绅绎旧闻，忽悟格物致知当自求诸心，而不当求诸事物，始喟然曰：'道在是矣！'遂笃信不疑……守仁既以此自信，故其为教，以无善无恶为心之体，以有善有恶为意之动，以知善知恶是良知，以为善去恶是格物。"[5]

关于贬谪龙场驿之后的处境与顿悟过程，万历时的工部尚书雷礼写得最为具体：

> 遂由武夷至广信，溯彭蠡，历沅湘，至贵阳龙场。始至，无屋可居，芟于丛棘间，迁于东峰，就石穴而居。夷俗以蛊毒为事，凡中土人至，必下蛊杀之。及欲蛊守仁，卜诸蛊神不协，于是龙场之民日来亲狎。以所居阴湿不可久，乃相与伐木为驿楼及屋，乃匾为"何陋轩"、"君子亭"、"宾阳堂"、"玩易窝"以居之。龙场在万山中，书箧不可携，止偕三仆以往，诸仆历险冒

---

① （明）何乔远：《名山藏》卷八十五《儒林记·王守仁》。
② （明）张岱：《石匮书》卷一百三十《王守仁列传》。
③ （明）王世贞：《新建伯文成王公守仁传》，《国朝献征录》卷九。
④ （明）耿定向：《新建侯文成王先生世家》，《耿天台先生文集》卷十三。
⑤ （清）万斯同：《明史》卷二百七十三《王守仁传》。

瘴皆病,守仁日夕躬为泛糜调护之。(刘)瑾欲害之意未已,守仁于一切得失荣辱之景者能超脱,惟生死一念尚不能遣于心,乃为石椁,自誓曰:"吾今惟俟命,有死而已,他复何计?"日夜端居默坐,澄心精虑,以求诸湛一之中。一夕,忽大寤,终夜不寐,踊跃若狂者两日夜。嗣后,以所记忆五经之言证之,一一相契,独与晦庵(朱熹)注疏若相抵牾。恒往来于心,因著《五经臆说》。时元山席书官贵阳,闻其言论议,有自知其所学之非,至有诳己诳人之说。乃自信曰:"晦翁(朱熹)亦已自悔矣。"日与学者讲究体察,愈益精明,而从游者众。①

清人徐开任《明名臣言行录》关于王守仁贬谪龙场驿之后,心学的形成,有进一步的发挥:

因念圣人当之,当必有过于此者。忽中夜有悟于致知格物之旨,而摄契于本心,不觉手舞足蹈。自是一意于圣人之学。乃言曰:"圣人之学心学也,宋儒以知识为知,故需博闻强识以为知,既知已乃行,故遂终身不行,亦遂终身不知,不知圣贤教人即本心之明即知,不欺本心之明即行也。"又曰:"至善者心之本体,心即是理,其昭明灵觉之知,则知也。意者心之发物,即心之用。心外无物,心外无理,故心外无学。于是来学者日语之知行合一之旨。而提学副使席书问"朱陆同异",先生不答,具以其所悟告之。(席)书沉思有省,与往复语数四,乃大豁然谓:"圣人之学复睹于今,朱陆异同各有得失,无事辨诘为也。"辟贵阳书院,率诸生以师礼事之。②

我们终于明白,他为什么要说"心外无物","心外无理","心外无

---

① (明)雷礼:《国朝列卿纪》卷五十《南京兵部尚书行实·王守仁》。
② (清)徐开任:《明名臣言行录》卷五十《新建伯王文成公守仁》。

学"，"良知"就是"人心"，"致良知"就是"向内用心"的静坐功夫；也就明白，他为什么要强调"学贵得之心"了。

贵州提学副使席书慕名前往讨教，深深折服，为他创建龙岗书院，率诸生听他讲学。王守仁对学生们讲的，不是重复圣贤的语录，而是自己的心得。他的"心得"有特定的含义——"求诸心而得"。这就是他贬谪龙场驿之后的顿悟，倘若没有这几年的流放生涯，他能有这样振聋发聩的"心得"吗？把龙场顿悟看作王阳明思想发展的转折点，是毫不为过的。杜维明赞同日本学者岛田虔次的观点：它在阳明的个性发展中，在中国思想史中，都是一个划时代的事件。[①] 他发挥道："这大概是他一生中最著名、受讨论最多的事件。有些学者说这是禅悟，有的学者主张在整个过程中道家方法很重要。有人论证说，这是合乎孟子和陆象山传统的正统儒学现象……对于阳明来说，禅宗佛学问题、道家问题，甚至作为一个思想体系的儒学，都是次要的。他的狂喜并不来自他突然认识到他是一个真正的儒者，而是来自于他认识到，不论外部局面多么令人失望，他都应矢志不渝地争取做圣贤。"杜维明的结论是："阳明的大悟经验的突发性，没法解释成一个逐渐过程的结果。据记载，阳明本人对这种经验大为惊讶和震动。我们不得不承认，这是一种意外的质变。"[②]

王阳明的心得集中体现于《五经臆说》。年谱中写道："(正德)三年戊辰，先生三十七岁，在贵阳。春至龙场。是年，始悟格物致知。龙场在贵州西北万山丛棘中……因念圣人处此更有何道，忽中夜大悟格物致知之旨，寤寐中若有人语之者，不觉呼跃，从者皆惊。始知圣人之道，吾性自足，向之求理于事物者误也。乃以默记五经之言证之，莫不吻

① 杜维明：《青年王阳明——行动中的儒家思想》，第 145 页。
② 杜维明：《青年王阳明——行动中的儒家思想》，第 145—148 页。

合,因著《五经臆说》。"①在常人难以忍受的困境中磨炼,截然不同于以往书房中的感受。先前苦苦探寻的"理"或曰"道",始终不得要领,此时忽然有了大彻大悟。把自己的领悟与记忆中的五经语句加以对照,记下来就成了这本《五经臆说》。耐人寻味的是,王阳明竟然把它付之一炬,在他的全集中只保留了一三条。门人钱德洪解释说:"师居龙场,学得所悟,证诸五经,觉先儒训释未尽,乃随所记忆为之疏解。阅十有九月,五经略遍,命曰臆说。既言自觉学益精,工夫益简易,故不复出以示人。洪(钱德洪)尝乘间以请,师笑曰:'付秦火久矣。'"②阳明先生用十九个月时间写成的四十六卷洋洋巨著,居然付诸"秦火",其中的缘由已经难以知晓,只能从他写的《〈五经臆说〉序》揣摩一二。

这篇序言不长,却意味深长,有三层意思。首先,他用鱼与筌(捕鱼的竹篓)的关系,醪(酒)与糟粕的关系,作为比喻,来说明如何看待五经,如果把"筌"当作鱼,把糟粕当作"醪",那么就得不到鱼与醪。因此他说:"五经,圣人之学具焉,然自其已闻者而言之,其于道也,亦筌与糟粕耳。"其次,强调《五经臆说》是坦陈自己的"胸臆之见":"龙场居南夷万山中,书卷不可携,日坐石穴,默记旧所读书而录之,意有所得,辄为训释,期有七月,而五经之旨略遍,名之曰'臆说'。盖不必尽合于先贤,聊写其胸臆之见,因以娱情养性焉耳。"最后的画龙点睛之笔是:"呜呼,观吾之说而不得其心,以为是亦筌与糟粕也。"③所要阐明的是他一贯的思想——"学贵得之心",希望弟子们有自己的心得,不要受他的"胸臆之见"所束缚,用心可谓良苦。由此似乎可以窥知《五经臆说》付诸"秦火"的端倪了。正如杜维明所说:"阳明所以不愿意公开他的《五经臆

---

① (明)王守仁:《王文成全书》卷三十二《附录一·年谱一》。按:年谱中"臆说"误刻成"亿说"。

② (明)王守仁:《王文成全书》卷二十六《续编一·五经臆说十三条》,钱德洪按语。

③ (明)王守仁:《〈五经臆说〉序》,《王文成全书》卷二十二《外集四》。

说》，一方面因为他心怀如此深邃的内心经验，以至于他自己也无法用词句恰当地表达出来；另一方面，是因为他的教育哲学强调，每一个学生在读经时通过体验获得的个人知识都是个人的。"①

如果我们断言，"学贵得之心"是王阳明龙场顿悟的最大收获，恐怕并不为过吧！

他的这种心得，为沉闷而缺乏新意的儒学带来了清新的空气。对阳明心学有所批判的顾宪成也不得不承认："当士人桎梏于训诂词章之间，骤而闻良知之说，一时心目俱醒，恍若拨云雾而见白日，岂不大快！"②然而，这种"大快"也引来无穷的麻烦，以至于被保守势力诬蔑为"邪说"、"伪学"。

3. "功高而见忌，学古而人不识"

正德五年(1510)，刘瑾以"反逆"罪凌迟处死，王守仁由龙场驿丞调任江西庐陵知县。他选拔里正三老，让他们负责诉讼调解，这种独特的治理方式收到了"囹圄空虚"的奇效，不久晋升为刑部主事、吏部主事。吏部尚书杨一清器重他的才干，提拔为南京太仆寺少卿，分管滁州。正德十二年(1517)，兵部尚书王琼以为他是"不世出"的奇才，推荐他为都察院右佥都御史，出任南赣汀漳巡抚。

对于他的仕途而言，这是一个转折点，得以充分展示学问之外的事功，特别是军事才干。他少年时代就有"任侠之气"，会试两次落第之后，"乃学兵，往塞外观山川，学骑射"，使他在"平山中贼"时游刃有余。他到任后，发布公告，"求通民情，愿闻己过，行十家保甲法，务使奸无所容"。又申明赏罚之法，他认为："古者赏不逾时，罚不后事，过时而赏与

---

①　杜维明：《青年王阳明——行动中的儒家思想家》，第167页。
②　(明)顾宪成：《小心斋札记》卷三。

无赏同,后事而罚与不罚同。况过时而不赏,后事而不罚,其何以整齐人心,鼓舞士气?"①仅仅用了几个月时间,平定了赣南延续数十年的匪患,捣毁"贼巢"八十多处。为持久计,他相视形势险易,立县设隘,留兵防守。赣人纷纷戴香遮道而迎,为之立生祠。他把赣南的事功,归功于兵部尚书王琼的知人善任,如果没有王公的精心委任,不可能成就功名,因此每次向朝廷报捷,多提及王琼。此举引起内阁大老与王琼交恶,因而连累自己,为他日后的仕途埋下了隐患。

正德十四年(1519)六月,宁王宸濠在驻地南昌发动武装叛乱,驰檄远近,指斥朝廷,杀死都御史孙燧、按察副使许逵,抢劫府库,意欲分庭抗礼。王守仁一面上疏告变,一面向各府县揭露宸濠罪状,敦促各地出兵勤王。他担心南京这座不设防的城市一旦落入宸濠之手,后果不堪设想,便发布消息,声称京师及湖广、广东、广西、浙江、南京、淮安等地数十万大军不日赶到。宸濠信以为真,迟疑半月,不敢离开南昌。待到他决意进攻九江、安庆、南京时,援军已到。王守仁与吉安知府伍文定指挥若定,先是捣毁宸濠在南昌的巢穴,既而迎战于鄱阳、柴桑、溢口,仅仅三十五日,叛军灰飞烟灭,生擒宸濠和他的世子、眷属,斩首三千级,溺死二万多,江面上浮尸、衣甲、器物漂流绵亘十几里。②

这是王守仁最为辉煌的事功,人们誉之为:"明世文臣用兵未有如守仁者。"何乔远写道:"惟其事功以用兵显,其俶傥权变,百谲千幻,于蹈险出危之间,不无异时任决之气。"③

这样的事功,展现了他的军事才能,也显示了他的政治眼光。他由此次事变向皇帝进谏,希望皇上引为教训,改弦易辙:"陛下在位一十四年,屡经变难,民心骚动,尚尔巡游不已,致宗室谋动干戈,冀窃大宝。

① (明)徐开任:《明名臣言行录》卷五十《新建伯王文成公守仁》。
② (明)黄绾:《阳明先生行状》,《王文成全书》卷三十七《附录六·世德纪》。
③ (明)何乔远:《名山藏》卷八十五《儒林记·王守仁》。

且今天下之觊觎,岂特一宁王? 天下之奸雄,岂特在宗室? 言念及此,懔骨寒心……伏望皇上痛自克责,易辙改弦,罢出奸谀,以回天下豪杰之心;绝迹巡游,以杜天下奸雄之望。定立国本,励精求治,则太平尚有可图,群臣不胜幸甚。"①这种直言无忌的批评,令那些引导皇帝四处巡游的佞幸们怀恨在心。

更为棘手的是,那些佞幸们都想抢夺平定宁王叛乱的功劳,策动武宗任命安边伯许泰为总督军务总兵官,平露伯江彬为提督军务,太监张忠为提督策划机密军务,查勘宸濠反逆事情,太监魏彬为提督,兵部侍郎王宪督理粮饷,前往江西征讨。行至半途,获悉宸濠已被活捉,佞幸们为了抢夺战功,秘密奏请武宗亲征。武宗也想乘此机会显示自己的殊勋,自称总督军务威武大将军总兵官、后军都督、太师镇国公,欲往江西御驾亲征。朝廷大臣极力劝谏,一概不听,甚至杖死了几名劝谏的官员,一意孤行。

这就使得王守仁的处境极为不利。江彬、许泰等先领兵由大江至江西,入居南昌城中,散布流言诬陷王守仁"始同宸濠谋反,因见天兵猝临征讨,始擒宸濠以脱罪",欲一并逮捕王守仁,"各为己功"。② 那些佞幸们"既闻公已擒宸濠,甚不喜,盖不以擒叛为功,而以不待上亲征,辄擒(宸)濠为擅"。王守仁正由南昌前往广信途中,太监张忠竟然要他把宸濠释放到鄱阳湖,等待皇帝来"亲擒示武"。他据理反驳:"一日纵敌,数世之患,谁敢以叛藩戏?"③不久,他在杭州对御用监太监张永说:江西人民久遭宸濠荼毒,经受大乱,又遭旱灾,困苦之极,必逃聚山谷为乱,形成土崩瓦解之势,然后再来平定,就困难了。张永颇以为然,回应

<hr/>

① (明)王守仁:《奏闻宸濠伪造檄榜疏(正德十四年七月初五日)》,《王文成全书》卷十二《别录·奏疏四》。
② (明)黄绾:《阳明先生行状》,《王文成全书》卷三十七《附录六·世德纪》。
③ (明)徐开任:《明名臣言行录》卷五十《新建伯王文成公守仁》。

道：我此番前来专为钳制那些佞幸,欲从中调护,默默辅佐皇上,并非掩盖你的功劳。王守仁随即把宸濠交给他,押赴朝廷论处。①

王守仁回到南昌,从容应对张忠等率领的京兵、边兵的骚扰抢掠,出榜宣告:"北军南征,跋涉数千里,劳苦万状,我民念其来为我,宜客事之,毋有所慢。"并且设宴犒劳将士,将士喜叹:"王都堂好官,我等奈何受人唆,辱好官耶?"②张忠等见军士不肯侮辱王守仁,且思北归,不得不班师回朝。

江彬、许泰、张忠图谋夺功,诬陷王守仁"将叛逆"。张永洞悉彼等阴谋,发誓说:"王都御史乃忠臣为国,今欲以此害之,天理何在? 我若不为一明其冤,何可当也? 他日朝廷有事,何以使臣子之忠?"回京复命时,当面向皇帝说明王守仁尽心为国尽忠之功,以及江彬等人意欲加害之意。不久江彬等人果然诬陷王守仁"无君欲叛",武宗不信,说:"王都御史乃我家忠臣,你等如何好这等说!"③

因为这样的关系,武宗皇帝打算破格册封他为伯爵——新建伯,由于突然驾崩,来不及付诸实施。世宗皇帝即位,召王守仁入朝接受宴赏,六月十六日下达圣旨:"昔能平乱贼,安靖地方,朝廷新政之初,特兹召用,敕至,尔可驰驿来京,毋或稽迟。"④六月二十日,王守仁奉旨启程。不料遭到内阁辅臣反对,暗中指使言官制造舆论,借口武宗国丧,资费浩繁,不宜举行宴赏之事。王守仁行至中途折返,请求回乡省亲。十二月,大行皇帝丧礼过后,世宗皇帝册封他为新建伯,赐与奉天翊卫推诚宣力守正文臣,特进光禄大夫、柱国,兼南京兵部尚书,参赞机务,岁支禄米一千石,三代并妻一体追封。

---

① (明)黄绾:《阳明先生行状》,《王文成全书》卷三十七《附录六·世德纪》。
② (明)徐开任:《明名臣言行录》卷五十《新建伯王文成公守仁》。
③ (明)雷礼:《国朝列卿纪》卷三十《南京兵部尚书行实·王守仁》。
④ (明)黄绾:《阳明先生行状》,《王文成全书》卷三十七《附录六·世德纪》。

嘉靖元年(1522),父亲王华病故,王阳明辞官回乡丁忧守制。伴随荣誉而来的,是一片妒忌与诽谤之声。一些言官迎合内阁大老之意,老调重弹"勾通宸濠",又搞出新花样,攻击他的学术是"伪学"。雷礼写道:"嘉靖元年,丁父忧,四方来游其门讲学益众。科道官迎当路意,首以伪学劾之。服阕,例该起复,辅臣忌其才高望重,六载不召。御史石金等交章论荐,皆不报。礼部尚书席书为疏,特荐守仁及石㳟杨一清,曰:'生在臣前见一人,曰杨一清;生在臣后见一人,曰王守仁。'时江西辅臣(杨廷和)尝有私憾于守仁,乃密谗于上曰:'守仁将宸濠妃二人取归为妾。'致上疑,以沮其进。"①嫉妒其才高望重,权臣们无所不用其极,甚至无端捏造娶宸濠妃子为妾这样的谎言,来阻止他的复出,不免令人想起南宋时,诋毁朱熹为"伪学逆党"的佞幸们,为了败坏其名声,居然捏造"纳其尼女"(娶两个尼姑为妾)的谎言。手段尽管卑劣,目的还是达到了。王世贞对此感慨系之:"守仁忧居,而从游者益众,相与推隆之。又以功高文臣预五等爵,忌者蜂起,有目为伪学者,有以下南昌纵士掳掠,及得宁邸(宁王府)之金宝子女者,至有谓初通宸濠谋,莢其不胜而背之者。"②张岱也说:"守仁故以才略为王琼器任……用是,其形迹不能无疑于士大夫,起家书生,功名独盛,忌者益蜂响丑诋。至谓守仁阴附宸濠,莢不胜而后背之者,至请黜守仁爵。"③诽谤王阳明暗中依附宸濠,串通谋反,毕竟毫无事实依据,世宗皇帝虽然有所动摇,鉴于他"仗义讨贼,功固可录",不敢贸然取消他的封爵。但是,当他丁忧守制期满,轻信内阁辅臣之言,迟迟不让他起复。

污蔑阳明心学为"伪学"的急先锋,就是因大礼议而得宠的宵小之徒桂萼。毛奇龄写道:"时上议大礼,张(璁)、桂(萼)之徒如霍韬、方献

① (明) 黄绾:《阳明先生行状》,《王文成全书》卷三十七《附录六·世德纪》。
② (明) 王世贞:《新建伯文成王公守仁传》,《国朝献征录》卷九。
③ (明) 张岱:《石匮书》卷一百三十《王守仁列传》。

夫辈，皆前后请教，且有从而北面者。惟桂萼憾公（王守仁），指公伪学，而上亦惑之，迟久不召。"①在他的影响之下，一些科道官纷纷上疏，含沙射影地攻击王守仁。嘉靖元年（1522）十月，礼科给事中在奏疏中说："三代而下，论正学者莫如朱熹，近有倡为异学者，大率取陆九渊之简便，而以朱熹为支离。好高务名之士群然从之。宜严禁，以正士习。"所谓"取陆九渊之简便，而以朱熹为支离"，矛头直指王守仁。御史梁世镖也有类似的奏疏。礼部对他们表示支持，批复道；"二臣之言深切时弊，有补风教。"皇帝根据内阁辅臣的票拟，下达圣旨："祖宗表章六经，敕从正学，欲成正大光明之业。近来士习诡异，文词艰险，有伤治化。行督学谕禁，自今教人取士，一依程朱之言，不许妄为不经之书，私自传刻，以误正学。"②圣旨中虽没有"伪学"二字，其实已经暗含在内，从两次提及"正学"，反衬其"私自传刻""不经之书"，不言而喻是"伪学"。

嘉靖二年（1523），对王守仁的攻击反映到了科举考试之中。邓元锡提及此事："癸未（嘉靖二年）南宫发策，至斥为伪学，欲焚书申禁。"③年谱中也提及此事："南宫策士以心学为问，阴以辟先生。"不但指明是射向王守仁的暗箭，而且补充了许多细节。君子坦荡荡，王守仁淡然处之，门人徐珊读到这道以心学为靶子的策问，叹息道："吾恶能昧吾知以幸时好耶。"先生不置可否。针对先生关于前景大明的说法，钱德洪问道："时事如此，何见大明？"王阳明答道："吾学恶得遍语天下士？今会试录虽穷乡深谷无不到矣，吾学既非，天下必有起而求真是者。"侍候在一旁的邹守益、薛侃、黄宗明、马明衡、王艮等，纷纷谈到近来"谤议日炽"，王阳明要他们分析其中的原因。有的说："先生势位隆盛，以忌嫉谤。"有的说："先生学以明，为宋儒争异同，则以学术谤。"有的说："天下

---

① （清）毛奇龄：《王文成传本》卷二。
② （明）沈越：《皇明嘉隆两朝闻见纪》卷一，嘉靖元年十月。
③ （明）邓元锡：《皇明书》卷四十二《心学纪·王文成公守仁》。

从游者众,与其进不保其位,又以身谤。"王阳明说,三种情况诚然都有,我自己明白,诸君的议论还没有触及。随后说道"吾自南京以前尚有乡愿意思在,今只信良知真是真非处,更无掩藏回护,才做得狂者,使天下尽说我行不掩言,吾只依良知行。"门人请教"乡愿"与"狂者"的区别,王阳明说:"'乡愿'以忠信廉洁见取于君子,以同流合污无忤于小人,故非之无举,刺之无刺。然究其心乃知忠信廉洁所以媚君子也,同流合污所以媚小人也,其心已破坏矣,故不可与入尧舜之道。'狂者'志存古人,一切纷嚣俗染,举不足以累其心,真有凤凰翔于千仞之意,一克念即圣人矣。"①

面对谤议,王阳明坦荡之极,坚持做一个"只信良知真是真非"的狂者,不屑和小人同流合污。他显然是在以君子之心度小人之腹,没有料到身死之后,竟然淹没在汹涌而来的谤议巨浪之中。

嘉靖六年(1527),广西思恩州土官知府岑猛叛乱,提督都御史姚镆束手无策,兵部侍郎张璁拉拢礼部侍郎桂萼共同推荐王守仁,出任总督广西等四省军务,要他去收拾烂摊子。光禄寺少卿黄绾或许知道这个烂摊子很难收拾,向皇帝建议,王守仁"才德堪任辅弼"——可以出任内阁辅臣。皇帝亲笔写了御札,连同黄绾奏疏交付内阁议处,内阁首辅杨一清疑忌王守仁的才干,极力反对,与张璁联名回复皇帝:"王守仁才固可用,但好服古衣冠,喜谈新学,人颇以此异之,不宜入阁,但可用为兵部尚书。"桂萼得知黄绾之议,大为恼怒,向皇帝呈进密帖,百般诋毁王守仁。②

王守仁抵达广西南宁时,岑猛已死,其党羽卢苏、王受相继续叛乱,卢、王二人素来慑于王公威名,进退维谷,陷于窘境。王守仁不想兵连

① (明)王守仁:《王文成全书》卷三十四《附录三·年谱三·嘉靖二年癸未》。
② (明)雷礼:《国朝列卿纪》卷五十《南京兵部尚书行实·王守仁》。

祸结,向皇帝上疏分析此次事变的缘由,岑猛之所以叛乱,地方军政部门负有不可推卸的责任。一是两广军门"因循怠弛,军政日坏,上无可任之将,下无可用之兵,一有惊急,必须倚调土官狼兵若(岑)猛之属者,而后行事。故此辈得以凭恃兵力,日增其桀骜。……及事之平则又功归于上,而彼无所与";二是"不才有司因而需索引诱,与之为奸,……始而征发愆期,既而调遣不至,上嫉下愤,日深月积,劫之以势,而威益亵,笼之以诈,而术愈穷……至有今日"。有鉴于此,他认为:"所可愤怒者,不过岑猛父子及其党恶数人而已,其下万余之众固皆无罪之人也。今岑猛父子及其党恶数人,既云诛戮,已足暴扬。所遗二酋,原非有名恶目,自可宽宥者也。又不胜二酋之愤,遂不顾万余之命,竭两省之财,动三省之兵,使民男不得耕,女不得织,数千里内骚然涂炭者两年于兹,然而二酋之愤至今尚未能雪七,徒尔兵连祸结,征发益多,财馈益殚,民困益深,无罪之民死者十已六七,山猛海贼乘衅摇动,穷迫必死之寇既从而煽诱之,贫苦流亡之民又从而逃归之,其可忧危何啻十百于二酋者之为患!"①所以他主张对卢苏、王受实施宽大政策,给予自新之路,息兵罢饷,休养疮痍之民。

王守仁的判断是正确的,终于不战而屈人之兵,成为他作为封疆大吏漂亮的收官之作。皇帝下旨嘉奖:"王守仁受命提督军务,莅任未久,乃能开诚宣恩,处置得宜,致令叛夷畏服,率众归降,罢兵息民,奇功可嘉。"②

他是抱病出征的,十月初八日,当朝廷派来嘉奖的官员赶到广西时,已经卧病床褥一月有余。十月初十日,他向皇帝请求回乡就医养病,推荐两广布政使林富代理职守。

嘉靖七年(1528)十月二十九日,王守仁在北上途中,病逝于江西南

① (明)王守仁:《赴任谢恩遂陈肤见疏(嘉靖六年十二月初一日)》,《王文成全书》卷十四《别录·奏疏六》。
② (明)雷礼:《国朝列卿纪》卷五十《南京兵部尚书行实·王守仁》。

安,享年五十七岁。临死前,他向家僮留下遗言:"他无所念,平生学问方才得见数分,犹未能与吾党共成之,为可恨耳。"①江西巡按御史储良才向朝廷报告讣闻,一向忌惮王守仁的吏部尚书桂萼扣押讣闻,弹劾王守仁擅离职守,指责他处置平叛事宜"恩威倒置",并且旧事重提,诋毁其擒宸濠"冒滥军功"。桂萼与杨一清还指使锦衣卫都指挥使聂能迁,无中生有地污蔑他用一百万两金银托黄绾送给张璁,推荐总督两广军务之职。黄绾奋起辩诬,把聂能迁驳得体无完肤。皇帝下旨:"黄绾学行才识众所共知,王守仁功高望隆,舆论推重。聂能迁这厮捏词妄奏,伤害正类。都察院便照前旨,并严加审问,务要逐一追究与代做奏词并帮助奸恶人犯来说。"②结果聂能迁成了替罪羊,被活活杖死。

　　既然"仗义讨贼"的事功无法否定,宵小之徒便从"学术"下手,全盘否定他的"心学"。正如嘉靖时的兵部尚书郑晓所说:"王公才高学邃,兼资文武,近世名卿鲜能及之。特以讲学故,众口交訾。盖公功名昭揭,不可盖覆,唯学术邪正未易铨测,以是指斥,则谗说易行,娼心称快耳。"③他的事功朝野上下众所周知,难以颠倒黑白,只能从学术下手,因为学术的真伪正邪很难衡量,便于信口雌黄。

　　这种手法,令人想起南宋时朱熹的遭遇,他的政绩卓著,无可指责,当权派为了排斥异己,把他的学说诬蔑为"专门曲学"、"欺世盗名",并且罗织一个子虚乌有的"伪学逆党",给予严厉打击。从学术观点上看,王守仁的"心学"与朱熹的"理学"很不一样,遭遇却惊人相似,也被诬蔑为"伪学"。

　　令人不可思议的是,皇帝的态度有了很大的变化,接到桂萼攻击王守仁擅离职守的报告,对这种"事君不忠"的行为大为恼怒,写了谕旨给

---

　　① (明)黄绾:《阳明先生行状》,《王文成全书》卷三十七《附录六·世德纪》。
　　② (明)雷礼:《国朝列卿纪》卷五十《南京兵部尚书行实·王守仁》。
　　③ (明)郑晓:《吾学编》卷四十九。

内阁首辅杨一清、吏部尚书桂萼,措辞非常严厉:"守仁擅离重任,甚非大臣事君之道,况其学术事功多有可议。卿等仍会官详定是非及封拜宜否以闻,不得回护姑息。"①

詹事府詹事黄绾顶着压力向皇帝上疏,为王守仁的事功与学术辩诬,直指要害:"臣所以深知守仁者,盖其功与学耳。然功高而见忌,学古而人不识,此守仁之所以不容于世也。"他一一列举其事功,比如平定宸濠叛乱,"若非守仁忠义自许,身任讨贼之事,不顾赤族之祸,倡义以勤王,运筹以伐谋,则天下安危未可知";比如平定各处盗贼之乱,"守仁所立战功,皆除大患,卒之以死勤事。夫兵政国之大事,宜为后世法,可以终泯其功乎"? 然后分析守仁学术,都源于孔子、孟子等"先民之言",决非"邪说"。他说:守仁学术大要有三:"一曰致良知。实本先民之言,益致知出于孔氏,而良知出于孟轲性善之论。二曰亲民。亦本先民之言,盖《大学》旧本所谓亲民者,即百姓不亲之亲,凡亲贤乐利,与民同其好恶,而为絜矩之道者是已。此所据以从旧本之意,非创为之说也。三曰知行合一。亦本先民之言,盖知至至之,知终终之,只一事也。守仁发此,欲人言行相顾,勿事空言以为学也。"他的结论是:"是守仁之学,弗诡于圣,弗畔于道,乃孔门之正传也,可以终废其学乎?"因此他向皇上建议:"扩一视之仁,特敕所司,优以恤典赠谥,仍与世袭,并开学禁,以昭圣政。"②言辞恳切,句句在理,世宗皇帝却置之不理。给事中周延与黄绾相呼应,写了奏疏批评皇帝:"以一眚尽弃平生,非所以存国体而昭公论。"又说:"守仁事功学术人所共服,不必更议。"皇帝大为恼怒,申斥道:"朝廷以此为功罪所系,故命集议,周延党附狂率,谪补外职。"③

---

①　《明实录·明世宗实录》卷九十八,嘉靖八年二月戊辰。
②　(明)王守仁:《王文成全书》卷三十四《附录三·年谱三》。
③　(明)沈越:《皇明嘉隆两朝闻见纪》卷三。《王文成全书》卷三十四《附录三·年谱三》。

桂萼得到皇上谕旨,如同尚方宝剑在手,立即以"吏部会议"的名义,上报审查结论:"守仁事不师古,言不称师,欲立异为名,则非朱熹格物致知之论,知众论不与,则著《朱熹晚年定论》之书,号召门徒,互相唱和。才美者乐其任意,庸鄙者借其虚声,遂敢于放肆。传习转讹,悖谬日甚。"然而王守仁在正德、嘉靖之际的"事功",有目共睹,难以否定,桂萼提出貌似折衷的处理方案:剥夺他的封爵——新建伯,美其名曰"彰国家之大信",达到"申禁邪说,以正天下人心"之目的。[1] 皇帝支持桂萼的意见,批示道:"卿等言是。"然后发了一通和桂萼相似的议论:"守仁放言自肆,诋毁先儒,号召门徒虚声附和,用诈任情,坏人心术。近年士子传习邪说,皆其倡导。"把他的学说批得一无是处,结论是:"所封伯爵本当追夺,念系先朝信令,姑与终身,殁后恤典俱不准给。都察院榜谕天下,敢有踵袭邪说,果于非圣者,重治不饶。"[2]也就是说,新建伯的封爵随着他的死亡自然终止,子孙不得世袭。王守仁独子王正亿,在皇帝怒气消解后才得到了一个小小的锦衣卫副千户的职位。这些荣誉原本是皇帝赐予的,他当然有权任意剥夺。令人惊讶的是,嘉靖居然以皇帝圣旨的形式,宣布阳明心学是"坏人心术"的"邪说",禁止传播与学习,否则"重治不饶"。

值得注意的是,桂萼指责王守仁"事不师古,言不称师",所列举的事实只有《朱子晚年定论》,而且还把书名误写成《朱熹晚年定论》,看来他似乎没有看过此书,只是道听途说而已。以桂萼的那点学识,根本不可能知道,在王守仁的《朱子晚年定论》之前,早就有人提出过类似的观点,那就是程敏政。程敏政认为"朱子晚年所以兼受陆子之学,诚不在南轩、东莱之下",结论是"朱陆二氏之学始异而终同",所谓"始异",就

---

① 《明实录·明世宗实录》卷九十八,嘉靖八年二月甲戌。
② 《明实录·明世宗实录》卷九十八,嘉靖八年二月甲戌。

是朱子"早年未定之论";所谓"终同",就是朱子晚年定论,已经兼受陆子之学。邓志峰提及此事时指出:元明之际,学术上逐渐有朱陆合流的倾向,"在这股潮流中,活跃在成、弘时代的程敏政尤其值得重视。此人不仅在理学上的见解影响甚大,他的作品《道一编》、他为真德秀《心经》所作的附注,都对朱陆合流起了不小的推动作用。程氏《心经附注》旨在发明朱子之心学多引程子之论。尽管仍未超出朱学范围,但对心的关注使其影响自不可小觑。《道一编》则明标'朱子晚年所以兼受陆子之学,诚不在南轩、东莱之下',力主'朱陆二氏之学始异而终同',把二人不同的观点看成是'早年未定之论',开王守仁作《朱子晚年定论》的先河。"① 由此可见,朱子晚年定论云云,充其量不过是一个经学史上的学术问题,桂萼把它上升为政治问题,企图证明王守仁是"伪学"、"邪说"。皇帝接受了这一指责,下令禁止传播、学习,理由是苍白无力的。

4. 漫长的昭雪之路

统治者总以为动用政权力量打压一种思潮或一个学派,立刻可以收到万马齐喑的效果。其实不然,一种思潮或一个学派一旦为人们所信仰,它的生命力强大无比,决非政权暴力所能消解。阳明心学就是如此。门人为他编撰的年谱,记录了门生故友对他的追思,以及对朝廷禁令的蔑视,让人们看到了不屈服于威权高压的希望之光。一些文人与官员并没有被皇帝"重治不饶"的警告吓倒,依然我行我素,令人敬仰,也令人五味杂陈。读者诸君不妨耐心阅读以下的记录:

嘉靖八年(1529)二月四日,阳明先生的灵柩运抵家乡余姚,弟子门人为他举行祭奠仪式。

---

① 邓志峰:《王学与晚明的师道复兴运动》,社会科学文献出版社,2004 年,第 318—319 页。

嘉靖九年(1530)五月,门人薛侃在天真山建立精舍,祭祀先生。

嘉靖十一年(1532)正月,门人方献夫联合同志在京师聚会,纪念先生。年谱写道:"自师没,桂萼在朝,学禁方严,薛侃等既遭罪谴,京师讳言学。至是年,编修欧阳德、程文德、杨名在翰林,侍郎黄宗明在兵部,戚贤、魏良弼、沈谧等在科,与大学士方献夫俱主会。于时,黄绾以进表入,(钱德)洪、(王)畿以趋廷对入,与林春、林大钦、徐樾、朱衡、王惟贤、傅颐等四十余人,始定日会之期,聚于庆寿山房。"①显然门人同志对于"敢有踵袭邪说"的警告,不屑一顾。

嘉靖十二年(1533),门人欧阳德联合同门,在南京聚会,纪念先生。年谱写道:"自师没,同门既襄事于越。三年之后归散四方,各以所入立教,合并无时。是年,欧阳德、季本、许相卿、何廷仁、刘晹、黄弘纲嗣讲东南。(钱德)洪亦假事入金陵。远方志士四集,类萃群趋,或讲于城南诸刹,或讲于国子(监)鸡鸣(寺),倡和相稽,疑辩相绎。师学复有继兴之机矣。"②

嘉靖十三年(1534)正月,门人邹守益在江西安福建立复古书院,祭祀先生。三月,门人李遂在浙江衢州建立讲舍,祭祀先生。五月,贵州巡按御史王杏在贵阳建立王公祠。年谱记叙:"是年,(王)杏按贵阳,闻里巷歌声蔼蔼如越音,又见士民岁时走龙场致奠,亦有遥拜而祀于家者,始知师教入人之深……乃为赎白云庵旧址立祠。"③

嘉靖十四年(1535)二月,《阳明先生文录》在苏州刊刻出版。年谱记曰:"先是,(钱德)洪、(王)畿奔师丧,过玉山,检收遗书。越六年,(钱德)洪教授姑苏,过金陵,与黄绾、闻人诠等议刻《文录》……是年二月,

---

① (明)王守仁:《王文成全书》卷三十五《附录四·年谱附录·十一年壬辰正月》。
② (明)王守仁:《王文成全书》卷三十五《附录四·年谱附录·十二年癸巳》。
③ (明)王守仁:《王文成全书》卷三十五《附录四·年谱附录·十三年甲午五月》。

鸠工成刻。"①

南直隶巡按御史曹煜在九华山建立仰止祠,祭祀先生。

嘉靖十五年(1536),浙江巡按御史张景、提学金事徐阶重修天真精舍,礼部尚书黄绾作碑记,其中写道:"今日书院之创,非徒讲学,又以明先生之功也。"②

嘉靖十六年(1537),门人周汝贞在余姚建立新建伯祠。同年十一月,金事沈谧在家乡秀水县建立书院,祭祀先生。年谱说:"(沈)谧初读《传习录》,有悟师学,即期执贽请见,师征思田,弗遂⋯⋯遂拜薛子(侃),率同志王爱等数十人,讲学于其中"。③

嘉靖十七年(1538),浙江巡按御史傅凤翔在余姚龙山建立阳明祠。

嘉靖十八年(1539),江西提学副使徐阶,在江西洪都建立仰止祠,祭祀先生。年谱写道:"自(徐)阶典江西学政,大发师门宗旨,以倡率诸生。于是同门吉安邹守益、刘邦采、罗洪先,南昌李遂、魏良弼、良贵、王臣、裘衍,抚州陈九川、傅默、吴悌、陈介等,与各郡邑选士俱来合会焉。"④

嘉靖十九年(1540),门人周桐、应典等在浙江永康县建立书院,祭祀先生。

嘉靖二十一年(1542),门人范引年在浙江青田县建立混元书院,祭祀先生。

嘉靖二十三年(1544),门人徐珊在湖广辰州建立虎溪精舍,祭祀先生。

嘉靖二十七年(1548)八月,江西万安县同志在白云山麓建立云兴

① (明)王守仁:《王文成全书》卷三十五《附录四·年谱附录·十六年丁酉十一月》。
② (明)王守仁:《王文成全书》卷三十五《附录四·年谱附录·十五年丙申》。
③ (明)王守仁:《王文成全书》卷三十五《附录四·年谱附录·十六年丁酉十一月》。
④ (明)王守仁:《王文成全书》卷三十五《附录四·年谱附录·十八年己亥》。

书院,祭祀先生。九月,门人陈大伦在广东韶州建立明经书院。年谱写道:"书院在府城。先是,同门知府郑骝作明经馆,与诸生课业,倡明师学。至是,大伦守韶,因更建书院,立师位,与陈白沙先生并祀。"①

嘉靖二十九年(1550)正月,吏部主事史际在溧阳建立嘉义书院,祭祀先生。史际聘请钱德洪主持教事,常来参加讲会的不下百余人;春秋祭祀阳明与甘泉两先生。钱德洪在此期间,把先生《朱子晚年定论》一卷增刻为三卷,重刻先生《山东甲子乡试录》。四月,门人吕怀等在南京崇礼街新泉精舍建立大同楼,设先师画像,举办讲会。②

嘉靖三十年(1551),贵州巡按御史赵锦在龙场的龙岗书院旁建立阳明祠。罗洪先撰写的阳明祠碑记,对阳明先生的事功学术大加赞美:"先生以豪杰之才,振迅雄伟,脱屣于故常,于是一变而为文章,再变而为气节,当其倡言于逆瑾蛊政之时,挞之朝而不悔,其忧思恳款,意气激烈,议论铿訇,真足以凌驾一时而托名后世,岂不快哉!及其摈斥流离,而于万里绝域,荒烟深菁,狸鼯豺虎之区,形影孑立,朝夕惴惴,既无一可骋者,而且疾病之与居,瘴疠之与亲。情迫于中,忘之有不能;势限于外,去之有不可……至于是而后,如大梦之醒,强者柔,浮者实……然则先生之学,出之而愈张,晦之而愈光,鼓舞天下之人,至于今日不怠者,非雷霆之震,前日之龙场,其风霾也哉!"③

嘉靖三十一年(1552),提督南赣都御史张烜在赣州郁孤山建立阳明王公祠。江西佥事沈谧在南安复建阳明王公祠。南安是阳明先生逝世之地,士民哀号哭泣,在学宫之右建造阳明王公祠。其后,由于先生被诬,地方官"承奉风旨",把祠堂迁往小巷深处,隘陋污秽,人心不堪,沈谧与有司及师生商议,在旧址复建。

---

① (明)王守仁:《王文成全书》卷三十五《附录四·年谱附录·二十七年戊申九月》。
② (明)王守仁:《王文成全书》卷三十五《附录四·年谱附录·二十九年庚戌正月》。
③ (明)王守仁:《王文成全书》卷三十五《附录四·年谱附录·三十年辛亥》。

嘉靖三十二年(1553)，江西佥事沈谧在信丰县修复阳明王公祠，此后，赣州府所属十一县陆续建立阳明王公祠。

嘉靖三十三年(1554)，南直隶巡按御史闾东、宁国知府刘起宗在泾县建立水西书院，祭祀先生。

嘉靖三十四年(1555)，欧阳德改建余姚天真仰止祠。邹守益撰写《天真仰止祠记》，讲述其始末："天真书院本天真、天龙、明净三寺地，岁庚寅(嘉靖九年)，同门王子臣、薛子侃、王子畿暨德洪，建书院以祀先生新建伯。中为祠堂，后为文明阁、藏书室、望海亭，左为嘉会堂、游艺所、传经楼，右为明德堂、日新馆，旁为翼室。置田以供春秋祭祀。岁甲寅(嘉靖三十三年)，今总制司马梅林胡公宗宪按浙，今中丞阮公鹗视学，谋于同门黄子弘纲、主事陈子宗虞，改祠于天真上院，距书院半里许。"①

嘉靖三十五年(1556)二月，提学御史赵镗与广德知州庄士元，修复当初邹守益贬谪广德时创建的复初书院。五月，湖广兵备佥事沈宠在蕲州麒麟山崇正书院建立仰止祠，祭祀先生。钱德洪撰写《仰止祠记》，感叹先生的遭遇："昔者夫子之始倡是学也，天下非笑诋訾，几不免于陷阱者屡矣。夫子悯人心之不觉也，忘其身之危困，积以诚心，稽以实得，见之行事，故天下之同好者共起而以身承之，以政明之，故诸生之有今日，噫，亦难矣！"②

嘉靖四十二年(1563)八月，提学御史耿定向、知府罗汝芳在宣城建立志学书院，祭祀先生。

嘉靖四十三年(1564)，内阁首辅徐阶撰写《阳明先生画像记》，对于先生"以论学为世所忌，竟夺爵"深表不满，说道："先生在正德间，以都御史巡抚南赣，督兵败宸濠，平定大乱，拜南京兵部尚书，封新建伯。其

---

① （明）王守仁：《王文成全书》卷三十五《附录四·年谱附录·三十四年乙卯》。
② （明）王守仁：《王文成全书》卷三十五《附录四·年谱附录·三十五年丙寅五月》。

后以论学为世所忌,竟夺爵……呜呼,此其功岂可谓幸成,而其心事岂不皎然如日月哉? 忌者不与其功足矣,又举其心事诬之,甚矣,小人之不乐成人善也。自古君子为小人所诬者多矣,要其终必自暴白。乃予所深慨者,今世士大夫高者谈玄理,其次为柔愿,下者直以贪黩奔竞,谋自利其身。有一人焉,出死力为国家平定大乱,而以忌厚诬之。"①徐阶观点鲜明的表态,可以看作昭雪之路的转折点。

江西巡按御史成守节重修洪都王公仰止祠。内阁大学士李春芳为之作《王公仰止祠碑记》:"阳明先生祠,少师存翁徐公(阶)督学江右时所创建也。公二十及第,宏词博学,烨然称首词林,一时词林宿学皆自以为不及,而公则曰:'学岂文词已也。'日与文庄欧阳公(德)穷究心学,闻阳明先生良知之说,而深契焉……夫致知学发自孔门,而孟子良知之说则又发所未发。阳明先生合而言之曰致良知,则好善恶恶之意诚推其极,家国天下可坐而理矣。"②

至此,漫长的昭雪之路,似乎可以看到尽头了。由于内阁首辅徐阶与次辅李春芳的介入,王守仁的昭雪已经指日可待。这当然是门生故友坚持不懈努力的结果,而徐阶在其中起了决定性的作用。李贽对徐阶称颂阳明先生的立场大为欣赏,为"少师徐阶撰先生像记"写下这样的按语:"卓吾曰: 徐存斋公作记,大有感慨不平之思,以故得时行志,将当日所尽夺者,一概给与,虽谓存斋公封先生子孙世袭新建伯可也,不啻口出,徐公有焉。而天之默佑阴骘,特地生一贤师相,为先生暴白衷肠,亦可知矣。"③李贽为文一向无所顾忌,公然扬言,阳明先生获得昭雪,归还封爵,并非出自刚刚上台的穆宗皇帝的恩典,而是出于内阁首

①　(明)王守仁:《王文成全书》卷三十五《附录四·年谱附录·四十三年甲子》。
②　(明)王守仁:《王文成全书》卷三十五《附录四·年谱附录·四十三年甲子》。
③　《阳明先生年谱》卷下,四十三年甲子条,李贽评语。按: 此年谱系李贽的删节版(收于《阳明先生道学钞》卷八),与《王文成全书》所收年谱不同。李贽说:"余旧录有先生年谱,取谱之繁者删之,而录其节要。"对于重要事件,李贽都有文笔犀利的评语。

辅徐阶的力挽狂澜，虽然有些狂妄，却道出了实情。

邓志峰把王守仁的昭雪，归功于"在朝王学"，他分析道："在嘉靖后期南倭北虏、内忧外患纷至沓来的局面下，王门诸子的知兵倾向尤为世人瞩目。这一点又成了王学在政治上崛起的新的契机。在热衷军事的这一批人中间，徐樾、唐顺之、罗洪先，都是其中赫赫有名之辈……其他如三省总督胡宗宪，名将谭纶、戚继光、翁万达，都是王学的信徒或同情者。"又说："在朝王学的重要人物包括欧阳德、聂豹、严讷、李春芳、李遂等一大批官运亨通之辈。在其中，堪称护法的领袖人物是嘉隆之际的内阁首辅徐阶，理论代表则是官至户部尚书的著名学者耿定向。"①这样的分析是言之成理的。

嘉靖、隆庆之际的政治交接，徐阶处理得巧妙妥帖，先是以"遗诏"的形式表示先帝的悔悟，继而以"即位诏书"的形式表示尊重先帝遗愿，避免了"改祖宗之法"的非难。朝野上下把他比作正德、嘉靖之际力挽狂澜的"杨廷和再世"，为王守仁昭雪就是徐阶敦促穆宗完成的大手笔。

隆庆元年(1567)，穆宗皇帝鉴于王守仁"恤典赠谥阻陋长久"，下令六部六科及都察院官员会议，四月，部院科道官论定："王守仁学术纯正，勋名燿烈，此正合封册所云'推诚宣力守正文臣'者。况世爵定典，论功有六：一曰开国，二曰靖难，三曰擒反，四曰平番，五曰御胡，六曰征蛮。守仁有三焉。"穆宗考虑到王守仁学术纯正、事功显赫，不仅恢复了他的新建伯封爵，还赠予新建侯荣誉，赐给文成公谥号，派遣行人(职掌传旨册封的官员)到余姚，赐造坟墓，宣读诰词，给他盖棺论定："甫拜省郎，早伸大节，久膺铁钺，累建殊勋，绍尧孔之心传，追吕伊之懿绩，而乃谤起功高，赏移罚重。"②

---

①　邓志峰：《王学与晚明的师道复兴运动》，第33—315页。
②　(明)朱国祯：《皇明大政记》卷三十五，隆庆元年四月。

王守仁终于以极高的规格得以平反昭雪,朝廷以"学术纯正"、"绍尧孔之心传",洗刷了"邪说"、"伪学"的诬谤;以"勋名燝烈"、"追吕伊之懿绩",肯定了册封伯爵是应得的奖赏。人们认为,按照阳明先生对于孔孟之道的贡献,理应给予更高的荣誉:从祀孔庙。隆庆元年(1567)六月,礼科给事中赵轼、御史周弘祖题请已故礼部侍郎薛瑄从祀孔子庙庭,大理寺右丞耿定向也题请王守仁从祀孔庙。皇帝命礼部集议,礼部尚书高仪把商议结果上报:"薛瑄相去百年,舆论共服;王守仁尚近,犹恐众论不一,宜会官集议,以俟圣断。"①

隆庆二年(1568)五月,朝廷追录已故新建伯王守仁平宸濠功,令世袭伯爵。也就是说,王守仁之子王正亿可以承袭伯爵,子孙世世相传。两年后,皇帝又赐与铁券,券文写道:"两间正气,一代伟人,具拨乱反正之才,展救世安民之略,功高不赏,朕甚悯焉。因念勋贤,重申盟誓诸语。"②

既然是"两间正气,一代伟人",耿定向提出来的从祀孔庙,应该是顺理成章之事。实际情况并非如此。不久,徐阶致仕,继任内阁首辅的高拱对王守仁并无好感,此事自然不了了之。到了万历元年(1573),张居正取代高拱出任内阁首辅,事情似乎有了转机,官员们陆续上疏提议王守仁从祀孔庙。浙江巡按御史谢廷杰在奏疏中主张"崇祀大儒",在他看来,"孔孟周程之后所谓大儒,未有过于守仁者也"。先前廷臣屡次请求王守仁与薛瑄从祀孔子庙庭,薛瑄已经得到朝廷允准,而守仁仍然"欲待事久论定",结果是"迟而未决"。原因何在?"不过疑守仁之学专主尊德性,与朱熹之道问学不同而已"。他认为这个理由是不能服人的,因为"学也者,天下之公学也,公学而公言之,则其议论固自不能无

① 《明实录·明穆宗实录》卷九,隆庆元年六月丁未。
② (明)吴瑞登:《两朝宪章录》卷十九,隆庆二年五月戊午。

异同,亦不害其有异同"。在他眼中的王守仁,"笃信圣人,力探道妙,谓儒者之学,不独功利非所当为,即训诂词章皆在所不足事。故本虞廷精一,孔门博约之旨,以发《大学》格物致知之义,名曰致良知。其大意以为,人心虚灵,万理毕具,不假外索,而自有真知,是所谓良知也。人能不蔽于物欲,不牿于见闻,使虚灵之体湛然常存,寂然常应,是所谓格物以致良知也……举凡近世舍内逐外,支离汗漫之习,与夫慕空耽寂、枯槁遗落之弊,一洗而空之。至其行履,则忠孝正直,不愧屋漏。发为文章,措为政事,建为勋业,皆炳炳巍巍,在人耳目"。因此,他希望皇上"崇祀守仁,使与(薛)瑄并俎豆于孔庭","庶几正学昌明,真才辈出,圣治之隆,圣心之副,一举而兼得之"。①

陕西道监察御史李颐与之相呼应,恳切皇上"崇祀真儒":"顷者,御史谢廷杰疏举先臣王守仁拟议从祀之列……伏乞皇上丕显文谟,主张斯道,敕下礼部,广集群议,据实上闻。如果臣言不谬,将胡居仁同薛瑄、王守仁从祀孔庙。"他认为,如此一来,必然"理学益明,真儒辈出"。②

但是,掌握"宫府一体"大权的张居正,正在雷厉风行地推行全面改革,对于王门后学到处讲学之风颇为不满,明文规定"不许别创书院,群聚徒党,及号召他方游食无行之徒,空谈废业"③。王守仁从祀孔庙的事,根本不可能提上议事日程,直到万历十年(1582)张居正死后,事情才出现转机。神宗亲政以后,为了树立自己的威权,致力于打击"威权震主"的张居正,对他彻底否定:"张居正诬蔑亲藩,侵夺王坟府第,钳制言官,蔽塞朕聪……专权乱政,罔上负恩,谋国不忠。"④于是乎全盘推翻张居正的新政,反其道而行之。另一方面,继任的内阁首辅张四维,一

---

① (明)谢廷杰:《崇祀大儒以明正学以育真才以隆圣泽疏》,《万历疏钞》卷三十五。
② (明)李颐:《恳切圣明集公义崇祀真儒以培道脉以隆万世文治疏》,《万历疏钞》卷三十五。
③ (明)张居正:《请申旧章饬学政以振兴人才疏》,《张文忠公全集》卷四。
④ 《明实录·明神宗实录》卷一百五十二,万历十二年八月丙辰。

改先前张居正的"操切烦苛",推行"宽大之政",深得神宗欢心。① 万历十一年(1583)四月,张四维因为父亲病故,丁忧归里,继任内阁首辅申时行主张"肃杀之后应有阳春","宜乘此施惠"。②

在这种背景下,王守仁从祀孔庙的时机出现了,一些官员陆续提出这一问题。

万历十二年(1584)六月,御史詹事讲首先提请"从祀王守仁、陈献章"。礼部的议复是模棱两可的:"隆庆元年,兵科给事中赵思诚,南京福建道御史石槚,俱疏守仁、献章不宜从祀;户科都给事中魏时亮,右副都御史徐拭,礼科给事中宗弘选,御史谢廷杰,户科给事中赵参鲁,御史梁许、萧廪,工部办事进士邹德涵,右御史余乾贞,俱疏'二臣应从祀'。"既然一向有争议,皇帝的旨意也很谨慎:"从祀重典,着各该儒臣及九卿科道,从公品骘议奏,务协舆论。"③

万历十二年(1584)八月,右中允管司业事吴中行主张,王守仁、陈献章应当与薛瑄、胡居仁一并从祀孔庙,他在奏疏中说:"今之儒有竞虚华之谈,而阔略行检者矣,故若薛瑄、若胡居仁,践履笃实,足为后学之模,以修身为教,而有功于六经修践者,是可祀也。今之儒有局支离之迹,而茫昧本源者矣,故若王守仁、若陈献章,悟识通融,能发先圣之奥,以明心为教,而有功于六经宗源者,是可祀也。斯二者诚不可偏举而独遗矣。"他的结论是:"臣以为兹四人者同功一体,所当并议从祀者也。"④

一个月后,司经局洗马陈于陛再次提及王守仁、陈献章从祀孔庙之议,写了洋洋洒洒的长篇奏疏。他首先回顾了近几年来关于此事的经过:"据礼部手本开称,河南道御史詹事讲奏前事,请以先臣尚书王守

---

① 参见(明)吴伯与:《国朝内阁名臣事略》卷十三《张文毅传略》。
② 参见(明)吴伯与:《国朝内阁名臣事略》卷十三《申文定传略》。
③ (明)钱一本:《万历邸钞》万历十二年甲申卷,六月。
④ (明)吴中行:《议从祀疏(万历十二年八月)》,《万历疏钞》卷三十五。

仁、检讨陈献章从祀孔子庙庭。奉圣旨：'礼部看了来说，钦此。'该本部题复照先年例，敕翰林院、詹事府、左右春坊、司经局、国子监诸臣，各直抒所见，核议以闻。奉圣旨：'从祀重典，着各该儒臣及九卿科道，从公品骘议奏，务协舆论，钦此。'续据手本，该科道诸臣疏言：尚书章懋、祭酒蔡清、邹守益、谕德吴与弼、修撰罗伦、佥事吴仲韶、布衣胡居仁、陈真晟、王艮等，并令从祀。部复：照前例行各该衙门一并拟议具奏。奉圣旨：'是，钦此钦遵。'"看来事情比想象的复杂多了，除了王守仁、陈献章，还提出了章懋、蔡清、邹守益、吴与弼、罗伦、吴种韶、胡居仁、陈真晟、王艮等九人，似乎过于宽泛。陈于陛则主张陈献章、王守仁、胡居仁、蔡清四人，"皆无愧于从祀"，仍然有点宽泛。不过他对于陈献章、王守仁的品骘还是公允的。

关于陈献章，他说："献章之学，以致虚立本，以主静养为善之端倪，以勿忘勿助之间为体忍之则，以无所安排、自然应用为实得。盖始尝求之圣贤典训，而无所凑泊也。然后舍烦之约，去耳目支离之用，存虚圆不测之神，真见心体隐然，参前倚右，日用应酬，阖辟卷舒，无不自得，庶几乎圣人之道知而好，好而乐者也。"

关于王守仁，他说："守仁之学，以圣人为必可至，以心之良知是谓圣，以万事万物之理皆不外乎心。其致良知之说，大意谓：心之本体即天理之昭明灵觉，即良知，人能实致其知。天理常存，和融莹彻，充塞流行，天下事虽千变万化，以此立之，更无遗缺渗漏。其道明达而易简，其工夫直截而洒脱；其文又取之《大学》、《孟子》，而禀裁于静虚动直，大公顺应之指，于圣人之道可谓识其大矣。"

他的结论是："守仁之亡近矣，然能树标帜于献章之后，而担荷甚重。献章之遇诎矣，然实启关钥于守仁之先，而造诣最醇。今遗书具存，谆谆乎仁义忠信之谈，娓娓于子臣弟友之际，其于弘阐圣教，醒瞆后学，为效卓尔。世之讥献章者曰'偏于静'，讥守仁者曰'偏于知'。以为窃陆九渊、杨简之绪而近禅。臣以为非笃论也……使二臣得事圣门,方且蹑游夏而希回赐,何疑于一从祀哉?"①陈于陛是笃信朱子学的,以为朱子学是正学,如欲垂范天下,非朱子学不可,能有如此境界极力主张陈献章、王守仁从祀孔庙,实属难能可贵,也可见当时舆论在这一点上也已取得共识。

其中最有影响的莫过于耿定向。都察院左副都御史耿定向向皇帝呈进长篇奏疏,主张王守仁、陈献章应该从祀孔庙。关于王守仁,他说:"守仁之学,措之行履,信在乡邦;发之事业,功在宗社。臣不具论。乃其讲学淑人,单揭要指曰致良知。夫曰良知云者,即孔子之所谓仁,是人之所以生者也。本诸身,而能视能听能言能动;显诸伦,而为忠为孝为弟为信。是非淑慝,灵昭不昧,乃蒸民之所同具,无圣凡古今一也,特有致有不致耳……皇上今绥其猷,此非千载一时哉!臣等集议咸切切焉。皇上俎豆守仁于孔庙之庑者,非曰祀其人已也,盖藉此以树枸的,将令天下臣庶率由于其道也……盖守仁从祀之举,盖彰明道术之微机,化成天下之上务也。顾往往请者数矣,间有异议者,或胶于言论意见之异同,而未求诸心;或眩于传闻疑似之群吠,而未核其实耳。"关于陈献章,他说:"若献章,当训诂汩溺之余,名理梦呓之日,而学以静观默识为务,以致虚立本为宗,其深造自得之趣,坚直明懿之履,抑可谓乎醇者矣。昭代学术反约而求诸心,不为口耳支离之骛者,实其开先也。"他的结论是:"若王守仁、陈献章二臣者,其议祀已久,舆论已孚,伏乞敕下该部先行从祀,庶令后学知所向往。"②

耿定向早在隆庆元年就提出过这一问题,过了十多年再度提及,他感受到"异议"压力之巨大,即他所说的"或胶于言论意见之异同","或

---

① (明)陈于陛:《议从祀以崇圣道疏(万历十二年九月)》,《万历疏钞》卷三十五。
② (明)耿定向:《议从祀疏(甲申左院草)》,《耿天台先生文集》卷二。

眩于传闻疑似之群吠"。这次依然如此。皇帝把他的奏疏交给礼部尚书沈鲤,要他召集廷臣集议,廷臣意见分歧,难以取得结论。幸亏内阁首辅申时行及时插手,才促成此事。申时行在看到耿定向奏疏时,就向神宗皇帝递上奏折,支持耿定向的意见。他向皇上分析说,王守仁的思想出于《大学》和《孟子》,陈献章的思想出于宋儒周敦颐、程颢,并非自创一个门户。因此他认为,王守仁和陈献章从祀孔庙,可以收到意想不到的政治效果。他在题为《遵明旨析群议以成盛典事》的奏疏中说:"先该御史詹事讲建白,先臣王守仁、陈献章从祀学宫。或又訾诋守仁,议者纷纷,迄无定论。今该部巍复议,乃请独祀布衣胡居仁,臣等切以为未尽也。彼訾诋守仁、献章者,谓其各立门户者,必离经叛圣,如老佛庄列之徒而后可。若守仁言致知出于《大学》,良知本于《孟子》;献章言主静,沿于宋儒周敦颐、程颢,皆祖述经训,羽翼圣真,其自创一门户耶?事理浩繁,茫无下手,必于其中提示切要,以启关钥,在宋儒已然,故其为教曰仁曰敬,亦各有主,独守仁、献章为有门户哉?其谓禅家宗旨者,必外伦理、遗世务而后可。今孝友如献章,出处如献章,而谓之禅,可乎?气节如守仁,文章如守仁,功业如守仁,而谓之禅,可乎?其谓无功圣门者,岂必著述而后为功。夫圣贤于道,有以身发明者,比于以言发明,其功尤大也。其谓崇王以废朱者,不知道固互相发明,并行不悖。盖在宋时,朱与陆辩,盛气相攻,两家弟子有如仇隙,今并祀学宫,朱氏之学既不以陆废,今独以王废乎?大抵近世儒者褒衣博带以为容,而究其实用,往往病于拘曲而无所建树;博物洽闻以为学,而究其实得,往往狃于见闻而无所体验。习俗之弊,沉痼久矣!今祀守仁、献章,一以明真儒之有用,而不安于拘曲:一以明实学之自得,而不专于见闻。斯于圣化岂不大有裨益乎?"[①]

① (明)钱一本:《万历邸抄》,万历十二年甲申卷,十一月庚寅。

虽然申时行并非儒臣,也没有徐阶那样的王学背景,这篇奏疏却写得气势如虹,逻辑严密,极具说服力。神宗接到他的奏疏,为了开创不同于张居正的新局面,不等礼部上报集议结果,就依据申时行的建议,下达圣旨:"皇祖世宗尝称王守仁有用道学,与陈献章、胡居仁既众论推许,咸准从祀孔庙。朝廷重道崇儒原尚本实,操修经济都是学问,亦不必别立门户,聚讲空谈,反累盛典。礼部其遵旨行。"①其后又有南京户部郎中唐伯元、大理寺少卿王用汲、光禄寺丞李祯相继诋毁王守仁,都遭到神宗严词批驳:"王守仁学术原与宋儒朱熹互相发明,何尝因此废彼?"②神宗对他们的批驳还算客气的,这些人反对王守仁从祀孔庙,极尽诋毁之能事,言论相当尖锐。例如南京户部郎中唐伯元在奏疏中说:"六经无心学之说,孔门无心学之教,凡言心学者皆后儒之误。守仁言良知,俱系邪说,系新学惑世诬民,立于不禅不霸之间,习为多疑多似之行。功已成而议者不休,骨已朽而忿者愈炽。工于护短,巧于盗名,终日招朋聚党,好为人师,而忘其身之可贱。乃稍知廉耻之士所不肯为,后人效之不为狗成,则从鬼化。"③通篇都是人身攻击,用谩骂取代说理,比当年的桂萼有过之而无不及。神宗宽大为怀,只给了他降三级调外任的处分,以示警告。这些小插曲已经难成气候,王守仁从祀孔庙已成定局。

王守仁的昭雪之路,以从祀孔庙而达到高潮,可谓功德圆满。

毛奇龄对此颇为感慨,发了一通议论,颇能令人深省,值得一看。他说:"今阳明事功则直是三代以后千百年一人,即令无学,亦既在孝悌忠信正谊明道志士仁人之上。而学复如是,虽使亲入圣门,亦应不出由赐下,而只此从祀一节,尚龃龉论辩,谬之谬矣。史称,神宗定从祀,有

---

① 《明实录·明神宗实录》卷一百五十五,万历十二年十一月庚寅。
② (明)钱一本:《万历邸抄》,万历十二年甲申卷,十一月庚寅。
③ (明)钱一本:《万历邸抄》,万历十三年乙酉卷,三月,谪唐伯元条。

'王守仁有用道学'一语,真圣人之言。宋学惟无用,借以自便,故造为圣学轻事功之言……阳明龙场节操总废,何况事功。'有用'二字,非深知圣学者乌能言之。间尝叹阳明一生,其事功学术每败于宵人,而成于圣人。世宗、穆宗已定勋爵,而神宗复表其学术。今世宵人其龃龉者不乏矣,顺治末年,竟言王学非宋学,然其合圣学安在?赖世祖皇帝有言:'守仁之学,有似孟子',众便翕然。"①他特别提到,阳明先生逝世后,各地为了纪念他,先后建立书院七十五所,祠堂四百二十所,感叹道:"若夫门人相继,总属善类,虽学问各出,或不足以导扬师说,而攻者如彼,归之者又如此,人心之良斯可见。"②

诚如毛奇龄所说,从晚明到清初,对于王学始终有誉有毁,作为学术争议不足为奇,但是,为什么学术的是非功过一定要由皇帝来当判官,一锤定音?难道学术就是政治,或者等而下之,不过是政治的附庸而已?

皇恩浩荡再次降临之际,人们不禁要追问:对中国以及周边国家影响几个世纪的"阳明学",和先前的"朱子学"一样,都曾经受到政治权力的粗暴干预,被诬为"伪学",这是为什么?张岱的话是发人深思的:"(阳明先生)致良知之说行,而人犹訾天下无学术矣;平宸濠、平思田之功成,而人犹訾天下无事功矣。逞口诬张,易白为黑,阳明先生犹不免,而况其他乎!"③令才子张岱深深感叹的是,阳明先生事功与学术两者都如此杰出,在明代无出其右者,仍然不免于诬陷——"逞口诬张,易白为黑",何况其他人!人们有必要追问一句:症结究竟何在?

① (清)毛奇龄:《王文成传本》卷二。
② (清)毛奇龄:《王文成传本》卷二。
③ (明)张岱:《石匮书》卷一百三十《王守仁列传》。

三　"掀翻天地"的王门弟子

王门弟子遍天下，又各立门派。黄宗羲似乎对其中的一些人有所非议，他说："阳明先生之学，有泰州、龙溪而风行天下，亦因泰州、龙溪而渐失其传。泰州、龙溪时时不满其师说，益启瞿昙之秘而归之师，盖跻阳明而为禅矣。然龙溪之后力量无过龙溪者，又得江右为之救正，故不至十分决裂。泰州之后，其人多能赤手以搏龙蛇，传至颜山农、何心隐一派，遂复非名教之所能羁络矣。顾端文曰：'心隐辈坐在利欲胶漆盆中，所以能鼓动得人，只缘他一种聪明，亦自有不可到处。'羲以为，非其聪明，正其学术之所谓祖师禅者，以作用见性，诸公掀翻天地，前不见有古人，后不见有来者。"①这自然是一家之言。换一个立场来看，则又是另一番境界。摆脱名教的羁络，掀翻天地，难道不值得赞扬么？

1. "不从人脚跟转"的王畿

王守仁被朝廷定为"伪学"、"邪说"十二年之后，即嘉靖二十年（1541），他的大弟子王畿也被朝廷定为"伪学小人"。两者都是政治权力对于学术的压制，都是由皇帝圣旨的形式公之于世的。决策者当然另有其人。前者是刚刚由吏部尚书进入内阁的桂萼，后者是内阁首辅夏言。

关于此事，《明世宗实录》记载："刑科等科都给事中戚贤等……因荐南京吏部尚书闻渊、兵部尚书熊浃、吏部尚书刘天和，皆忧国忠君，可

---

① （清）黄宗羲：《明儒学案》卷三十二《泰州学案》。

寄股肱。南京兵部郎中王畿、主事程文德、福建参议徐樾,皆清修积学,可备馆院……疏入,上曰:'宗庙灾变,朕方朝夕祗惧,不敢康宁,在廷群臣正宜休念,同加修省,以回天意。戚贤等乃敢因而行私,肆意妄言,变乱邪正……王龙溪伪学小人,专擅荐引,显是怀奸植党,欺君误国。"①

《明世宗实录》这段话,漏掉了一个关键事实:圣旨是内阁首辅夏言"票拟"的,皇帝不过是照发而已。这是有据可查的。尹守衡《明史窃》提及此事,写道:"三殿灾,诏求直言,吏科都给事中戚贤疏请上审进退,以回天变。所论列皆权宠大臣,而举海内才望问学之臣十四人,又多讲学之士。上曰:'如王畿诈伪小人,亦擅引荐,怀奸植党,一至于斯。'相贵溪所票旨也。"②此处的"相贵溪所票旨"是点睛之笔,所谓"相"即内阁首辅,所谓"贵溪"指的是夏言(夏言是江西贵溪人),所谓"票旨"意为代帝票拟圣旨。万斯同《明史》提及此事,写道:"三殿灾,给事中戚贤等会荐人才,(王)畿预焉。(夏)言遂拟旨,斥(王)畿伪学,夺(戚)贤职,(王)畿乃再疏谢病归。"③说得很清楚,指斥王畿为"伪学"、"小人",是夏言"票拟"的圣旨。

这一事件的结果,是戚贤的贬谪——贬为山东布政司都事,以及王畿的罢官。夏言之所以要票拟"伪学小人"这样的圣旨,反映了他对王学的极度反感。王畿是王阳明的大弟子固不待言,戚贤也对阳明先生执弟子之礼。万斯同说:"(戚)贤闻王守仁之说,心契之,及官于浙,遂执弟子礼,与王畿、钱德洪、罗洪先、唐顺之辈友善。"④直接的动因当然是政治的考量。戚贤在推荐王畿等人的同时,抨击了一些权臣,指责翊国公郭勋"肆逞凶狂,假擅威福,吞噬遍天下",请求皇上把他"亟行废黜";

① 《明实录·明世宗实录》卷二百四十八,嘉靖二十年四月乙亥。
② (明)尹守衡:《皇明史窃》卷七十六《道学·王畿》。
③ (清)万斯同:《明史》卷二百七十四《王畿传》。
④ (清)万斯同:《明史》卷二百八十三《戚贤传》。

弹劾尚书张瓒、樊继祖、李廷相,都御史王廷相、胡守中,少卿李开先、戴儒,侍读胡经,司业王同祖,"大计罢黜,不宜夤缘复进"①。在夏言看来,戚贤弹劾朝中权臣,引荐"伪学小人",显然是"肆意妄言,变乱邪正"。

王畿当然不是"伪学小人",犹如阳明学说并非"伪学"、"邪说"。黄宗羲把王畿与王守仁的师承关系,比喻为杨简与陆九渊的关系:"先生(王畿)亲承阳明末命,其微言往往而在。象山(陆九渊)之后不能无慈湖(杨简),文成(王守仁)之后不能无龙溪(王畿),以为学术之盛衰因之,慈湖决象山之澜,而先生疏河导源于文成之学,固多所发明也。"②王门弟子中,最得老师心传的当推王畿,直到八十六岁去世之前,始终致力于讲学,光大师门学说。

王畿,字汝中,号龙溪,绍兴府山阴县人,弱冠之年得中举人。此时,阳明先生在姚江倡导良知之学,士人们惊骇不已,他欣然前往受业,与钱德洪成为及门弟子。入试礼部不第,焚毁京兆所给路券而归,毅然放弃举子业,只求卒学于师门。一年后大悟:"'致良知'三字谁不闻,信得及者,惟我也。"③明年复当会试,阳明命他前往,他不答。阳明解释道:"吾非欲以一第荣子,愿吾之学疑信者半,而吾及门士朴厚者未通解,颖慧者乏沉毅,能阐明之者无逾子。今宦学者咸集都门,子曷往焉?"王畿于是遵命前往应试。他与妹婿钱德洪都通过了礼部考试,鉴于对时局的不满,二人一致认为"此非吾辈仕时也",不就廷试而还。④

此后,他专注于阳明夫子之学,深得真传,对于夫子的"四句教法"——"无善无恶心之体,有善有恶意之动,知善知恶是良知,为善去恶是格物",有独到的领悟。钱德洪认为"此是师门教人定本,一毫不可

①　(清)万斯同:《明史》卷二百八十三《戚贤传》。
②　(清)黄宗羲:《明儒学案》卷十二《浙中王门学案二·郎中王龙溪先生畿》。
③　(明)尹守衡:《皇明史窃》卷七十六《道学·王畿》。
④　(明)尹守衡:《皇明史窃》卷七十六《道学·王畿》。

更易。"他却认为:"夫子立教随时,谓之权法,未可执定。体用显微只是一机,心意知物只是一事。若悟得心是无善无恶之心,意即是无善无恶之意,知即是无善无恶之知,物即是无善无恶之物。盖无心之心则藏密,无意之意则应圆,无知之知则体寂,无物之物则用神……"钱德洪表示反对:"若是,是坏师门教法,非善学也。"他坚定地主张:"学须自证自悟,不从人脚跟转,若执着师门权法以为定本,未免滞于言诠,亦非善学也。"①两人的争论,显然王畿略胜一筹,更符合阳明学说的本意。阳明先生一贯主张"学贵得之心,求之于心而非也,虽其言之出于孔子,不敢以为是也",王畿所说的"学须自证自悟,不从人脚跟转",深得师门真传。钱德洪所说的"师门教人定本,一毫不可更易",与"学贵得之心"有一段距离。

钱德洪不以为然,希望当面就正于老师。当时王阳明即将受命前往两广执行军务,临行前的晚上,师生三人在天泉桥上座谈,于是就有了阳明先生一番宏论。他讲了这样几层意思:

> 正要二子有此一问。吾教法原有此两种:四无之说,为上根人立教,四有之说,为中根以下人立教。
>
> 上根之人悟得无善无恶,心体便从无处立根基,意与知物皆从无生,一了百当。即本体便是工夫。易简直截,更无剩欠,顿悟之学也。
>
> 中根以下之人未尝悟得本体,未免在有善有恶上立根基,心与知物皆从有生。须用为善去恶工夫随处对治,使之渐入悟,从有以归于无,复还本体,及其成功一也。
>
> 世间上根人不易得,只得就中根以下人立教,通此一路。汝中所见是接上根人教法,德洪所见是接中根以下人教法。

---

① (明) 王畿:《龙溪王先生全集》卷一《语录·天泉证道纪》。

汝中所见，我久欲发，恐人信不及，徒增躐等之病，故含蓄到今。此是传心秘藏，颜子明道所不敢言者，今既已说破，亦是天机该发泄时，岂容复秘？然此中不可执着，若执四无之见，不通得众人之意，只好接上根人，中根以下人无从接授。若执四有之见，认定意是有善有恶的，只好接中根以下人，上根人亦无从接授。

但吾人凡心未了，虽已得悟，不妨随时用渐修工夫，不如此不足以超凡入圣，所谓上乘兼修中下也。汝中此意正好保任，不宜轻以示人，概而言之，反成漏泄。德洪却须进此一格，始为玄通。德洪资性沉毅，汝中资性明朗，故其所得亦各因其所近，若能互相取益，使吾教法上下皆通，始为善学耳。①

看得出来，阳明先生对于两位大弟子都很器重，不想轻易表态，分出伯仲，希望他们互相取益，相得益彰。但是，言谈之中不免流露出高下之分：王畿属于上根人，可以顿悟；钱德洪属于中根以下人，可以渐悟。对于王畿所见尤为激赏，他自己早就想提出，恐怕人们不信，故而含蓄至今，想不到这样的"传心秘藏"，被王畿说破。这是何等高的评价！

王畿思想的精彩之处就在于，他始终坚信"学须自证自悟，不从人脚跟转，若执着师门权法以为定本，未免滞于言诠，亦非善学也"。如果不能自证自悟，一味追随前贤的脚跟转，人云亦云，重复前贤的语录，或者执着于师门权法，不敢超越，那就没有发展，没有创新，思想界岂不成为一潭死水！王畿在给友人的信中，一再强调这样的思想："若不是自己真有个悟入处，虽尽将先师口吻、言句，一字不差，一一抄誊与人说，

---

① （明）王畿：《龙溪王先生全集》卷一《语录·天泉证道纪》。按：所引文字于《天泉证道纪》中为一段，今以层析之，便于读者阅读。

只成剩语，诳己诳人，罪过更大。以其无得于己也。诸公果肯信不肖之言，不为虚妄，只当听信先师之言一般，还须转个关捩子，默默体悟，方得相应。"①

他所说的"自己真有个悟入处"，而不是"无得于己"，与阳明先生主张"学贵得之心"是一致的。阳明的《〈五经臆说〉序》，用鱼与筌、醴与糟粕的关系作比喻，来说明如何看待五经，如果把捕鱼的工具（筌）当作鱼，把酿酒（醴）的糟粕当作酒，就不可能得到鱼与醴。因此他说："五经圣人之学具焉，然自其已闻者而言之，其于道也，亦筌与糟粕耳。"同样，对于他自己的学说，也应该如此："观吾之说而不得其心以为是，是亦筌与糟粕也。"②希望弟子们要有自己的心得，不要受他的"胸臆之见"所束缚，正因为如此，他把洋洋巨著《五经臆说》付诸"秦火"。杜维明说得好："阳明所以不愿意公开他的《五经臆说》，一方面因为他心怀如此深邃的内心经验，以至于他自己也无法用词句恰当地表达出来；另一方面，是因为他的教育哲学强调，每一个学生在读经时通过体验获得的个人知识都是个人的。"③显然，阳明先生不希望他的学生跟着他的脚跟转，王畿是深知其中三昧的嫡传弟子。

有鉴于此，清朝的四库馆臣对王畿的品评，如果不是出于偏见，便是失之片面。四库馆臣说："畿传王守仁良知之学，而渐失其本旨。"又说："王学末流之恣肆，实自畿始。《明史》虽收入《儒林传》，而称：'士之浮诞不逞者，率自名龙溪弟子'云云，深著其弊，盖有由也。"④所谓"渐失其本旨"，显然与事实不符。至于"王学末流之恣肆，实自畿始"，颇有卫道士的陈腐气息，从反面理解，恰恰是为思想解放推波助澜。《明史·

---

① （明）王畿：《答李克斋》，《龙溪王先生全集》卷九。
② （明）王守仁：《〈五经臆说〉序》，《王文成全书》卷二十二《外集四》。
③ 杜维明：《青年王阳明——行动中的儒家思想家》，第167页。
④ 《四库全书存目丛书》史部九十八《龙溪全集》提要。

儒林传》所谓"浮诞不逞"云云,也是如此。正如邓志峰所说:"王畿之被视为伪学,正当作如是观。事实上,从他自己讲究'掀翻天地,打破牢笼',不以先有规则为界限,不以已有之教条为是非,这一角度来看,传统的气节、名教本来都与他的理论无关……这个意义上的王畿,倒是一种不折不扣的'真学'。"[①]因此,王畿对自己的学问十分自信,对于"伪学"的诬陷淡然处之。戚贤为了推荐他,却使之遭"伪学"之谤,颇为内疚。王畿在祭文中说:"兄尝致书于予,自谓以此相累。伪学之名,虽非清朝所宜有,但观前朝,当此者何人?复以此相勉于玄,就淡如也。"[②]事实确乎如此,连声名显赫的大学问家朱熹都被扣上"伪学"的帽子,又何必耿耿于怀呢!真者自真,伪者自伪,是非自有公论。

王畿坚信"学须自证自悟,不从人脚跟转",他的思想极具批判锋芒。最令人震撼的是"《论语》有病"论:"观《春秋》、《易》、《诗》、《书》,经圣人手,则知编《论语》者亦有病。《论语》一书多出有子、曾子门人之手,微言隐义间有存者。至如《乡党》一篇,只记得孔子皮肤影像。若是传神手笔,绝尘而奔,非步步趋趋所能及也。天下若无着实师友,不是各执己见,便是恣情纵欲。"[③]自从《论语》等四书被奉为"经"以后,地位节节攀升,大有凌驾于五经之上的趋势,士人一味顶礼膜拜,只敢亦步亦趋地注释,少有批评。王畿反其道而行之,直率地指出《论语》"有病",并非"传神手笔","只记得孔子皮肤影像",显示了他"不从人脚跟转"的理论勇气。

这与他对经学的批判立场是一致的:"汉唐以来分门传经,训诂注述之徒,所谓庶孽者,昂然列于庑下,而为宗子者,尚泥于纷纷之说,不

---

① 邓志峰:《王学与晚明的师道复兴运动》,第 151—152 页。

② (明)王畿:《祭戚南玄文》,《龙溪王先生全集》卷十九。

③ (明)王畿:《抚州拟岘台会语》,《龙溪王先生全集》卷一。

得并列于俎豆之间,以承继述之重,岂亦有似是而难明者乎!"①在他看来,这种积习,古已有之,于今为烈:"盖自霸术以来,功利世情渐渍熏染,入于人之心髓,已非一朝一夕之故。吾人种种见在好名、好货、好色等习,潜伏胶固,密制其命,不求脱离。终日倚靠意见牵搭支撑,假借粉饰,以任情为率性,以安逸因循为自然,以计算为经纶,以迁就为变通,以利害成败为是非,以激愤幸戾为刚大之气……今日学问所以不能光显于天下,而致兹多口,在吾人诚有不得不任其咎者矣。"②因此,他要大声疾呼,终身致力于讲学,力图改变这种积习。他说:"嗟乎,世人所以病乎此学者,以为迂阔臭腐,纵言空论,无补于身心也;甚或以为立门户、崇党与,而侈嚣哗,无关于行实也。审若是,则此学如悬疣附赘,假途措寇,谓之不讲也固宜,而其实若有为尽然者。盖吾人在世,不能为枯木,为湿灰,必有性情之发,耳目之施,以济日用,不能逃诸虚空。必有人伦庶物感应之迹。有性情而不知节,则将和荡而淫矣;有耳目而不知检,则将物交而引矣;有人伦庶物之交而不知防慎,则将綦秩而棼类矣。此近而诸身,不容一日而离,则此学固不容以一日不讲也。"③

"此学固不容一日不讲",他不仅这样说,而且这样做,直到八十多岁,还在到处奔走讲学,弘扬先师的学说。尹守衡写道:"年八十余,犹不废出游,曰:'吾非好游,天壤悠悠,谁当负荷? 思与海内士夫相与证明先师法旨,续千圣之道脉耳。'"④他的讲学意在"证明先师法旨",并非四库馆臣所谓"畿传王守仁良知之学,而渐失其本旨"。

比如,强调日用饮食、声色财货看起来"极粗",却是"极精的学问",便不失先师本旨。嘉靖二十八年(1549),王畿偕钱德洪前往江西龙虎

---

① (明)王畿:《与陶念斋》,《龙溪王先生全集》卷九。
② (明)王畿:《答季彭山龙镜书》,《龙溪王先生全集》卷九。
③ (明)王畿:《新安福田山房六邑会籍》,《龙溪王先生全集》卷二。
④ (明)尹守衡:《皇明兑窃》卷七十六《道学·王畿》。

山之冲元观,举行"冲元大会"。王畿在会上演讲,专就"极粗"与"极细"发表自己的见解:"今人讲学,以神理为极精,开口便说性说命,以日用饮食、声色财货为极粗,人面前便不肯出口。不知讲解得性命到入微处,一种意见终日盘桓其中,只是口说,纵令婉转归己,亦只是比拟卜度,与本来性命生机了无相干,终成俗学。若能于日用货色上料理经纶,时时以天则应之,超脱得净如明珠,混泥沙而不污,乃见定力。极精的是极细的学问,极粗的是极精的学问,精精粗粗,其机甚微,非真实用工夫之人,不易辨也。""只因吾人许多习闻旧见缠绕,只得与剖析分疏,譬诸树木被藤蔓牵缠,若非剪截解脱,本根生意终不条达。"①

比如,他强调"人皆可以学圣",也不失先师本旨。嘉靖三十四年(1555),在宣城九龙庵讲学,宣扬"人皆可以学圣"。他说:"予赴会水西,太平杜子质偕同志二十余辈诣会所,请曰:质昔闻先生之教,归而约诸乡,立会于九龙。始而至会者惟举业子也,既而闻'人皆可以学圣',合农工商贾皆来与会。兹幸先生至,敢请下教,以坚其约。乃携贡子玄略、周子顺之、吴子崇本、王子汝舟,从蓝山历宝峰以达九龙,会者长少余三百人。乡中父老亦彬彬来集,以一见为快……会三日,将出山,杜子请一言以示劝诫。予惟'古者四民异业而同道'。"②所谓"四民异业而同道",其真谛就是"人皆可以学圣"。这样的讲会,自然有极大的吸引力,父老乡亲不分长幼,三百多人前来听讲,原因是不言而喻的。他的讲会,欢迎农工商贾前来听讲,所以会有"农工商贾皆来与会"的盛况。传统文人一向轻视农工商贾,不愿与之交往,王畿则不然。他甚至认为,衣冠楚楚的文士如果不知学,与禽兽无异:"吾人若不知学,不干辨性命上事,虽处衣冠之列,即是襟裾之牛马;绮语巧言,心口不相应,即

---

① (明)王畿:《冲元会纪》,《龙溪王先生全集》卷一。
② (明)王畿:《书太平九龙会籍》,《龙溪王先生全集》卷七。

是能言之鹦鹉,与禽兽何异?"他还认为,饱食终日无所事事的文士,还不如农工商贾:"士与商贾异者,以其尚义而远利也。农食以力,工食以艺,尚不肯空食。吾人饱食终日,安于素餐,或孳孳于刀锥之间,较量盈缩,不能忘谋利之心,将农工不如,与商贾何异?"①这种观点与后辈李贽何其相似乃尔!

在人们的眼中,追求"掀翻天地"、"打破牢笼"的王畿,似乎有些狂。他始终认为,"狂狷"总比"乡愿"好:"狂者之意,只是要做圣人,其行有不掩,虽是受病处,然其心事光明超脱,不作些子盖藏回护,亦便是得力处。若能克念,时时严密得来,即为中行矣。狷者虽能谨守,未辨得必做圣人之志,以其知耻不苟,可使激发开展,以入于道,故圣人思之。若夫乡愿,不狂不狷,初间亦是要学圣人,只管学成骰套,居之行之,像了圣人,忠信廉洁;同流合污,不与世间立异,像了圣人,混俗仓荒。"这样的乡愿,"既足以媚君子","又足以媚小人"。所以他宁愿做一个"行有不掩"的狂者,因为"心事光明超脱,不作些子盖藏回护",而不愿沦为"求媚于世"的乡愿,即使它表面看来"完全无破绽"。理由很简单:"吾人学圣人者,不从精神命脉寻讨根究,只管学取支毛枝节,趋避形迹,免于非刺,以求媚于世,方且傲然自以为是,陷于乡愿之所,而不知其可哀也。"②

这或许是"不从人脚跟转"的王畿可爱之处。因此,《明史·儒林传》所说"其后,士之浮诞不逞者,率自名龙溪弟子"③,四库馆臣以为"深著其弊"云云④,都应从反面理解。也就是说,王畿以及那些"浮诞不逞者",都在为思想解放推波助澜,在历史画卷中绽放出不同寻常的奇异光彩。在正统派人士眼中,觉得非常异议可怪,是不足为奇的。从长时

---

① (明)王畿:《申约后语》,《龙溪王先生全集》卷五。
② (明)王畿:《与梅纯甫问答》,《龙溪王先生全集》卷一。
③ 《明史》卷二百三十八《儒林传·王畿》。
④ 《四库全书存目丛书》史部九十八《龙溪全集》提要。

段的历史眼光来看,"掀翻天地"、"打破牢笼",恰恰是他们最大的贡献。李贽对这位前辈推崇备至,万历十一年(1583)十二月十六日,他获悉龙溪先生讣闻,设灵祭奠,慨然叹息:"先生圣代儒宗,人天法眼,白玉无瑕,黄金百炼。今其没矣,后将何仰?"①

2."六经皆注脚"的王艮

王门弟子之中,王艮是最为奇特的一人,他出生于地位卑贱的"灶丁"之家,只在塾师那里识了一点字,粗识《论语》、《孝经》章句。师从阳明先生以后,卓然成为大家,创立名闻遐迩的泰州学派,毕生"扁舟于村落之间",为下层民众授道解惑,门人弟子遍天下。据袁承业所编《名儒王心斋先生师承弟子表》,王艮的五传弟子共计四百八十七人,其中以进士为官者十八人,以贡士为官者二十三人,载入《明史》者二十余人,载入《明儒学案》者三十余人。"上自师保公卿,中及疆吏司道牧令,下逮士庶樵陶农吏,几无辈无之。"袁氏慨叹道:"心斋先生毅然崛起于草莽鱼盐之中,以道统自任,一时天下之士率翕然从之,风动宇内,绵绵数百年不绝。"②他的学生王栋这样赞美他:"天生我师,崛起海滨,慨然独悟,直超孔子,直指人心,然后愚夫俗子,不识一字之人,皆知自性自灵,自完自足。先师之功可谓天高而地厚矣。"③在晚明思想解放的浪潮中,王艮是不可多得的推手。

王艮,初名银,王守仁为他更名为艮,字汝止,号心斋,泰州安丰场人。安丰场,是滨海诸多盐场之一。④ 他从小就跟随父亲在盐场劳作,

---

① (明)焦竑:《熙朝名臣实录》卷二十《郎中王公》。

② 侯外庐、邱汉生、张岂之主编:《宋明理学史》(下),人民出版社,1987年,第447—448页。

③ (明)王栋:《会语正集》,《王一庵先师全集》卷上。

④ 泰州滨海盐场有富安场、安丰场、梁垛场、东台场、何垛场、丁溪场、草堰场、白驹场、角斜场等,乾隆三十三年析置东台县后,盐场划归东台县管辖。参看嘉庆《东台县志》卷十八《盐法》,以及卷首《序言》。

七岁时在乡塾读书,因为家贫而辍学。弱冠时,受父命经商,往来于齐鲁之间,路过阙里,拜谒孔庙,瞻仰从祀大儒,叹息道:"是圣人者可学而至也。"回家后,日夜诵读《孝经》、《大学》、《论语》,还把这些经书放在袖子里,逢人质疑,由此自学成才。正德六年(1511),他在自家的"居仁堂"静思三月半,一夕,忽然顿悟。"心地洞彻,觉天地万物与己一体……自是,行中规矩,坐修容仪,循诵默识,意恬如也。"①赵贞吉为他写墓志铭,提及他的顿悟,概括为十六个字:"以经征悟,以悟释经,行即悟处,悟即行处。"他这样写道:"安丰俗负盐,无宿学者。先生(指王艮)逮粗识《论语》、《孝经》章句,即邈焉希如古圣人信口谈解。如或启之塾师,无敢难者……时年二十矣。先生孝出天成,久益行纯心明,悟性无碍,谢役(指灶丁之役)秉礼为儒者,以经征悟,以悟释经,行即悟处,悟即行处。如是有年,人未之识也。"②所谓"以经征悟,以悟释经,行即悟处,悟即行处",颇为抽象,也颇难解。关键就在"以悟释经"四个字上。耿定向把它解释为"六经皆注脚",可谓切中要害。耿氏说:"先生自童不娴文义,无所著述,乃其深造自得,所谓六经皆注脚矣。"③

王艮的"六经皆注脚"论,与阳明先生《五经臆说》主旨颇为暗合,在师从阳明先生以后,这种观点得到进一步发挥,贯穿于整个讲学活动之中,成为一抹亮色。坚持朱熹正统学脉的学者,对阳明及其弟子非议最多的也正是这一点。顾宪成对王阳明倡言"求诸心而不得,虽其言之出于孔子者,不敢以为是也",给予这样的评价:"阳明得力处在此,而其未尽处亦在此";"其势必至自能专自用,凭恃聪明,轻侮先圣,注脚六经,高谈阔论,无复忌惮。"④顾氏所说的"注脚六经",在他草拟的"东林会

①　嘉庆《东台县志》卷二十四《儒林·王艮》。
②　(明) 赵贞吉:《泰州王心斋艮墓志铭》,《赵文肃公文集》卷十八。
③　(明) 耿定向:《王心斋先生传》,《耿天台先生文集》卷十四。
④　(明) 顾宪成:《与李见罗先生书》,《泾皋藏稿》卷二。

约"中,具体化为"六经注我,我注六经"。顾氏批评王门后学"至乃枵腹高心,目空千古,一则曰'何必读书然后为学',一则曰'六经注我,我注六经'。即孔子大圣一腔苦心,程朱大儒穷年毕力,都付诸东流已耳"[1]。站在儒家经学的正统立场,"六经注我,我注六经"显然有悖于经学的本义,或者说是离经叛道之论。这样的"原教旨主义",必然导致抱残守缺,思想僵化。要想打破牢笼,自由思想,"六经注我,我注六经"是必然的选择。经典的生命力在于与时俱进,随着时代的前进,赋予新的解释,也就是王阳明所说的,应当为我所用,不至于成束缚思想的文字桎梏。

　　放宽历史的视野,便不难理解。汉朝的经学弊端丛生,经生沉迷于繁琐的传注,只知墨守家法,拘泥、僵化、教条。不满于这种状况的士人,跳出原有的圈子,用道家思想诠释儒家经典,形成耳目一新的魏晋玄学。何晏、王弼以老庄学说解释《易经》、《论语》,嵇康"不涉经学,又读老庄,重增其放",敢于"非汤武而薄周孔",指斥"六经未必是太阳"。这样的魏晋风度,缔造了中国文化史上绚烂多彩的一页。旅美作家木心在《哥伦比亚的倒影》中赞美道:"滔滔泛泛间,'魏晋风度'宁是最令人三唱九叹的了;所谓雄汉盛唐,不免臭脏之讥;六朝旧事,但寒烟衰草凝绿而已;韩愈、李白,何足与竹林中人论气节。宋元以还,艺文人士大抵骨头都软了,软之又软,虽具须眉,个个柔弱无骨,是故一部华夏文化史,唯魏晋高士列传至今掷地犹作金石声。"[2]如此看来,距离魏晋一千多年之后的晚明,出现"六经皆注脚"、"六经注我,我注六经",不值得大惊小怪,不但不应讥刺,反倒应该大声为之叫好。

　　"六经皆注脚",贯穿于王艮五十八年的一生。请看他的语录:

---

①　雍正《东林书院志》卷二《院规·顾泾阳先圣东林会约》。
②　木心:《哥伦比亚的倒影》,广西师范大学出版社,2006年,第45页。

"六经四书所以印证者也。" "学者初得头脑,不可便讨闻见支撑,正须养微致盛,则天德王道在此矣。六经四书所以印证者也,若工夫得力,然后看书,所谓温故而知新也。不然,放下书本,便没工夫做。"①

"不虑而知,不学而能。" "天理者,天然自有之理也。良知者,不虑而知,不学而能者也。惟其不虑而知,不学而能,所以为天然自有之理;惟其天然自有之理,所以不虑而知,不学而能也。"

"学本无异。" "学本无异,以人之所见者各自以异耳。如一人有名焉有字焉,有知其名而不知其字者,则执其名为是,而以称字者为非也;有知其字而不知其名者,则执其字为是,而以称名者为非也。是各以己之所见者为是,以人之所见者为非也。"②

"德行为重,六艺为轻。" "使天下之人晓然知德行为重,六艺为轻,如此则士皆争自刮磨砥砺,以趋于道德仁义之域,而民兴可行矣。夫养之有道而民生遂,教之有方而民行兴,率此道也……苟不知从事于此,而惟末流是务,则因陋就简,补弊救偏,虽不无一时欢虞之效,随世以就功名,终归于苟焉而已,非王道之大也。"③

王艮虽然自学成才,却特立独行,用行动来诠释"六经皆注脚"——"六经注我,我注六经"。不妨略举数例。

事例一。正德十四年(1519),王阳明巡抚江西,公余宣讲"良知自性本体内足",大江以南学者翕然从信。有一位江西来的塾师对王艮

---

① (明)王艮:《重刻心斋王先生语录》卷上。此书由王艮子孙收录,门人编校。
② (明)王艮:《天理良知说》,《重刻心斋王先生语录》卷上。
③ (明)王艮:《王道论》,《重刻心斋王先生语录》卷上。

说,你的高论与巡抚王公讲学极其类似。他高兴地说:"有是哉? 虽然,王公论良知,艮谈格物。如其同也,是天以王公与天下后世也;如其异也,是天以艮与王公也。"①摆出一副并驾齐驱的架势,十分自信,即日前往江西,造访王阳明。他的打扮很奇特,头戴"有虞氏之冠",身穿"老莱子之服",手执木简,上写"海滨生"三字,以两首诗作为见面礼。他与王守仁辩论良知,以及尧舜君民事业,始终坚持自己的意见。几天之后,有所省悟,说:"吾人之学,饰情抗节矫诸外,先生之学精深极微,得诸心者也。"②他与王守仁的初次见面,竟是如此与众不同。

事例二。不久,他回乡省亲,路过南京,前往太学,想为士子讲学。士子见他穿着异常,问他所治何经? 他回答:"治总经。"③令人莫名其妙。四书五经博大精深,一般士子多专治一经,或专攻《诗经》,或专攻《尚书》,从未听说有什么"总经"。从他的"治总经"回答中,透露出对一般士子专治一经的不屑一顾,大有"六经皆注脚"的意味。

事例三。嘉靖元年(1522),王守仁回归乡里。王艮叹曰:"吾师倡明绝学,何风之不广也?"随即回家制作小车,带仆人北上,沿途宣讲师说,引为奇观。"所过招要人士,以师说化导,人聚而观者千百。顾艮言出多独解,不循传注,且车服悉古制,皆骇异之。"④这种宣讲,不仅形式怪异,内容也令人惊骇。所谓"言出多独解,不循传注",就是不拘泥于前贤对经典所作的传注,发挥自己独到的见解,显然是"我注六经"。

王艮的讲学活动也颇为特立独行,致力于面向下层百姓,人称"先生接引人无问隶仆,皆令有省"⑤。这与他的学术理念密切相关。他认为,百姓日用就是学问:"百姓日用条理处,即是圣人条理处,圣人知,便

---

① (明)赵贞吉:《泰州王心斋墓志铭》,《赵文肃公文集》卷十八。

② (明)焦竑:《熙朝名臣实录》卷二十二《心斋王公》。

③ (明)何乔远:《名山藏》卷八十五《儒林记下·王艮》。

④ 嘉庆《东台县志》卷二十四《儒林·王艮》。

⑤ (明)赵贞吉:《泰州王心斋墓志铭》,《赵文肃公文集》卷十八。

不失百姓,不知,便会失。"①他始终主张,愚夫愚妇都可以"与知与能",
与圣人并无差别。他说:"蒙示有司云,圣愚同性,今古一机。不可谓天
下尽无其人,以绝将来之望。山林田野,夫岂可无格物穷理、讲学明道、
修身治行,而为振古之人豪杰乎?"②山林田野的农夫也可以讲学明道,
成为人豪。所以他喜欢和他们交往,传道解惑。他的门生中固然不乏
焦竑、耿定向这样的名人,也有樵夫朱恕、陶匠韩贞这样的普通百姓。

王艮死后,其子王襞继承父亲的衣钵。黄宗羲写的王襞传有云:"心斋
开讲淮南,先生(王襞)又相之。心斋殁,遂继父讲席,往来各郡,主其教
事,归则扁舟于村落之间,歌声振乎林木,恍然有舞雩气象。"③

王艮的学生朱恕,是泰州草堰场人,砍柴养家糊口。一日路过王艮
的讲堂,唱道:"离山十里,薪在家里。离山一里,薪在山里。"王艮听了,
对弟子说:"小子听之,道病不求耳,求则不难,不求无易。"④朱恕听了此
话,浸浸有味,此后每当砍柴归来,必去门外听讲。

王艮的另一名学生陶匠韩贞,号乐吾,兴化县人,家贫失学,由朱恕
引领,来到安丰场王艮家中,卒业于王襞门下。常自咏曰:"三间茅屋
归新主,一片烟霞是故人。"他学成后,也致力于乡村讲学。耿定向写
道:"后聆先生学有得,毅然以倡道化俗为任,无问工贾佣隶,咸从之游,
随机因质诱诲之,顾化而善良者以千数。每秋获毕,群弟子班荆趺坐,
论学数日。兴尽,则挐舟偕之,赓歌互咏。如别村聚所,常与讲如前。
逾数日,又移舟如所欲往,盖遍所知交,居村乃还。翱翔清江,扁舟泛泛
下上,歌声洋洋,与棹音欸乃相应和。睹闻者欣赏,若群仙子嬉游于瀛

① (明)王艮:《重刻心斋王先生语录》卷上。
② (明)王艮:《答侍御张芦冈先生》,《重刻心斋王先生语录》卷下。
③ (清)黄宗羲:《明儒学案》卷三十二《泰州学案一·处士王东厓先生襞(附樵夫朱恕、
陶匠韩乐吾、田夫夏叟)》。
④ (清)黄宗羲:《明儒学案》卷三十二《泰州学案一·处士王东厓先生襞(附樵夫朱恕、
陶匠韩乐吾、田夫夏叟)》。

闾间也。"①如此这般的讲学景象,迥异于书院正襟危坐,子曰诗云的样子,显然继承发扬了王艮、王襞特有的讲学风格。这位陶匠出身的学者,不仅讲学风格酷似乃师,一言一行也直逼乃师。耿定向记录他的亲身见闻:"(韩生)尝与诸名公卿会论学,间有谈及别务者,辄大噪曰:'光阴有几,乃为此闲泛语!'或称引经书相辩论,则又大恚曰:'舍却当下不理会,乃搬弄些陈言,此岂学究讲肆耶?'诸名公咸为悚息。识者谓其气冲牛斗,胸次怡怡,号曰乐吾不虚云。"②讨论学问时,有人谈及别的事务,他指斥为"闲泛语";有人引用四书五经的词句,他指斥为"搬弄陈言"。完全是王艮、王襞嫡传的风格。

田夫夏廷美,是焦竑的学生,可算王艮的再传弟子。焦竑指点他"得自然之趣":"要自然,便不自然,可将汝自然抛去。"焦竑要他读四书,他读了很久,喟然叹息,读了朱子《四书集注》不能了了,还不如读本文来得切身体贴。这位田夫语出惊人:"《论语》所谓异端者,谓其端异也。吾人须研究自己为学初念其发端果是为何,乃为正学。今人读孔孟书,只为荣肥计,便是异端,如何又辟异端?"③与太老师王艮的见解可谓异曲同工。王艮曾说:"圣人之道无异于百姓日用,凡有异者,皆谓之异端。"④这种"异端"观,与正统派学者大异其趣,正统派学者把泰州学派视为异端,这或许是他们的反唇相讥。平心而论,王艮与夏曳的"异端"观,反其道而行之,更有新意。

王艮把讲学的重心转向下层百姓,其子王襞发扬光大。邓豁渠《南询录》记载,嘉靖三十一年(1552),他访问王襞,亲眼目睹东厓先生的一

①　(明)耿定向:《王心斋先生传(樵朱陶韩二子附)》,《耿天台先生文集》卷十四。
②　(清)黄宗羲:《明儒学案》卷三十二《泰州学案一·处士王东厓先生传(附樵夫朱恕、陶匠韩乐吾、田夫夏曳)》。两者文字大同小异。
③　(清)黄宗羲:《明儒学案》卷三十二《泰州学案一·处士王东厓先生襞(附樵夫朱恕、陶匠韩乐吾、田夫夏曳)》。
④　(明)王艮:《重刻心斋王先生语录》卷上。

次讲会："此会也，四众俱集，呈衙门书手，街上卖钱、卖酒、脚子之徒，皆与席听讲，乡之耆旧率子弟雅观云集，王心斋之风犹存如此。"①讲学活动能够吸引引车卖浆者流参加，这样的盛况，以前罕见，此后也少有，其思想解放的意义自然不可低估。焦竑谈及王艮、王襞两代平民学者，说："归则随村落小大，扁舟往来，歌声与林樾相激发，闻者以为舞雩咏归之风复出。至是，风教彬彬盈宇内矣。"②"风教彬彬盈宇内"的，无疑是"六经皆注脚"的精彩思想。

3. "非名教之所能羁络"的颜山农、何心隐

对于颜山农、何心隐，王世贞把他们称为"江湖大侠"："嘉隆之际，讲学者盛行于海内。而至其弊也，借讲学而为豪侠之具，复借豪侠而恣贪横之私。其术本不足动人，而失志不逞之徒相与鼓吹羽翼，聚散闪倏，几令人有黄巾、五斗之忧。"③王氏称颜、何二人为"江湖大侠"，无可无不可，但把他们比拟为东汉末年的黄巾起义与五斗米道，显得夸张失实。由此也可以看出，当时庙堂之上的士大夫，对于颜山农、何心隐独特的讲学行事，是何等的忧心忡忡！改朝换代之后的黄宗羲，没有了这种担忧，看法就平和多了："泰州以后，其人多能赤手搏龙蛇，传至颜山农、何心隐一派，遂复非名教之所能羁络矣。"④措辞比较有分寸，不过是"非名教之所能羁络"而已，哪里谈得上"令人有黄巾、五斗之忧"！看来，读懂历史是需要时间距离的，太近了未必看得真切，我们现在比黄宗羲距离更远，理应看得更加真切。

王世贞对王艮、颜山农是颇有偏见的，他说："自东越（指王守仁）之

---

① 转引自吴震《明代知识界讲学活动(1522—1602)》，学林出版社，2003年，第182页。

② （明）焦竑：《王东厓先生墓志铭》，《焦氏澹园集》卷三十一。

③ （明）王世贞：《弇州史料后集》卷三十五《国朝丛记五·嘉隆江湖大侠》。

④ （清）黄宗羲：《明儒学案》卷三十二《泰州学案·颜钧传》。

变为泰州(指王艮),犹未至大坏,而泰州之变为颜山农,则鱼馁肉烂,不可复支";又说:"借讲学而为豪侠之具,复借豪侠而恣贪横之私。"①不过"借讲学而为豪侠之具",却并非毫无根据。黄宗羲也说:"山农游侠,好急人之难。"②颜山农喜欢修炼武功,他对门徒说:"凡有志者,欲求此设武功,或二日夜,或三日夜,必须择扫楼居一所,摊铺联榻,然后督置愿坐几人,各就榻上正坐,无纵偏倚,任我指点。收拾个人身子,以绢缚两目,昼夜不开;绵塞两耳,不纵外听;紧密唇齿,不出一言;擎拳两手,不动一指;趺跏两足,不纵伸缩;直耸肩背,不肆墮慢;垂头若寻,回光内照。"③这仅仅是开始,叫作"闭关",而后要"引发各各内照之功",又要"任意长卧七日",以达到"道体黜聪,脱胎换骨"的效果。他不仅有点武功,还精通军事韬略。《永新县志》记载:"铎(即颜山农)好谈兵,喜奇计。先是,将军俞大猷起校尉,罪当斩,铎一见奇之,请于督府得释。至是,迎铎于军,运筹决策,遂平大寇。"④看来,他确有一点豪侠气概,与其他王门弟子迥然有别。

颜铎,一名颜钧,别号山农,江西吉安府永新县人。王世贞说他是"楚人",显然搞错了。不过说他"读经书不能句读,亦不多识字",倒没有错。⑤据说他"儿时不慧,十九读《孟子》,弥月不成诵"。⑥从兄长颜钥那里接触阳明心学,豁然有悟,幽居山谷中九个月,竟然大悟,归来见颜钥等人,大谈性命之学,举座皆惊。父兄迫使他参加科举考试,他叹道:"人生宁遂作此寂寂,受人约束乎?"⑦嘉靖十五年(1536),师事王守

---

① (明)王世贞:《弇州史料后集》卷三十五《国朝丛记五·嘉隆江湖大侠》。
② (清)黄宗羲:《明儒学案》卷三十二《泰州学案·颜钧传》。
③ (明)颜钧著,黄宣民编校:《颜钧集》卷五《引发九条之旨·七日闭关开心孔昭》。中国社会科学出版社,1996年。
④ 同治《永新县志》卷十六《人物志·列传·颜铎》。
⑤ (明)王世贞:《弇州史料后集》卷三十五《国朝丛记五·嘉隆江湖大侠》。
⑥ 同治《永新县志》卷十六《人物志·列传·颜铎》。
⑦ 同治《永新县志》卷十六《人物志·列传·颜铎》。光绪《吉安府志》卷三十一《人物志·儒林·颜铎》。

仁与王艮的门生徐樾。后因徐樾的关系，师事王艮，他的自传如此回忆王艮的点拨："孔子学止'从心所欲不逾矩也'，矩范《大学》《中庸》作心印，时运六龙变化为覆载，持帱以遁世。子既有志有为，即宜钻研此个心印，为时运遁世之造，会通夫子大成之道，善自生长收藏……"①看得出来，他最为心仪的师教，一是"从心所欲不逾矩"，二是"时运遁世"，此后一直身体力行。黄宗羲对他的学说的概括，体现了他"从心所欲"的特点："其学以人心妙万物而不测者也，性如明珠，原无尘染，有何睹闻，著何戒惧。平时只是率性所行，纯任自然，便谓之道。及时有放逸，然后戒慎恐惧以修之。凡儒先见闻、道理、格式，皆足以障道。"②这段话非常贴切地揭示了颜山农的独特风格："率性所行，纯任自然"，不拘泥于儒学先辈的见闻、道理、格式，无怪乎黄宗羲要说他"非名教之所能羁络"。

"非名教之所能羁络"，当然不是罪过。魏晋名士放浪形骸，"散首披发，裸袒箕踞"，扬言"我以天地为栋宇，屋室为裈衣，诸君何为入我裈中？"其深层原因在于，不满于黑暗的社会现实，又无力改变它，便佯狂而遁世，极力摆脱儒家名教的羁络。颜山农的情况有些不同，但是在摆脱"名教羁络"这一点上毫无二致。因此，他可以坦然地说："人之好贪财色，皆自性成，其一时之所为，实天机之发，不可壅阏之，第过而不留，勿成固我而已。"③他的行为不拘小节，极不检点，于此可以获得索解。

不过，他遭到当权派的打压，并非仅仅由于此点，而是他对于朝政毫不留情的抨击。他的代表作《耕樵问答》对"近代专制"的揭露，很有力度：

今天下四十余年，上下征利，交肆搏激，刑罚灭法，溢入苛烈，赋税力役，科竭蔀屋，逐溺邦本，颠覆生业，触变天地，灾异

---

① （明）颜钧：《颜钧集》卷三《自传》，第 25 页。
② （清）黄宗羲：《明儒学案》卷三十二《泰州学案一·颜钧传》。
③ （明）王世贞：《弇州史料后集》卷三十五《国朝丛记五·嘉隆江湖大侠》。

趵突，水旱相仍。鞑倭长驱，战陈不息，杀劫无厌。海宇十室，
九似悬磬；圩野老稚，大半啼饥。会而拟之，恰似抄没律条。
近代专制黎庶，不饶一民尺土。①

句句都涉及嘉靖时期的国家社会弊病，诸如赋税徭役的苛重，导致百姓
十室九空，北虏南倭(即他所谓"鞑倭")的侵扰，连年战争使得国家不堪
承受，大臣们议来议去，拿不出什么办法。他开出的药方是什么呢？简
而言之，就是十二个字：足民食，造民命，聚民欲，复民性，讲得具体一
点，即："大赉以足民食，大赦以造民命，大遂以聚民欲，大教以复民性。"
要做到这些，必须有"仁天下之巨臣"。由此而得罪了当时掌握大权的
张居正。贺贻孙《颜山农先生传》说："顾先生性峭直，尝为上华亭(徐
阶)及江陵(张居正)书，有所指斥，诸公不悦。"②"诸公不悦"引来了报
复，报复的由头并非他的上书，而是而是别的事情，《永新县志》说："巡
抚何公迁，二子争财相杀，莫可解。乃迎铎至署一月，兄弟不觉抱持大
哭，遂相友爱。何公感之，问所欲，铎曰：'生平游江湖，不得官舟广聚英
才讲学为恨耳。'何公以己舟与之。顾铎性峭直，尝为徐华亭、张江陵
书，皆有所指斥，诸公不悦。且有人龃龉之者，傅会何公所与官舟事，遂
以盗官舟故，下金陵狱论死。"幸亏门生罗汝芳挺身营救，愿以身相抵，
才得以免除死刑，流放广西。③

在当权派眼中，他是一个"盗官舟"的匪徒。在同他密切接触的百
姓眼中，则是另一番印象。在囚禁的监狱中，他留给囚犯的印象就相当
好："方铎之在狱也，日与诸囚论学不倦，诸囚有启悟者，常白光达圜扉。
及其出狱，诸囚百余人伏地哭，哀甚。司寇诃曰：'若囚旦暮死不哭，哭
颜铎何为？'囚曰：'不然，颜先生在狱，吾身如在天宫，今先生去矣，吾无

---

① (明)颜钧：《颜钧集》卷六《耕樵问答》。
② (明)颜钧：《颜钧集》卷九《附录一》。
③ 同治《永新县志》卷十六《人物志·列传·颜铎》。

308

所闻,即不死犹死耳。'"①这些死囚的肺腑之言,与官场常见的言不由衷的假话截然不同,他们没有必要讲假话、欺世盗名。由此可见,他的讲学自有吸引人的魅力,倘若是没有魅力的说教,要让监狱中的特殊人群发自内心地喜爱,是难以想象的。

他的家乡人对他的印象也很好,与上层人物那种鄙夷不屑的神情截然不同。家乡人这样写道:"铎事父母甚孝。亲没,庐墓泣血,三年未尝见齿。虽耄,逢父母生忌,祭必哀。兄弟五人友爱备至,乡党煦煦患苦相恤,即古之笃行君子何以逾焉!独其议论风生,意气焕发,以此颇为时流所不喜。"②你看,对父母孝顺,对兄弟友爱,对乡党体恤,一般"笃行君子"显然难以望其项背。他活到九十岁去世,当地人把他奉为"乡贤",世代祭祀。但是,史家对他的描述,何以负面信息多于正面信息?原因就在于他"议论风生,意气焕发",使得掌握舆论臧否权力的"时流"们对他很反感。

同样"非名教之所能羁络"的何心隐,是颜山农的弟子,更加不为时流所喜,以莫须有的罪名被捐,惨死于狱中。他的至交,除了孝感的程学颜,就推麻城的耿定向。耿定向为他立传,称他为"何狂",或者索性去掉姓,径直称为"狂",并非以为他是疯子,乃是"非名教之所能羁络"也。请看耿定向的说法:"何狂者,姓梁,名汝元,后自变易姓名为何心隐。余惩其行不中而悲其志,故称曰'何狂'云。狂盖吉州永丰右族也,家累万金,族众数千指。少补邑庠弟子员,从永新颜钧游,与闻泰州王心斋立本指,悦之,遂兀然思自树。时吉州三四大老,方以学显于时,狂倚知见,咸狎侮之,独脉脉心钦邹文庄(邹守益),曰:'此孔子胚胎也。'"③从他师事王艮、颜山农,狎侮吉安学界三四大老的行迹,已可看

---

① 同治《永新县志》卷十六《人物志·列传·颜铎》。
② 同治《永新县志》卷十六《人物志·列传·颜铎》。
③ (明) 耿定向:《里中三异传》,《耿天台先生文集》卷十六。

到"非名教之所能羁络"的样子。

不过,他的被捕并不是由于"非名教之所能羁络",而是另外强加的"妖逆"罪。他自己心里很明白,当局把他视作"名教中罪人",却难以用这种不伦不类的罪名逮捕法办,于是编造了一个"妖逆"罪状。他在给友人的书信中,谈及"为讲学被毒事",这样写道:"且以元(梁汝元自称)为名教中罪人,诚有罪矣。然肆毒于元者,不以名教罪罪,而以妖逆罪罪。"[1]这使他联想到南宋时韩侂胄诬陷朱熹为"伪学逆党"的手法:"虽然,(韩)侂胄之鹰犬以毒晦翁者,则以伪学,变而为伪党,以伪党变而为逆党,为一网打尽,是亦以逆罪罪晦翁也。元虽不敢与晦翁拟,而今之罪元者似晦翁罪也,或者是亦名教中之罪人也。"[2]所谓"名教中之罪人"云云,即是"非名教之所能羁络"的另一种表述。

耿定向称他为"狂",他自己也自诩为"如痴如颠"。他在给永丰知县凌海楼的书信中,对于凌某要他明哲保身,表达了不同看法:士农工商各式人等迫于自身的地位,无可奈何地"保身","惟谬见则以身有在而后不容以不保,身在尊而后不敢以不保。如身在农在工在商,身在卑也,不保未有不殒其身者也。是身有在不容以不保也。又如身在士,由士而仕,身日尊矣。身之尊者,言足以兴默,足以容信,不敢以不保也。"[3]说明士农工商无论地位之尊卑,都有不得已的原因,不得不"保身"。话锋一转说,他自己与众不同,不必"保身",也无暇"保身":"今某不农不工不商,身已不在卑矣,保身何为?况又不士,何由以仕?身已不在尊矣。身不在尊,虽言不见其言,虽默不见其默,何足以兴,何足以容?虽欲保身,保身何为?某所以如痴如颠者,以身之无在也;无在而

---

① (明)何心隐:《与邹鹤山书》,《何心隐先生爨桐集》卷四。
② (明)何心隐:《与邹鹤山书》,《何心隐先生爨桐集》卷四。按:《爨桐集》由湖广后学张宿诠订,卷首有张宿写于天启五年的《刻何心隐爨桐集叙》。
③ (明)何心隐:《修聚和祠上永丰大尹凌海楼书》,《何心隐先生爨桐集》卷三。

求有在之不暇矣,何暇于身之保耶!"①话说得很清楚,他既不是农工商,也不是士,当然不可能做官(即"由士而仕"),因此没有必要"保身",可以率性而为,"如痴如颠",摆脱名教的羁络。

他一生都为冲破"樊笼"而努力,名教是一种"樊笼",还有更宽泛的"樊笼"有待冲破。他说:"若在樊笼恋恋,纵得以展高才,不过一效忠立功耿介之官而已,于大道何补? 直须出身以主大道,如孔孟复生于世,则大道有正宗,善人有归宿,身虽不与朝政,自无有不正矣! 大道之明,莫明于孔子,而孔子之所以明大道者,亦惟出身于春秋,以与国政于朋友之交信也,何尝恋恋樊笼? 且樊笼甚窄,而又多猜多忌,纵有高才,从何以展?"②这里所说的"樊笼",直指官场。在他看来,在官场这个"樊笼"中,即使得以施展高才,也不过成为一名"效忠立功耿介之官"而已,无补于大道。何况官场这个"樊笼"十分狭窄,又充满猜忌,纵有高才,也无法施展。所以他不愿意进入官场这个"樊笼",一生致力于讲学,以孔子为榜样,追求"大道之明",始终无怨无悔。

无须"保身",不受"樊笼"拘束,特立独行,常有自己的独到见解。他说:"某之见,见人之所未见者也。某之凭,凭人之所未凭者也。则谓之见非所见,谓之凭非所凭,皆可也。未见,则非其所非矣。既见,则是其所是矣。是非者之见均也,均之不足疑也。惟自信其所见所凭之必见是于天下于万世而已。"③这并非他的自吹自擂,他确实有一些"见人所未见"的地方,他批驳宋代理学大师周敦颐的"无欲"论,就是最好的例子。他认为人不可能"无欲",有欲是正常的,人们应该追求寡欲,而不是"无欲",更不是"灭人欲"。他以孔子、孟子为例,用调侃的笔调讥讽道:"濂溪言无欲,濂溪之无欲也,其孟轲之言无欲乎? 孔子言无欲而

---

① (明)何心隐:《修聚和祠上永丰大尹凌海楼书》,《何心隐先生爨桐集》卷三。
② (明)何心隐:《又书(又与凌海楼书)》,《何心隐先生爨桐集》卷三。
③ (明)何心隐:《答作主》,《何心隐先生爨桐集》卷三。

好仁,似亦言无欲也,然言乎好仁乃己之所好也。惟仁之好而无欲也。不然,好非欲乎?孟子言无欲其所不欲,亦似言无欲也,然其言乎其所不欲,乃己之不欲也。惟于不欲而无欲也。不然,无欲非欲乎?是孔孟之言无欲,孔孟之无欲也,岂濂溪之言无欲乎?且欲惟寡则心存,而心不能以无欲也。欲鱼欲熊掌,欲也;舍鱼而取熊掌,欲之寡也。欲生欲义,欲也;舍生而取义,欲之寡也。能寡之又寡,以至于无,以存心乎?欲仁,非欲乎?得仁而不贪,非寡欲乎?从心所欲,非欲乎?欲不逾矩,非寡欲乎?能寡之又寡,以至于无,以存心乎?"①巧妙机智的推论,把周敦颐的"无欲"论,驳得体无完肤,使得理学家宣扬的"灭人欲"主张失去了依据。

他对于孔子所说的"从心所欲不逾矩",有自己的另一种诠释,并借此抨击那些理学家挂着学习孔子的幌子贩卖私货的勾当。他批评了这样几种学者,一种是:"有欺之以仙术,而不觉其欺于仙家者流也。且默以学,非仙不玄,能不为仙家者流之所欺乎?"另一种是:"有欺之以禅机,而不自觉其欺于禅家者流也。且默以学,非禅不圆,能不为禅家者流之所欺乎?"还有一种是:"又欺于儒家者流,而亦不觉其不有身也、不有家也。儒不有身、不有家,不自觉者久矣。况儒家者流不有身不有家,而混于上下前后左右,以苟成其家,苟已已而不自觉者,亦岂一朝一夕一二已乎!"②

嘉靖二十五年(1546),他参加江西乡试,考得第一名,时人誉为"天下奇才"。他确实学有专攻,从王门弟子的学脉上看,可谓第四代传人,他的老师颜山农是徐樾的门生,而徐樾出于王艮之门。可以串起这样一条线:王守仁—王艮—徐樾—颜山农—何心隐,因而他的学术带有王

---

① (明)何心隐:《辩无欲》,《何心隐先生爨桐集》卷二。
② (明)何心隐:《矩》,《何心隐先生爨桐集》卷二。

艮、颜山农的明显特色。黄宗羲《明儒学案》揭出"非名教之所能羁络"这一点，切中要害，何心隐意欲冲决名教的网罗，挑战主流意识形态，为当道所不容，铸就了悲剧下场。然而却赢得了当世及后世有识之士的交口赞誉，同时代人李贽在他遇害后写了掷地有声的《何心隐论》，伸张正义。天启年间出版的《何心隐先生爨桐集》，卷首收了李贽《何心隐论》，编者显然把它当作文集的序言来对待的。

李贽也是一位"非名教之所能羁络"的学者，引为同道，对何心隐了解得最为真切："公以为世人闻吾之为，则反以为大怪，无不欲起而杀我者，而不知孔子已先为之矣。吾故援孔子以为法，则可免入室而操戈。然而贤者疑之，不贤者害之，同志终鲜，而公亦竟不幸为道以死也。夫忠孝节义，世之所以死也，以有其名也，所谓死有重于泰山者是也，未闻有为道而死者。"①

程学博写的《祭梁夫山先生文》，直言何先生死于非命的原因就是讲学："先生之死也以讲学。先生之学，先生所自信，而世所共嫉。世人不喜讲学，亦未必不知学。而先生之学，天下后世有定论在焉，予又乌能喋喋于先生之学，以与世之人辩哉……平生精力，自少壮以及老死，自家居以至四方，无一日不在讲学，无一事不在讲学。自讲学而外，举凡世之身家儿女，一切世情俗态，曾无纤毫微眇足以罥先生之口，而入先生之心。"②

一生致力于讲学的何心隐，学问与人品人所共知，居然为"世所共嫉"，被执政当局置之死地，是令人扼腕的。容肇祖写于 1937 年的《何心隐及其思想》给出了解释："泰州一派是王守仁派下最切实、最有为、最激励的一派，何心隐是这派的后起，而亦是最切实、最有为、最激励的

① （明）李贽：《何心隐论》，《焚书》卷三《杂述》。
② 程学博：《祭梁夫山先生文》，《何心隐集·附录》，中华书局，1960 年，第 135 页。

一人。他抱着极自由、极平等的见解,张皇于讲学;抱济世的目的,而以宗族为试验。破家不顾,而以师友为性命,所谓'其行类侠'者。卒之得罪于地方官,得罪于时宰,亦所不惜。他是不畏死的,遂欲藉一死以成名。他的思想是切实的,所谓'不堕影响'。他以为欲望是可以寡而不可以无,可以选择而不可以废,欲以张皇讲学,聚育英才,以补天下的大空。他的目的太高,而社会的情状太坏,故此为当道所忌,不免终于以身殉道了!"①

万历五年(1577)十月,湖广巡抚陈瑞通缉何心隐。同年十二月,继任湖广巡抚王之垣继续通缉,万历七年(1579)三月初三日,何心隐在祁门县被捕,五月关押于江西南安,一个月后转解湖广,九月初二日,被杖杀于狱中。

他的朋友耿定向顶着压力,嘱咐其门生"收骸为殡",自己写了招魂词,希望惨死狱中的何心隐"魂兮归来":"永丰梁子,其意学孔,其行类侠,不理于世,毙于楚狱。余伤其无归,且惧其为厉为水旱灾也,因令其徒收骸为殡,而文以招之。"②这首招魂词充满了理解之同情,文字摹仿《楚辞·招魂》,句末多用"些"字:"决命捐生汝何营,模孔陈迹失孔真些。孔门宗旨曰求仁些,蹈仁而死未前闻些。仁与不仁几微分,吾昔与子曾极论些。大仆程子楚之英,四明钱子何忧恂,两人视汝犹弟昆些。盱江罗子汝同门,居常目汝为天人些。余亦知汝故不群,况复千里来相因些……倾万金之产了不惜,犯三公之怒以为欣些。庸言庸行,孔训靡遵,舍南容,效祢衡、莺斯之党,又频频些……魂兮归来云何吁。"③其中"犯三公之怒以为欣些"一句,点明了何心隐至死的原因。那么,"犯三公之怒"又是什么呢?

---

① 容肇祖:《何心隐及其思想》,《容肇祖集》,第388页。
② (明)耿定向:《招梁子词》,《耿天台先生文集》卷十二。
③ (明)耿定向:《招梁子词》,《耿天台先生文集》卷十二。

程学博说何心隐以讲学至死,容肇祖说何心隐因讲学而得罪于地方官与时宰。这样的怪现象值得追根究底。讲学不过是学术活动,为什么政府如此神经过敏,视为洪水猛兽?难道讲学会动摇一个地方的统治么?问题恰恰就在这里,湖广巡抚王之垣加给何心隐的罪状,确实是这样的:"假以聚徒讲学为名,扰害地方。"①

这就有必要对他的讲学活动加以回顾了。从王艮、王襞到颜山农、何心隐,都致力于把儒学通俗化,深入民间传道,正如黄宗羲所说:"遂以化俗为任,随机指点,农工商贾,从之游者千余。秋成农隙,则聚徒谈学。一村既毕,又之一村,前歌后答,弦诵之声洋洋然也。"②这已经有点犯忌了,更何况讲学的内容带有冲决名教网罗的意味,那就更犯忌了。何心隐在《修聚和祠上永丰大尹凌海楼书》中说:"若在樊笼恋恋,纵得以展高才,不过一效忠立功耿介之官而已,于大道何补?直须出身以主大道,如孔孟复生于世,则大道有正宗,善人有归宿,身虽不与朝政,自无有不正矣……孔子设教之至善,而身不与政者也,不与政而贤与立政。"③这是颇有一点狂妄的,以孔子为楷模,"设教而不与政","不与政而贤于立政",标榜自己不在官场,却贤于当朝执政诸位大老,因为他们无补于大道。他在《答作主》一文中说,"某之见,见人之所未见者也;某之凭,凭人之所未凭者也"④,同样有傲视当世的意味。因而他的学问被掌握话语权的正统人士蔑视为"伪学",时时处在违禁的状态。

容肇祖所说的"得罪于地方官,得罪于时宰",地方官指的是湖广巡抚陈瑞、王之垣,"时宰"指的是内阁首辅张居正。欲置何心隐于死地的正是张居正,陈瑞、王之垣不过是秉承首辅旨意行事而已。这并不是后

---

① 容肇祖:《何心隐及其思想》,《容肇祖集》,第363页。
② (清)黄宗羲:《明儒学案》卷三十二《泰州学案》。
③ (明)何心隐:《又与(又与凌海楼书)》,《何心隐先生爨桐集》卷三。
④ (明)何心隐:《答作主》,《何心隐先生爨桐集》卷三。

人的栽赃诬陷，而是有事实为证的。

李贽《何心隐论》写道："公（何心隐）已死矣，吾恐一死而遂湮灭无闻也。今观其时武昌上下，人几数万，无一人识公者，无不知公之为冤也。方其揭榜通衢，列公罪状，聚而观者，咸指其诬，至有嘘呼叱咤不欲观焉者，则当日之人心可知矣。由祁门而江西，又由江西而南安而湖广，沿途三千余里，其不识公之面而知公之心者，三千余里皆然也。非惟得罪于张相者有所憾于张相而云然，虽其深相信以为大有功于社稷者，亦犹然以此举为非是，而咸谓杀公以媚张相者之为非人也。"①

这里所说的"张相"就是内阁首辅张居正。何心隐"得罪于张相"，地方官"杀公以媚张相"，并非传闻之辞，可以在官修的正史中找到根据，《明神宗实录》万历八年（1580）正月己巳条写道："江西永丰人梁汝元，聚徒讲学，讥议朝政，吉水人罗巽亦与之游。汝元扬言，江陵首辅专制朝政，必当入都，詈言逐之。首辅微闻其语，露意有司，令拘押之。有司承风指，毙之狱。"②沈德符《万历野获编》说得更为具体："时有江西永丰人梁汝元者，以讲学为名，鸠聚徒众，讥切时政……江陵（张居正）恚怒，示意其地方官物色之。诸官方居为奇货。适曾光事起（引者按：指曾光散布妖言惑众事件），遂窜入二人姓名，谓且从（曾）光反。汝元先逮至，拷死。"③

其实所谓"讥议朝政"、"讥切时政"，所谓与散布妖言的曾光"谋反"云云，不过是欲加之罪，毫无根据；他得罪于张居正的根本原因就是"聚徒讲学"。主办此案的湖广巡抚王之垣给他的罪名是"聚徒讲学，扰害地方"，他在《历仕录》中说："湖广有大奸何心隐……假以聚徒讲学为名，扰害地方。中间不法情罪甚多，各省历年访拿不获，俱有案卷。万

---

① （明）李贽：《何心隐论》，《焚书》卷三《杂述》。
② 《明实录·明神宗实录》卷九十五，万历八年正月己巳。
③ （明）沈德符：《万历野获编》卷十八《大侠遁免》。

历七年(1579)，新店把总朱心学于祁门县捉获。予发按察司侯廉使查卷提干连人问理。本犯在监患病身故……事后数年，言官尚有称冤具疏者。盖以假讲学之名，遂为所惑，不知其有各省访拿案卷也。"①王之垣把狱中"杖杀"谎称"在监患病身故"，又武断臆测，为何心隐鸣冤的言官是受其讲学迷惑。为了应付舆论，他扛出圣旨作挡箭牌，"这有名的凶犯，原应正法，不必行勘"，证明自己先斩后奏正确无误。

何心隐被害后，不断有言官向朝廷申诉，其中尤以山东道监察御史赵崇善所写的《明公论正大典伸积冤以彰国是疏》，最为深刻。这份奏疏的全文收在吴亮主编的《万万疏钞》中，关于何心隐案件的一段这样写道：

> 至于何心隐之死非其罪，冤尤可悯者。盖心隐布衣之士，从事学问，素为缙绅所重，如钱同文辈尝北面而师事之。臣未仕时已知有此人久矣。及臣任婺源知县，忽然湖广巡抚王之垣差官带领兵快，直抵邻县祁门缉拿心隐，急于星火。心隐既获，不逾时而毙之杖下。臣不胜骇愕，以为心隐何罪，而受祸之惨至此？询诸士夫，咸谓心隐素与(张)居正讲学，直言规过，以触其怒，后又斥居正不奔父丧，居正忿恚益深，密托王之垣致之死地。之垣不胜其谄媚之心，唯唯听命。此心隐之所以见杀也。又闻刑部侍郎耿定向，其时致书之垣，力言心隐无罪，不可轻杀，而之垣不听。皇上倘以臣言为未信，乞召(耿)定向而问之。定向正直无私，必不能为之垣讳也。心隐既死，之垣深虑人议，其后又捏无影事迹，刊刻传布，欺天罔人，无所不至。是心隐之冤与刘台、吴仕期何异哉？杀(刘)台与(吴)仕期者俱已正罪，而杀心隐者独得优游无事，以老于牖下，臣恐天

---

①　容肇祖：《何心隐及其思想》，《容肇祖集》，第363—364页。

地鬼神昭布森列,必不肯容,而心隐之目亦必不瞑于地下也。①

赵崇善揭发王之垣唯唯听命于张居正,杀害何心隐,而后又捏造"无影事迹",欺骗舆论,比如:何心隐"以侵欺皇木银两犯罪,拒捕,杀伤吴善五等六命,初拟绞罪,后来减充贵州卫军著伍,脱逃各省"云云,全是不实之词。在赵崇善看来,何心隐的冤死与刘台相似。辽东巡按御史刘台因弹劾张居正而遭到报复,罢官回到家乡江西安福县。江西巡抚王宗载、江西巡按陈世宝秉承张居正的旨意,嗾使安福县谢耀诬告刘台"合门济恶,灭宗害民"。朝廷据此判处刘台发配极边远地方充军终身。万历十年(1582),穷困潦倒的刘台死于广西浔州,连殡葬的衣服棺材都没法置办,令当地人唏嘘不已。万历十一年(1583),刘台得以平反,诬陷的罪状查无证据,对有关责任人分别判处充军、徒刑、死刑。同样是谄媚首辅陷害无辜,为何王之垣至今仍逍遥法外?赵崇善的这一责问并非毫无道理。

何心隐与张居正的矛盾由来已久,起因就是讲学。何心隐因为直言遭到官员诬陷,流放贵州。胡宗宪仰慕他的才华,聘他为幕僚。嘉靖三十九年(1560)他随太仆寺丞程学颜前往北京,聚徒讲学。耿定向为何心隐立传,记叙他与张居正的初次交往:"嘉靖庚申岁也,余时官北台(都察院),狂(何心隐)匿程(学颜)君邸,即同里士绅避不见,间从比部(刑部)罗汝芳氏游。余故与程罗两君交善,时相往反,因晤之。聆其言,貌若癫狂,然间出语有中吾衷者。时张江陵(居正)为少司成(国子监司业),予挈之城东僧舍与晤,狂俯首凝睇,目江陵曰:'公居大学,知大学道乎?'江陵为勿闻者,游目而摄之曰:'尔意时时欲飞,却飞不起也。'江陵别去,狂舍然若丧曰:'夫夫也,吾目所及不

① (明)赵崇善:《明公论正大典伸积冤以彰国是疏(万历十三年七月)》,《万历疏钞》卷六。

多见，异日必当国，杀我者必夫也。吾党学应移别掉，不则当北面矣。'"①

那是多年前张居正担任国子监司业期间的事，何心隐念念不忘，后来在《上祁门姚大尹书》中回顾道："因耿（定向）而与今之阁下张公太岳（居正）官司业时，讲学于北之显灵宫。即睹此公有显官，有隐毒，凡其所讲者即唯唯，即不与之辩学是非，而即忧其必有肆毒于今日也。且此公退即对耿（定向）言：'元（梁汝元）本一飞鸟，为渠以胶滞之。'然元即对耿言：'张公必官首相，必首毒讲学，必首毒元。'"②

万历元年（1573）出任内阁首辅的张居正，雷厉风行地推行改革，涉及政治、经济、军事、文化各个方面。万历三年（1575），张居正向皇帝呈进《饬学政以振兴人才》的奏疏，阐述了整顿教育的主张，为此他制订了十八条规章，其中第一条最为厉害："今后各提学官督率教官、生儒，务将平日所习经书义理，着实讲求，躬行实践，以需他日之用，不许别创书院，群聚徒党，及号召它方游食无行之徒空谈废业，因而启奔竞之门，开请托之路。"③堵塞奔竞之门，杜绝请托之路，毫无疑问是切中时弊的，但是把这些弊端归因于"游食无行之徒空谈废业"，似乎有点不合逻辑；为此而采取的措施竟然是"不许别创书院，群聚徒党"，似乎过于操切，矫枉过正。矫枉过正的结果，一向致力于民间讲学的何心隐，就被视为"游食无行之徒"，予以整肃了。

"不许别创书院，群聚徒党"的政策得以贯彻，后果是严重的，抓住常州知府施观民"私创书院赃私狼藉"的把柄，颁布诏令，不仅将施观民私创的书院捣毁，而且宣布各地私创书院一律改为公廨，书院的田产查

---

① （明）耿定向：《里中三异传》，《耿天台先生文集》卷十六。邹元标《梁夫山传》所记略同："已而，程公（学颜）北迁，同居燕畿，聚徒讲学。因与司业江陵张公案名居正屡屡讲不合，遂构衅端。"

② （明）何心隐：《上祁门姚大尹书》，《何心隐先生爨桐集》卷四。

③ （明）张居正：《请申旧章饬学政以振兴人才疏》，《张文忠公全集》卷四。

归里甲。① 之后又宣布取缔、禁毁全国六十四家书院，许多历史悠久、名闻遐迩的书院就此寿终正寝。宋代以来蔚然成风的书院讲学，繁荣了学术，培养了人才，居然在"空谈废业"的幌子下，扫荡一空，弦歌之声戛然而止。

禁止讲学，取缔书院，无论如何都谈不上是一项德政。万历十一年(1583)，吏科给事中邹元标批评这种矫枉过正的做法。他写给皇帝的奏疏《直抒肤见以光圣德以奠民生疏》，语气委婉，却难掩犀利的锋芒："常州知府施观民，糜费民财，私创书院，毁之诚是矣。乃概将先贤遗迹一概拆废，臣不知其解也。彼敢于蔑先圣之道者，不过恶聚讲，假伪学以钳天下之口耳……聚徒讲诵自古已然，未闻概以伪学斥也。天下生材，囿于所禀，资有纯驳，故功有真伪，百伪之中得一真焉，亦足以维世道、匡颓风。因伪弃真，是因沙废金，因噎废食矣……臣愚以为，凡所拆过书院先贤遗迹，宜敕礼部令郡邑或概议修复，或量为调停，虽未必真儒辈出，然使天下晓然知陛下崇儒重道盛心，学术从此而正，士习从兹而端，未可知也。"②通篇并未提及何心隐三字，其实是在为他鸣冤，一则说聚徒讲学是从古以来的传统，从未听说一概斥为伪学，加以禁止的；再则说，拆毁常州知府施观民私创书院，似无不可，扩而大之，把全国书院统统拆毁，这种因噎废食的举措目的何在？ 一言以蔽之，无非是执政者为了控制舆论——"假伪学以钳天下之口"。

神宗皇帝接受了他的意见——"崇儒重道"。此后，很多书院陆续恢复，聚徒讲学之风再度重现，琅琅书声重新回响于华夏大地。何心隐泉下有知，或可释然了。

---

① （明）钱一本：《万历邸抄》万历七年己卯卷，正月，《毁天下书院》条。按：《万历邸抄》编者不明，据日本学者小野和子考证，《万历邸抄》编者为钱一本。其说见小野和子《明季党社考——东林党和复社》，京都同朋舍，1996年，第145—156页。

② （明）钱一本：《万历邸抄》万历十一年癸未卷，十月《吏科给事中邹元标奏进五事条》。

泰州学派从王艮、王襞到颜山农、何心隐，宣扬"六经皆注脚"，他们的言行"非名教之所能羁络"，表现出前所罕见的叛逆精神，推动了思想解放的潮流，其意义不容低估。正如《宋明理学史》的作者所说，叛逆精神是泰州学派最可宝贵的传统，"从明清之际的早期启蒙思潮到'五四'新文化运动，我们仍能看到这一传统给予不同时期的进步思想家们的深刻思想影响"[1]。

四　李贽："咸以孔子之是非为是非，故未尝有是非"

李贽，初名载贽，字宏甫，号卓吾，福建泉州府晋江县人，其地又称温陵，故时人又叫他李温陵。他虽不是阳明先生的及门弟子，也可以归入"掀翻天地"的王门弟子行列。因为他是王艮之子王襞的门生，可以说是阳明先生的三传弟子。这一点他自己说得很清楚："心斋之子东崖公，贽之师。东崖之学，实出自庭训，然心斋先生在日，亲遣之事龙溪于越东，与龙溪之友月泉老衲矣，所得更深邃也。东崖幼时，亲见阳明。"[2]王襞九岁时曾随父亲王艮前往余姚，谒见阳明先生。阳明命门生王畿、钱德洪做他的启蒙老师。焦竑为王襞写墓志铭，说道："先生讳璧，字宗顺，学者称东崖先生……生九龄，随父之阳明公所，士大夫会者千人。公命童子歌，多嗫嚅不能应。先生意气恬如，歌声若金石。公召视之，知为心斋子，诧曰：'吾固知越中无此儿也。'辄奇而授之学。是时龙溪、绪

---

① 侯外庐、邱汉生、张岂之主编：《宋明理学史》（下），第 452 页。
② （明）李贽：《续焚书》卷三《读史汇·储瓘》。

山、玉芝皆在公左右,先生以公命,悉师事之。"①黄宗羲为他立传,也这样说:"王襞,字宗顺,号东崖,心斋之仲子也。九岁随父至会稽。每遇讲会,先生以童子歌诗,声中金石。阳明问之,知为心斋子,曰:吾固疑其非越中儿也。令其师事龙溪、绪山。先后留越中几二十年。"②由此可见,王襞是阳明的再传弟子,从王畿、钱德洪那里接受王学的启蒙,又继承了父亲的王学传统。王艮在淮南讲学,他始终追随左右。王艮逝世后,他继承父亲的讲席,往来于各地,主其教事。③

1. 赞扬王门弟子"一代高似一代"

万历二年(1574),李贽出任南京刑部员外郎。此时王襞在南京主持讲会,李贽前往听讲,拜王襞为师。④ 从学术的传承关系上看,李贽可谓阳明先生的三传弟子。因此,李贽对于阳明及其弟子推崇备至,是在情理之中的。他编辑《阳明先生道学钞》八卷、《阳明先生年谱》二卷,弘扬阳明先生的学术。在给友人的信中他赞扬道:"此书之妙,千古不容言","士大夫携之以入扶手,朝夕在目,自然不忍释去,事上使下,获民动众,安有不中款者乎? 唯十分无志者乃不入目,稍有知觉能运动,未有不发狂欲大叫者也。"⑤又说阳明先生:"使人人知'致良知'三字出于《大学》、《孟子》,则可以脱祸,而其教亦因以行,此则王先生之善巧方便,千古大圣人所当让美,所当让德,所当让才者也。前此而白沙先生,亦曾亲见本来面目矣,几曾敢露出半语乎? 然非龙溪先生五六十年守其师说不少改变,亦未必靡然从风,一至此也。此则阳明王先生之幸,

---

① (明)焦竑:《王东崖先生墓志铭》,《焦氏澹园集》卷三十一《墓志铭》。
② (清)黄宗羲:《明儒学案》卷三十二《泰州学案一·处士王东崖先生襞》。
③ (清)黄宗羲:《明儒学案》卷三十二《泰州学案一·处士王东崖先生襞》。
④ 参见容肇祖《李贽年谱》,生活·读书·新知三联书店,1957年,第32—33页。容氏引用《明儒王东崖先生集》卷首之《东崖年谱纪略》,对此有所考证。
⑤ (明)李贽:《与方伯雨》,《续焚书》卷一《书汇》。

亦天下万世之大幸。"①

对于龙溪、近溪、心斋、山农、心隐等王门弟子及再传弟子,他都给予高度评价。

他最敬重龙溪(王畿)与近溪(罗汝芳)两先生。谈及对于阳明先生"良知"要旨的领悟,他认为,"近时唯龙溪先生足以继之,近溪先生稍能继之。"他说:"龙溪先生年至八十,自二十岁为学,又得明师,所探讨者尽天下书,所求正者尽四方人,到末年方得实诣,可谓无工夫乎? 公但用自己工夫,勿愁人无工夫耳也。有志者自然来共学,无志者虽与之谈何益。近溪先生从幼闻道,一第十年乃官,至今七十二岁,犹历涉江湖各处访人,岂专为传法计欤!"②谈到王畿的《龙溪小刻》,他说:"先生语录甚多,此直十之一耳,然先生之学具是矣。学至先生而后大明也。我国家以大明称,岂不信乎! 先生少师阳明,早即闻道,享年九十岁,所传者至广矣……夫阳明中兴之至人也,当其时得道者如林,无不能悉数之,独淮南一派,其传为波石、山农数公者……惟先生粹然一接颜氏之绝,无有痕迹可睹。"③赞誉他的学问接续孔门弟子颜渊的绝学。谈到《龙溪王先生集》,推崇为"前无往古,今无将来":"《龙溪王先生集》共二十卷,无一卷不是谈学之书;卷凡数十篇,无一篇不是论学之言。夫学问之道,一言可蔽,卷若积至二十,篇或累至数十,能无赘乎? 然读之忘倦,卷卷若不相袭,览者唯恐易尽,何也? 盖先生学问融贯,温故知新,若沧州瀛海,根于心,发于言,自时出而不可穷,自然不厌而文且理也。而其谁能赘之欤! 故余尝谓先生此书,前无往古,今无将来,后有学者可以无复著书矣,盖逆料其决不能条达明显一过于斯也。"④他认为龙溪

① (明)李贽:《答马历山》,《续焚书》卷一《书汇》。
② (明)李贽:《答耿司寇》,《焚书》卷一《书答》。
③ (明)李贽:《龙溪小刻》,《李温陵集》卷十《杂述》。
④ (明)李贽:《龙溪先生文录抄序》,《焚书》卷三《杂述》。

先生讲学"明快透髓"："大抵圣言切实有用，不是空头，若如说者，则安用圣言为耶！世间讲学诸书，明快透髓，自古至今未有如龙溪先生者。"①

李贽最瞧不起那些"鄙儒"、"俗儒"、"迂儒"，而认为王艮截然不同，堪称"名儒"。他说："故知儒者终无透彻之日，况鄙儒无识，俗儒无实，迂儒未死而臭，名儒死节徇名者乎！最高之儒，徇名已矣，心斋老先生是也。"②对于王门弟子王艮及其泰州学派，李贽赞不绝口，认为他们"一代高似一代"："当时阳明先生门徒遍天下，独有心斋（王艮）为最英灵。心斋本一灶丁也，目不识一丁，闻人读书，便自悟性，径往江西见王都堂，欲与之辩质所悟。此尚以朋友往也，后自知其不如，乃从而卒业焉。故心斋亦得闻圣人之道，此其气骨为如何者！心斋之后为徐波石（徐樾），为颜山农。山农以布衣讲学，雄视一世，而遭诬陷；波石以布政使请兵督战而死广南。云龙风虎，各从其类，然哉！盖心斋真英雄，故其徒亦英雄也。波石之后为赵大洲（赵贞吉），大洲之后为邓豁渠；山农之后为罗近溪，为何心隐，心隐之后为钱怀苏，为程后台；一代高似一代。所谓大海不宿死尸，龙门不点破额，岂不信乎！心隐以布衣出头倡道而遭横死，近溪虽得免于难，然亦幸耳，卒以一官不见容于张太岳。盖英雄之士，不可免于世而可以进于道。"③

"一代高似一代"，落脚点在"英雄"二字，"心斋真英雄，故其徒亦英雄"。罗近溪"少而学道，盖真正英雄，真正侠客，而能回光敛焰，专精般若之门者，老而糟粕尽弃，秽恶聚躬，盖和光同尘之极。俗儒不知，尽道是实如此不肖"④。罗近溪是真英雄，何心隐也是真英雄。他说："何心

---

① （明）李贽：《复焦弱侯》，《焚书》卷二《书答》。
② （明）李贽：《与焦漪园太史》，《续焚书》卷一《书汇》。
③ （明）李贽：《为黄安二上人三首·大孝一首》，《焚书》卷二《书答》。
④ （明）李贽：《答周二鲁》，《李温陵集》卷四《书答》。

老英雄莫比,观其羁绊缧绁之人,所上当道书,千言万语,滚滚立就,略无一毫乞怜之态,如诉如戏,若等闲日子。今读其文,想见其为人。其文章高妙,略无一字袭前人,亦未见从前有此文字,但见其一泻千里,委曲详尽,观者不知感动,吾不知之矣。"①

如果用"一代高似一代"来衡量李贽,毫无疑问,他也是"一代高似一代"的"真英雄"。他一生特立独行,挑战传统,挑战主流思想,发出惊世骇俗的声音,因而被假道学视为"异端"。

2. "假道学以异端目我"

"异端"一词,带有明显的贬义。孔子在《论语》中说:"攻乎异端,斯害也已。"朱熹解释道:"攻,专治也。异端,非圣人之道,而别为一端,如杨、墨是也。"在儒家学说定于一尊的专制时代,如果有人挑战这种统治思想,那就意味着"非圣人之道",正统派便把他贬为"异端"。王艮反唇相讥:"圣人之道无异于百姓日用,凡有异者,皆谓之异端。"②显然是在与"非圣人之道"的衡量标准唱反调,主张用"百姓日用"作为衡量是否"异端"的标准。李贽被贬为"异端",他的应对之策更为巧妙、机警。

一则说:"又今世俗子与一切假道学,共以异端目我,我谓不如遂为异端,免彼等以虚名加我,何如?"③

再则说:"又此间无见识人多以异端目我,故我遂为异端,以成彼竖子之名。"④

三则说:"且观世之人,孰能不避名色而读异端之书乎?堂堂天朝行颁四书五经于天下,欲其幼而学,壮而行,以博高爵重禄,显荣家世。

---

① (明)李贽:《与焦漪园太史》,《续焚书》卷一《书汇》。
② (明)王艮:《或问异端》,《重刻心斋王先生语录》卷上。
③ (明)李贽:《答焦漪园》,《焚书》卷一《书答》。
④ (明)李贽:《与曾继泉》,《焚书》卷二《书答》。

不然者,有黜有罚如此其详明也,然犹有束书而不肯读者……弟谓兄圣人之资也,且又圣人之徒也。弟异端者流也,本无足道者也。自朱夫子以至今日,以老佛为异端,相袭而排摈之者,不知其几百年矣。"①

在李贽看来,"异端"这顶帽子,是那些俗子、假道学、无见识人强加给他的,索性以"异端"自居,我行我素,君子坦荡荡。他的"异端"言论惊世骇俗,令假道学们"莫不胆张心动"。钱谦益说:"卓吾所著书,于上下数千年之间,别出手眼,而其捃击道学,抉摘情伪,与耿天台往复书,累累万言,胥天下之为伪学者,莫不胆张心动。"②什么样的言论竟然有如此魔力,使得"伪学者"们"胆张心动"呢?

其一,不必以孔子之是非为是非。关于是非的标准,他有一段十分精辟的议论:"人之是非,初无定质。人之是非人也,亦无定论。无定质,则此是彼非,并育而不相害;无定论,则是此非彼,亦并行而不相悖矣。然则今日之是非,谓予李卓吾一人之是非,可也;谓为千万世大贤大人之公是非,亦可也;谓予颠倒千万世之是非,而复非是予之所非是焉,亦可也。则予之是非,信乎其可也。前三代,吾无论矣。后三代,汉唐宋是也。中间千百余年,而独无是非者,岂其人无是非哉?咸以孔子之是非为是非,故未尝有是非耳。"③千百年来没有是非可言,原因就在于,人们都以孔子之是非作为评判是非的标准,所以就没有是非可言了。王阳明主张以吾心之是非为是非,李贽把这一理论提升到新的高度。这并非他的心血来潮,而是一贯主张。

在论及司马迁时,他重申了不必以圣人之是非为是非的观点:"夫所谓作者,谓其兴于有感,而志不容已;或情有所激,而词不可缓之谓也。若必其是非尽合于圣人,则圣人既已有是非矣,尚何待于吾也?夫

① (明)李贽:《复邓石阳》,《焚书》卷一《书答》。
② (清)钱谦益:《列朝诗集小传》闰集《异人三人·卓吾先生李贽》。
③ (明)李贽:《藏书纪传总目前论》,《藏书》卷首。

案圣人以为是非,则其所言者乃圣人之言,非吾心独得之言也。言不出于由衷,情非由于所激,则无咏矣……夫《春秋》者,夫子之史也,笔则笔,削则削,初未尝按古之圣人以为己之是非也。故游、夏虽文学,终不能出一辞以赞之,而况为之传为之注乎!盖夫子之心则天下后世自知之,至其言之不可知者,初无害其为可知,又何必穿凿附会,以求合于一字一句之间也!"①痛快淋漓而又逻辑严密,孔子的《春秋》都没有以圣人之是非为是非,后人为什么一定要以圣人之是非为是非呢?否则的话,古之圣人早已有是非了,还要吾辈何用?这就给沉迷于儒家经学的人们迎头一击:"何必穿凿附会,以求合于一字一句之间也!"

其二,不待取给于孔子而后足。在与耿定向的论战中,对于耿氏所说"学其可无术欤",予以批驳:"此公所得于孔子而深信之以为家法者也,仆又何言之哉!然此乃孔氏之言,非我也。夫天生一人,自有一人之用,不待取给于孔子而后足也。若必待取足于孔子,则千古以前无孔子,终不得为人乎?"又说:"且孔子未尝教人之学孔子也。使孔子而教人以学孔子,何以颜渊问仁,而曰'为仁由己'而不由人也欤哉!何以曰'古之学者为己',又曰'君子求诸己'也欤哉!惟其由己,故诸子自不必问仁于孔子;惟其为己,故孔子自无学术以授门人。"②倘若人们都必须取足于孔子,那么孔子出生之前"终不得为人"吗?

他反对把孔子圣人化,认为他也是"庸众"的一员:"虽孔夫子亦庸众人类也,人皆见南子,吾亦可以见南子,何禅而何机也?子路不知,无怪其弗悦夫子之见也,而况千载之下耶?人皆可见,而夫子不可见,是夫子有不可也?夫子无不可者,而何不可见之有?"③因此,他提出"圣人不高,中人不低"的观点:"天下之人,本与仁者一般,圣人不曾高,中人

---

① (明) 李贽:《司马迁》,《李温陵集》卷十五。
② (明) 李贽:《答耿中丞》,《焚书》卷一《书答》。
③ (明) 李贽:《答周柳塍》,《李温陵集》卷四《书答》。

不曾低，自不容有恶耳。"由此，他认为只有颜渊"得好学之实"，其他弟子不知夫子所学："若其他弟子，则不免学夫子之不厌而已，学夫子之不倦而已，毕竟不知夫子之所学为何物，自己之所当有事者为何事……吁，当夫子时，而其及门之徒已如此矣，何怪于今，何怪于今！"①

其三，六经皆史。一般以为"六经皆史"是清代学者章学诚提出的至理名言，把《诗》、《书》、《礼》、《乐》、《易》、《春秋》，从"经"的神坛上拉了下来，与史书平起平坐。殊不知，早在二百年前，李贽就高唱"六经皆史"了："经、史一物也。史而不经，则为秽史矣，何以垂戒鉴乎？经而不史，则为说白话矣，何以彰事实乎？故《春秋》一经，春秋一时之史也。《诗经》、《书经》，二帝三王以来之史也。而《易经》则又示人以经之所自出、史之所从来，为道屡迁，变易匪常，不可以一定执也。故谓六经皆史可也。"②六经原本就是史书，被后人尊奉为"经"，披上了神圣的外衣，一字一句都神秘莫测，李贽极力主张应该还它的本来面目——"经史一物"。言简意赅，在理论深度上，丝毫不逊色于章学诚。

不仅六经如此，四书也是如此。他认为六经和《论语》、《孟子》并非万世之至论："夫六经、《语》、《孟》，非其史官过为褒崇之词，则其臣子极为赞美之语。又不然，则其迂阔门徒、懵懂弟子记忆师说，有头无尾，得后遗前，随其所见，笔之于书。后学不察，便谓出自圣人之口也，决定目之为经矣。孰知其大半非圣人之言乎？纵出自圣人，要亦有为而发，不过因病发药，随时处方，以救此一等懵懂弟子、迂阔门徒云耳。药医假病，方难定执，是岂可遽以为万世之至论乎？然则六经、《语》、《孟》，乃道学之口实，假人之渊薮也，断断乎其不可以语于童心之言明矣。"③这样肆无忌惮地评说儒家经典，简直闻所未闻，痛快淋漓之极！一则说，

---

① （明）李贽：《复京中友朋》，《焚书》卷一《书答》。
② （明）李贽：《经史相为表里》，《焚书》卷五《读史》。
③ （明）李贽：《童心说》，《焚书》卷三《杂述》。

这些东西不过是史官的褒崇之词、臣子的赞美之语，或者是迂阔门徒与懵懂弟子有头无尾地记忆师说；再则说，大半不是圣人之言，即使出自圣人，也不过是"因病发药，随时处方"而已；三则说，这些东西不但不是"万世之至论"，而且成为"道学之口实，假人之渊薮"。对经学的批判可谓入木三分，此前有哪一位思想家可以与之比肩？

在他看来，儒家经典不明"道"，儒生解经更不明"道"："道本大道，因经故不明；经以明道，因解故不能明道。然则经者道之贼，解者经之障，安足用欤？虽然，善学者通经，不善学者执经；能学者悟于解，而不能者为解误，其为贼为障也宜也。夫前人说经，后人解经，要不过为能者通此一线路耳，非与夫不能者道也。"①

他认为，宋儒的"道统说"在这方面留下了极坏的影响："宋人直以濂、洛、关、闽接孟氏之传，谓为知言云。吁，自秦而汉而唐，而后至于宋，中间历晋及五代，无虑千数百年，若谓地尽不泉，则人皆渴死矣；若谓人尽不得道，则人道灭矣，何以能长世也？终遂泯没不见，混沌无闻，直待有宋而始开辟而后可也，和宋室愈以不竞，奄奄如垂绝之人，而反不如彼之失传者哉？好自尊大，徒为标帜，而不知其垢诬亦太甚矣！"②

其四，今之讲周程张朱者可诛。前面所说的濂、洛、关、闽，即此处所指的周、程、张、朱（周敦颐、程颐、程颢、张载、朱熹），李贽不认为他们"接孟氏之传"。而当时的假道学却打着周、程、张、朱的幌子，贩卖私货，嘴巴上讲仁义道德，心里面想的是升官发财，他极为反感，口诛而笔伐，言词之尖刻令人惊骇："但见今之讲周、程、张、朱者，以为周、程、张、朱实实如是尔也，故耻而不肯讲。不讲虽是过，然使学者耻而不讲，以为周、程、张、朱卒如是而止，则今之讲周、程、张、朱者可诛也。彼以为

① （明）李贽：《提纲说》，《李温陵集》卷九《杂述》。
② （明）李贽：《道学》，《李温陵集》卷十五《读史》。

周、程、张、朱者皆口谈道德而心存高官,志在巨富;既已得高官巨富矣,仍讲道德,说仁义自若也;又从而哓哓然语人曰:'我欲励俗而风世。'彼谓败俗伤世者,莫甚于讲周、程、张、朱者也,是以益不信。"①

他对假道学深恶痛绝,嬉笑怒骂,毫不留情:"有一道学,高屐大履,长袖阔带,纲常之冠,人伦之衣,拾纸墨之一二,窃唇吻之三四,自谓真仲尼之徒焉。时遇刘谐。刘谐者,聪明士,见而哂曰:'是未知我仲尼兄也。'其人勃然作色而起曰:'天不生仲尼,万古如长夜。子何人者,敢呼仲尼而兄之?'刘谐曰:'怪得羲皇以上圣人尽日燃纸烛而行也!'其人默然自止。然安知其言之至哉!李生闻而喜曰:'斯言也,简而当,约而有余,可以破疑网而昭中天矣。其言如此,其人可知也。盖虽出于一时调笑之语,然其至者百世不能易。'"②李贽借用刘谐之口,嘲讽假道学,开口闭口"天不生仲尼,万古如长夜",反诘道:"怪得羲皇以上圣人尽日燃纸烛而行也",与前面所说的:"千古以前无孔子,终不得为人乎?"遥相呼应,令人拍案叫绝。

假道学的要害是"假",李贽对于他们的"假人"、"假言"、"假事"、"假文"痛加鞭笞:"夫既已闻见道理为心矣,则所言者皆闻见道理之言,非童心自出之言也。言虽工,于我何与,岂非以假人言假言,而事假事、文假文乎?盖其人既假,则无所不假矣。由是而以假言与假人言,则假人喜;以假事与假人道,则假人喜;以假文与假人谈,则假人喜。无所不假,则无所不喜。满场是假,矮人何辩也?"③李贽的文章致力于揭穿假道学的"假",假人、假言、假事、假文,无所不假。极而言之,"世间万事

---

① (明)李贽:《又与焦弱侯》,《焚书》卷二《书答》。
② (明)李贽:《赞刘谐》,《焚书》卷三《杂述》。刘谐,字凤和,号弘原,湖广麻城人,隆庆五年进士,历官常熟县丞、余干知县,万历七年罢官。李绍文《皇明世说新语》卷七《排调》亦载此事:"有一道学每曰:'天不生仲尼,万古如长夜。'刘谐曰:'怪得羲皇以上圣人尽日燃烛而行也。'"
③ (明)李贽:《童心说》,《焚书》卷三《杂述》。

皆假，人身皮袋亦假也。然既已假合而为人，一失诚护，百病顿作，可以其为假也而遂不以调摄先之，心诚求之乎？"①

在李贽眼中，假道学们口是心非，其人格还不如言行一致的市井小夫："自朝至暮，自有知识以至今日，均之耕田而求食，买地而求种，架屋而求安，读书而求科第，居官而求尊显，博求风水以求福荫子孙。种种日用，皆为自己身家计虑，无一厘为人谋者。及乎开口谈学，便说尔为自己，我为他人；尔为自私，我欲利他；我怜东家之饥矣，又思西家之寒难可忍也；某等肯上门教人矣，是孔孟之志也，某等不肯会人，是自私自利之徒也；某行虽不谨，而肯与人为善，某等行虽端谨，而好以佛法害人。以此而观，所讲者未必公之所行，所行者又公之所不讲，其与言顾行、行顾言何异乎？以是谓为孔圣之训可乎？翻思此等，反不如市井小夫，身履是事，口便说是事，作生意者但说生意，力田作者但说力田。凿凿有味，真有德之言，令人听之忘厌倦矣。"②这些伪君子谈的是仁义道德，干的是穿窬墙洞的勾当，还自命为"圣人"、"山人"："今之所谓圣人者，其与今之所谓山人者一也，特有幸不幸之异耳。幸而能诗，则自称曰山人；不幸而不能诗，则辞却山人而以圣人名。幸而能讲良知，则自称曰圣人；不幸而不能讲良知，则谢却圣人而以山人称。辗转反复，以欺世获利，名为山人而心同商贾，口谈道德而志在穿窬。"③

3. "快口直肠，目空一切"

近代学者黄节谈及李贽时说："学术者，天下之公器。王者徇一己之好恶，乃欲以权力遏之，天下固不怵也。即怵矣，而易世之后，锓卓吾书者自若，亦非明之列祖列宗所得而如何者……卓吾生儒教专制之时，天王圣明之世，而快口直肠，愤激过甚，破道一风同之见……矧卓吾一

---

① （明）李贽：《与耿楚倥》，《续焚书》卷一《书汇》。
② （明）李贽：《答耿司寇》，《焚书》卷一《书答》。
③ （明）李贽：《又与焦弱侯》，《焚书》卷二《书答》。

身,兼'非儒'、'学佛'二者,为异端之尤者乎?"①黄节认为,在"非儒"、"学佛"这两点上,李贽"快口直肠,愤激过甚",可谓"异端之尤",说得通俗一点,就是比异端还要异端。这样的人,在当时的处境的艰难是可想而知的。

李贽自幼浸淫于儒家经典之中,攻读《易经》、《礼经》,后来改读《尚书》。嘉靖三十一年(1552),二十六岁时乡试中举,自嘲为"竟以《尚书》窃禄"。在回忆录中调笑道:"稍长,复愦愦,读传注不省,不能契朱夫子深心。因自怪,欲弃置不事。而闲甚,无以消岁日,乃叹曰:'此直戏耳,但剿窃得滥目足矣,主司岂一一能通孔圣精蕴者耶!'因取时文尖新可爱玩者,日诵数篇,临场得五百。题旨下,但作缮写誊录生,即高中矣。"②如此率真的自白,嘲讽僵化死板的科举考试,不屑于传统的经学,"读传注不省,不能契朱夫子深心",深得明清之际名士张岱的激赏,引入他的《石匮书》,作为揭露科举八股弊端的例证:"二百八十二年以来,英雄豪杰埋没于八股中,得售者什一,不得售者什九。此固场屋中之通病也……李卓吾曰:'吾熟读烂时文百余首,进场时做一日誊录生,便高中矣。'此虽戏言,委是实录……盖近世学者除四书五经之外,目不睹非圣之书,比比皆是,间有旁及古文,怡情诗赋,则皆游戏神通,不著要紧,其所造诣,则不问可知矣。"③

也许是看透了这一点,他此后不再参加进士考试,径直踏上仕途,历任国子监教官、礼部司务、南京刑部主事。万历五年(1577),五十一岁时出任云南姚安知府。挚友焦竑写诗为他送行:

> 相知今古难,千秋一嘉遇。而我狂简姿,得蒙英达顾。肝

① 吴虞:《明李卓吾别传》,《吴虞文录》卷下,《民国丛书》第二编,上海书店出版社,1989年版,第33—34页。
② (明)李贽:《卓吾论略》,《焚书》卷三《杂述》。
③ (明)张岱:《文苑列传总论》,《石匮书》卷二百二。

胆一以披,形迹非所骛。……君子善尺蠖,大道固委蛇。所贵
志有行,岂云绁尘羁。①

对他寄予很高的期许。果然,官场的庸碌令他难以忍受,任期未满,就
辞官而去,到湖广麻城龙湖芝佛院隐居,埋首著书立说,开启了"异端之
尤"的生涯。

龙湖在麻城县东北,芝佛院坐落于湖的北面,风景秀丽,是一个做
学问的好地方。万历二十一年(1593),袁宏道、宗道兄弟慕名前去拜访
卓吾,宗道《龙湖记》写道:"龙湖,一云龙潭,去麻城三十里。万山瀑流,
雷奔而下,与溪中石骨相触,水力不胜石,激而为潭。潭深十余丈,望之
溪清,如有龙眠。潭右为李宏甫精舍,佛殿始落成,倚山临水……"从李
贽《读书乐》看来,他自己非常满意在这里的读书著文生活:"天生龙湖,
以待卓吾。天生卓吾,乃在龙湖。龙湖卓吾,其乐如何? 四时读书,不
知其余。读书伊何? 会我者多。一与心会,自笑自歌。歌吟不已,继以
呼呵。恸哭呼呵,涕泗滂沱。"②

在将近二十年中,他写出了《焚书》、《续焚书》、《藏书》,以嬉笑怒骂
的笔法,抨击名教纲常,讥讽驰骋文坛的道学家,在思想界引起轩然
大波。

万历十八年(1590),《焚书》在麻城付梓。书中的文章,以嬉笑怒骂
的笔法,抨击纲常名教,嘲讽假道学,揭露他们的伪君子面目,痛快淋
漓。李贽在龙湖芝佛院的聚佛楼所写的自序,讲到书名时说:"所言颇
切近世学者膏肓,既中其痼疾,则必欲杀我矣,故欲焚之,言当焚而弃
之,不可留也。"③李贽死后,焦竑为此书再版所写的序言,对此感慨系
之:"李宏甫自集其与夷游书札,并答问论议诸文,而名曰《焚书》,自谓

①　(明)焦竑:《送李比部》,《澹园集》卷三十七《五言古诗》。
②　(明)李贽:《读书乐并引》,《焚书》卷六《四言长篇》。
③　(明)李贽:《焚书》卷首《自序》。

其书可焚也。宏甫快口直肠，目空一世，愤激过甚，不顾人有忤者。然犹虑人必忤而托言于焚，亦可悲矣！乃卒以笔舌杀身，诛求者竟以其所著付之烈焰，抑何虐也，岂遂成其谶乎！"①正如焦氏所说，"既中其痼疾，则必欲杀我"，一语成谶——"卒以笔舌杀身"。

这样无所顾忌、锋芒毕露的文字，在知识界引起了强烈的震动。袁中道说："公气既激昂，行复诡异，斥异端者日益侧目。与耿公往复辩论，每一札累累万言，发道学之隐情，风雨江波，读之者高其识、钦其才、畏其笔，始有以幻语闻当事，当事者逐之。"②

万历二十七年(1599)，他的史学巨著《藏书》，由好友焦竑在南京刊刻出版。此书的史论独具慧眼，发人所未发，蔑视传统的定论，显示了卓越的史识。例如：称颂秦始皇是"千古一帝"，商鞅是"大英雄"，申不害是"好汉"，李斯是"知时识主"的"才力名臣"，卓文君私奔是"善择佳偶"等等。这些见解现在看来不过是寻常的学术争鸣而已，在当时的道学家心目中却是离经叛道之论。袁中道《李温陵传》谈及《藏书》，有这样的评论："最后理其先所诠次之史，焦公等刻之于南京，是为《藏书》。盖公于诵读之暇，尤爱读史，于古人作用之妙，大有所窥。以为世道安危治乱之机，捷于呼吸，微于缕黍。世之小人既幸侥丧人之国，而世之君子理障太多，名心太甚，护惜太甚，为格套局面所拘，不知古人清静无为，行所无事之旨，与藏身忍垢，委曲周旋之用。使君子不能以用小人，而小人得以制君子，故往往明而不晦，激而不平，以至于乱。而世儒观古人之迹，又概绳以一切之法，不能虚心平气，求短于长，见瑕于瑜，好不知恶，恶不知美。至于今，接响传声，其观场逐队之见，已入人之骨髓而不可破。于是上下数千年之间，别出手眼，凡古所称为大君子者，有

---

① (明)焦竑：《焚书序》，《焚书》卷首。
② (明)袁中道：《李温陵传》，《珂雪斋近集文钞》卷七。

时攻其所短,而所称为小人不足齿者,有时不没其所长,其意大抵在于黜虚文,求实用;舍皮毛,见神骨;去浮理,揣人情。即矫枉之过,不无偏有重轻,而舍其批驳谴笑之语,细心读之,其破的中窾之处,大有补于世道人心,而人遂以为得罪于名教,比之毁圣叛道,则已过矣。"[1]

袁中道对《藏书》的评价是公允平实的,以往的史家"理障太多",拘泥于"格套局面",不能"虚心平气",所著史书往往"好不知恶,恶不知美",说好就一切皆好,说不就一切皆坏。李贽《藏书》反其道而行之,"别出手眼",从"君子"身上看到其短处,从不足挂齿的"小人"身上看到其长处。当然他也不认为此书一切皆好,其中未免有些偏颇——"矫枉之过,不无偏有重轻"。但是据此认定李贽得罪于名教,加上"毁圣叛道"的罪名,就太过分了。

专制政治体制不能容忍异端思想,当权者加给李贽"毁圣叛道"的罪名,并且他们动用政权的暴力,拆毁李贽赖以安身著述的龙湖芝佛院,把他驱逐出境。走投无路之际,已经罢官的御史马经纶把他迎到通州自己家中。

4. "不死于人,死于口;不死于法,死于笔"

万历三十年(1602)闰二月,礼科都给事中张问达获悉李贽来到通州,如临大敌,危言耸听:"通州距都下仅四十里,倘(李)贽一入都门,住寺观,招致而蛊惑之,则都城无知之士女又被勾引,为麻城士女之续矣!不知京畿何地也?"为此给皇帝呈上奏疏《邪臣横议放恣乱真败俗恳乞圣明严行驱逐重加惩治以维持世道疏》。这份奏疏,《明神宗实录》只有一个摘要,吴亮主编的《万历疏钞》收录了全文。通读全文,通篇气势汹汹,强词夺理,最终导致李贽死于非命,因而有必要仔细审视。

---

① (明)袁中道:《李温陵传》,《珂雪斋近集文钞》卷七。

疏文开篇就说:"惟时有李贽号卓吾者,壮岁为官,晚年削发,业已自外于名教,不足齿矣。近又刻《藏书》《焚书》《卓吾大德》等书,流行海内,惑乱人心。是其人不可一日容于圣明之世,其书必不可一日不毁者。"一句"其人不可一日容于圣明之世",露出了杀机,看来题目中所说的"严行驱逐"不过是一个幌子,"重加惩治"才是本意。

张问达首先声讨李贽"刺谬不经"的观点①:

> 吕不韦、李园浊乱宫闱,潜移国姓,此万古大奸巨盗也,今乃曰"智谋名臣"。以此为训,是使人起非分无望之想也。

> 李斯坑儒生焚诗书百家语,矫诏擅立君嗣,以贻千万世无穷之恨,此国之贼也,今乃曰"才力名臣"。以此为训,是使人长纷更专擅之奸也。

> 冯道历事五朝,朝君臣而暮仇敌,此人臣万古之戒也,今乃曰"此吏隐也,社稷为重也"。不知由梁而唐而汉而周而契丹,社稷凡几更矣,道之所存者果谁家之社稷乎? 以此为训,是使人不知有君臣之义也。

> 卓文君不奉父命,而私奔相如,此失身之妇也,其父卓王孙恶而绝之,今乃曰"非失身乃获身也,卓王孙斗筲小才,安足与计事,孤负良缘,遂失佳偶"。以此为训,是使人不知男女聚麀之耻也。

> 秦始皇行事载在史册,为千古覆辙可鉴,今乃曰"自是千古一帝"。以此为训,是以残忍为英雄也。

> 孔子以直道为是非,万古人伦之至也,今乃曰"以孔子之是非为是非,则无是非",是又以孔子为不足法,而敢于非至

---

① (明)张问达:《邪臣横议放恣乱真败俗恳乞圣明严行驱逐重加惩治以维持世道疏》,《万历疏钞》卷三十五《崇儒类》。

圣也。

他的结论是："书之狂诞悖戾，未易枚举，大都多刺谬不经，与夫藏三耳、鸡三足、白马非马之说何异？是其书不可一日不毁者也。"

在批判了离经叛道思想之后，张问达犹嫌不足，又对李贽进行人身攻击，极尽污蔑之能事：

> 至尤可恨可丑者，寄居麻城，肆行不检，始容无良辈游于庵，已而无良辈拉妓女裸身，当白昼同浴于池。其究也，遂勾引士人妻女，至有携衾枕而宿庵观者。一境之内如醉如狂。

> 又作《观音问》一书，所谓观音者，皆士人妻女也，皆名曰菩萨。一时士人之妻女，果尽皆真菩萨耶。灭礼义，渎伦常，坏风俗，盖至于贽之行也极矣。而后生小子喜其猖狂，而乐其放肆，相率相煽，以至于明劫人财，强搂人妇，公然同于夷貊禽兽，而不之恤。

他的结论是："是皆贽之邪说异论浸渍转移而诱之迷也，嗟嗟，是可一日容于圣明之世哉？"

奏疏的最后亮出了他的意图：伏望皇上洞察"邪说之非"、"流祸之远"，命通州地方官将李贽押回原籍治罪，不许再聚生徒讲学惑世；并且降旨南北两京及各省，将李贽刊行诸书与未刊手稿，尽行烧毁，毋令贻乱于后世。[1]

神宗皇帝采纳了他的建议，下达圣旨："李贽敢倡乱道，惑世诬民，便令厂卫五城严拿治罪。其书籍已刊未刊者，令所在官司尽行烧毁，不许存留。如有徒党曲庇私藏，该科及各有司访参，奏来治罪。"[2]

---

① （明）张问达：《邪臣横议敢恣乱真败俗恳乞圣明严行驱逐重加惩治以维世道疏》，《万历疏钞》卷三十五《崇儒类》。

② 《明实录·明神宗实录》卷三百六十九，万历三十年闰二月乙卯。

锦衣卫缇骑奉旨前来通州。其时李贽抱病为《究正易因》定稿,书稿完成,病情加剧。得知缇骑已至,力疾起床,大声说:是为我也,为我取门板来!随即躺在门板上疾呼:速行,我罪人也,不宜留。马经纶欲随行,他劝阻说:逐臣不入城,制也,且君有老父在。马经纶坚持随行,说:朝廷以先生为妖人,我是藏妖人者,死则俱死,不能让先生前往而自己独留。

次日,锦衣卫审讯卧于阶上的李贽:"你何以妄著书?"李贽答:"罪人著书甚多,具在于圣教有益无损。"[1]拒不承认朝廷对他的指控——"敢倡乱道,惑世诬民"。

几天后,礼部尚书冯琦给皇帝呈上奏疏,题目是《为重经术祛异说以正人心以励人才疏》,支持张问达的指控,拥护皇帝的圣旨,说道:"顷者皇上纳都给事中张问达之言,正李贽'惑世诬民'之罪,尽焚其所著书,其于崇正辟邪,甚盛举也。"[2]他的这篇奏疏反映了朝廷"崇正辟邪"的观点,看起来义正词严,实际上迂腐得很。"奇文共欣赏,疑义相与析",不妨细细读来。

他洋洋洒洒地展开论证,居然从"春秋大一统"谈起:"春秋大一统,统者,统于一世,统于圣真,则百家诸子无敢抗焉;统于王制,则卿大夫士庶无敢异焉。国家以经术取士,自五经四书、《性》、《鉴》、正史而外,不列于学官,不用以课士,而经书传注,又以宋儒所订者为准。盖即古人罢黜百家独尊孔氏之旨,此所谓圣真,此所谓王制也。"他要营造"百家诸子无敢抗"、"士庶无敢异"的局面,不容许异端思想产生、流行。然而,现实并非如此:"自人文向盛,士习寖漓,始而厌薄平常,稍趋纤靡;纤靡不已,渐骛新奇;新奇不已,渐趋诡僻。始犹附诸子以立帜,今且尊

① (明)袁中道:《李温陵传》,《珂雪斋近集文钞》卷七。
② (明)冯琦:《为重经术祛异说以正人心以励人材疏》,《宗伯集》卷五十七《奏疏·礼部稿》。

二氏以操戈,背弃孔孟,非毁程朱……以名教为桎梏,以纪纲为赘疣,以放言恣论为神奇,以荡弃行检、扫灭是非廉耻为广大。"①在冯琦看来,这就是李贽的罪状,"背弃孔孟,非毁程朱","以名教为桎梏,以纪纲为赘疣",皇帝定他"惑世诬民"之罪,当然就是"崇正辟邪"的盛举了。

但是,思想解放的潮流不可阻挡,情况并不乐观。他忧心忡忡地问道:"世道溃于狂澜,经学几为榛莽。部科交列其弊,明旨申饬再三,而竟未能廓然一大变其习者,何也?"即使遵照圣旨"尽焚其所著书",也不能解决问题:"即如烧毁异说,去年亦奉有明旨,督学而下何曾禁止一处,烧毁一书?等经学于弁髦,得诏书而挂壁。如此,即朝廷之上三令五申,亦复何益?"究竟怎么办,他也说不出个所以然,只是说:"容臣等细思考酌,再行题请。"②

皇帝对他的奏疏看得很认真,立即批示:"祖宗维世立教,尊尚孔子,明经取士,表章宋儒。近来学者不但非毁宋儒,渐至诋讥孔子,扫灭是非,荡弃行检,复安得忠孝节义之士为朝廷用?"③

几天之后,冯琦再次上疏,就整顿"士风文体",维持"世教",开出药方,一共十五条:经术、文本、行检、后场、提学、岁考、入学、冒籍、祠祀、典试、程式、参阅、关节、禁匿名帖、刻书。涉及经学、科举、学校、出版各个领域,企图扭转"世道溃于狂澜,经学几为榛莽"的局面。其中与李贽直接相关的是第一条和第十五条。

第一条名曰"经术":"士子肄业,必经术明而后学术正。我朝明经取士,经书传注以宋儒所订者为准,要在发明理奥,羽翼圣真。近

---

① (明) 冯琦:《为重经术祛异说以正人心以励人才疏》,《宗伯集》卷五十七《奏疏·礼部稿》。

② (明) 冯琦:《为重经术祛异说以正人心以励人才疏》,《宗伯集》卷五十七《奏疏·礼部稿》。

③ (明) 冯琦:《为重经术祛异说以正人心以励人才疏》,《宗伯集》卷五十七《奏疏·礼部稿》。

日习趋诡异,语尚虚无,甚至背孔孟、非程朱,以怪诞不经之说,竞博进取。"为了改变这种状况,他主张:"以后提学官严谕诸生,先将经书、《性》《鉴》熟读详阅,有余力者可及历代正史、《皇明制书》。其诬圣不经及浮华无用之书,不必入目,作文必依经傍注,照圣贤口气发挥。"这显然是想推行文化专制,一是四书五经必须以宋儒所作传注为准,二是不得阅读"诬圣不经及浮华无用之书",三是作文必须依傍四书五经,"照圣贤口气发挥"。连"口气"都要和圣贤一模一样,专横而迂腐之极。

第十五条名曰"刻书",显然是对于皇帝对李贽下达的圣旨"其书籍已刊未刊者,令所在官司尽行烧毁,不许存留"所作的补充发挥,不仅要烧毁,而且要堵塞它的由来:"近日非圣叛道之书盛行,有误后学,已奉明旨,一切邪说伪书尽行烧毁,但与其焚其既往,不如慎其将来。以后书坊刊刻书籍,俱照万历二十九年明旨,送提学官查阅,果有裨圣贤经传者,方许刊行。如有敢倡异说,违背经传,及藉口著述,创为私史,颠倒是非,用泄私愤者,俱不许擅刻。"[1]这是想用行政手段控制书籍出版,严加审查,凡是"非圣叛道"之书,一律不准出版,只有那些"有裨圣贤经传"的书籍才准许出版。这办得到吗?后来的事实表明,不过是一纸空文而已,李贽的著作不断再版,其他"违背经传"的著作也禁而不止。

但是,皇帝还是批准了礼部的十五条禁令,下达圣旨:"俱依拟,着实行。士子必潜心圣经,恪守王制,他日方能奉公履正,裨益国家。始学既已不经,将来有何竖立?今后考试经书,务重圣贤本意,失旨的黜退。后场条对无遗,方称实学。毋以浮文诡语为奇解。卷到时,该部科

---

① (明)冯琦:《为遵奉明旨开陈条例以维世教疏》,《宗伯集》卷五十七《奏疏·礼部稿》。

据此评论。坊间私刻，举发重治勿饶！"①

朝廷的这种态度，预示着在狱中的李贽难逃一死。

主持正义的马经纶接连写了四封书信，奋起为李贽辩诬，驳斥张问达的诬陷不实之辞。这四封书信收录在余永宁、陈大来刊刻的《李卓吾先生遗书》中，为历史保留了一丝正直的声音。

在《启当事书》中，马经纶首先指责湖广地方官，驱逐致仕的四品知府之举，有悖于《大明律》："卓吾不能安其身于麻城，闻檄被驱，狼狈以避。虽以黄堂四品大夫，《大明律》所谓以礼致仕与见任官同者，而地主独不相容。虽以七十五岁风烛残年，孔大圣人所谓老者安之，而顾毁其庐，逐其人，并撤其埋藏此一具老骨头之塔，忍令死无葬所而不顾，此岂古今之异势哉！"然后反驳所谓"惑世"、"宣淫"的污蔑："缘麻城人以'异端惑世'目之，以'宣淫'诬之耳。夫使诚惑世而宣淫也，天道不容，国法不贷，即杀此七十五岁老翁以正一方之风化，此正豪杰非常作用，弟且为圣门护法庆矣，又何疑于驱逐乎……彼盖藉宣淫之名，以丑诋其一乡显贵之族，又藉逐僧毁寺之名，以实其宣淫之事。于是贿众狂吠，若以为公论公恶焉耳。此其机械甚深，而其用心亦太劳矣。"②

所谓"宣淫"之说，乃至"勾引士人妻女"云云，其实是无稽之谈。袁中道说，李贽"体素羸，淡于声色，又癖洁，恶近妇人，故虽无子，不置妾婢。后妻女欲归，趣归之。且称'流寓客子'。既无家累，又断俗缘，参求乘理，极其超悟，剔肤见骨，迥绝理路"③。钱谦益也说："袁小修尝语余曰：'卓老多病寡欲，妻庄夫人生一女。庄殁后，不复近女色，其戒行老禅和不复是过也。平生痛恶伪学，每入书院讲堂，峨冠大带，执经请

① （明）冯琦：《为重经术祛异说以正人心以励人才疏》，《宗伯集》卷五十七《奏疏·礼部稿》。
② （明）马经纶：《启当事书》，《李卓吾先生遗书·附录》。
③ （明）袁中道：《李温陵传》，《珂雪斋近集文钞》卷七。

问，辄奋袖曰：'此时正不如携歌姬舞女，浅斟低唱。'诸生有携妓女者，见之，或破颜微笑曰：'也强似与道学先生作伴。'于是麻黄之间，登坛讲学者衔恨次骨，遂有宣淫败俗之谤。蟾蜍掷粪，自其口出，岂足以污卓老哉！"①由此可见，张问达的诬陷不实之辞，实在不堪一击。

在《启当事书》中，马经纶抨击所谓伪学之禁："伪学之有禁也，非自今日始也。宋朝不禁朱元晦，世庙之朝不禁王阳明乎？卓吾生今之世，宜乎为今之人，乃其心事不与今人同，行径不与今人同，议论不与今人同，著作不与今人同。夫彼既自异于今之人矣，今之人其谁不以彼为异为颇。此固情所必至，势有固然，无足怪者。夫既以彼为异为颇矣，则忌者诬之曰淫纵，便信以为真淫纵；忌者诬之曰勾引，便信以为真勾引。何也？其心诚疑之也。疑蛇则蛇，疑窃则窃，此亦情所必至，势有固然，无足怪者。夫以七八十岁垂尽之人，加以淫纵勾引之行，不亦可笑之甚乎？"②

张问达对于《藏书》的诋毁，没有一条站得住脚，对于历史人物的评价，仁者见仁，智者见智，各抒己见，完全是学术问题，为什么要把它政治化，上升为一种罪状？说秦始皇为"千古一帝"，李斯为"才力名臣"，卓文君为"善择佳偶"，何罪之有？马经纶把他驳得体无完肤：

> 夫评史与论学不同，《藏书》品论人物，不过一史断耳，即有偏僻，何妨折衷，乃指以为异为邪，如此则尚论古人者，只当寻行数墨，终身惟残唾是咽，不敢更置一喙耶……卓吾先生乃阳明之嫡派儿孙也，行己虽枘凿于世人，而学术实渊源于先正，平生未尝自立一门户，自设一藩篱，自开一宗派，自创一科条，亦未尝抗颜登坛，收一人为门弟子。今李氏刊书遍满长

---

① （清）钱谦益：《列朝诗集小传》闰集《异人三人·卓吾先生李贽》。
② （明）马经纶：《启当事书》，《李卓吾先生遗书·附录》。

安,可覆按也。乃不摘其论学之语,商量异同,而顾括其评史之词,判定邪正,何也?吾观自来评史之异者,亦不少矣。秦桧千古奸臣也,丘仲深(丘濬)以为再造于宋;太公望万世大圣也,王元美(王世贞)以为不及管仲;严光以一丝维汉九鼎,谈节义者必首称之,而我太祖高皇帝亲洒宸翰,特为著论曰:"吾观天下之罪人,罪人之大者,莫大于严光。"噫,何其异也!夫太祖当干戈倥偬之时,而读史能破拘挛,妙发心得,迥绝老生常谈,此亦足以发明旧说之不必尽泥,不必尽同矣。惟不同所以为《藏书》,惟宜藏而不藏,所以有今日之禁。[①]

说得有理有据,逻辑严密,评论历史不应当一再拾前人唾余,寻行数墨,丘濬、王世贞已有先例,何况太祖高皇帝(朱元璋)"读史能破拘挛,妙发心得,迥绝老生常谈",为什么李贽的"妙发心得"要斩尽杀绝呢?

在给刑部尚书萧大亨的信中,马经纶为李贽鸣冤:"惟是流言止于智者,观人决于素行。卓吾先生之素行何如也?宦游二十余年,一介不取,清标苦节,人所难堪,海内荐绅,谁不慕悦?夫以如是人品,如是操履,而以逾闲荡检之事诬之,亦大不伦矣。至于著述,人各有见,岂能尽同,亦何必尽同!有同有异,正以见吾道之大,补前贤之缺。假使讲学之家一以尽同为是,以不同为非,则大舜无两端之执,朱陆无同异之辨矣。"他诚恳地希望主管司法的萧大亨主持公道:"大抵今日之事,惟仰赖二祖八宗之灵,天地神明之灵,贤人君子之保护,元老大臣之曲全,固国体国脉所系,百世万世所传,确乎非一身一家之私议也。"[②]

但是,皇帝圣旨已经定论,任何人都无能为力,马经纶的辩诬虽然伸张了正义,但是改变不了李贽的命运。

---

① (明)马经纶:《启当事书》,《李卓吾先生遗书·附录》。
② (明)马经纶:《与李麟野都谏转上萧司寇》,《李卓吾先生遗书·附录》。

万历三十年(1602)三月十五日,李贽在狱中自刎。袁中道《李温陵传》记述了他用剃头刀自刎的细节:"一日,呼侍者剃发。侍者去,遂持刀自割其喉,气不绝者两日。侍者问:'和尚痛否?'以指书其手曰:'不痛。'又问:'和尚何自割?'书曰:'七十老翁何所求?'"①十六日子夜,李贽气绝而亡。他以坚毅的死表达对当权派的最后抗议。

对于李贽之死,张岱《石匮书》的评论写得非常深刻:"其为文,不阡不陌,抒其胸中之独见,精光凛凛,不可迫视。"又说:"李温陵发言似箭,下笔如刀,人畏之甚,不胜其服之甚,亦惟其服之甚,故不得不畏之甚也。异端一疏,瘐死诏狱。温陵不死于人,死于口;不死于法,死于笔。"②一举击中要害。"发言似箭,下笔如刀",说明李贽思想的锋芒有如刀箭,令统治者惊慌失措,所以难逃一死。不过死因很特别——"不死于人,死于口;不死于法,死于笔"。他并没有犯法,只是他的"口"与"笔"亦即言论与文章闯了祸,或者说是他的思想得罪了当权派,成为专制政治所不容的"思想犯"。

5. "先生起千载,高言绝群智"

马经纶闻知死讯,痛哭流涕:"天乎,先生妖人哉?有官弃官,有家弃家,有发弃发,其后一著书学究,其前一廉二千石也。"③马氏为他收尸,安葬于通州北门外迎福寺侧。墓冢高一丈,周围有白杨百余株,墓有两块碑,一刻"李卓吾先生之墓,秣陵焦竑题";一刻"卓吾老子碑,黄梅汪可受撰"。袁宏道得知死讯,写诗哀悼:

> 消息遥从天外来,飞云萧飒满燕台。
>
> 只今一枕羲皇梦,化鹤骑鲸莫浪猜。

---

① (明)袁中道:《李温陵传》,《珂雪斋近集文钞》卷七。
② (明)张岱:《石匮书》卷二百三《文苑列传下·李贽·石匮书曰》。
③ (明)刘侗、于弈正:《帝京景物略》卷八《畿辅名迹·李卓吾墓》。

临川汤显祖《叹卓老》吟道：

> 自是精灵爱出家，钵头何必向京华。
>
> 知教笑舞临刀杖，烂醉诸天雨杂花。

平湖陆启浤《卓吾先生墓下》吟道：

> 天地表空明，百家立文字。三教既以三，于中复分置。先
> 生起千载，高言绝群智。说略生死中，不谢死生事。蜕骨宛在
> 兹，黄土表幽閟。古柟索索鸣，拜手托无际。①

这些知名人士都表达了对李贽的敬仰与思念。

虽然圣旨已下，其著作已刊未刊尽行焚毁，但并未奏效。万历三十七年（1609），李贽的《续藏书》出版。焦竑为之作序："岁己酉（万历三十七年）眉源苏公吊宏甫之墓，乃访其遗编于马氏（经纶），于是《续藏书》始出。余乡王君维俨梓行之，而属余引其简端。"万历四十年（1612），余永宁、陈大来刊刻出版《李卓吾先生遗书》。可见一道圣旨难以阻断人们对于李贽著作的追求。于是天启五年（1625），四川道御史王雅量上疏请求再度禁止，皇帝圣旨亟下："李贽诸书怪诞不经，命巡视衙门焚毁，不许坊间发卖，仍通行禁止。"行政命令的力量并非万能，这道圣旨依然等于一纸空文，李贽著作屡禁而不绝。顾炎武对李贽并无好感，却在《日知录》中如实记述这一现象："自古以来，小人之无忌惮而敢于叛圣人者，莫甚于李贽。然虽奉严旨，而其书之行于人间自若也……而士大夫多喜其书，往往收藏，至今未灭。"②

"士大夫多喜其书，往往收藏"，反映了民间舆论的取向，并不以朝廷的意旨为转移，要喜则喜，要藏则藏，且毫不吝啬赞美之词。明末文

---

① （明）刘侗、于弈正：《帝京景物略》卷八《畿辅名迹·李卓吾墓》。

② （清）顾炎武：《日知录》卷十八《李贽》。

人陈仁锡预言"先生之书当必传"，他的看法是有代表性的："卓吾先生隐矣，而其人物之异，著述之富，如珠玉然，山晖川媚，有不得而自掩抑者。盖声名赫赫盈海内矣。或谓先生之为人，与其所为书，疑信者往往相半，何居？余谓此两者皆遥闻声而相思，未见形而吠影者耳。先生高迈肃洁如，泰华崇严，不可昵近。听其言，泠泠然，尘土俱尽，而实本人情，切物理，一一当实不虚。盖一被其容接，未有不爽然自失者也。吾慨学者沉痼于俗流，而迷沿于闻见，于人之言，非其所耳熟不以信。先生程量今古，独出胸臆，无所规放，闻者或河汉其言，无足多怪……余知先生之书当必传，久之，学者复耳熟于先生之书，且以为衡鉴，且以为蓍龟。余又知后之学者当无疑。虽然，海内又以快意而歌呼读之。"①这一预见，已为历史所证实。

五四时期高喊"打倒孔家店"的吴虞，对李贽推崇备至，写了洋洋万言的《明李卓吾别传》，他说："卓吾之书，一焚于万历三十年，为给事中张问达所奏请；再焚于天启五年，为御史王雅量所奏请……陈明卿云：'卓吾书盛行，咳唾间非卓吾不欢，几案间非卓吾不适，朝廷虽禁毁之，而士大夫则相与重锓，且流传于日本。'近人黄节曰：'学术者天下之公器，王者徇一己之好恶，乃欲以权力遏之，天下固不怵也。'"②

他还说："近人邓秋枚曰：'卓吾之学与其理想，皆极高妙，不肯依傍人。其集中之作，屡于孔子有微词。自王充《问孔》后，二千年来，直斥孔子，实惟先生。则其中所主，必具有大识力者矣。其书明季两遭禁毁，而刊本犹留宇宙者，则以其申言佛理，能见有真是非，不随人脚跟立说。于明季帖括专制，学术束缚之极，而得李氏一为摧荡廓清，故人之嗜爱其说者多也。至今日，学术大通，万端竞进，而卓吾之学，益得以见

---

① （明）陈仁锡：《藏书序》，《陈太史无梦园初集》马集四。
② 吴虞：《明李卓吾别传》，《吴虞文录》卷下，第33—34页。

称于时。然则焚者焚,禁者禁,而藏者自藏,读者自读。帝王之力,固不足以加于儒生之后世也。'"①最后这几句话,真是掷地有声,振聋发聩。统治者要焚就焚,要禁就禁,民众藏者自藏,读者自读,是多么有意思的较量!

李贽所有的著作至今仍能看到,其实并不"惑世诬民"。统治者既愚蠢又色厉内荏,他们永远不会明白,有思想有活力的书是禁不了的。

然而对于李贽而言,因为异端思想而瘐死狱中,毕竟是一幕悲剧。吴虞说得好:"卓吾产于专制之国,而弗生于立宪之邦,言论思想不获自由,横死囹圄,见排俗学,不免长夜漫漫之感,然亦止能悲其身世之不幸而已矣,复何言哉! 复何言哉!"②只手"打倒孔家店"的吴虞,对他的前辈同道满怀敬仰,对于"言论思想不获自由",流露出无可奈何的感慨。思想解放的先行者为此付出沉重的代价,乃至"横死囹圄",并非个人的悲剧,而是时代的悲剧。

---

① 吴虞:《明李卓吾别传》,《吴虞文录》卷下,第47—48页。
② 吴虞:《明李卓吾别传》,《吴虞文录》卷下,第51页。

第五章
西学东渐与放眼看世界的先进中国人

地理大发现后的全球化进程,不仅表现在经济的全球化,而且表现在文化的全球化。其主要标志就是以耶稣会为代表的教会向世界各国派出传教士,在传教布道的同时,传播文艺复兴以来的欧洲科学文化。晚明时期进入中国的耶稣会士,伴随着天主教教义,带来的是先进的科学技术与文化。西学东渐,使得中国在文化上逐步与世界接轨。这一方面固然与耶稣会士坚持不懈的努力有关,另一方面也与晚明的社会环境有关。嘉靖、万历时期的思想解放浪潮,提供了一个宽容的接受环境。正如周振鹤所说:"思想愈解放,就愈需要新的资源,天主教传教士的传教活动除了其他吸引力外,新鲜感本身就是一种号召。晚明的中国大环境似有点让传教士们感觉到如鱼得水,虽然教徒的数量并不理想,但皈依者的质量却很高。徐光启、李之藻与杨廷筠这样的士人成为入教受洗的中国教徒中官位最高者,也是学术成就最著者,号称天主教在华三柱石。除三柱石以外,还有许多心性与知识皆是一流的知识分子接受了天主教义","尽管教义的宣传花去传教士的许多心思,但其效果未必会比辅助的传教方式更佳。更加吸引中国朝野的新知识显然不是基督教义而是西方的科学知识。"①他们带来的科学技术知识涉及面很广泛,从天文、地理到数学、物理,从机械学到测量学、水利学、解剖学,乃至人文学科的各个领域,深深地吸引了中国的知识阶层,激起巨大的反响。考察晚明的大变局,这是一个极佳的视角。

---

　　①　周振鹤:《东海西海和而不同》,《东方早报·上海书评》2013 年 11 月 17 日。该文为周氏为其主编《明清之际西方传教士汉籍丛刊》所写的前言,提前刊发于此报。

一　耶稣会士东来：利玛窦的前辈

1. 依纳爵·罗耀拉与耶稣会

欧洲在文艺复兴的后期发生了与它相呼应的宗教改革，这场运动包括两个主要阶段。第一阶段是 1517 年发生的新教革命，使北欧大多数国家脱离了罗马教会。第二阶段是 1560 年达到高峰的天主教改革，虽然它不是一场革命，却体现了革命这个字眼的完整含义，因为它使某些中世纪后期的天主教的主要特征发生了深刻的变化。文艺复兴与宗教改革有区别，也有内在的联系，他们都是 14 至 16 世纪破坏现存秩序的强大个人主义潮流的产物；两者都有着类似的经济背景——资本主义的发展和资产阶级社会的产生；两者都有着回归早期根源的性质，即回到希腊、罗马的文学艺术成就，回到《圣经》和早期基督教的教义。[①]

如果没有耶稣会士的活动，天主教改革不可能像已经发生的那样彻底和成功。耶稣会(the Society of Jesus)的创始人是西班牙贵族依纳爵·罗耀拉(Ignatius Loyola, 1491—1556)。他入教不久就来到圣地，打算效法耶稣基督守贫忍辱。后来在巴黎学习期间，结交了一群虔诚的教徒，在他们的帮助之下，于 1534 年创立了耶稣会。他在《耶稣会章程》中指出：罗马教皇无论现在还是将来命令我们去办任何旨在净化

---

① 参见伯恩斯、拉尔夫《世界文明史》第二卷，商务印书馆，1995 年，第 180—181 页。

灵魂的事情,我们决不欺诈和推诿。① 1540 年,教皇保罗三世批准了他们的组织。

耶稣会是 16 世纪宗教狂热所产生的最富战斗性的修行团体,它不仅是一个修道士的社团,而且是一个宣誓要保卫信仰的战士组织。耶稣会士们不满足于守卫信仰阵地,更急于把信仰传播到地球的遥远角落:非洲、日本、中国和南北美洲。罗耀拉十分强调传教的原则性与灵活性相结合,主张耶稣会传教要"入乡随俗",以后进入中国的耶稣会士都遵循他的"入乡随俗"主张。耶稣会士用"宽容的精神"来处理同个人、社会与文化的关系,向一切文化伸出友好之手。进入中国的耶稣会士范礼安(Alexandre Valignani)、利玛窦(Mathieu Ricci)等,都毫无保留地尊重对方、爱护对方,创造性地贯彻宽容精神,尊重文化的多样性。有的学者指出,早期耶稣会的传教方法同天主教已有的模式存在着相当大的差别,他们把人作为宇宙万物的中心,这是典型的文艺复兴思想。他们明确强调以自己的观点去看待世界和处理问题,对人类本性充满理解和同情,使得他们的思想向着适应对方和迂回的方向发展。② 耶稣会士在中国的活动充分体现了这种精神。

2. 澳门:耶稣会士进入中国的通道

澳门不仅是中西贸易的枢纽,而且是中西文化交流的通道。耶稣会士进入中国,几乎都是通过被葡萄牙占据的澳门,把它作为耶稣会士向中国传播天主教的通道。1562 年(嘉靖四十一年)澳门已有三座简陋

---

① 参见[美]马爱德(Edward Malatesta)《范礼安——耶稣会赴华工作的决策人》,《文化杂志》(中文版)第 21 期(1994 年)。马爱德是旧金山大学利玛窦研究院院长。

② [澳]瑞尔:《"寻找文化的契合点"——论早期天主教耶稣会士在中国的传教方式》,《文化杂志》(中文版)第 21 期(1994 年)。瑞尔(Ian Rae)是堪培拉大学专业研究中心主任、澳大利亚耶稣会研究会会员。

的教堂,拥有 600 名天主教徒,隶属于马六甲教区。1567 年,罗马教廷颁布谕旨,成立澳门教区,任命耶稣会士加内罗为第一任主教,负责远东地区的传教事务。规模宏大的圣保禄教堂,俗称三巴寺,教堂里的耶稣会士被称为"三巴寺僧",在那里研讨传教方法,学习中文等东方语言。1563 年以来,三巴寺传教士云集,根据黄鸿钊《澳门三巴寺著名外籍耶稣会士表》[①],有培莱思(François Perez)、加奈罗(Melchior Carneiro)、孟三德(Edouard de Sande)、费奇规(Gaspard Ferreira)、谢务禄(Alvare de Semedo,又名曾德昭)、陆若汉(Jean Rodriguez Tçuzzu)、傅汎际(Francisco Furtado)、孟儒望(Jean Monteiao)、徐日升(Thomas Pereira)、安文思(Gabriel de Magalhaens)、林安多(Antónie de Silva)、范礼安(Alexandre Valignani)、罗明坚(Michel Ruggieri)、利玛窦(Mathieu Ricci)、郭居静(Lazare Cattaneo)、龙华民(Nicolas Longobardi)、王丰肃(Alphonse Vagnoni,又名高一志)、熊三拔(Sebbathin de Ursis)、毕方济(Francesco Sambiasi)、艾儒略(Giulio Aleni)、罗雅谷(Jacques Rho)、陆安德(Andre-Jean Lubelli)、卫匡国(Martino Martini)、金尼阁(Nicolas Trigault)等。

耶稣会士认识到,要想把天主教传播到中国,自己必须首先成为"中国人",第一关就是学习中文。在澳门的停留为此提供了条件。他们利用类似于"葡汉辞书"的葡萄牙语与汉语的对照语汇集,以及标注罗马字的《宾主问答私拟》,练习会话。例如神父与中国人的对话的例句是这样的:

客曰:"师父到这里几年了?"

答曰:"才有两年。"

客曰:"如今都晓得我们这边官话不晓得?"

---

① 参见黄鸿钊《澳门史》,福建人民出版社,1999 年,第 534—538 页。

答曰："也晓得几句。"

客曰："也讲得?"

答曰："略略学讲几句。"

为了适应各种场合,还特地安排文言文与口语的对照:

相公贵处?	大哥你从哪里来?
高姓?	你姓甚么?
有贵干?	有甚么勾当?
尚乞?	你休怪。

与此相类似的还有"有劳过誉","令尊多纳福","恐污尊目","昨日有劳赐顾,多怠慢","昨日承赐厚意,都未曾少谢,尚乞","薄礼也不足为礼","但劳先生尊裁就是"等。[①] 此后广东的肇庆成为耶稣会士基地,传教士们学习中文的方法大体也是如此。

3. 沙勿略神父:向中国传教的创始人和发起者

第一个来到中国的耶稣会士是方济各·沙勿略(Francisco de Javier, 1506—1552)。这位出身于西班牙巴斯克贵族家庭的青年,在罗耀拉的精神感召下,参加了创建耶稣会的活动。1540 年,他接受葡萄牙国王派遣,前往东方传教。1542 年,抵达葡萄牙在印度的殖民地果阿,开始了传教生涯。以后他去了马六甲,在那里见到了来自中国的商人,了解有关中国的一些情况,促使他前往日本、中国,进行"学术传教"。1549 年,沙勿略一行四人从马六甲出发,三个月后抵达日本鹿儿岛,此

---

① [日] 古屋昭弘:《见于传教士资料的明代官话》,载《早稻田大学大学院文学研究科纪要》第 35 期(1990 年)。

后在日本滞留了二十七个月。① 在日本的传教活动使他领悟到,要在亚洲成功传教,必须以当地语言与当地人接触,必须用当地语言讲话、阅读、书写,成为社会的一部分,做到"入乡随俗"。日本人告诉他,他们的老师和宗主是中国人。他终于认识到,要使日本人皈依基督,必须首先使中国人皈依。②

在日本期间,沙勿略写信给欧洲的耶稣会士说:日本的教义与宗派无不传自中国,一切经文亦均用汉字。中国幅员广大,境内安居乐业,以正义卓越著称,为信仰基督的任何地区所不及。中国人智慧极高,远胜日本人,且善于思考,重视学术。他准备今年前往中国首都,因为如谋发展吾主耶稣基督的真教,中国是最有效的基地。③ 因此他向东印度群岛的葡萄牙总督建议,委派使节前往中国,他本人作为教廷代表随同前往。总督接受了这个建议,委任沙勿略的朋友佩雷拉(Diogo Pereira)为大使,不料遭到葡萄牙的马六甲总司令反对,佩雷拉无法启程,使得沙勿略的计划落空。他不得已,试图用偷渡方式进入中国。

1552 年 8 月,在一名中国翻译的陪同下,他来到广东沿海的上川岛。后来利玛窦回顾此事,写道:"上川(岛)是一个离中国海岸约 30 海里的荒芜岛屿。当时它是葡萄牙人和中国人贸易点的所在,只有一片用树枝和稻草胡乱搭成的茅屋。沙勿略到这里时,一心想着他的远征,他马上到葡萄牙和中国商人中间去,询问有什么法子可以进入中国的城市。他获悉,通往大陆的每条道路都被警卫封锁和防守着,外国人要

---

① 参见沈定平《明清之际中西文化交流史——明代:调适与会通》,商务印书馆,2001年,第 162—165 页。

② 参见[美]约瑟夫·西比斯《利玛窦的前辈》,《文化杂志》(中文版)第 21 期(1994 年)。西比斯(Joseph Sebes)是乔治敦大学退休教授。

③ 参见方豪《方济各·沙勿略》,《中国天主教史人物传》上册,中华书局,1988 年,第60 页。

登陆是不可能的。事实上,已有极严厉的布告禁止外国人入境,也禁止当地人协助他们这样做。他一点没有被这种威胁所吓倒,但既然没有别的方法入境,他就公开表示要用种种办法偷渡,而且一旦入境,就直接投到当地官员那里,宣布他的使命。"①

19 世纪来中国的费赖之(Louis Pfister)神父为沙勿略作传,谈到有关偷渡的一些细节:"只有一人愿与同谋,约给费二百元,彼将携之至边岸,藏伏其家中,然后载之至广东之一港。沙勿略曾作书云:'我将立时入谒总督,我将告以吾人盖为入见中国皇帝而来。我将出示主教(卧亚主教)呈皇帝书,而书称其派我来此传播天主教理也。'"②但是这个"愿与同谋"的中国商人拿到金钱以后,没有兑现承诺,逃之夭夭。沙勿略在荒岛上患病,得不到药物,又缺乏食品,终于死在这个荒岛。费赖之写道:"方济各发热甚剧,所患者或为肋膜炎,百物皆缺。在所居之茅屋中饥寒交迫。十一月二十二日试移居圣克罗切号上养病,然风浪簸动船舶,苦不能耐。翌日复还岛上。有一较为慈善之葡萄牙人接之至其小木屋中,为之放血。放后圣者晕绝,殆因手术之不善也。热度日增,不能进食。二十四日发谵语,其语有为安敦所不解者,殆为其儿时所操之巴斯克语。余语由其义仆忆而不忘者,则为迻言之:'请您怜恕我的罪过,耶稣,大卫之子,怜悯我吧!'……彼口诵耶稣之名而终。事在一五五二年十二月三日星期六之黎明前也。"③

尽管沙勿略的愿望没有实现,但他把东方传教的重点放在中国的主张,被后继者认同,得以贯彻。他的后继者给他高度的评价,比如利玛窦就把沙勿略称为"这次传教的创始者和发起人","最初的想法

<hr />

① 〔意〕利玛窦、〔比〕金尼阁:《利玛窦中国札记》,广西师范大学出版社,2001 年,第93—94 页。

② 〔法〕费赖之著,冯承钧译:《在华耶稣会士列传及书目》,中华书局,1995 年,第 4 页。按:文中所说"卧亚主教"之"卧亚",即果阿之异译。

③ 〔法〕费赖之著,冯承钧译:《在华耶稣会士列传及书目》,第 5 页。

和实现它的最早的努力都是他的,他的死亡和葬礼导致了传教的最后成功,这一情况证明他对创始者和奠基者的称号是当之无愧的。我们深信,当他向他的同道打开中国的大门时,他从他在天国的地位所成就的事业,远超过他在人间奋斗一生中出于热忱而所产生的影响。沙勿略是第一个耶稣会士发觉了这个庞大帝国的无数百姓是具有接受福音真理的资质的,他也是第一个抱有希望在他们当中传播信仰的人。"①

4. 范礼安神父:中国传教事业之父

1606 年 1 月 20 日,范礼安逝世时,利玛窦在给教区总管的信中说,范礼安是"中国传教事业之父","他的逝去使我们有孤儿之感"。②

范礼安(Alexandre Valignani, 1539—1606)生长在意大利那不勒斯一个贵族家庭,获得法学博士学位以后,曾任修道院院长等职。他的后半生专注于中国传教事业。1573 年,他被委派为东印度教区耶稣会的视察员,此后在东方传教 32 年,其中在印度 21 年,在中国和日本 11 年,直至 1606 年病逝于澳门。利玛窦在回顾向中国介绍天主教教义时说:正是范礼安重新恢复了进入中国的努力,而这种努力由于与日俱增的阻力几乎处于半放弃状态。1578 年他首次来到澳门,就深知"中国是个秩序井然的高贵而伟大的王国,相信这样一个聪隽而勤劳的民族决不会将懂得其语言和文化的有教养的耶稣会士拒之于门外的"。范礼安决定指派若干神父到澳门学习中文,于是才有罗明坚和利玛窦的到来。③

---

① [意]利玛窦、[比]金尼阁:《利玛窦中国札记》,第 89 页。
② 参见马拉特斯塔《范礼安——耶稣会赴华工作的决策人》,《文化杂志》(中文版)第 21 期(1994 年)。
③ 参见马拉特斯塔《范礼安——耶稣会赴华工作的决策人》,《文化杂志》(中文版)第 21 期(1994 年)。

在范礼安心目中,学习中文必须由发现中国文明来补充。当年耶稣会总会长要他写一本沙勿略传时,他就关注到这一问题。他在《圣方济各·沙勿略传》的卷首写道:"鉴于欧洲人非常想读到关于中国的事情,耶稣会的若干朋友急切希望让大家知道那些事情,因此,只要当时在印度的神父和修士来信一到,他们就赶紧请人译出来,在许多地方印行。"在罗明坚、利玛窦的配合下,范礼安完成了《圣方济各·沙勿略传》。它的第三章题目是"论中国的奇迹",主要内容是:欧洲长期认为自己就是"全世界",而中国是一个文明昌盛之邦,有着与西方文明完全不同的文化,是西方以前所不知道的。范礼安笔下的中国,不是 19 世纪欧洲眼中的中国——一个假货、劣货、小饰品充斥的中国,虽不失其媚人风姿,却是一个人工雕琢的中国;也不是 18 世纪哲学家,尤其是伏尔泰静观神驰的中国;而是人类理性解脱一切超自然羁绊的胜利化身,是 16 世纪生长于以查士丁尼体制为依归的法学环境里、以古典时代留下的记忆为生的人文主义圈子中的极有修养的才智之士们,在世界边缘惊喜地发现的中国。

范礼安写道:"中国可说是与东方其他王国都不一样,但它还要超过它们;这是整个东方最重要、最丰富的事物,它在若干方面,例如富饶、完美方面,都非常与欧洲相似,在许多地方犹有过之。"他列举了七大优越之处:一、它是由单独一个国王统治的领土最辽阔的国家;二、它是人口最多的国家;三、全世界没有哪个国家比它更富饶、更丰衣足食;四、物产之丰富似乎没有哪个国家可以相比;五、似乎没有哪个地区比得上中国山川壮丽、国泰民安;六、居民是世界上最勤劳的;七、在已发现的国家中,中国是最和平、治理得最好的国家。他用了 21 页篇幅谈优点,也用 7 页篇幅谈缺点,诸如缺乏对上帝及其神圣宗教的认识,虽然治理有序,尚不足以防止严重的混乱。因此,要把耶稣基督的信仰引入中国并非轻而易举,因为"大门关得紧紧的,对于上帝的一切也闭目塞听,加之,那些官吏根本不肯同外国人有任何交往……他们对一切其他国家都极为渺视,因而我们看不出有什么办法进入他们那里"。①

正如乔治敦大学教授西比斯(Joseph Sebes)所说,范礼安是一个以开放思想看待每一样事物的人,当他初到印度这个东方世界时,就决定尽可能去了解每一样关于中国的事情。他在寄往欧洲的信中说,中国是一个伟大而有价值的民族.进入中国的方法要与目前耶稣会在其他国家采用的方法完全不同。他相信,中国人尊重学问,而且愿意用明智的方式聆听任何陈述,这一点可以用来打开他们的心扉。据此他认为,所有派往中国传道的人,都必须学会读、写和讲中国语言,熟悉中国文化和风俗习惯。范礼安比沙勿略有利的地方在于,他有更多开拓的见识,他有更多的时间,因此他取得了比沙勿略更大的成就。② 他把罗明坚、利玛窦派往中国,并且派遣麦安东、孟三德、石方西等神父以及中国修士黄明沙、钟鸣仁,前往中国协助罗明坚、利玛窦,成就传教事业。

5. 罗明坚神父:中国传教事业的实际开创者

出生于意大利那不勒斯的罗明坚,获得博士学位后,加入耶稣会,在修道院、神学院学习神学。1578 年,罗明坚神父被派往果阿,开始传教生涯。次年,他前往澳门。这时范礼安已经去了日本,行前留下了指示,吩咐罗明坚如何为传教事业做艰苦的准备工作。罗明坚满腔热忱地埋头学习中文,用中文编写传教书籍,如《天主十诫》、《圣贤花絮》、

① [法] 裴化行著,管震湖译:《利玛窦神父传》,商务印书馆,1998 年,第 56—70 页。费赖之《在华耶稣会士列传及书目》,对于范里安"论中国的奇迹",有一个考证:"雅利克(de Jarric)神甫(《在印度发生的最令人难忘之事》第二卷,第十七章)以为别有一书亦出范(利安)手,书题《中国奇闻》。考耶稣会士雨果(Hugo)所撰书《日本、印度与秘鲁札记》(安特卫普,一六〇五年,八八三—九〇〇页),确录有书名《中国奇闻》,疑为范(礼安)之著作,今日尚可完全采录。"(第 21—22 页)

② 参见西比斯《利玛窦的前辈》,《文化杂志》(中文版)第 21 期(1994 年)。

《信条》、《要理问答》等。后来在两名译员的帮助下，把儒家四书之一的《大学》翻译成拉丁文。①

为了开展对中国的传教工作，他写信给在日本的范礼安，建议目前正在印度的耶稣会士利玛窦和巴范济（François Pasio）调来澳门，得到了范礼安的同意。当时广州有每年两次外商交易会，罗明坚每年两次随同葡萄牙商人前往广州，但是无法获得在广州的居留权。1582年，驻节广东肇庆的两广总督陈瑞②召见澳门的耶稣会士，商谈有关他们的传教请求。罗明坚与巴范济代表主教前往肇庆。他们换成中国和尚的服饰，希望能够获得中国官员的好感。经过两次挫折之后，终于得到两广总督的批准，可以在肇庆建造教堂和住宅。毫无疑问，这是一个巨大的突破。利玛窦把这一突破称为"向中国传教的开始"，他评论道："像这样一种突如其来的转变，只能归之于上帝的恩典，而不能归之于人类的功绩。我们丝毫不认为它是我们的成就。"③

1582年9月，罗明坚和利玛窦在中国使者的护送下，从澳门前往肇庆。从此，耶稣会士向中国的传教，由澳门阶段进入肇庆阶段，这是一个划时代的转折。诚如西比斯所说："这是一个有意义的日子，虽然范礼安决定了在中国传道的新方法，罗明坚却是首先将之付诸实践的人。"④

在肇庆期间，罗明坚在中文教师及利玛窦的帮助下，把写了四年之久的《天主圣教实录》修订完成；1584年在广州由传教士自己购置的机器付印出版。它是传教士写的第一部用中文宣讲教义的著作，为了适

---

① 参见沈定平《明清之际中西文化交流史——明代：调适与会通》，第218—223页。

② 陈瑞，字孔麟，福建长乐人。嘉靖三十二年（1553）进士。历官行人、监察御史、山西提学副使、河南参政、广东按察使、湖广布政使、南刑部尚书、南兵部尚书。万历九年（1581）由南兵部尚书兼任两广总督，万历十一年（1583）致仕。参见（民国）《长乐县志》卷十四《选举上·进士》，《中国地方志集成》第10辑《福建府县志辑》，上海书店出版社，2000年。

③ ［意］利玛窦、［比］金尼阁：《利玛窦中国札记》，第109—110页。

④ ［美］西比斯：《利玛窦的前辈》，《文化杂志》（中文版）第21期（1994年）。

应中国的价值观念、道德规范及论证方法,借用了儒家的至理名言。①

1588 年,范礼安决定派罗明坚到罗马去报告当时的传教情况,请求教皇派遣正式宣道团前往中国。但是几位教皇相继去世,使得派遣正式宣道团的事情无法落实。令人遗憾的是,罗明坚因为健康状况不佳,再也不能回到中国,于 1607 年在家乡与世长辞。

二　利玛窦神父的"本土化"传教活动

1. "但求人与我同,岂愿我与人异"

1552 年 10 月 6 日,利玛窦诞生于意大利马切拉塔城,成为一个多子女(七男一女)家庭的长子。正是这一年的 12 月 2 日,沙勿略在荒凉的上川岛去世。② 1571 年,利玛窦申请加入耶稣会,次年进入耶稣会创办的罗马学院,受到了古典科学文化的熏陶,学习了数学、天文、地理、绘图等课程,特别是从老师克拉维乌斯(Christoph Claoius)(中文文献称为"丁先生")学习欧几里得几何学、行星理论和基督教教历的计算理论,运用仪器观察行星和地理测绘的技术,以及制作罗盘、钟表的技巧。圣方济各·沙勿略在远东传教的故事,也像哥伦布、麦哲伦的英雄业绩那样,深深地打动了这位年轻人。③ 在耶稣会神学家的指导下,他学会了如何对教义进行清楚的解释,为他以后的传教奠定了基础。1577 年,

① 参见沈定平《明清之际中西文化交流史——明代:调适与会通》,第 218—223 页。
② 参见裴化行《利玛窦神父传》,第 11 页。
③ 参见邹振环《晚明汉文西学经典:编译、诠释、流传与影响》,复旦大学出版社,2011年,第 34 页。关于克拉维乌斯为何叫作"丁先生",邹氏有一个解释:"Clavi-,在拉丁文中有'钉状'的含义,中国古字'丁'通'钉'。"

他成为印度传道团的成员,次年前往果阿,在圣保罗学院任教,两年后成为神父。1582年,他奉范礼安之召,来到澳门。次年,他和罗明坚成功地在广东肇庆立足,开启了在中国的传教生涯。

利玛窦总结了他的前辈在中国传教活动的经验教训,探索出一条新的道路——尽可能使天主教本土化。换句话说,尽力使得天主教教义与中国传统儒家学说相结合,即所谓"合儒"、"补儒"、"趋儒"。一言以蔽之,尽量中国化。他一度剃去头发,穿上僧服,后来接受瞿汝夔(太素)的建议,脱去僧服,换上儒服。他不惜修改教规,默认对祖先的崇拜,以《圣经》附会"四书五经",因此博得中国士大夫的好感与崇敬。他深知士大夫在中国社会的地位和影响,要得到他们的信仰,自己必须首先熟悉儒学。在肇庆、韶州滞留的十五年中,他埋头钻研儒家经典,熟悉到倒背如流的程度,令士大夫大为惊讶,尊称他为"西儒利氏"。

教会史研究的开拓者方豪最早关注利玛窦的"本土化"传教,他在《明末清初天主教比附儒家学说之研究》中,开宗明义就指出:"一个宗教,要从发源地传播到其他新地区去,如果它不仅希望能在新地区吸收愚夫愚妇,并且也希望获得新地区知识分子的信仰,以便在新地区生根,然后发荣滋长,那么,它必须首先吸收当地的文化,迎合当地人的思想、风俗、习惯。第一步,也是最重要的一步,是借重当地人最敬仰的一位或几位先哲的言论,以证实新传入的教义和他们先辈的遗训、固有的文化是可以融会贯通的,是可以接受的,甚至于还可以发扬光大他们原有的文化遗产,那就更受新传教区人民的欢迎了。"[1]他引证了利玛窦"比附儒家"的许多自白,其中尤为坦诚而恳切的,莫过于《辩学遗牍》中所载的《利先生复虞铨部书》,即他给吏部稽勋司郎中虞淳熙的复信。

虞淳熙,字长孺,号德园,杭州府钱塘县人,万历十一年(1583)进

---

① 方豪:《明末清初天主教比附儒家学说之研究》,《台湾大学文史哲学报》第11期。

士,历任兵部主事、吏部稽勋司郎中。他对利玛窦颇为敬重,但对其非议佛教有所不满,写信与之商榷。信中写道:"利西泰先生非中国人,然贤者也,又精天文、方技、握算之术。何公露少参,得其一二,欲传不佞,会病,结辖眩瞀,不果学,亦不果来学,时时神往左右,恍石交矣。既而翁太守周野出《畸人十篇》,令序弁首。惭非玄晏,妄讥玄白,负弩播粃,聊尔前引,故当转克醢鸡隘耳……侧闻先生降神西域,渺小释迦,将无类我鲁人诋仲尼东家丘,忽于近耶! 及受读天堂地狱短长之说,又似未翻其书,未了其义者。岂不闻佛书有云:入无间地狱,穷劫不出,他化自在天寿,一昼夜为人间一千六百岁乎……敢请遍阅今上所颁佛藏,角其同异,摘其瑕衅,更出一书,悬之国门,俾左祖瞿昙者恣所弹射,万一鹄无饮羽,人徒空箙,斯非千古一快事哉!"①

利玛窦用典雅的文言文写了回信,申述来中国传教的本意,求同存异,他的名言"八万里而来,交友请益,但求人与我同,岂愿我与人异",就出于这封回信。信中反复阐述他的这种意愿:

——捧读来札,叠叠千言,诲督甚勤,而无胜气,欲窦据理立论,以阐至道。敝乡谚云:"和言增辩力。"台教之谓乎? 且钟鼓不叩击不发音声,亦是夙昔所想望也……

——窦自入中国以来,略识文字,则是尧舜周孔而非佛,执心不易,以至于今。区区远人,何德于孔,何仇于佛哉? 若谓窦姑佞孔以诌士大夫,而徐伸其说,则中夏人士信佛过于信孔者甚多,何不并佞弗,以尽诌士大夫,而徐伸其说也? 实是坚于奉戒,直心一意,所是所非皆取凭于离合。尧舜周孔皆以修身事上帝为教,则是之;佛氏抗诬上帝,而欲加诸其上,则非之。窦何敢与有心焉?

---

① (明)虞淳熙:《答利西泰》,《虞德园先生集》卷二十四。

——至于拙篇中天堂地狱短长之说，鄙意止欲辟轮回之妄，使为善不反顾，造恶无冀幸耳。孟子云："不以文害辞，辞害意也。"倘因鄙言悟轮回之妄，则地狱穷劫不出，天堂一日千岁，此亦言之有据者也，又何待论乎？

——上国自尧舜以来，数千年声名文物，倘以信佛奉佛者，信奉天主，当日有迁化，何佛氏之久不能乎？

——来教又云，鄙篇所述"了不异佛意"，是诚有之，未足为过。何者？若窦窃佛绪余，用相弹射，此为操戈入室耳。今门下已知窦未晓佛书，自相合辙，何不可之有？窦所惜者，佛与我未尽合辙耳。若尽合者，即异形骨肉，何幸如之！门下试思，八万里而来，交友请益，但求人与我同，岂愿我与人异耶？[①]

利玛窦比他的前辈高明之处在于，他对中国有深刻的观察和领悟，明白中国人的世界观或者说意识形态是完整的，是一个包括科学、技术、伦理、哲学的有机体，因此他认为有必要把天主教作为一个有机的完整的世界观来宣扬，要使天主教教义为中国人接受，必须使它成为中国文化的一个组成部分，即"本土化"。他身体力行，从生活方式、观念及表述方式、道德规范、礼仪等四个方面，推行天主教的"本土化"。他接受了中国人的礼节、饮食以及服饰打扮；在谈到"天主"时，他利用中国古典著作中的"上帝"和"天主"画上等号；他尊敬孔子，允许祭祀祖先与孔子。[②]

2. 《交友论》："东海西海，此心此理同也"

为了"本土化"传教，万历二十三年(1595)，利玛窦撰写了他的第一

① ［意］利玛窦：《利先生复虞铨部书》，《辩学遗牍》卷首，李之藻辑《天学初函·理编》，台北学生书局，1965年。亦见朱维铮主编《利玛窦中文著译集》，复旦大学出版社，2007年，第659—662页。

② 参见西比斯《利玛窦的前辈》。

本中文著作《交友论》，把西洋名贤的交友格言翻译成中文，介绍给中国人。他是在江西南昌，与明朝藩王建安王谈论交友之道后，写成此书的。他在引言中说："因而赴见建安王。荷不鄙，许之以长揖，宾序设醴欢甚。王乃移席握手而言曰：'凡有德行之君子，辱临吾地，未尝不请而友且敬之。西邦为道义之邦，愿闻其论友道何如？'窦退而从述囊少所闻，辑成友道一帙。"①这一本著作收到了意想不到的效果，正如利玛窦所说，这本书给他以及欧洲增加的威望，超过前此所做的一切，因为其他事情只是使传教士们有了善于制造机械仪器工具的能工巧匠的名声，而这篇论文却为他赢得了文人儒士的美誉，因而许多人愿意阅读、接受，并热烈赞叹。他说："这本书至今仍为人们阅读和称羡，并受到读过它的人的推荐。因为是用欧洲和中国两种文字写成，所以它更加风行。就在它付印不久，赣州有一位知县完全用中文把它加以重印，流传于各省，包括北京和浙江。这到处受到知识阶层的赞许，并常常被权威作家在其他著述中引用。事实上，在一个短得惊人的时期之内，这部书被当作标准读物为人们所接受。"②

利玛窦并非自我吹嘘，《交友论》确实受到中国知识阶层的赞许。

万历二十七年(1599)，利玛窦最早结交的好友瞿汝夔，谈到了《交友论》的由来："万历己丑，不佞南游罗浮，因访司马节斋刘公，与利公遇于端州。目击之顷，已洒然异之矣。及司马公徙公于韶，予适过曹溪，又与公遇于是，从公讲象数之学，凡两年而别。别公六年所，而公益北学中国，抵豫章，抚台仲鹤陆公留之驻南昌，暇与建安郡王殿下论及友道，著成一编。"瞿氏为此书所作的序言，对利玛窦赞扬备至："遐方硕德如利公者，慕化来款，匪希闻达，愿列编氓，诵圣谟，遵王度，受冠带，祠

① ［意］利玛窦：《交友论》，《利玛窦中文著译集》，第 107 页。
② ［意］利玛窦、［比］金尼阁：《利玛窦中国札记》，第 212 页。

春秋,躬守身之行,以践真修,申敬事天之旨,以裨正学。即楚材、希宪,未得与利公同日语也。"对《交友论》也给予高度评价:"今利公其弥天之资,匪徒来宾,服习圣化,以我华文,译彼师授,此心此理,若合契符,借有录之以备陈风采谣之献,其为国之瑞,不更在楛矢白雉百累之上哉!至其论义精粹,中自具足,无俟拈出矣。然于公特百分一耳,或有如房相国融等,为笔授其性命理数之说,勒成一家,藏之通国,副在名山,使万世而下有知其解者,未必非昭事上天之准的也。"①

万历二十九年(1601),湖广佥事冯应京所写的《刻交友论序》,把他的读后感概括为一句话:"东海西海,此心此理同也。"成为传诵一时的名言。冯氏写道:"西泰子(利玛窦)间关入万里,东游于中国,为交友也。其悟交道也深,故其相求也切,相与也笃,而论交道独详。嗟夫,友之所系大矣哉!君臣不得不义,父子不得不亲,夫妇不得不别,长幼不得不序,是乌可无交?夫交非泛泛然相欢洽、相施报而已。相比相益,相矫相成,根于其中之不容已,而极于其终之不可解,乃称为交。世未有我以面而友以心者,亦未有我以心而友以面者。鸟有友声,人有友生;鸟无伪也,而人容伪乎哉?京不敏,早溺铅椠,未遑负笈求友,壮游东西南北,乃因王事敦友谊,视西泰子迢遥山海,以交友为务,殊有余愧,爰有味乎其论,而益信东海西海,此心此理同也。"②

《交友论》的成功,原因就在于它的"本土化"。正如邹振环所说:"在介绍欧洲友谊观的过程中大量借助中国本土的知识资源";"把中国古代圣贤有所体悟但尚未详细讨论的主题,通过编译西方哲人的话比较透彻的阐发,由此引起了中国士大夫的强烈共鸣";"利玛窦熟读《论语》,《交友论》明显模仿《论语》的体例,这一文学形式没有给中国读者

---

① (明)瞿汝夔:《大西域利公友论序》,《利玛窦中文著译集》,第117—118页。
② (明)冯应京:《刻交友论序》,《利玛窦中文著译集》,第116页。

带来任何不和谐的感觉"。①

3. 《天主实义》:"与经传所纪如券斯合"

在写作《交友论》的同时,利玛窦致力于写作《天主实义》。据中国台湾学者林东阳说:《天主实义》的写作时间起于一五九五年(万历二十三年)十一月前后,一直延续到一六〇三年八月初旬……在一六〇三年八月二十二日《天主实义》杀青以前,它曾经以手抄方式流行各地。该书的出版可能远在一六〇三年底或一六〇四年初,最大可能当在一六〇四年左右。② 该书上下卷各有四篇,用"中士"与"西士"对话的形式,深入浅出地宣扬天主教教义。上卷首篇为《论天主始制天地万物而主宰安养之》,第二篇为《解释世人错认天主》,第三篇为《论人魂不灭大异禽兽》,第四篇为《辩释鬼神及人魂异论,而解天下万物不可谓之一体》;下卷第五篇为《辩排轮回六道、戒杀生之谬说,而揭斋素正志》,第六篇为《释解意不可灭,并论死后必有天堂地狱之赏罚,以报世人所为善恶》,第七篇为《论忍性本善,而述天主门士正学》,第八篇为《总举大西俗尚,而论其传道之士所以不娶之意,并释天主降生西土来由》。

利玛窦自己说:"这个新版本更加充分地阐述了基督教的教义,但在出版前它主要是供异教徒使用的。据认为,新信徒可以从他们作为教徒所参加的教义问答课程中,以及皈依后所经常听到的劝诫中接受足够的宗教教诲……这本书里还包含摘自古代中国作家的一些合用的引语,这些段落并非仅仅作为装饰,而是用以促使读别的中文书籍的好奇的读者接受这部作品。"③这是利玛窦"本土化"传教的独到之处,用

---

① 邹振环:《晚明汉文西学经典:编译、诠释、流传与影响》,第89—90页。
② 参见林东阳《有关利玛窦所著〈天主实义〉与〈畸人十篇〉的几个问题》,载《大陆杂志》第五十六卷第一期。
③ [意]利玛窦、[比]金尼阁:《利玛窦中国札记》,第342页。

"合儒"、"补儒"、"趋儒"的方法，使得中国人乐于接受。试举一例，在第二篇中谈到天主即上帝，写道："吾天主，乃古经书所称上帝也。《中庸》引孔子曰：'郊社之礼，以事上帝也。'朱注曰：'不言后土者，省文也。'窃意仲尼明一之不可为二，何独省文乎？《周颂》曰：'执竞武王，无竞维烈，不显成康，上帝是皇。'又曰：'于皇来牟，将受厥明，明昭上帝。'《商颂》云：'圣敬日跻，昭假迟迟，上帝是祗。'《雅》云：'维此文王，小心翼翼，昭事上帝。'《易》曰：'帝出于震。'夫帝也者，非天之谓。苍天者抱八方，何能出于一乎？《礼》云：'五者备当，上帝其飨。'又云：'天子亲耕，粢盛秬鬯，以事上帝。'《汤誓》曰：'夏氏有罪，予畏上帝，不敢不正。'又曰：'惟皇上帝降衷于下民，若有恒性，克绥厥猷惟后。'《金縢》周公曰：'乃命于帝庭，敷佑四方。'上帝有庭，则不以苍天为上帝可知。历观古书，而知上帝与天主，特异以名也。"①

从写于万历三十五年(1607)的李之藻《天主实义重刻序》与汪汝淳《重刻天主实义跋》，可知此书一再重印，由此可见，利玛窦比附儒家的传教方式，是深受欢迎的。不妨看看当时知名人士的评论吧。

冯应京说："《天主实义》，大西国利子及其乡会友与吾中国人问答之词也。天主何？上帝也；实云者，不空也。吾国六经四子，圣圣贤贤，曰'畏上帝'，曰'助上帝'，曰'事上帝'，曰'格上帝'，夫谁以为空？"又说："是书也，历引吾六经之语，以证其实，深诋谭空之误，以西政西，以中化中。见谓人之弃人伦、遗事物，猥言不著不染，要为脱轮回也，乃轮回之诞明甚。"②

李之藻说："利先生学术，一本事天，谭天之所以为天甚晰。睹世之亵天佞佛也者，而昌言排之，原本师说，演为《天主实义》十篇，用以训善坊恶。其言曰：人知事其父母，而不知天主之为大父母也；人知国家有

---

① [意] 利玛窦：《天主实义》，《利玛窦中文著译集》，第 21 页。
② (明) 冯应京：《天主实义序》，《利玛窦中文著译集》，第 97 页。

正统,而不知惟帝统天之为大正统也。不事亲不可为子,不识正统不可为臣,不事天主不可为人。"又说:"彼其梯航琛贽,自古不与中国相通,初不闻有所谓羲、文、周、孔之教,故其为说,亦初不袭吾濂、洛、关、闽之解,而特于知天事天大旨,乃与经传所纪如券斯合","信哉,东海西海,心同理同,所不同者,特言语文字之际。而是编者,出则同文雅化,又已为之前茅,用以鼓吹休明,赞教厉俗,不为偶然,亦岂徒然? 固不当与诸子百家同类而视矣"。①

他们共同强调的是,"厉引吾六经之语,以证其实","乃与经传所纪如券斯合","东海西海,心同理同",并以敬天、事天来抨击佛教轮回说的荒诞。利玛窦的这种真谛,徐光启把它概括为四个字"易佛补儒"②,可谓一语中的。

其中的深意大可玩味。邹振环说:"利玛窦撰写《天主实义》时面临的最大难题,是既要力求向追求理性的中国人灌输这些属于异质的天主教教义教理的因素,又要尽可能地在保持基督教之宗教独立性的前提下,与儒家的伦理观念进行必要的妥协。我们从《天主实义》一书可见,面对这一难题,利玛窦在两者的张力之间显示了自己最高的睿智……大量征引儒家典籍并加以发挥,努力以一种貌似儒家学者的态度,采用儒学术语来批驳佛老,是《天主实义》的一大特色。为了争取上层士大夫的支持,利玛窦努力寻找基督教与儒家思想的切合点。"因此,他的援儒入耶的适应策略受到士大夫阶层的欢迎。③

① (明)李之藻:《天主实义重刻序》,《利玛窦中文著译集》,第99—100页。
② 《利玛窦中国札记》第343页:"当在大庭广众中问起保禄博士(按:指徐光启)他认为基督教律法的基础是什么时,他所作的回答非常简洁并易于理解。他只用了四个音节或者说四个字就概括了这个问题,他说:易佛补儒(Ciue Fo Pu Giu),意思就是它破除偶像并完善了士大夫的律法。"
③ 邹振环:《晚明汉文西学经典:编译、诠释、流传与影响》,第110—113页。

4. "登上了'月球'"

美国现代耶稣会士邓恩(George H. Dunne)把利玛窦通过不懈的努力,进入大明帝国首都北京,并且向皇帝进献礼品,获得皇帝恩准在北京设立教堂传教,称为"登上了'月球'"。[①] 在他看来,"晚明时期耶稣会士在中国的成就,应该被列为天主教传教史上最伟大的成就之一。成就这一事业的这几十个人,唤醒了天主教世界使命的真谛,将世纪初期天主教的传统恢复到正确的位置。他们反对将具有普世意义的天主教歪曲为仅仅适合个别国家、个别地方的狭隘宗教。他们的所作所为,不仅仅在天主教的历史上有着重要的意义,在国际间文化交流的历史上,也同样具有重要的意义"。[②] 因此,他把耶稣会士克服艰难险阻进入北京,比喻为"登上了'月球'",虽然夸张,却极为传神。

这毫无疑问地印证了利玛窦"本土化"传教的成功。他的传教活动获得瞿汝夔、冯应京、徐光启、李之藻、杨廷筠等知名人士的热烈响应,并且他们先后受洗皈依耶稣基督;也得到了诸如沈一贯、曹于汴、冯琦、李戴等官僚的支持,使西方传教士能够破天荒地进入北京,并且在北京立足,顺利地传播天主教教义。

《利玛窦中国札记》详细描述了进入北京前前后后的情况,弥补了中国史料记载的缺失。

利玛窦一行沿着运河北上,抵达运河上的重要商业城市、税关临清,得到临清税关太监马堂的同意,他答应为利玛窦进京朝见皇帝、呈献礼品之事,报告朝廷。万历二十八年十二月五日(1601 年 1 月 8 日)明神宗批阅了马堂的奏疏,以及所附的贡品清单,就说:"那座钟在哪

---

① [美]邓恩著,余三乐、石蓉译:《从利玛窦到汤若望》,上海古籍出版社,2003 年,第59 页。

② [美]邓恩:《从利玛窦到汤若望》,第 354 页。

里？我说，那座自鸣钟在哪里？就是他们在上疏里所说的外国人带给我的那个钟。"随身的太监答道："陛下还没有给太监马堂回话，外国人怎么能够未经陛下许可就进入皇城呢？"明神宗立即在马堂的奏疏上批示："方物解进，(利)玛窦伴送入京。"①

万历二十八年十二月二十一日，利玛窦从天津进入北京。三天后，他向明神宗上疏并进献贡品。这份奏疏是经过吏科给事中曹于汴润饰的。曹于汴认为利玛窦"是一位模范人物，传播一种教导人们如何正当生活的教义"，对他很是敬重，在自己家中宴请他，两人交谈了三四个小时。② 利玛窦的奏疏写道：

> 大西洋陪臣利玛窦，谨献土物于皇帝陛下。臣本国极远，从来贡献不通，逖闻天朝之声教文物，窃愿沾被余溉，终身为氓，始为不虚所生。因而，辞离本国，航海远来，时历三年，路经三万余里，始达广东。语言未通，有同喑哑，因僦居而习语文，淹留于肇庆、韶州二府垂十五年。颇知中国古先圣人之学，于经籍略能记诵而通其诣。乃复越岭，由江西至南京，又淹留五年。伏念堂堂天朝，方且招徕四夷，遂奋志努力，径趋阙庭。谨以天主像一幅，天主母像二幅，天主经一本，珍珠镶嵌十字架一座，报时钟二架，《万国图志》一册，雅琴一张，奉献于御前。物虽不腆，然从极西贡来，差足异耳……抑臣在本国忝与科名，已叨禄位，天地图及度数，深测其秘，制器观象，考验日晷，并与中国古法吻合。倘皇上不弃疏微，令臣得尽其愚，披露于至尊之前，斯又区区之大愿，然而不敢必也。臣不胜感激待

---

① ［意］利玛窦、［比］金尼阁：《利玛窦中国札记》，第 281 页。《明实录·明神宗实录》卷三百五十四，万历二十八年十二月五日。

② 参见《利玛窦中国札记》，第 287—296 页。按：曹于汴，字自梁，号贞予，山西安邑县人，万历二十年进士，以推官征授吏科给事中。

命之至。谨奏。万历二十八年十二月二十四日具题。①

从奏疏末尾可见，利玛窦希望在传教的同时，传播欧洲的科学技术，特别是地图测绘、制作仪器、观测天文，愿意贡献自己的一技之长。这些，暂且按下不表(请看下节)。

明神宗看了奏疏与贡品的反应，明朝官方文献似乎没有留下记录。而《利玛窦中国札记》说得很具体："当皇帝看到耶稣受难十字架时，他惊奇地站在那里高声说道：'这才是活神仙。'尽管这是中国人一句陈词老调，他却无意中说出了真相。这个名词在中国至今仍用于耶稣受难十字架，而从那时起，神父们就被称为给皇帝带来活神仙的人……这些太监告诉神父们，皇帝亲自向雕像表示致敬，并让人在它们面前焚香和燃其他香料。神父们祈祷上帝会酬奖皇帝的礼敬，并以信仰之光来启发他。皇帝自己保留了一个最小的耶稣受难十字架，把它放在他心爱的房间里。"②利玛窦还说，皇帝还派亲信太监田尔耕接待神父们。几天以后，皇帝派人向神父们询问有关欧洲的每一件事情，诸如风俗、土地、建筑、服装、宝石、婚丧，以及欧洲的帝王们。受皇帝派遣的太监，向神父们学习操作自鸣钟还不到三天时间，皇帝就迫不及待地把钟搬到他那里去。他非常喜欢自鸣钟，立刻给这些太监晋级加俸。太监很高兴地把此事报告给神父们，特别是从那天起，他们之中有两个人被准许到皇帝面前给钟上发条。皇帝一直把这个小钟放在自己面前，喜欢看它、听它鸣时。皇帝陛下对新奇的东西如此着迷，因此也想看看送礼来的异国人。但是他不肯破坏几年前自己定下的规矩：除了太监和嫔妃，他决不在任何人之前露面；而且他不愿偏爱外国人有甚于他的官员，所以

---

① 萧若瑟：《天主教传行中国考》，献县胜世堂，1923 年，第 132—133 页。裴化行《利玛窦神父传》收录了奏疏全文，译者根据萧一山《清代通史》抄录，文字有出入。沈定平《明清之际中西文化交流史》根据黄伯禄《正教奉褒》、《增订徐文定公集》援引该疏，比较接近原文。又见《利玛窦中文著译集》，第 232—233 页。

② ［意］利玛窦、［比］金尼阁：《利玛窦中国札记》，第 282—283 页。

他放弃了看看异国人的愿望。他不召见神父们，而是派画师去画神父的像，然后把画像拿给他看。由于皇帝对耶稣会士的好感，利玛窦等人受到了一些身居高位的太监们的宴请和拜访。逐渐地他们认识了宫廷里的全部侍从，并和其中一些人建立了持久的友谊。①

利玛窦不仅和太监建立了友谊，还和高官有密切交往，上述曹于汴即是一例，此外有更高级别的官员如沈一贯、冯琦、李戴等。沈一贯是当时的内阁大学士，权重一时，利玛窦拜访了这位显贵，赠送一些西洋小礼物做见面礼，其中一件是乌木精制的凹形日晷仪，主人特别喜爱。《利玛窦中国札记》写道："他受到款待和挽留，不仅要坐下来谈话，而且还要出席宴会。席间，主人愉快地听取神父们谈论他们正在进行的工作，特别是关于基督教风俗的讲解……阁老转向参加宴会的其他大臣说：'在一个婚姻如此圣洁的国度里，别的事情看来就不用再问了。仅此就足以说明其他一切都是规范得多么得当。'他向神父们回赠的礼物远远超过神父们送给他的礼品的价值，包括绸缎和皮货，价值达 40 多金币。然后神父们又回送他的公子一份礼物，后来这位公子和他们发展了非常亲密的友谊，在他父亲身居高位的整整八年中，他一直保持他父亲这种仁慈的态度。"②经过刑部尚书萧大亨的介绍，利玛窦结识了由礼部侍郎晋升为礼部尚书的冯琦。因为管理外国人是礼部的职责，冯琦批准了耶稣会士在京城的身份，并且免除了任何干扰之忧。吏部尚书李戴也是利玛窦的好朋友，经常邀请他到家中叙谈，讨论对来世的畏惧和希望的事情。几年之后，利玛窦把他与李戴、冯琦等人的谈话写成一本书——《畸人十篇》。

日本学者葛谷登指出，礼部尚书冯琦一反从来的政策，支持利玛窦

---

① 参见《利玛窦中国札记》，第 283—286 页。
② ［意］利玛窦、［比］金尼阁：《利玛窦中国札记》，第 296—298 页。

滞留北京,对新来的天主教表示了宽容的关心,称他为"容教人士"。①

清朝的四库馆臣对此书的评价较为公允,他们认为,同样宣扬天主教教义,《天主实义》"支离荒诞",而《畸人十篇》"立说较巧":"其言宏肆博辩,颇足动听,大抵掇拾释氏生死无常、罪福不爽之说,而不取其轮回、戒杀、不娶之说,以附会于儒理,使人猝不可攻。较所作《天主实义》纯涉支离荒诞者,立说较巧。以佛书比之,《天主实义》犹其礼忏,此则犹其谈禅也。"②

因此之故,佛教徒虞淳熙对此书颇有好感:"利西泰,故欧罗巴人,传记所不载,无考也。西泰始入中国,喜论交,遍交中国士,士以此附之。冯司成、何使君为余言,西泰盖此方张平子之流云。已,翁太守来授所著书《畸人十篇》使读,读之再乙而遍,曰:此不乃西极化人耶!……其睿通明,其言巧辩,闾闾亹亹,殷殷恳恳,比物曲喻,复衍有格,宗我经,核我史,搜渔我百氏,而事我之事……将西泰子日澡月袚,斋戒沐浴,为我国先引,而置帝左右,羹墙姬文,辅翼三后矣,讵不嫩哉?……读而屡叹之也,叹其嫩也。"③松江人曹藩对此书也很欣赏,出资为之刊刻。《五茸志逸》写道:"曹介人(藩)在京遇利西泰,问利公尊庚几何,答云:'已无五十。'时公正五十,云'无'者,为已往也。接其论,多奇致新趣,正如胹膏炙鱼之后,而忽进水陆草藻,尝者当自味也。介人为刻《畸人十篇》,是亦公之桓谭矣。"④

5. 为传教士们留下了敞开功德之门

利玛窦在京期间活动非常繁忙,裴化行《利玛窦年表》有简要的记录:

---

① 参见葛谷登《容教人士冯琦》,《一桥论丛》第98卷第4号。
② 《钦定四库全书总目》卷一百二十五《子部·杂家类·存目二》,《畸人十篇二卷附西琴曲意一卷》提要。
③ (明)虞淳熙:《畸人十篇序》,《虞德园先生集》卷六。
④ (明)吴履震:《五茸志逸》卷六。

1602年(明万历三十年)利玛窦在北京继续广泛交往;李玛诺(Emmanuel Diaz Senior)从韶州抵京,同利玛窦用了两个多月时间讨论传教组织问题。

1603年(明万历三十一年),范礼安来澳门,命利玛窦留任驻华传教团教长。

1604年(明万历三十二年),徐光启中进士,在京期间同利玛窦交往密切,从此不断利用闲暇时间协助神父撰写著作;利玛窦的《二十五箴言》由徐光启、冯应京作序;是年,利玛窦刊印《天主实义》,《交友论》再版;李之藻再次印刷《舆地图》(有三种版本在京流传)。

1605年(明万历三十三年)年初,利玛窦写道:"在中国,通过我们的科学,就能收获累累硕果。"5月12日写信要求耶稣总会"派数学家并随身带科学书来北京"。

1606年(明万历三十四年),利玛窦发表《畸人十篇》,手稿为士大夫传抄(以后于1607年刊印);8月27日,利玛窦迁入所购北京宣武门前房屋一处,大小房间四十多间(即今南堂);9月,徐光启每天来此三四小时,与利玛窦合作,干了一年多,于1607年5月24日以后译完克拉韦乌斯神父编的欧几里得《几何原本》前六卷。

1607年(明万历三十五年),熊三拔神父来京协助利玛窦工作;10月,接收利玛窦的笔记,整理为《札记》中的三章;是年,郭青螺将《坤舆全图》翻印成书;李之藻把所译克拉韦乌斯关于测象仪的著作付梓。

1608年(明万历三十六年),8月22日信上说,有一天忽被皇上传召入宫,由太监降旨,命献六轴十二幅绸印《坤舆全图》;随时可进宫调钟或干其他工作。

1609年(明万历三十七年),利玛窦汇报来华传教情况,指出满怀希望的八个原因,主要提到:学问极受敬重,"很容易讲道理来证明我们信仰的真理",儒教虽不关心超自然的事情,但伦理观点"完全与我们一致";12月,说北京已收到四百多基督教徒(全国有两千多)。①

1610年(万历三十八年)5月3日,利玛窦外出访客返回教堂,头痛得厉害,他病倒了。熊三拔神父得到消息,赶去他的卧室,只见他正在扪心自问:"是巴不得工作就此结束,好去与上帝同乐呢,还是为在当前这种状态下,撇下传教团、他的神父们和修士们而遗恨终生。"人们给他请来了京城首屈一指的名医,诊断为轻度的时疫,开了一剂汤药处方。然而病情丝毫不见好转。神父们又请来多位名医会诊,依然不见起色。5月8日,利玛窦向熊三拔神父忏悔,回顾一生。5月9日,神父们给他拿来临终圣餐,他挣扎着,跪下来接受,念了"临终忏悔",尽情倾诉,涕泪俱下。5月10日晚上10点,他清醒过来,要求临终涂油,和教友们一起祈福。他留给世界的最后一句话:"我留下你们在敞开的大门口,通往极大的功绩,但不是没有许多危险、艰巨工作的。"次日,他端坐在床上,面容安详地亲吻十字架和耶稣会创始人罗耀拉的画像,慢慢闭上了眼睛,似乎陷入了沉思,又仿佛睡熟了一般。就这样,他把自己的灵魂交还了造物主。②

这就是利玛窦离开人世的时间:1610年5月11日,星期二,晚上7点。1552年10月6日出生的他,享年58岁。

丧礼举行了四天,前来吊唁的人络绎不绝,异口同声地赞扬他的圣洁。天主教徒画家游文辉为他画了像。后来这幅画像被带回罗马,和罗耀拉、沙勿略的画像一起,供奉在耶稣会教堂,供人们瞻仰。

在教堂的申请和高官的支持下,皇帝赏赐他一块在城门外的坟地,人们为利玛窦修建了颇有气派的墓园。裴化行写道:"经过幸运的交涉,终于皇上恩准赐予北京城门外一块坟茔地。他们几经寻觅,选定在一个太监的地产上。1611年诸圣日,利玛窦神父的灵柩下穴于此纯净

---

① 参见《利玛窦神父传》,第639—641页。
② 参见《利玛窦神父传》,第619—623页。

化了的土地。从此,在复活了的中国天主教会起源上有了一座墓地……已故利玛窦的庇护无异于一份对基督教给予官方承认的执照,这就正如利玛窦自己预见并许诺的:'促进基督教的最有效的办法,就是为它牺牲性命。'他的去世不单单是他那全心全意传道的一生功德圆满,而且在一个始料所不及约意义上是确定不移地建立了中国的基督教会……王应麟撰写的碑铭上题名的有好些当时著名士大夫或显宦:总督、尚书、御史、史官、户部侍郎、太子太傅、翰林、郎中、副使、知府、知州、知县……这是全中国社会哀悼它已经完全容纳的一个人——泰西进士利玛窦。"①

或许有人会说,裴化行(R. P. Henri Bernard)是二十世纪的法国耶稣会士,对耶稣会士利玛窦推崇备至,在情理之中。此话并不全面。裴化行所写的利玛窦传记带有历史学家的客观性,正如《利玛窦神父传》的译者管震湖在《译序》中所说:"其著作参考引证的他人著述数量极大,可谓广征博引,言之有据,表明一种做学问的严肃认真的态度。"②值得注意的是,教外人士乜对利玛窦赞扬有加。明末清初的历史学家为他写了传记,使他的业绩留在了中国史册上,开创了一个罕见的先例,足见利玛窦人格魅力之大。

黄宗羲的学生万斯同,并非天主教徒,他写的《明史》,有利玛窦的传记,反映了明末清初知识阶层对利玛窦的一般看法,非常有历史研究价值,以往学者关注甚少,特逐录于下:

> 利玛窦,字西泰,欧罗巴人,万历九年自本国航海九万里入中国,贡耶稣像、万国图、自鸣钟、铁丝琴等。帝嘉纳之,命给廪饩,赐邸舍以居,并令礼部尚书冯琦叩所学,则以严事天

---

① [法]裴化行:《利玛窦神父传》,第623页,译注:墓在北京二里沟(栅栏)。
② [法]裴化行:《利玛窦神父传》,第1页。

主、谨事国法、勤事器算对。所云耶稣,译言救世者陡斯,则降生后名陡斯,造天地万物,无始终形际。汉哀帝二年庚申诞于如德亚国童女玛利亚家,称耶稣。耶稣居世三十三年,般雀比剌多以国法死之。死三日生,生三日升去。其教耶稣曰契利斯督,法王曰俾斯波,传法者曰撒责而铎德,奉教者曰契利斯当。祭陡斯以七日,曰米撒;于耶稣升天、降生等日曰大米撒。所言诞妄不经,略如此。然其为人,深湛多思,善算法,考测躔度,为巧历所不能建。所制器若简平仪、龙尾车、沙漏、远钟之类,尤擅绝当世。玛窦紫髯碧眼,面赤色如朝华。既入中国,则袭衣裳、修揖让,循循娓娓,以儒雅称。兼通医,其友人邓玉函曰:"吾国中剂草木不以质以露,露用银锅蒸之,取以疗病人,辄奇效。每尝中国草根,则已知叶形、花色、茎实、香味,将遍撷而次第蒸之,取其露以验成书,未果也。"万历三十八年,玛窦卒,诏以陪臣礼葬阜城门外二里嘉祐观之旁,祔而葬于左,即玉函也。①

文中对有关耶稣传闻一节讥为"诞妄不经",但通观全文,还算平实公允,称赞他"深湛多思,善算法",制作的仪器"擅绝当世"。尤为令人感兴趣的是,关于利玛窦长相的描述,"紫髯碧眼,面赤色如朝华",为各书所仅见。如欲拍摄电影电视,这是栩栩如生的参照资料。

比万斯同年长的张岱,在《石匮书》中有更加详细的利玛窦传,也较少为人关注,反映了明末清初不信教的一般文人对于利玛窦与天主教的普遍看法。他评论道:"天主一教盛行天下,其所立说,愈诞愈浅,《山海经》、《舆地图》,荒唐之言,多不可问。及所出铜丝琴、自鸣钟之属,则亦了不异人意矣。若夫《西士超言》一书,敷词陈理,无异儒者,倘能通其艰涩之意,而以常字译太玄,则又平平无奇矣。故有褒之为天学,有

---

① (清)万斯同:《明史》卷三百九十七《方技传上·利玛窦》。

訾之为异端，褒之訾之，其失均也。"①看来他对于天主教颇有异议，对于利玛窦的评价，既不"褒"也不"訾"，与万斯同相比，更为冷峻。但是，他写的利玛窦传很详细，显示了史家秉笔直书的职业操守。请看他笔下的利玛窦：

> 利玛窦者，大西洋国人，去中国八万里，行三年，以万历八年始至……自言其国广大，不异中国，有七十余国，正北亦有虏……此七十余国各有主，而不自尊，尊惟教化主，其令能废置诸国主而俯听焉。教化主者，起于齐民，初有圣人仁德者设是教，严事天主……而窦来中国，始知有佛教，言佛尊己不尊天，不足事也。其圣人亦著书，比吾之六经……俗自有音乐，所为琴纵三尺，横五尺，藏椟中，弦七十二，以金银或炼铁为弦，各有柱，端通于外，鼓其端而自应。窦以此献天子，又有自鸣钟，秘不知其术，而大钟鸣时，小钟鸣刻，以定时候。尝言彼国人他无所长，独于天文有晷器，类吾浑天仪。又有四刻漏，以沙为之。他尚多。其数早起拜天，愿己今日不生邪心、不道邪言、不为邪行。晚复拜天，陈己今日幸无邪心、无邪言、无邪行。久则早晚愿己生如干善心，道如干善言，为如干善行，如此不废，著书皆家人语。窦始至肇庆、赣州，复至南昌，学汉音，读孔氏书，故能通其言。始来偕十余人，死亡大半。自二十五离家，犹童子体。尝为《山海舆地全图》，荒大比邹衍，言大地浮于天中，天之极西即通地底而东，极北即通地底而南，人四面居其中，多不可信。窦游南都，从礼科给引，以其天主像三，及自鸣钟诸物来献。道经临清，为税关马堂搜而献之。隔月入京师，馆饩于礼部。礼部请冠带之，听其自便，不报。

---

① （明）张岱：《石匮书》卷二百四，《方技列传·利玛窦列传》。

窦亦自言幼慕道，逾艾不娶，无子，非有他觊，惟闻圣化远来，
得安插居已矣，馆饩非所敢望。亦不报。①

张岱受限于当时的眼界，以为《山海舆地全图》"多不可信"，但能够
如实为利玛窦立传，已属难能可贵。形成鲜明对比的是，清朝保和殿大
学士兼吏部尚书张廷玉，奉敕领衔纂修的《明史》，不列利玛窦传。两相
对照，万、张二氏的利玛窦传弥足珍贵，反映了当时民间对利玛窦和天
主教持有相当宽容的心态。

邓恩说得好："这为数不多的一伙人，以他们所创建的中国与欧洲
的思想联系，部分地改变了中国历史的进程，也改变了自那以后的世
界。如果不是后来的曲折，把他们灿烂辉煌的贡献贬低了，耶稣会士所
做出的杰出贡献还会更加光彩照人。正如一位现代作家评论的那样，
'世界大同是现代文明的中心点……它可以帮助在东方与西方之间建
造起一座桥梁，为全世界的人民都是兄弟的理想做出突出的贡献'。他
们愿意将'欧洲人主义'的偏见抛掷一旁，通过他们的适应性，他们清白
地结交上层人物，有着单纯的自我满足感，他们善于发现好的事物，不
愿意关注坏的事物，他们将同情与理解用于与中国的接触中。对重建
世界各民族间的文化交往关系，他们指出了一条路。同时他们自身的
榜样至今仍给我们提示一种方法。耶稣会士不应该仅仅在中国和天主
教世界内部享有荣誉，而应该在所有同意这样一句中国格言的人中间
享有荣誉，这句格言就是：'四海之内皆兄弟。'"②

至今我们仍可以在北京看到利玛窦墓，墓碑依然保存完好；他所创
建的北京天主教堂也巍然屹立在原址。每一个来到这里瞻仰的人们，
缅怀这一段中西文化交流的佳话，永远不会忘记一个名字：Mathieu
Ricci。

---

① （明）张岱：《石匮书》卷二百四，《方技列传·利玛窦列传》。
② ［美］邓恩：《从利玛窦到汤若望》，第354页。

三 西方科学文化的传播

利玛窦在中国传教的成功,固然得益于"本土化"策略,更重要的是在传教的同时,带来了欧洲较为先进的科学文化,令当时的知识阶层耳目一新。西学以前所未见的巨大魅力,深深地吸引一批正在探求新知识的士大夫们,短短几年间,掀起了一个学习西学的高潮。

冰冻三尺非一日之寒,这是一个过程,是利玛窦进入中国后逐渐推进的。西方学者瑞尔(Ian Rae)把利玛窦称为"科学家传教士",他说:"关于耶稣会传教士的历史一直有一种说法,即传教士是靠他们所掌握的西方科学和数学才取得最初的立足点的。的确,早期的耶稣会传教士,特别是利玛窦神父,敏锐地看到中国人的数学知识虽然并不落后,但却未能将其应用在诸如天文学这样的领域。不过,耶稣会传教士确实希望唤起中国人对欧洲科学的兴趣,并借此发展其传教活动。"①

利玛窦进入中国结识的第一位知识界名流瞿汝夔(字太素)皈依天主教,就是深深为科学所折服。利玛窦在回忆录中多次提到瞿太素,都强调这一点:"在结识之初,瞿太素并不泄露他的主要兴趣是搞炼金术……但他们每天交往的结果倒使他放弃了这种邪术,而把他的天才用于严肃和高尚的研究。他从研究算学开始,欧洲人的算学比中国的更简单和更有条理……他接着从事研习丁先生的地球仪和欧几里得的原理,即欧氏第一书。然后他学习绘制各种日晷的图案,准确地表示时辰,并用几何法则测量物体的高度……经验证明,神父们在这个人身上

---

① [澳]瑞尔:《"寻找文化的契合点"——论早期天主教耶稣会士在中国的传教方式》,《文化杂志》(中文版)第 21 期(1994 年)。

没有白费时间。大家都已知道，这个雄心勃勃的贵人是一位欧洲教士的学生。欧洲的信仰和科学始终是他所谈论的和崇拜的对象。"①

　　早在万历十一年(1583)，罗明坚和利玛窦在肇庆成立了传教所和圣母堂，在那里展览各种西洋物品，如三棱镜、宗教画、书籍、日晷、自鸣钟等，而以一幅《舆地全图》最受人注意。② 这决非偶然，因为中国人第一次从地图上看到了外面的世界，必然是兴奋不已的，甚至连高级官员也不例外。从南京去北京的路上，南京礼部尚书王忠铭，在看到利玛窦将要呈献给皇帝的礼品中有一个大木板，上面刻着世界地图，附有利玛窦神父用中文写的简略说明。王尚书非常高兴地观看了这幅世界地图，使他感到惊讶的是，他能够看到在这样一个小小的表面上雕刻出广阔的世界，包括那么多新国家的名称和他们的习俗。他愿意非常仔细地反复观看它，力求记住这个世界的新概念。③

　　当然，利玛窦毕竟不是科学家。一些研究者指出，第一批耶稣会士并非个个都擅长科学或数学，实际上一些耶稣会士的科学知识属于中等水平。因此利玛窦写信给罗马，希望派一二名"好的天文学家"来中国，但是杳无音信。后来利玛窦和中国的天主教学者徐光启、李之藻等人合作翻译西方的数学著作，据瑞尔说："他们(指徐光启、李之藻)所掌握的数学知识远比他(指利玛窦)所懂得的丰富得多。"④尽管如此，利玛窦为中国人打开通向西方科学的大门，居功至伟，以至于可以说，如果没有利玛窦，就不可能造就晚明如此众多的科学家及其科学成就。

1.《山海舆地全图》与《坤舆万国全图》

　　利玛窦在肇庆期间，最有影响的科学创举是把欧洲的地理学和世

　　① ［意］利玛窦、［比］金尼阁：《利玛窦中国札记》，第173—174页。
　　② 方豪：《利玛窦年谱》，《方豪六十自定稿》，台北学生书局，1969年，第1568—1569页。
　　③ 参见《利玛窦中国札记》，第225—226页。
　　④ ［澳］瑞尔：《"寻找文化的契合点"——论早期天主教耶稣会士在中国的传教方式》，《文化杂志》(中文版)第21期(1994年)。

界地图首次介绍给中国人。他在肇庆的教堂接待室墙上，挂上一幅用欧洲文字标注的世界地图。他很关注中国人看到它的反应，"有学识的中国人啧啧称羡它，当他们得知它是整个世界的全图时，他们很愿意看到一幅用中文标注的同样的地图"，因为"他们对整个世界是什么样子一无所知"。地方长官请利玛窦在译员的帮助下，把他的地图译为中文，结果就出现了《山海舆地全图》。"新图的比例比原图大，从而留有更多的地方去写比我们自己的文字更大的中国字，还加了新的注释。"①当他到达南京，准备前往北京呈献给皇帝的礼品中，就有这幅地图。南京礼部尚书王忠铭看到这幅地图的印象非常深刻："（呈献给皇帝的礼品中）有一个大木板，上面刻着世界地图，附有利玛窦神父用中文写的简略说明，尚书非常高兴地观看了这幅世界地图，使他感到惊讶的是他能看到在这样一个小小的表面上雕刻出广阔的世界，包括那么多新国家的名称和他们的习俗一览。"利玛窦写道："碰巧这位（南京）总督从南京省某个市长（镇江知府）那里得来一幅世界地图，原是利玛窦神父在肇庆时所作的。他非常喜欢这幅地图，并在苏州镌石，并加上一篇赞扬地图雕刻美观的序文"；"利玛窦一眼就看出，显然他是在看自己的作品。他说他第一次在肇庆刊印这幅地图，把复本送给了朋友，它就流传到这里。"②

关于这幅地图，当时中国人也有记录。比如白鹿洞书院山长章潢，在他的著作《图书编》中，就有两则文字与此相关。一则是《舆地山海全图叙》：

> 尝闻陆象山先生悟学有云，原来只是个无穷，今即舆地一端言之，自中国以达四海，固见之地无穷尽矣。然自中国及小西洋道途二万余里，使地止于兹，谓之有穷尽可也。若自小西洋以达大西洋，尚隔四万余里，矧自大西洋以达极西，不知可

① ［意］利玛窦、［比］金尼阁：《利玛窦中国札记》，第 124—125 页。
② ［意］利玛窦、［比］金尼阁：《利玛窦中国札记》，第 225—226 页。

以里计者又当何如？谓之无穷尽也非欤！此图亦自大西洋以至广东，其海上程途可以里计者如此，故并后小西洋图并存，以备考云。①

这段文字的可贵之处在于，真实地反映了当时人对世界地图的直观反应，章潢对世界之大的观感可以概括为三个字：无穷尽。在另一则文字中他的观感进一步发挥为"地与海本圆形，而同为一球"，较之同代人明显高出一筹。他说：

地与海本圆形，而同为一球，居天球之中……且予自大西浮海入中国，转南过大浪山，已见南极，高三十六度，则大浪山与中国岂不相为对待乎……此图本宜作圆球，以其入册籍，不得不析圆为平，其经纬线画每十度为一方，以分置各国于其所，东西线数自中国起，南北线数自福岛起也。

此图即太西（泰西利玛窦）所画，彼谓皆其所亲历者，且谓地像圆球是或一道也。②

邹振环认为："据文中的'予自大西浮海入中国'可知此文非章潢所撰，而是'太西'——利玛窦的作品。"③说得确切一点，是章潢引用利玛窦的文字，这从侧面反映了章潢对他的宇宙观与世界观是认同的，这篇文字的价值正在于此。章潢是一个醇儒，"自少迄老，口无非礼之言，身无非礼之行，交无非礼之友，目无非礼之书"，他的《图书编》辑录"自古河洛太极诸图，爰及天道、地道、人道"④，对前所未见的世界地图有这样的看法，难能可贵。

利玛窦在中国居留的二十八年中，绘制了多种世界地图，其中影响

---

① （明）章潢：《图书编》卷二十九《舆地山海全图叙》。这段文字左面，附有《舆地山海全图》的图版。

② （明）章潢：《图书编》卷二十九《地球图说》。

③ 邹振环：《晚明汉文西学经典：编译、诠释、流传与影响》，第40页。

④ （清）万斯同：《明史》卷三百八十五《儒林传·章潢》。

最大、流传最广的是万历三十年(1602)由李之藻为之刊印的《坤舆万国全图》。李之藻一向喜爱地理,曾经绘制中国十五省地图,当他看到南京翻刻的利玛窦世界地图,深为佩服,但是嫌它的篇幅太小,便雇工刻印成有一人多高的大幅地图(也就是利玛窦所说的"共成大屏六幅"),增补一些内容,比原图更加清晰。利玛窦为此图所写的跋文,充分肯定了这一点:

> ……缮部李存我(之藻)先生夙志舆地之学,自为诸生,编辑有书,深赏兹图,以为地度之上应天躔,乃万世不可易之法,又且穷理极数,孜孜尽年不舍。歉前刻之隘狭,未尽西来原图什一,谋更恢广之。余曰:"此乃数邦之幸,因先生得有闻于诸夏矣,敢不罄意再加核阅。"乃取敝邑原图及通志诸书重为考订,订其旧译之谬,与其度数之失,兼增国名数百,随其楮幅之空,载厥国俗土产。虽未能大备,比旧图亦稍赡云。
>
> ……地形本圆球,今图为平面,其理难于一览而悟,则又仿敝邑之法,再作半球图二焉,一载赤道以北,一载赤道以南,其二极则居二图当中,以肖地之本形,便于互见。[①]

李之藻在序言中说明了为何要刊刻这幅地图的缘由:

> ……此图白下诸公曾为翻刻,而幅小未悉。不佞因与同志为作屏障六幅,暇日更事杀青,厘正胥象,益所未有。盖视旧业增再倍,而于古今朝贡中华诸国名尚多缺焉。意或方言殊译,不欲传其所疑,固自有见,不深强也。别有南北半球之图,横割赤道,盖以极星所当为中,而以东西上下为边,附刻左方,其式亦所创见。然考黄帝《素问》已有其义……今观此图,意与暗契,东海西海,心同理同,于兹不信然乎!於乎,地之博

---

①　利玛窦:《坤舆万国全图跋》,《利玛窦中文著译集》,第182—183页。

厚也，而图之楮墨，顿使万里纳之眉睫，八荒了如弄丸。明昼夜长短之故，可以挈历算之纲，察夷隩析因之殊，因以识山河之孕，俯仰天地，不亦畅矣大观！①

李之藻的理解是深刻的。他一方面指出，中国古代的舆地学说可以与《坤舆万国全图》相呼应，再次印证了"东海西海，心同理同"的道理；另一方面指出，欧洲地图以南北极为经，赤道为纬，周天经纬三百六十度，令人可以俯仰天地，开阔眼界。

利玛窦编绘的世界地图，给予中国思想界的冲击是无可比拟的，打破了流传已久的"天圆地方"观念，了解到天朝大国不过是地球的一小部分，大大开拓了士大夫阶层的眼界。但是，利玛窦也做了一些迁就，中国以天下中央自诩，为了迎合这一偏见，他把子午线从全图中央向左移动170度，使中国正好出现在《坤舆万国全图》的中央。请看利玛窦自己的说法："他们认为天是圆的，但地是平而方的，他们深信他们的国家就在它的中央。他们不喜欢我们把中国推到东方一角上的地理概念。他们不能理解那种证实大地是球形、由陆地和海洋所组成的说法，而且球体的本性就是无头无尾的。这位地理学家因此不得不改变它的设计，他抹去了福岛的第一条子午线，在地图两边留下一道边，使中国正好出现在中央。这更符合他们的想法，使得他们十分高兴而且满意。"②人们现在看到的中国历史博物馆收藏的墨线仿绘本《坤舆万国全图》、南京博物院收藏的彩色摹本《坤舆万国全图》，全是这种变通了的样子。不独此也，现在中国出版的世界地图，中国位于地图中央，与有些国家出版的世界地图中国位于地图的最东面（即所谓"远东"）截然不同，就是沿用了利玛窦的发明。

即便如此，利玛窦的《坤舆万国全图》仍是晚明中外地理学交流的

---

① （明）李之藻：《坤舆万国全图序》，《利玛窦中文著译集》，第179—180页。
② ［意］利玛窦、［比］金尼阁：《利玛窦中国札记》，第125页。

突出成果,理所当然引起后世学者的高度关注。日本学者薮内清说,李之藻刊刻的《坤舆万国全图》,现在日本京都大学等处仍残存三幅,这个地图参考了 1580 年荷兰刊行的世界地图等资料,绘成椭圆形图,并标出了经纬线。以往中国人所认识的大地是作为平面来考虑的,而从《坤舆万国全图》看到的大地是球形的,令他们大为惊异。① 邹振环追溯了先前的研究史,指出:"1936 年的《禹贡》第五卷三、四合期上刊出了'利玛窦世界地图专号',其中有洪业的《考利玛窦的世界地图》和陈观胜的《利玛窦对于中国地理学之贡献及其影响》二文,对世界地图的中国藏本做了系统分析,至今仍是研讨利玛窦世界地图的典范之作。日本学者鲇泽信太郎在 1936 年先后发表了《利玛窦的世界地图》(载《地球》第 26 卷第 4 号)、《〈月令广义〉所载之〈山海舆地全图〉及其系统》(载《地理学》第 12 卷第 10 号),澄清了《两仪玄览图》的刊刻者是李应试,补正了洪业一文之缺。1938 年德国卫礼贤以梵蒂冈教廷图书馆的藏本为主,加上世界各地的抄本,完成了意大利文版的《利玛窦〈坤舆万国全图〉》(梵蒂冈教廷图书馆 1938 年版),该书将前人研究成果全部采入,并著录了中国、日本、伦敦、巴黎所藏的利玛窦'世界地图'照片。"② 学者们之所以如此关注《坤舆万国全图》,原因就在于"利玛窦的世界地图是明末清初中国士人瞭望世界的一个窗口。它带来了明末中国士大夫闻所未闻的大量的新的知识信息,可以毫不夸张地说,整个明清间的世界地图的知识系谱都源于利玛窦的世界地图"。③

2.《几何原本》、《同文算指》与《圜容较义》

利玛窦早年在罗马学院曾经师从克拉维乌斯学习欧几里得几何学,来到中国后,希望把它介绍给中国人。徐光启被委派与他合作翻译

---

① [日]薮内清:《西欧科学和明末的时代》,载《日本学士院纪要》第 44 卷第 2 号。
② 邹振环:《晚清西方地理学在中国》,上海古籍出版社,2000 年,第 5 页。
③ 邹振环:《晚明汉文西学经典:编译、诠释、流传与影响》,第 47 页。

此书,利玛窦告诉他,除非是有突出天分的学者,没有人能承担这项任务并坚持到底。徐光启不畏艰难,担负起这项工作。经过日复一日的勤奋学习和探讨,徐光启已能领悟所学到的一切,一年之内就以利玛窦口授、徐光启笔录的形式翻译了此书的前六卷。徐光启还想翻译此书的其余部分,利玛窦认为,就他们适合的目的而言,这六卷已经足够了。后来徐光启把这六卷印成一册出版,并且写了序言,介绍翻译此书的缘起:"利先生从少年时,论道之暇,留意艺学,且此业在彼中所谓师传曹习者,其师丁氏(克拉维乌斯)又绝代名家也,以故极精其说。而与不佞游久,讲谈余晷,时时及之。因请其象数诸书,更以华文。独谓此书未译,则他书俱不可得论,遂共翻其要约六卷。既卒业而复之,由显入微,从疑得信。盖不用为用,众用所基,真可谓万象之形囿,百家之学海。虽实未竟,然以当他书,既可得而论矣。"①徐光启言简意赅地谈到几何学作为基础学科的作用——"不用为用,众用所基",表面看起来似乎"无用",实际是各门学科的基础,用处大得很,无怪乎利玛窦要说"此书未译,他书俱不可得论"。关于这一点,《利玛窦中国札记》讲得很清楚:"这本书大受中国人的推崇,而且对于他们修订历法起了重大的作用。为了更好地理解这本书,有很多人都到利玛窦神父那里,也有很多人到徐保禄(徐光启)那里求学。在老师的指导之下,他们和欧洲人一样很快就接受了欧洲的科学方法,对于较为精致的演证表现出一种心智的敏捷。"②利玛窦强调的是,《几何原本》提供了"欧洲的科学方法"。

对此,徐光启是心有灵犀一点通的。他说,通过此书学习欧洲的科学方法,可以"祛其浮气,练其精心",可以"资其定法,发其巧思"。他在《几何原本杂议》中写道:"下学工夫,有理有事,此书为益,能令学理者祛其浮气,练其精心;学事者资其定法,发其巧思。故举世无一人不当

---

① (明)徐光启:《刻几何原本序》,《徐光启集》卷二,中华书局,1963年,第75页。
② [意]利玛窦、[比]金尼阁:《利玛窦中国札记》,第364—365页。

学……能精此书者，无一事不可精；好学此书者，无一事不可学。"他还用"四不必"、"四不可得"、"三至三能"这样的夸张语言，来彰显学习《几何原本》的好处："此书有四不必：不必疑，不必揣，不必试，不必改。有四不可得：欲脱之不可得，欲驳之不可得，欲减之不可得，欲前后更置之不可得。有三至三能：似至晦，实至明，故能以其明明他物之至晦；似至繁，实至简，故能以其简简他物之至繁；似至难，实至易，故能以易易他物之至难。易生于简，简生于明，综其妙，在明而已。"因此他大胆地预言，"百年之后，必人人习之"："此书为用至广，在此时尤所急需。余译竟，随偕同好者梓传之。利先生作叙，亦最喜其亟传也，意皆欲公诸人人，令当世亟习焉。而习者盖寡。窃意百年之后，必人人习之。"①果然不出所料，在此后的很长时期内，《几何原本》一版再版，成为一本经典著作。利玛窦和徐光启所首创的几何学名词术语，如点、线、直线、平面、曲线、四边形、多边形、平行线、对角线、直角、钝角等等，一直沿用至今。

在《译几何原本引》中，利玛窦把"不用为用"演化为七大用处：

其一量天地之大，若各重天之厚薄，日月星体去地远近几许、大小几倍，地球围径道里之数；又量山岳与楼台之高，井谷之深，两地相距之远近，土田、城郭、宫室之广袤，廪庾、大器之容藏也。

其一测景以明四时之候，昼夜之长短，日出入之辰，以定天地方位，岁首三朝，分至启闭之期，闰月之年，闰日之月也。

其一造器以仪天地，以叀七政次舍，以演八音，以自鸣知时，以便民用，以祭上帝也。

其一经理水土木石诸工，筑城郭，作为楼台宫殿，上栋下宇，疏河注泉，造作桥梁，如是诸等营建，非惟饰美观好，必谋度坚固，更千万年不圮不坏也。

---

① （明）徐光启：《几何原本杂议》，《徐光启集》卷二，第 76—77 页。

其一制机巧,用小力转大重,升高致远,以运刍粮,以便泄注,干水地,水干地,以上下舫舶,如是诸等机器,或借风气,或依水流,或用转盘,或设关捩,或恃空虚也。

其一察目视势,以远近正邪高下之差,照物状可画立圜立方之度数于平板之上,可远测物度及真形。画小,使目视大;画近,使目视远;画圜,使目视球。画像有坳突,画室屋有明暗也。

其一为地理者,自舆地山海全图,至五方四海,方之各国,海之各岛,一州一郡,金布之简中,如指掌焉。全图与天相应,方之图与全相接,宗与支相称,不错不紊,则以图之分寸尺寻,知地海之百千万重,因小知大,因迩知遐。[①]

如此不嫌其烦地罗列它的用处,无非是想说明几何学在测量天地、测天候、制器、建筑、机械制造、测量、绘制地图等方面的功用,以期唤起中国人的兴趣。[②]

一般读者要了解此书,最简便的方法就是看一下四库馆臣的提要:"其书原十三卷五百余题,利玛窦之师丁氏为之集解,又续补二卷于后,共为十五卷。今止六卷者,徐光启自谓,译受是书,此其最要者也。其书每卷有界说,有公论,有设题……卷一论三角形,卷二论线,卷三论圆,卷四论圆内外形,卷五卷六俱论比例。"[③]

与翻译《几何原本》一样的方式,利玛窦和李之藻合作编译的《同文算指》,系统介绍欧洲笔算的代表作——克拉维乌斯《实用算学概论》,同时兼采中国数学家程大位《算法统宗》,编成一本融会中西的笔算技法著作。《四库全书》的提要这样介绍此书:"《同文算指》前编二卷、通编八卷,明李之藻演西人利玛窦所译之书也。前编上下二卷,言笔算定

① [意]利玛窦:《几何原本引》,《利玛窦中文著译集》,第298—299页。
② 王萍《西方算学之输入》一文对此有详细论述。该文载台湾《近代史研究所专刊》第17辑。
③ 《四库全书·子部六·天文算法类二·算书之属·几何原本·提要》。

位加、减、乘、除之式,及约分、通分之法。通编八卷,以西术论《九章》……然中土算书,自元以来散失尤甚,未有能起而搜辑之者。利氏独不惮其烦,积日累月,取诸法而合订是编,亦可以为算家考古之资矣。"①这篇提要写的还算平允,不过,把此书的作用说成"可以为算家考古之资",似乎过于轻描淡写了。

不妨看看李之藻、徐光启是如何评价此书的。李之藻写于万历四十一年(1613)的《同文算指前编序》说:"往游金台,遇西儒利玛窦先生,精言天道,旁及算指,其术不假操觚,第资毛颖,喜其便于日用,退食译之,久而成帙。加减乘除,总亦不殊中土,至于奇零分合,特自玄畅,多昔贤未发之旨。盈缩勾股,开方测圜,旧法最难,新译弥捷。"②强调的是"多昔贤未发之旨","旧法最难,新译弥捷",显然不是"算家考古之资"所能概括的。

徐光启写于万历四十二年(1614)的《刻同文算指序》认为,算书之学废于近世数百年间,原因有二,其一为"名理之儒土苴天下之实事",其二为"妖妄之术谬言数有神理",使得算书之学"不能得之士大夫间"。好友李之藻慨叹此事,行求当世算术之书,"既又相与西国利先生游,论道之隙,时时及于理数,其言道言理,既皆返本蹠实,绝去一切虚玄幻妄之说,而象数之学亦皆溯源承流,根附叶著,上穷九天,旁该万事,在于西国胶庠之中,亦数年而学成者也。吾辈既不及睹唐之《十经》,观利公与同事诸先生所言历法诸事,即其数学精妙,比于汉唐之世十百倍之,因而造席请益……振之(李之藻)两度居燕,译得其算术如干卷。既脱稿,余始间请而共读之、共讲之。大率与旧术同者,旧所弗及也;与旧术异者,则旧所未之有也。旋取旧术而共读之、共讲之,大率与西术合者,靡弗与理合也;与西术谬者,靡弗与理谬也"。③ 徐光启着意指出《同文

---

① 《四库全书·子部六·天文算法类二·算书之属·同文算指·提要》。
② 《四库全书·子部六·天文算法类二·算书之属·同文算指前编序》。
③ (明) 徐光启:《同文算指前编序》,《徐光启集》卷二,第80—81 页。

算指》两大优点：一是西方数学精妙，超过汉唐十百倍；二是该书与旧术同者，旧所不及，与旧术异者，旧所未有。

《圜容较义》也是李之藻与利玛窦合作的产物，《四库全书》收入此书，做这样的介绍："《圜容较义》一卷，明李之藻撰，亦利玛窦之所授也。"这是一本理论著作，或者说是一本探讨多边形与圜（圆）的著作。开宗明义写道："万形有全体，目视惟一面，即面可以推全体也。面从界显，界从线结，总曰边线。边线之最少者为三边形，多者四边、五边，乃至千万亿边，不可数尽也。三边形等度者，其容积固大于三边形不等度者。四边以上亦然。而四边形容积恒大于三边形，多边形容积恒大于少边形。恒以周线相等者验之，边之多者莫如浑圜之体……凡形愈多边则愈大。故造物者天也，象天者圜也。圜故无不容，无不容所以为天。"①后面几句把"圜"与"天"相联系，又说"造物者天也"，显然带有些许天主教的色彩。

李之藻为该书所写的序，强调的仍然是数学的原理："凡厥有形，惟圜为大，有形所受，惟圜为多。夫浑圜之体难明，而平面之形易晰。试取同周一形，以相参考，等边之形必巨于不等边形，多边之形必巨于少边之形。最多边者圜也，最等边者亦圜也，析之则分秒不亿。是知多边联之，则圭角全无。是知等边不多边，等边则必不成圜。惟多边等边，故圜容最巨……非徒广略异闻，实亦阐著实理，其于表里算术，推演几何，合而观之，抑亦解匡诗之颐者也。"②

3. 《奇器图说》与《泰西水法》

《奇器图说》是中国学者王徵与耶稣会士邓玉函（Jean Terrenz）合作编译的物理学、机械工程学著作。明末邹漪为王徵立传，写道："公讳

---

① （明）李之藻：《圜容较义》，《四库全书·子部六·天文算法类一·推步之属·圜容较义》。

② （明）李之藻：《圜容较义序》，《四库全书·子部六·天文算法类一·推步之属》。

徵,字良甫,号葵心,自号了一道人,陕西三原人也。生而颖异,立志落落,敦尚气节,肆力问学。弱冠登贤书,困公车三十年,芒履蔬食,以著书讲学为务……壬戌成进士……返初服十五年,却扫著书,不异秀才。时里居,值寇盗充斥,公悉刀战守,创为连弩、活桥、自行车、自飞炮诸奇器,演为《图说》。"①言外之意似乎《奇器图说》是为了对付寇盗而创制的,只字不提耶稣会士邓玉函。《四库全书》关于《奇器图说》的提要写得稍好:"《奇器图说》三卷,明西洋人邓玉函撰;《诸器图说》一卷,明王徵撰。徵,泾阳人,天启壬戌(二年)进士,官扬州府推官。尝询西洋奇器之法于玉函,玉函因以其国所传文字口授,徵译为是书。其术能以小力运大,故名曰重,又谓之力艺。大旨谓天地生物,有数、有度、有重。数为算法,度为测量,重则即此力艺之学。皆相资而成,故先论重之本体,以明立法之所以然。"②

中国台湾学者方豪最旱对之做了深入而全面的研究,写了长篇论文《王徵之事迹及其输入西洋学术之贡献》,开篇第一段话就提出了问题意识:"明季国人之以介绍西洋科学著称者,近人多艳称徐(光启)、李(之藻)。光启从事之范围最广,官至相位;之藻亦以修历及研习数学等,授光禄寺少卿,为世人所习知;独王徵世尚罕知其详者。然徵在研习拉丁字注音,赞助金尼阁研究西洋物理、机械工程学,译述《奇器图说》,其功不在徐、李之下,其巧思则非二人所能及。"③方豪认为王徵的巧思非徐、李所能及,令人茅塞顿开。

王徵在《奇器图说序言》中说:"《奇器图说》,译西庠文字而作者也。西庠凡学各有本名,此学本名原是力艺。力艺之学,西庠首有表性言,且有解,所以表此学之内美好;次有表德言,所以表此学之外美好。"关于"力艺"或"力艺之学",他有这样的解释:"力艺,重学也。力是气力、

---

① (清)邹漪:《启祯野乘》一夔卷十一《王端节传》。
② 《四库全书·子部九·谱录类一·器物之属·奇器图说提要》。
③ 方豪:《王徵之事迹及其输入西洋学术之贡献》,《方豪六十自定稿》,第319页。

力量,如人力、马力、水力、风力之类;又用力、加力之谓,如用人力、用水风之力之类。艺则用力之巧法,巧器所以善用其力、轻省其力之总名也。重学者乃公称,重则私号,盖文学、理学、算学之类,俱以学称,故曰公。而此力艺之学,取其义,本专属重,故独私号之曰重学云。"对于"奇器"之"奇",他也有一番解释:"人多胜多,或人多而胜寡,不怪也。人寡能胜人多,则可怪。如以大力运大重,奚足怪!今用小小机器能举大重,使之升高,使之行远,有不惊诧为非常者,鲜矣。然能通此学,知机器之所以然,则怪亦平常事也。"因此,他认为,书中所写的这些"奇器",不但有利于民间日用,也有利于国家政治大务,可谓利益无穷。①

据方豪研究,王徵自幼师从舅舅张鉴(字湛川),尊称为"舅师",他之所以酷爱西洋物理、机械之学,是深受"舅师"之启发。万历四十二年(1614)冬或四十三年(1615)春,读到耶稣会士庞迪我的《七克》一书,王徵十分喜欢此书,欣慕作者其人。该书宣扬谦让以克骄傲,仁爱以克嫉妒,舍财以克吝啬,含忍以克忿怒,淡泊以克食迷,绝欲以克色迷,勤于天主之事以克懈惰。一年之后,王徵终于在京师会见了庞迪我。不久,他接受天主教洗礼,教名斐礼伯。天启七年他与邓玉函合作编译《奇器图说》时,自称"关西景教后学",可见其时早已皈依天主教。②

方豪之所以说王徵的巧思非徐光启、李之藻所能及,主要原因就在于,他不仅能著书立说,而且能动手制作各种器物。方氏论文的第六章"自制诸器考略",列举了自行车、自转磨、轮壶(即自鸣钟)、代耕、连弩、活动兵轮、活动楯木、活揭竿与活春竿、活闸、运重机器与活动地平、龙尾、鹤饮、虹吸、恒升、活杓、弩机与火机、天球自转、拒马力、西洋神器测量定表、榨油活机、水铳等。

中国台湾清华大学教授黄一农对王徵有细致入微的研究,还到他

---

① (明)王徵:《奇器图说》卷一,《序言》。
② 参见方豪《王徵之事迹及其输入西洋学术之贡献》,《方豪六十自定稿》,第320—328页。

的家乡实地考察,其专著《两头蛇:明末清初的第一代天主教徒》有专章论述王徵。他说:"王徵在母舅张鉴的影响之下,对制器之学的兴趣一直颇浓,他为秀才时,每天只是'眠思坐想','专一好作古今所不经见、奇巧之器具';中进士后,曾在北京成功试制一具用齿轮带动木人以擂鼓撞钟并准确报时之轮壶;在户部观政时,亦曾制作省力的代耕;任官广平时,也制成鹤饮、龙尾、恒升、活杓和活机水闸诸器以治水。天启六年冬,王徵在服满继母丧之后抵京,偶自龙华民、邓玉函、汤若望三位耶稣会士处得见大量西方机械工程方面的书籍,因此兴奋不已,遂在邓玉函的协助下,译刊《远西奇器图说录最》(或名《奇器图说》),在该书的前序中,王徵称有友人质疑其从事'末流之学',他答辩曰:'学原不问精粗,总期有济于世人;亦不问中西,总期不违于天。兹所录者,虽属技艺末务,而实有益于民生日月,国家兴作甚急也!'"①

　　王徵谈到编译此书的动机时说,他从耶稣会士那里看到西洋奇器的图说不下千百余种,"其器多用小力转大重,或使升高,或令行远,或资修筑,或运刍饷,或使泄注,或上下舫舶,或预防灾祲,或潜御物害,或自舂自解,或生响生风,诸奇妙器无不备具。有用人力物力者,有用风力水力者,有用轮盘,有用关捩,有用空虚,有即用重为力者。种种妙用,令人心花开爽"。②王徵为了译著此书,引用了十八种参考书:《勾股法义》、《圜容较义》、《盖宪通考》、《浑盖通宪图说》、《泰西水法》、《几何原本》、《坤舆万国全图》、《简平仪说》、《天问略》、《同文算指》、《天主实义》、《畸人十篇》、《七克》、《自鸣钟说》、《望远镜说》、《职方外纪》、《西学或问》、《西学凡》。③从这一参考书目,人们约略可以窥知当时西学东渐的大体状况。

---

　　①　黄一农:《两头蛇:明末清初的第一代天主教徒》,台湾清华大学出版社,2005年,第136—137页。

　　②　徐宗泽:《明清间耶稣会士译著提要》,中华书局,1989年,第297—298页。

　　③　参见方豪《王徵之事迹及其输入西洋学术之贡献》,《方豪六十自定稿》,第346—347页。

与《奇器图说》相类似的是《泰西水法》，因为后者也提及许多农田水利的"奇器"。《四库全书》收录此书，如此说："《泰西水法》六卷，万历壬子西洋熊三拔撰。"①这种说法不确切。理由一，徐光启在他的著作《农政全书》卷十九和卷二十，收录了《泰西水法》三卷；理由二，该书收入李之藻《天学初函》，前四卷题为"泰西熊三拔撰说、吴淞徐光启笔记"。② 因此可以说，《泰西水法》是徐光启与熊三拔合作编译的作品。

《四库全书》的提要说："是书皆记取水蓄水之法。一卷曰《龙尾车》，用挈江河之水。二卷曰《玉衡车》，附以《专筒车》；曰《恒升车》，附以《双升车》，用挈井泉之水。三卷曰《水库记》，用蓄雨雪之水。四卷曰《水法附余》，皆寻泉作井之法，而附以疗病之水。五卷曰《水法或问》，备言水性。六卷则诸器之图式也。"四库馆臣对它的评价还不错："西洋之学以测量步算为第一，而奇器次之。奇器之中，水法尤切于民用，视他器之徒矜工巧，为耳目之玩者又殊，固讲水利者所必资也。"③

从徐光启为此书所写的序言可知，此书的编译出版，与利玛窦的大力推荐有着密切的关系。利玛窦曾对徐光启说："薄游数十百国，所见中土土地人民、声名礼乐，实海内冠冕，而其民顾多贫乏，一遇水旱则有道殣，国计亦诎焉，何也？"④为了解决这一国计民生问题，利玛窦向徐光启推荐熊三拔具体介绍这方面的知识。起初，对水法颇有研究的熊三拔有些犹豫，怕被人误解。徐光启所作《泰西水法序》中，记载了熊三拔与他的一段对话。熊三拔说："有怍色者深恐此法盛传，天下后世见视以公输、墨翟，即非其数万里东来，捐顶踵、冒危难，牗世兼善之意尔。"徐光启对他开导说："人富而仁义附焉，或东西之通理也。道之精微，拯人之神；事理粗迹，拯人之形。并说之，并传之，以俟知者，不亦可乎？

① 《四库全书·子部四·农家类·泰西水法提要》。
② 邹振环：《晚明汉文西学经典：编译、诠释、流传与影响》，第195页。
③ 《四库全书·子部四·农家类·泰西水法提要》。
④ （明）徐光启：《泰西水法序》，《明清间耶稣会士译著提要》，第308—309页。

先圣有言:'备物致用,立成器以为天下利,莫大乎圣人。'器虽形下,而切世用,兹事体不细已。且窥豹者得一斑,相剑者见若狐甲而知钝利,因小识大,智者视之,又何遽非维德之隅也!"这番话使得熊三拔决定教授水法,全书编译工作自万历三十九年夏开始,次年春刊行。[1] 此书介绍了西方的水利机械——龙尾车(螺旋式提水车)、玉衡车与恒升车(利用吸水管、活塞的提水唧筒),比中国传统的提水工具轻巧而效率高,是当时欧洲科学的新成就,向中国人展示了螺旋原理、液压技术的具体应用。[2]

4.《崇祯历书》

中国人自古以来就关心宇宙形态、地球在天空的位置,亦即它与其他天体的关系。古人相信天象与人世间的政事是互相影响的,天象会干预人间,人事也会感应上天,因此天文学的研究一直不曾间断。明朝使用的《大统历》,是对元朝的《授时历》稍加改动而成的,受科技水平的限制,推算日食、月食屡次不准。明中叶以来,朝廷上下主张修改历法的呼声相当高涨。

利玛窦来华后,也有志于修改历法,未能如愿。直到万历三十八年(1610),利玛窦逝世,礼部只是推荐徐光启、李之藻"同译西法",协助改历,并未付诸实施。

关于此事,颇有一番曲折。早在万历二十四年(1596),河南按察司佥事邢云路就已指出,推算日食不准,建议修改历法。万历三十八年(1610)十一月初一日,发生日食。礼部右侍郎翁正春重弹"天人感应"老调,认为是"灾异尤甚";"君德象日,宜照临宣布,不宜暗汶闭藏"。兵部职方司员外郎范守己批驳钦天监推算日食时刻差误,指出问题所在:

① 邹振环:《晚明汉文西学经典:编译、诠释、流传与影响》,第194页。
② 曹增友:《传教士与西方科学》,宗教文化出版社,1999年,第165—169页。

"岁差之法既有错误,则日食之时又安得与天符合也。"于是官员周子愚上言:"大西洋归化远臣庞迪我、熊三拔等携有彼国历法,多中国典籍所未备者,乞视洪武中译西域历法例,取知历儒臣,率同监官,将诸书尽译,以补典籍之缺。"①《明通鉴》对此有一个补充说明:"先是,大西洋人利玛窦进贡土物,而(庞)迪我、(熊)三拔及龙华民、邓玉函、汤若望等先后至,俱精究天文历法。礼部因奏:'精通历法如邢云路、范守己为时所推,请改授京卿,共理历事。翰林院检讨徐光启、南京工部员外郎李之藻,亦皆精心历理,可与(庞)迪我、(熊)三拔等同译西洋法。俾(邢)云路等等参订修改。然历法疏密,莫显于交食,欲议修历,必重测验。乞敕所司修治仪器,以便从事。'疏入,留中。未几,云路、之藻皆召至京,参预历事。云路据其所学,之藻则以西法为宗。西法入中国,自此始。"②

万历四十一年(1613),已经升任南京太仆寺少卿的李之藻,向朝廷条陈西洋历法。他说:"伏见大西洋国归化陪臣庞迪我、龙华民、阳玛诺等诸人,慕义远来,读书谈道,俱以颖异之资,洞知历算之学,携有彼国书籍极多,久渐声教,晓习华音。在京士绅与讲论,其言天文历数,有我中国昔贤所未及者。"以下他列举了十四条"所未及者",然后总结道:"此十四事者,臣观前此天文历志诸书,皆未论及,或有依稀揣度,颇与相近,然亦初无一定之见。惟是诸臣能备论之……观其所制窥天窥日之器,种种精绝,即使郭守敬诸人而在,未或测其皮肤,又况见在台监诸臣,刻漏尘封,星台迹断,曶堂方案尚不知为何物者,宁可与之同日而论,同事而较也……昔年利玛窦最称博览超悟,其学未传,溘先朝露,士论至今惜之。今庞迪我等须发已白,年龄向衰。遐方书籍按其义理,与吾中国圣贤可互相发明,但其言语文字绝不相同,非此数人,谁与传译?

---

① 《万历邸钞》,万历三十八年庚戌捐,十一月壬寅;《明史纪事本末》卷七十三《修明历法》;《明通鉴》卷七十四,万历三十八年壬寅。
② 《明通鉴》卷七十四,万历三十八年壬寅。

恃今不图,政恐日后无人能解。"①因此,他向皇帝建议,由礼部开设馆局,将西洋历法依照原文译出成书。皇帝不置可否,事情就搁置下来,一直要到崇祯二年(1629)才开始启动。

崇祯二年(1629)五月月食,徐光启依照西法预推:顺天府见食二分有奇,琼州食既,大宁以北不食。而用《大统历》推算顺天府见食三分有奇,用《回回历》推算顺天府见食五分有奇。届时事实证明,徐光启的西法推算是准确的,其他推算皆有误。皇帝因此切责钦天监官员。于是礼部奏请开设历局,修改历法,任命徐光启"督修新法"。皇帝批准此事,下旨:"西法不妨于兼收,诸家务取而参合,用人必求其当,制象必核其精……责有攸归,尔其慎之。"②

徐光启随即上疏,详细陈述依照西法修历的道理:"三百五十年来,并(郭)守敬之书亦皆湮没,即有志之士殚力研求,无能出(郭)守敬之藩。更一旧法,立一新义,确有原本,确有左验者,则是历象一学,至元而盛,亦自元而衰也……迩来星历诸臣,颇有不安旧学,志求改正者。故万历四十年有修历译书、分曹治事之议……臣等愚心以为,欲求超胜,必须会通;会通之前,先须翻译。盖大统书籍绝少,而西法至为详备,且又近今数十年间所定,其青于蓝、寒于水者,十倍前人。又皆随地异测,随时异用,故可为目前必验之法,又可为二三百年不易之法,又可为二三百年后测审差数,酌而更改之法,又可令后之人循习晓畅,因而求进,当复更胜于今也。"③

皇帝同意他的意见,批示道:"这修改历法事宜四款,俱依议。徐光启见在本部,着一切督领,李之藻速与起补,早来供事。"徐光启接旨后再上一疏,详细开列具体事项,比如"历法修正十事",包括议岁差、议岁实、每日测验日行经度等。最要紧的是"修历用人三事"。除了李之藻

① (明) 李之藻:《请译西洋历法等书疏》,《李我存集》卷一《疏》。
② (明) 徐光启:《新法算书》卷一《缘起》。
③ (明) 徐光启:《历书总目》,《徐文定公集》卷六《疏》。

已蒙录用，其他专门名家，亦宜兼收。此外特别强调"用西法"："万历间西洋归化陪臣利玛窦等，尤精其术，四十等年，曾经部复推举。今其同伴龙华民、邓玉函二臣见居赐寺，必得其书其法，方可以较正旧法，与之会通归一，则事半而功倍矣。"①

他的"用西法"修历，起用耶稣会士龙华民、邓玉函参与修历的主张，得到皇帝许可，于九月间开设历局，正式启动。遗憾的是，这年十一月李之藻从杭州抵京不久病故，邓玉函也于第二年四月病故，徐光启继续推荐耶稣会士汤若望、罗雅谷参加历局的译书演算工作。

徐光启从利玛窦那里学习到不少西方天文历法知识，认识到修历非"用西法"不可，用西法则必须先从事翻译。这时归国述职的耶稣会士金尼阁从欧洲带回七千部书，为翻译欧洲的数学、天文学提供了可供选择的良好底本，也为修历提供了基础。②

已经升任礼部尚书的徐光启大权在握，修历工作进展顺利。崇祯四年(1631)正月，他向皇帝呈进《历书总目》一卷，《日躔历指》一卷，《测天约说》二卷，《大测》二卷，《日躔表》二卷，《割圆八线表》六卷，《黄道升度表》七卷，《黄赤道距度表》一卷，《通率表》二卷。继而又向皇帝呈进《测量全义》十卷，《恒星历指》三卷，《恒星历表》四卷，《恒星总图》一折，《恒星图像》一卷，《揆日解订讹》一卷，《比例规解》一卷。崇祯五年(1632)，又呈进《月离历指》四卷，《月离历表》六卷，《交食历指》四卷，《交食历》二卷，《南北高弧表》十二卷，《诸方半昼分表》一卷，《诸方晨昏分表》一卷。③ 崇祯六年(1633)，礼部尚书兼东阁大学士徐光启病逝，他所主持编修的《崇祯历书》，洋洋一百多卷，除了前面已经提到的，还有《五纬历指》九卷，《五纬表》十卷，《元史揆日订误》一卷，《通率立成表》一卷，《割圆八线立成长表》四卷，《黄道升度立成中表》四卷，《历学小

---

① （明）徐光启：《恭承恩命谨陈愚见以祈圣明采择事》，《徐文定公集》卷六《疏》。
② ［日］薮内清：《西欧科学与明末的时代》，在《日本学士院纪要》第四十四卷第二号。
③ 参见《明史纪事本末》卷七十三《修明历法》。

辨》一卷,《历学日辨》五卷。① 阮元评论道:"自利氏东来,得其天文数学之传者,光启为最深。洎乎督修新法,殚其心思才力,验之垂象,择为图说,洋洋乎数千万言,反复引伸,务使其理其法足以人人通晓而后已。以视术士之秘其机械者,不可同日而语矣。"②阮元身为乾嘉时代的学者型高官,评价如此精当,毫无迂腐偏见,令人心怀敬意。

《崇祯历书》编成后还来不及刊印,明朝就灭亡了。清朝初年,由汤若望加以删改,以《西洋新历法》为名刊印出版。看起来更像是一部丛书,详细介绍了第谷的《论新天象》、《新编天文学初阶》,托勒密的《大综合论》,哥白尼的《天体运行论》,开普勒的《论火星的运动》等西方天文学著作。科学史专家江晓原指出,《崇祯历书》编纂的时候,正是欧洲近代天文学确立阶段。当时哥白尼提出日心说还不到一百年,此后伽利略这些人都赞成了。但是《崇祯历书》体系的基础是第谷天文学。为什么不采用哥白尼体系? 因为当时哥白尼体系在理论上、实测上都不很成功,当时天文学家对哥白尼学说持怀疑态度。我们今天熟知的地球环绕太阳转的证据,是到了 18 世纪才最终被发现的。《崇祯历书》采用第谷体系是可以理解的。③

毋庸讳言,《崇祯历书》仍有种种时代的局限性。不过平心而论,对于当时的中国而论,毕竟引进了西方的先进天文学理念,因此它的意义已经越出修历本身,标志着中国传统天文学的转型,开启了中国人认识宇宙的新阶段。

江晓原还指出,《崇祯历书》编成的时候,中国跟欧洲天文学的差距很小。但是此后两百多年几乎不变,完全脱离了欧洲天文学的进程,而欧洲在这两百年间天文学发展迅猛。《崇祯历书》使得我们有一个机会

① (清) 阮元:《徐光启》,《畴人传》卷三十二《明四》。
② (清) 阮元:《徐光启》,《畴人传》卷三十二《明四》。
③ 江晓原:《徐光启与〈崇祯历书〉》,《中西文化会通第一人——徐光启学术研讨会论文集》,上海古籍出版社,2006 年,第 28—30 页。

跟国际接轨,却很快脱轨,最终等到鸦片战争结束,西方天文学第二次大举进入的时候,我们中国人几乎不认识它了,因为我们落后了两百年。[①] 这是今人研究《崇祯历书》,最值得深思的地方。

四　放眼看世界的先进中国人

以利玛窦为代表的耶稣会士的传教活动,以及随之而来的西方科学文化的传播,向长期封闭的中华帝国吹进了一股清新空气,让人们接触到了前所未闻的新思想、新事物,一些敏感的先进知识人把耶稣会士看作自己的朋友和老师,如饥似渴地向他们学习,从他们那里汲取新的精神营养,从而改变了世界观和价值观。这种变化对于中国社会的影响,无论如何评价都不嫌过分。

1. 第一个结识利玛窦的名士瞿汝夔

瞿汝夔,号太素,苏州府常熟县人,出身于高级官僚家庭。其父瞿景淳,字师道,八岁能属文,久困诸生,教授里中自给。嘉靖二十三年(1544)会试第一,殿试第二,授编修,典制诰,清介自持,官至礼部左侍郎兼翰林院学士。[②] 瞿景淳有四子:汝稷、汝夔、汝益、汝说,但明人文集与地方志都没有瞿汝夔的记载。原因在于,汝夔与长嫂——汝稷之妻通奸,遭家族除名,后人避而不谈。《常熟昭文合志》的瞿景淳传,载其子三人:汝稷、汝益、汝说,不见汝夔,原因就在于此。[③] 黄一农考证,

　　① 江晓原:《徐光启与〈崇祯历书〉》,《中西文化会通第一人——徐光启学术研讨会论文集》,第28—30页。
　　② 参见王世贞《瞿文懿公景淳传》,《弇州史料后集》卷一。
　　③ 光绪《常熟昭文合志》卷二十五《人物志四·耆旧·瞿景淳》。

"通奸"一事,瞿汝稷的《瞿冏卿集》卷首所收钱谦益写的《瞿元立传》,略有提及:"公仲弟爱与妇徐(氏)以奸闻,公叱妇徐,去之。"汝爱之侄儿瞿式耜为老师钱谦益刊印《牧斋初学集》,删去了《瞿元立传》中"公仲弟爱与妇徐以奸闻"一句,改成:"徐有通问之奸,公叱去之。"①

因为这样的关系,见诸文献的瞿汝爱资料很少。由于被家族除名,他没有走传统的科举道路,四处漂泊。他来到广东,同耶稣会士交往,与利玛窦成为莫逆之交。他为利玛窦《交友论》写的序言说:"万历己丑,不佞南游罗浮,因访司马节斋刘公,与利公遇于端州,目击之顷,已洒然异之矣。及司马公徙公于韶,予适过曹溪,又与公遇。于是从公讲象数之学,凡两年而别。"②很清楚地回顾他初遇利玛窦时,向他求教欧洲科学的情境。利玛窦对此有详细的记载,他的回忆录有一章,标题就是"瞿太素"。他写道:"瞿太素是我们将有机会常常提到的人,他是一个被称为尚书③的第二级高官的儿子,苏州人,是受过良好教育的知识分子……如果继续学习的话,他肯定会得到最高的荣誉。相反地,他变成了一个公开的败家子。"④瞿太素在韶州拜会利玛窦,"他请求利玛窦收他当学生,第二天他邀请老师在他家里吃饭,送给他绸料为礼……在结识之初,瞿太素并不泄露他的主要兴趣是搞炼金术……但他们每天交往的结果倒使他放弃了这种邪术,而把他的天才用于严肃和高尚的科学研究。他从研究算学开始……接着从事研习丁先生的地球仪和欧几里得的原理,即欧氏的第一书。然后他学习各种日晷的图案,准确地表示时辰,并用几何法则测量物体的高度"。这些学习使得瞿太素发生了巨大的变化,以至于当地的老百姓都知道,瞿太素"这个雄心勃勃的贵人是一位欧洲传

---

① 参见黄一农:《两头蛇:明末清初的第一代天主教徒》,第49—50页。黄一农影印了《瞿冏卿集》卷首的《元立瞿公传》,以及《牧斋初学集》卷七十二的《瞿元立传》,比较两者的文字异同。
② (明)瞿汝爱:《大西域利公友论序》,《利玛窦中文著译集》,第117页。
③ 瞿太素之父瞿景淳死后,皇帝赐予其礼部尚书头衔。
④ [意]利玛窦、[比]金尼阁:《利玛窦中国札记》,第173页。

教士的学生,欧洲的信仰始终是他所谈论的和崇拜的对象。在韶州和他浪迹的任何地方,他无休无止地赞扬和评论欧洲的事物"①。

费赖之认为,利玛窦名声大彰与瞿太素的宣扬有很大的关系:"有名士瞿太素者,初识利玛窦于肇庆,至是至韶州,愿奉玛窦为师。太素初冀从玛窦得仙丹,然所肄习者为宗教真理,与夫数学、几何、重学等科目。太素得玛窦之熏陶,颇有心得,迨至其受洗(1605年)后,玛窦之名遂以大彰,盖太素学者而兼名士,影响舆论实深也。"②

确实如此,瞿太素的巨大影响,可以追溯到利玛窦初入中国之时的本土化传教方针。精通儒学的他深知天主教要在中国发展,必须首先符合儒家传统熏陶出来的士大夫的眼光。瞿太素向利玛窦建议,放弃先前的和尚打扮,改穿儒生的服饰,"标志着利玛窦的传教路线在适应占统治地位的儒家思想方面,迈出了决定性的一步"。③ 瞿太素为宣扬利玛窦带来的科学知识,不遗余力,所以利玛窦才会说:"在韶州和他浪迹的任何地方,他无休无止地赞扬和评论欧洲的事物。"这也可以在中文史料中得到印证。白鹿洞书院山长章潢,学问渊博,第一次见到利玛窦带来的世界地图时,"不解其义",听了瞿太素的解释,才恍然大悟。他这样说:"前十余载,传闻有番僧航海入中国者,盘诘身中,止怀昊天图像一幅,画天为九瓣……初亦不解其义。近接瞿太素,谓曾游广南,睹一僧,自称胡罗巴(欧罗巴)人,最精历数,行大海中,惟观其日轨,不特知时知方,且知距东西南北远近几何。因携其所制之仪,大不盈尺,中分九层,机可转旋。予细玩而绎之,与九瓣图义稍相似。"④章潢所说的"图"与"仪",似为世界地图与地球仪,经过瞿太素的说明,才解疑释惑。

---

① [意]利玛窦、[比]金尼阁:《利玛窦中国札记》,第173—174页。
② [法]费赖之:《在华耶稣会士列传及书目》,第33页。
③ 沈定平:《明清之际中西文化交流史——明代:调适与会通》,第337页。
④ (明)章潢:《图书编》卷十六《九天说符》。

瞿太素是第一个结识利玛窦的名士,但皈依天主教却比较晚,什么原因呢? 利玛窦在回忆录中专门写了一章,标题就是"瞿太素终于皈依了基督"。在谈到他不能入教的原因时指出:第一,他纳妾并生了两个儿子;第二,他对偶像崇拜深有修养。这两点都有悖于天主教教义,因此他左右摇摆,拿不定主意。在反复分析研究教义后,他下定决心,要求领洗。他的第一步,就是和他的妾正式结婚;第二步,把家里的全部偶像,以及印刷的刻版和有关书籍,送到教堂,请求把它们付之一炬。万历三十二年(1604)的圣母领报节①那天接受洗礼,教名依纳爵。瞿太素写了一篇洋洋洒洒的信仰声明:"几年前,我有幸遇到泰西远来的真理大师利玛窦和郭居静以及助手钟鸣仁修士,他们是最初告诉我神明的奥秘的人……我谨保证从我接受洗涤灵魂每一种玷污的洗礼之日起,将把残存在我头脑里的对于伪神和环绕它的不合理的教义的信仰彻底扫除干净。我还保证在我的思想中,决不有意地卑鄙地追求不适当的炫耀个人的那种愿望,也不追求世俗的虚荣以及任何其他虚假而危险的诱惑。"②

　　应该说,瞿太素的皈依天主教,并不是一个简单的改变宗教信仰的问题,而是随着对西方科学文化的深入了解,逐渐改变了对西方文明的认识,反映了当时先进的中国人对于"西学东渐"的积极反应。利玛窦回忆道:"瞿太素对神父经常是滔滔不绝地加以赞美,还补充说明他所带给中国的科学知识以及他是怎样开阔了知识界的眼界的;在他到来之前,他们的眼界一直是封闭的。根据瞿太素的说法,这就是他为什么如此之受人欢迎,为什么大家都想见他并愿和他在一起的原因。"③利玛窦神父带来的科学知识开阔了知识界的眼界,改变了过去那种封闭的状况,人们开始放眼看世界。

---

　　①　即 1604 年 3 月 16 日。
　　②　[意] 利玛窦、[比] 金尼阁:《利玛窦中国札记》,第 357—359 页。
　　③　[意] 利玛窦、[比] 金尼阁:《利玛窦中国札记》,第 240 页。

研究中国科学技术史的权威李约瑟认为，中国的科学技术在宋朝已经达到巅峰状态，此后逐渐式微。裴化行神父补充道，到晚明时代出现了复兴："自从1368年逐出蒙古人以来实际上已经干涸的科学发明之风，就这样一下子又兴起了。不仅如此——而在这方面，利玛窦开创了一个运动，它几经变化之后，最后于十九世纪归结为曾国藩，二十世纪归结为现今的文化复兴——据说，瞿太素还'用非常明晰优美的文辞把所学撰写成文拿去给别人看'。这对中国的未来具有至关重大的意义，因为，如果说中国现时已成一场文化伦理革命的场所，那是因为从四面八方早有新思想浸入，深入人心，搅乱人们的固有观念，精神的'资产'（如果可以用'资产'一词的话）已经深刻改变。而在十六世纪，这场运动就有其默默无闻的先锋，他们并不是出国考察者，因为谁也不能走出帝国之外去异邦寻求这些新科学，他们只是译者或编者，是他们让读者得以接触外来的著作。且不说那些福建籍秀才和肇庆的其他文人——利玛窦后来如实说这些人移译他的《万国全图》实在差劲得很，真正开始有用而又谦虚的中介人，把西方文明的成就引入远东世界的，是瞿太素。"[1]这段话写得非常深刻，不仅肯定了瞿太素"把西方文明引入远东世界"的贡献，还在于他指出了当时先进的中国人放眼看世界的独特方式：他们不可能出国考察，只能专注于编译外来的著作，复兴了已经干涸的科学发明之风。在这方面，瞿太素开了一个头，徐光启、李之藻、杨廷筠等人继而跟进，形成一场轰轰烈烈的运动。

2. 可以与托马斯·莫尔媲美的徐光启

徐光启，字子先，号玄扈，松江府上海县人。他的科举之路并不顺利，万历二十五年（1597），他在三十六岁时才成为举人；万历三十二年（1604），四十三岁时才成为进士。正是这样的经历，使得他在踏入仕途

---

① ［法］裴化行：《利玛窦神父传》，第139—140页。

之前,有机会接触耶稣会士,接触天主教和西学。

万历十六年(1588),他在太平府参加乡试,落第后,前往广东。在韶州,进入利玛窦在韶州所建的天主教堂,遇见了郭居静神父。利玛窦这样描述当时对他的观感:"郭居静神父在这里居留的第二年,发生了一桩真正重要的事情。教堂这盏明灯保禄①在这个教堂成了一名基督徒……他是一个可以期待成大器的人,上天注定了要他美饰这个初生的教会……他是一名出色的知识分子,天资美好,秉性善良。作为士大夫一派中的一员,他特别期望知道的是他们特别保持沉默的事,那就是有关来生和灵魂不朽的确切知识。中国人无论哪个教派都不完全否定这种不朽。他在偶像崇拜者的怪诞幻想中曾听到许多关于天上的光荣与幸福的事,但是他的敏锐的思想却只能是找到真理方休。"②

有趣的是,利玛窦把中国的乡试(举人考试)称为"硕士学位考试",把会试(进士考试)称为"博士学位考试"。他说:"1597 年,他在北京的硕士学位考试获得第一名,这是带来极高威望的一种荣誉。他在考博士学位时却不那么走运,他认为他的失败是上帝的殊恩,声称这是他得救的原因。"③指的是,万历二十五年(1597)徐光启参加顺天乡试,为主考官焦竑赏识,选拔为第一名,成为解元。但是此后的会试,却意外地名落孙山。利玛窦之所以说徐光启把这次失败看作"上帝的殊恩",使他"得救",是因为落第使他在下次会试及第前,有了充裕的时间,进一步了解天主教,并成为天主教徒。利玛窦说:"由于疏忽,他被算作第 301 号与试者,而法定人数只限三百名,所以他的考卷被摈斥了。因此他无颜去见他的家人便隐退到广东。正是在韶州,他和当时住在教团中的郭居静神父交谈,才初次和神父们结识,也正是在这里他第一次礼

---

① 保禄,指徐光启。
② [意]利玛窦、[比]金尼阁:《利玛窦中国札记》,第 467 页。
③ [意]利玛窦、[比]金尼阁:《利玛窦中国札记》,第 467 页。

拜了十字架。"①

万历二十八年(1600)徐光启在南京遇见利玛窦,他忙于赶回上海,来不及深谈皈依的问题。三年后即万历三十一年(1603),他因事返回南京,拜会了罗如望神父。他进屋时在圣母像前礼拜,而且在首次听到一些天主教的原理后,马上决定信仰天主教。那一整天直到很晚,他一直安静地思索着基督信仰的主要条文。他把教义的一份纲要——《天主教要》,还有利玛窦神父的教义问答——《天主实义》的一个抄本带回去阅读。他请罗如望神父尽可能多地解释某些段落,因为他必须在年底回家以前完成领洗。为了弄清他是否真正严肃地对待此事,神父要他每周一天来接受教诲。他回答说:我要一天来两次。他确实这样做了,总是准时到达。在他动身回家的那一天,他受了洗,正式成为天主教徒,教名保禄(Paul),神父们称他为徐保禄。②

次年,他再度参加会试,进士及第,被选为庶吉士,此后历任翰林院检讨、少詹事兼河南道御史、礼部尚书兼文渊阁大学士。美国学者毕得信(Willard J. Peterson)认为,他可能是当时担任官职最高的天主教徒,他的达官贵人身份并不影响他对天主教的虔诚信仰,在以后的三十多年中,他多次运用自己的财富、才智和政治影响,支持和推动天主教会活动,正如利玛窦所言,他成为天主教在中国的"柱石"。③

万历四十四年(1616),礼部侍郎、署理南京礼部尚书沈㴶向朝廷上疏,主张排斥天主教,以"崇正学,黜异端,严华夷"为借口,扬言天主教"有窥伺之心","有伤孝道","私习历法","伤风败俗",请求朝廷禁止天主教。徐光启挺身而出,写了《辩学章疏》,维护天主教:"彼国教人皆务修身以事上主,闻中国圣贤之教,亦皆修身事天,理相符合,是以辛苦艰

---

① [意]利玛窦、[比]金尼阁:《利玛窦中国札记》,第 328 页。
② [意]利玛窦、[比]金尼阁:《利玛窦中国札记》,第 328—329 页。
③ [美]毕得信:《杨廷筠、李之藻、徐光启为何会成为基督徒》,《文化杂志》(中文版)第 21 期(1994 年)。

难、履危蹈险,来相印证。欲使人人为善,以称上帝爱人之意。其说以昭示上帝为宗本,以保救身灵为切要,以忠孝慈爱为工夫,以迁善改过为入门,以忏悔涤除为进修。"他的结论是:"诸陪臣所传事天之学,真可以补益王化,左右儒术,救正佛法也者。"所谓"左右儒术,救正佛法"云云,其实就是"易佛补儒"。①

万历后期,明朝与后金的战事屡遭败绩,徐光启多次上疏,建议"京师宜筑重层墩台,铸巨炮;蓟州、辽左诸台堡宜仿此修建"。② 所谓"铸巨炮",就是引进西洋的火炮技术,大量制造。在一份奏疏中说:"臣之愚虑以为,勘定祸乱,不免用兵;用兵之要全在选练……选用教师,群居聚处,日夜肄习之,又博求巧工利器,如车乘、甲胄、军火、器械等,尽法制造,以配给之。"③在另一份奏疏中,详细设计了"都城万年台"的计划:"臣再四思维,独有铸造大炮,建立敌台一节,可保无虞。造台之法,于都城四面切附门垣,用大石垒砌,其墙极坚极厚,高与城等,分为三层,下层安置极大铳炮,中层、上层以渐差小。台径可数丈,每台约用惯习精兵五百人。其最大炮位平时收藏内府,第二三等藏之戎政衙门。闻有警急,既行修整安置,贼寇攻围,相机施放,虽有大众,一时歼灭矣。"④此后又遵旨陈述"急切事宜"六条,其中"议征求"条说:"军中所需精好器甲,大小神器及军火器材料,教师巧匠,有远方所有,近地所无者,须一一征求,以便传授制造。"主要是指"西洋大小诸色铳炮",亦即通常所说的西洋大炮。⑤ 可惜的是,这些建议没有得到采纳。

崇祯二年,徐光启鉴于辽东形势日趋紧急,上疏请饬当事诸臣,筹备西洋大炮,由西洋人担任教练。皇帝采纳了他的建议,下旨:"着西洋人留京,任制造教演等事。徐光启还与总提协商酌行,仍择京营将官军

---

① 方豪:《明末清初天主教比附儒家学说之研究》,台湾大学《文史哲学报》第十一期。
② (明)邹漪:《启祯野乘》一集卷六《徐文定传》。
③ (明)徐光启:《敷陈末议以殄凶酋疏》,《徐文定公集》卷一《疏》。
④ (明)徐光启:《辽左阽危已甚疏》,《徐文定公集》卷一《疏》。
⑤ (明)徐光启:《恭承新命谨陈急切事宜疏》,《徐文定公集》卷一《疏》。

士应用,但不得迂缓,多事劝谕。"①同年十一月,清军突破长城要塞,兵临北京城下。朝廷上下在"守城"与"城外扎营"之间犹豫不决,徐光启坚决主张"守城",反对"城外扎营",他说:"昔辽阳之变,臣再遗书诸当事云,城外列营置炮,万分不可,只凭城用炮,自足拒敌。宁远之捷,凭城用炮,歼敌万众,事可证焉。"皇帝当场采纳这一主张。说:"既如是,定于守城,乃令安民厂造西洋炮,从西士法。"徐光启遵旨,"昼夜练兵,饥渴俱忘,风雨不避,手面皲瘃,提点军士。二十三日,德胜门外三发大炮,戕敌甚众。十二月初九日,公奏请造大鸟铳二三千门,用资战守。二十二日,疏陈训练造铳四策。不一月,敌兵连遭挫折,公之力居多"。②此事可以看作徐光启把西学用于军事最为成功的尝试,也使他最受皇帝赏识的事功。

徐光启晚年作为礼部尚书最大的事功,毫无疑问是用西学修历一事。他自始至终强调向西方学习:

> ……臣等愚心,以为欲求超胜,必须会通;会通之前,先须翻译。盖大统书籍绝少,而西法至为详备,且又近今数十年间所定,其青于蓝、寒于水者,十倍前人。又皆随地异测,随时异用,故可为目前必验之法;又可为二三百年不易之法;又可为二三百年后测审差数,因而更改之法;又可令后之人循习晓畅,因而求进,当复更胜于今也。……万历间,西洋天学远臣利玛窦等尤精其术,四十等年,曾经部复推举,今其同伴龙华民、邓玉函二臣见居赐寺,必得其书、其法,方可以较正讹谬,增补缺略。盖其术业既精,积验复久,若以大统书法与之会通归一,则事半而功倍矣。③

① 李杕:《徐文定公行实》,《中西文化会通第一人》,第 241 页。
② 李杕:《徐文定公行实》,《中西文化会通第一人》,第 243 页。
③ (明) 徐光启:《新法算书》卷一。

徐光启在与利玛窦等耶稣会士的交往中深刻认识到,西学是国家致盛治保太平之策。毕得信说:"徐(光启)所发现的一种治学方法——向上天学习的方法,这一方法正如传教士们所示范的那样,这一方法又使他在继承传统的道德价值之上增加了重要地位和约束规条。'天学'集各种学问之大全,并非孕育于任何人的头脑,而是奠基于被概括为'天'的整个外在世界之上。同时这些学问不是受制于当局的法令批准,而是服从于每个人自身的查究实证。"①徐光启之所以成为一个科学家,与他成为一个天主教徒以及对天主教教义的信仰密不可分。或许可以这样说,如果没有耶稣会士,没有天主教,就不会有科学家徐光启。

裴化行在写到徐光启受洗时,激情洋溢地说:"就在这时,未来的阁老保禄·徐光启确定不移地归属于教会,以后他成为全中国最大的光明。中国理想中最合乎人情、最高度平衡的一切,绝妙地集于他一身,至今也无人不折服(《天主教月刊》1933 年为纪念他逝世三百周年用汉语出版的专号,刊载了许多表示崇敬心情的文章)。事实上,当我们静观'这位伟大的政治家,看见他位极人臣而始终保持谦逊平易、在比我们困难得多的条件下努力不懈地运用其影响为基督为教会服务的时候',我们不禁联想到与他同时代的那个人——英国人文主义最纯净光辉之一,即圣托马斯·莫尔。"他还说:"就是在这种相当混乱的情况下,利玛窦率人数不多的弟子(其中以后崭露头角的是保禄·徐光启),英勇无畏地继续其促成西方基督教文明和远东儒教文明之间文化伦理接近起来的工作,其深度、强度和影响,现今的史家才开始予以正确估价。"②

《几何原本》、《泰西水法》、《崇祯历书》,已经使徐光启的名字永远彪炳史册。如果时代为他提供更好的环境,也许他可以做出更多的贡

---

① [美] 毕得信:《杨廷筠、李之藻、徐光启为何会成为基督徒》,《文化杂志》(中文版)第 21 期(1994 年)。
② [法] 裴化行:《利玛窦神父传》,第 482 页。

献。邹漪为他立传,对此颇为感叹:"文定公固文武全才,即其所学,出入天人,上下经史,而身当筦钥,一拂意于珰人,再触忌于司马,遂不得竟其大用,殊可惜也! 后之论世者,屈指两朝纶扉辅佐,文章节义,盖不乏人,而求其宏通渊博,足为万邦之宪,如公岂有二哉!"①他所说的"拂意于珰人",是指天启五年间魏忠贤专权,指使御史弹劾徐光启,致使他落职闲住;"触忌于司马",是指与兵部尚书意见不合,遭到御史弹劾,移疾而归。万斯同谈到崇祯五年(1632)徐光启以礼部尚书兼东阁大学士入参机务,也有类似的感叹:"光启雅负经济才,有志用世,及是柄用,而年已老。周延儒、温体仁专政,亦不能有所建白。"②未免令人遗憾。

3. "以西法为宗"的李之藻

李之藻,字振之,又字我存,号淳庵居士,一号存园叟,杭州府仁和县人,嘉靖四十四年(1565)出生于杭州一个书香门第。万历二十六年(1598)进士及第,次年就开始与利玛窦交往,为利玛窦的人格魅力所折服,服膺天主教教义。他与徐光启、杨廷筠并称明末天主教三柱石,在"西学东渐"中的贡献,可与徐光启相媲美。他刊刻利玛窦的《坤舆万国全图》,与耶稣会士合作编译《同文算指》、《圜容较义》、《浑盖通宪图说》、《乾坤体义》、《简平仪说》、《名理探》、《寰有诠》等西学名著,编辑出版第一部天主教丛书《天学初函》,为后世学术界开启接受西学的门径。因此,方豪说:"西学传入我国,徐、李并称始祖。"③

万历三十五年(1607),汪孟朴在杭州重刻《天主实义》,李之藻为之作序,对利玛窦的传教给予高度评价:"利先生学术,一本事天,谈天之所以为天甚晰,睹世之亵天佞佛也者,而倡言排之;原本师说,演为《天主实义》十篇,用以训善坊恶……彼其梯航琛贽,自古不与中国相通,初

---

① (明)邹漪:《启祯野乘》一集卷六《徐文定传》。
② (清)万斯同:《明史》卷三百五十六《徐光启传》。
③ 方豪:《明末清初天主教比附儒家学说之研究》,台湾大学《文史哲学报》第十一期。

不闻有所谓羲、文、周、孔之教,故其为说亦初不袭吾濂、洛、关、闽之解,而特于知天事天大旨,乃与经传所纪如券斯合。"①在他眼中,《天主实义》与儒家学说是不谋而合的。正如他在刻印《天学初函》的题辞中所说,天主教的"天学","不脱六经之旨"。他对天主教的信仰是十分虔诚的,但是经过了整整九年,一直到利玛窦去世前两个月,他才在北京受洗,正式成为天主教徒。

在他心目中,利玛窦是一位"异人",不远万里甘冒各种风险来到中国,而不企求任何回报,实在是一位"智人",也是一位"博闻与韬术之人":崇拜真理,反对谬说,勤奋读书,过目成诵,懂得如此之多有关玄学、天文学、地理学、数学等前辈大师未曾明了的学问。在利玛窦的感召下,他在公务繁忙之余,从事有关天文学、数学著作的翻译出版工作。崇祯二年(1629),伴随《天学初函》的出版,他的努力达到高峰。该书收录了当时几乎所有在中国印刷的西学重要书籍。全书分为"理编"和"器编"两大部分,"理编"以《天主实义》为首,主要是有关教义的著作九种(附录一种);"器编"以《几何原本》为首,主要是有关科学技术的著作十一种。

毕得信分析李之藻皈依天主教的原因,指出两点:一是他和相当数量的士大夫们都为传教士带入中国的"科学"所吸引;二是他和许多人一样,被利玛窦的人格力量所征服。而这两者又是密不可分的,李之藻欣赏利玛窦的,是科学与美德的完美结合。李之藻说,他在万历二十九年(1601)目睹利玛窦的世界地图之后,做过计算,证实地球真的是大小如利玛窦所称的那样一个圆球。当利玛窦的世界地图出版之时,他认为那是"万世不可易之法"。他甚至花了一年时间来计算那些经纬度与天宇轨径相对应,以推测其形制合理。他在为该图所作的注释中,将地图上的事物与中国有关大千世界分为多极的古训联系起来。他感兴趣

---

① (明)李之藻:《天主实义重刻序》,《利玛窦中文著译集》,第99—100页。

的是"科学",以及"天学",谋求学习更多学问和知识。因此他在"天学"的名目下,把科学著述和宗教著述一同出版。他在探究"永恒不变之法",通过有关天体的数学和计算,通过对"东海"与"西海"具有相同精神和本性的意识,心甘情愿地接受这个永恒的万能的"天主"。①

李之藻的治学特点很明显,可以概括为五个字:"以西法为宗。"万历后期,礼部鉴于"大统法浸疏",主张修订历法,上奏皇帝,把南京工部员外郎李之藻调来北京,与西洋人庞迪我、熊三拔等"同译西洋法","备参订修改",其理由就是李之藻"以西法为宗"。②

万历四十一年(1613),已经改衔为南京太仆寺少卿的李之藻,向皇帝详细条陈"西洋法",强调向西方学习,指出中国所不及者十四条:"伏见大西洋国归化陪臣庞迪我、龙华民、熊三拔、阳玛诺等诸人,慕义远来,谈书论道,俱以颖异之资,洞知历算之学,携有彼国书籍极多,久渐声教,晓习华音。在京士绅与讲论,其言天文、历数,有我中国昔贤所未及道者,凡十四事。"在详细列举这十四事之后,总结道:

> 此十四事者,臣观前此天文历志诸书,皆未论及。或有依稀揣度,颇与相近,然亦初无一定之见。惟是诸臣能备论之,不徒论其度数而已,又能论其所以然之理。

接下来,他从天文历法说开去,纵论西学关于水利、数学、地理、医学等方面的优越性:

> 今诸陪臣真修实学,所传书籍又非回回历等书可比。其书非特历术,又有水法之书,机巧绝伦,用之灌田济运,可得大益。又有算法之书,不用算珠,举笔便成。又有测望之书,能

———————

　① 〔美〕毕得信:《杨廷筠、李之藻、徐光启为何会成为基督徒》,《文化杂志》(中文版)第21期(1994年)。
　② (清)阮元:《李之藻》,《畴人传》卷三十二《明四》。亦见光绪《杭州府志》卷一百四十七《畴人传·李之藻》。

测山岳江河远近高深，及七政之大小高下。有仪象之书，能极论天地之体，与其变化之理。有日轨之书，能立表于地，刻定二十四气之影线，能立表于墙面，随其三百六十向，皆能兼定节气。种种制造不同，皆与天合。有《万国图志》之书，能载各国风俗山川，险夷远近。有医理之书，能论人身形体血脉之故，与其医治之方。有乐器之书，凡各钟琴笙管，皆别有一种机巧。有格物穷理之书，备论物理事理，用以开导初学。有《几何原本》之书，专究方圆平直，以为制作工器本领。以上诸书，多非吾中国书传所有，想在彼国亦有圣作明述，别自成家，总皆有资实学，有裨世曰。①

这是李之藻一篇很重要的奏疏，全面系统地阐述了他对西学的看法，表明他的"以西法为宗"，决非泛泛而谈，而是建立在对西学深入细致研究基础之上的，宽阔的视野，精辟的见识，当时的一般官员难以望其项背。可惜的是，崇祯四年(1631)他病逝于任上，留下了才情未尽的遗憾。《杭州府志》为他立传，写他"卒于官"，有一段话很有意思："之藻没后，新法算书成，有许胥成者著《盖载图宪》，纯以西书为据。盖自之藻创其说，光启等继之，欧罗巴之秘尽泄矣。"②这句话也许并不全面，却道出了李之藻、徐光启等人向西方学习的成效是明显的——后继者著书立说"纯以西书为据"，便是一个证据；"欧罗巴之秘尽泄"，则是另一个证据。

李之藻放眼看世界，在"西学东渐"中的贡献，不仅在科学史上，而且在思想史上，刻下了深深的印迹，留下了丰富的遗产，却长期被官方忽视。裴化行感慨系之，写下一段颇动感情的文字："这位谦逊的开拓者迄今还被官方传记家几乎全然忽视，即使那些不得不给予他的好友保禄·徐光启以一席地位(虽然是极小的地位)者，也似乎千方百计不

① (明) 李之藻：《请译西洋历法等书疏》，《李我存集》卷一《疏》。
② 光绪《杭州府志》卷一百四十七《畴人传·李之藻》。

肯提及他。然而,没有他,十七世纪末、十八世纪初诸如顾炎武、阎若璩等等大学者就无从发展思想,对于这样的一个人全然抹煞,难道公正吗?这种蓄意遗忘,我们愿意归咎于哲学史家黄宗羲,既然黄宗羲过于受佛学偏见的影响。诚然,李之藻基本上是一位翻译家,不仅仅翻译科学著作,还翻译哲学、神学;但是,部分地缺乏独创性,难道就可以使普鲁塔克的译者安米约这样的作家不名列十六世纪法国文学光荣榜上吗?特别是假如我们把这位杭州进士的译述同乾隆大百科全书(《四库全书》)收入的那些叫人难以下咽、催人入眠的著作相比较!"①虽然该书译者的翻译文笔实在令人难以恭维,我们还是看懂了裴化行的意思,他谈到了很重要的一点:如果没有李之藻的文化遗产,顾炎武、阎若璩等大学者"就无从发展思想"。这样的论断,恐怕是中国思想史研究者很少想到的。

4. 由佛教到天主教的杨廷筠

杨廷筠,字仲坚,号淇园,杭州府仁和县人,生于嘉靖三十六年(1557),祖父和从弟都是进士出身。他本人于万历七年(1579)乡试中举,万历二十年(1592)进士及第。作为明末天主教三柱石,他与徐光启、李之藻都是进士,仕途却有所不同——他的大部分仕途生涯是在地方基层度过的。不知什么原因,关于他的传记资料,杭州地方志所记很简略,且多错误。乾隆《杭州府志》写道:"杨廷筠,字作坚②,仁和人。万历乙未③进士,授安福知县,擢御史,巡太仓,会中旨取太仓库金三十五万,廷筠奏曰:'祖宗积贮至今尚存八百余万,陛下御极以来支用七百余万,今一旦又支若干,脱有急需,何以应之?'时矿税之使四出,廷筠数以

---

① [法]裴化行:《利玛窦神父传》,第300—301页。
② 按:当为"字仲坚"。
③ 按:当为"万历壬辰"。

疏谏,尽发陈奉、马堂、陈增等奸状。出按江西①,以三吴民重困榷税,上减榷疏,迁按察副使,请告归。以荐起河南副使,迁顺天府丞。会魏忠贤用事,遂乞归。"②光绪《杭州府志》与之大同小异,也有不少错误,如把"字仲坚"误作"字作坚",把"江西安福"误作"湖广安福",把"出按苏松"误作"出按江西"。③ 清代杭州人已对杨廷筠不甚了了,令人百思不得其解。

杨廷筠进士及第后,历任地方官,政绩都很好。出任江西吉安府安福县的知县,"缓催科,均徭役,尤加意学校,月课岁试,奖进不倦……久旱,廷筠兼程至,雨亦随降,父老欢呼,称为'仁侯雨'"④。万历三十三年(1605),出任苏、松等府巡按御史时,向朝廷建议停止编派绫纻与河工加赋。《松江府志》如此记载:"三十二年巡视漕运,又二年巡按苏松,论改织绫纻,苏松不下三十万(匹),向无额编,何以供命? 请悉罢止。又论河工加赋,苏、松、常、镇四府当天下什三,焚林竭泽,民岂堪此! 言甚剀切,不报。"此后,他督导学政,为方孝孺在松江的后裔作了不少善举。《松江府志》写道:"求方正学嫡裔在松江者,复其姓,捐三百金,建求忠书院,祀正学衣冠。其子孙奉烝尝不绝。"⑤

杨廷筠与李之藻是同乡挚友,关系密切,然而两人接受天主教与西学的心路历程截然不同。杨廷筠有深厚的儒学、佛学修养,使他难以超脱或割舍。他在为官时期的言行,处处透露出他的这种修养。比如整顿学校风纪,改良文教设施,表彰节妇孝子,厚待大儒后裔,高扬道德意识,为顾宪成复兴东林书院出一臂之力。脱离官场退隐时,则提倡结社,弘扬道学,鼓励讲学活动。在乡里设立类似同善会的"仁会",救济贫民。陈继儒为他的母亲立传,提及他"首捐资为倡"建立"仁会","馈

---

① 按:当为"出按苏松等府"。
② 乾隆《杭州府志》卷八十一《人物一·名臣二·杨廷筠》。
③ 光绪《杭州府志》卷一百三十四《人物·仕绩三·杨廷筠》。
④ 乾隆《吉安府志》卷三十七《秩官志·安福名臣·杨廷筠》。
⑤ 嘉庆《松江府志》卷四十二《名宦三·杨廷筠》。

者饩,寒者襦,疾者药,暴者殓,以逮孤茕故旧,皆倚为外府。其他倾廪以活饿人、积贮以需平价,助创先觉讲院,以纳远近负笈之门人"①。

这种背景,使他有别于李之藻。正如沈定平所说:"最能反映李、杨二人在学术志趣和素养上的差别,从而影响到他们接受西学的不同方式的,莫过于杨廷筠专注于'形而上'的伦理道德宗教领域,希望从阐明人生性命的真谛和克己自律的道德实践中,重塑儒家的传统价值,以达到匡时救世的目的,充分显示了一个道学家的本色。而李之藻则在恪遵儒家价值观的前提下,更多地关心'形而下'的具体实用之学,关心传统科学技术的现状和发展,俨然博物家的胸怀。"②

杨廷筠是一个虔诚的佛教徒。他出生在杭州,受明末三大高僧之一——云栖寺的袾宏法师影响巨大,杨府一家都笃信佛教。他的父亲杨兆坊用来教导子弟的《杨氏塾训》,其中就有"戒伤生"的篇目,内列四十八则,显然受了袾宏法师宣扬"放生功德"的感化。杨廷筠本人熟读《华严经》、《金刚经》、《法华经》、《维摩经》、《无量寿经》、《楞严经》、《药师琉璃经》等。③ 他如何由一个佛教徒转化为基督徒,美国普林斯顿大学教授毕得信有精深的研究。

万历三十年(1602),杨廷筠在北京会见了利玛窦,讨论"名理"问题,似乎谈得很投机,大有称兄道弟的趋势。但是他对利玛窦所谈的西方数学方面的内容,一窍不通;利玛窦也认为,杨廷筠没有徐光启、李之藻那样"聪明了达"。十年之后,情况终于发生了变化。

万历三十九年(1611)四月,李之藻丁忧回到杭州,郭居静神父、金尼阁神父同行。杨廷筠在吊唁李父时,遇见了郭居静、金尼阁,表示非常乐意探索他们宗教的奥妙。当他看见"主"的形象时,恭敬地朝向他,又如置身于"天主"面前,而"主"正给予他指引。为了学得更多,他抛开

① (明)陈继儒:《武林杨母吕恭人传》,《陈眉公先生集》卷四十五。
② 沈定平:《明清之际中西文化交流史——明代:调适与会通》,第 687 页。
③ 葛谷登:《奉教士人杨廷筠》(上),日本一桥大学《一桥研究》第 17 卷第 1 号。

了其他一切事务,潜心探索"天学"的基本原理。郭居静和金尼阁神父向他讲解教义,他承认天主是天上和地球万物的主宰,但对它将会给信仰佛教的地方带来何种损害,感到疑惑。一天,金尼阁神父和一位来自广东的中国教徒,向他解释耶稣督教的仪式,他有些焦虑地问:这些都是怎么想出来的?上帝降临人间是为了赎回世人的罪孽,我怎么竟然还对此表示怀疑呢?其时,他已经准备好去相信这一切了。当杨廷筠向神父表示希望立即受洗时,金尼阁没有答应,因为他除了妻子,还有一个侍妾,并且为他生了两个儿子。他随即向李之藻诉苦,他作为一个以前的高官,心甘情愿为他们服务,而他们却以有侍妾而拒绝了他,佛教肯定不会如此对待他。李之藻解释说,这恰恰是佛教僧侣不能与来自西方的传教士相比的原因,传教士希望拯救别人,但不愿为了你破坏教规;他们希望改造这个堕落的世界,但不敢不尊重教规。杨廷筠放弃了侍妾,依教规行事。1611 年(万历三十九年)6 月,传教士为他入教受洗,赐予教名弥额尔。

据杨振锷《杨淇园先生年谱》援引的一些西方资料显示,正是李之藻的鼓励,加深了他对天主教的认识,才使得杨廷筠放弃佛教,投入天主教的怀抱。这种认识大约有五个方面:第一,隐匿于天堂和地球万物之后的天主,不仅属于遥远的西方,而在任何时间、任何地点主宰着世界的每个角落;第二,任何关于释迦牟尼"擎天蔽日"的说法,由于不承认天主的万能,而被视为愚蠢,应该摈弃;第三,在"主"的品格中,"至善"和对人类的关心最为突出,这在"主"用自己的身体去赎回人类的罪孽,可以得到印证;第四,明白了此点后,他不再怀疑,迅速领悟天主教的真谛,十年之后他撰写《代疑编》绝非偶然;第五,从传教士因他蓄妾而固执地阻止他入教,他体会到,教规是不容改变和妥协的。[①]

---

① [美]毕得信:《杨廷筠、李之藻、徐光启为何会成为基督徒》,《文化杂志》(中文版)第21 期(1994 年)。

一旦成为天主教徒，他就义无反顾地宣扬天主教教义，写了《代疑编》、《代疑续编》、《圣水记言》、《鸮鸾不并鸣说》、《天释明辨》、《广放生说》等。在《代疑编》中，他主张，儒者不必把天主教看作异端，在"畏天命"、"事上帝"上，天主教徒与儒者是一致的。在为耶稣会士庞迪我的著作《七克》所写的序言中，他认为天主教教义与儒家学说是"脉脉相符"的。在为耶稣会士艾儒略的著作《西学凡》所写的序言中，他说中国传统的"天学"几近晦暗，利玛窦等耶稣会士带来的西学能使"天学"重放光芒。①

他的代表作《代疑编》、《代疑续编》是对儒者疑问的逐一解答，不妨略举一二，以见一斑。《代疑编》说：

> 西国之法，极重书教，以此系民之耳目，关民之心志。一讹则无所不讹，故先圣特预防之。掌教事者必当代圣贤，聪明睿智，高出人群，而传世之书，必经掌教亲目鉴定，毫厘无差，然后发镌。

> 若不农不贾，身必常贫。衣食既窘，不得不仰面求人。求之不遂，未免辗转营求，或装饰行径，或恢张言语。眼前流弊，诚可概见。

《代疑续编》说：

> 惜哉，世人营营朝夕，不越目前，无异蜉蝣蟪蛄，懵然而生，倏然而死。

> 夫死者必至之期也。高年者死，稚年亦死；多病者死，无病者死；困穷者死，荣富者死。死事无人替得，好歹只自承当，妻子父母、亲戚朋友如我何哉！

> 自己只有一身，更无二身。此身只一生死，无二生死。

---

① 方豪：《明末清初天主教比附儒家学说之研究》，台湾大学《文史哲学报》第 11 期。

《天释明辨》以天主教徒的立场彻底批判佛教：

> 今舍四民之业，径入空门，而身衣口食不免仰食十方。其势不得不生希冀，生希冀便增荣谋，增荣谋便入装饰，而掩恶著善之事无不有矣……一郡之中，披剃者数万人，失数万人之业，须倍得数万人之力作以养之。无功世间，虚叨供养。

> 今学佛者，或为窘迫事故，或为利人衣食，全非慕道之心。为之师长者，止令之供役使、守庵院、了应赴，绝无法嗣之意。求田问舍，不异俗人，而秽媟不可言，又俗家所未有者矣。

> 人之行仁，自有次第……亲亲而仁民，仁民而爱物，此次第法也……释氏却不从此理会。无论疏远，即至亲瓜葛，亦漠然等之路人。

他的耶稣会士朋友艾儒略的两本著作《西学凡》和《职方外纪》，与他有着密切关系。

《西学凡》是第一本简要阐释有关欧洲耶稣会学校教育专业设置、学校体制和"建学育才"的纲要及其课程大纲的著作，被认为是向中国人介绍当时西方教育的一本教材，同时也是最早介绍西方近代学术分科知识的一本专著，可以视为一部西方学术与分科知识的"概说"。耶稣会士与中国学者曾经酝酿一个庞大的译书计划。利玛窦传教策略的忠实执行者金尼阁，万历四十一年（1613）奉命回到欧洲，在教皇支持下，收集了有关宗教、哲学和科学的西书七千部，于六年后运到澳门。以后他与艾儒略、杨廷筠、李之藻等商议全面的译述计划。天启三年（1623）艾儒略以答述的形式，将欧洲学校所授各科课程，按照文科、理科、医科、法科、教科、道科六部分，编成《西学凡》，对七千部书作了提纲挈领的介绍。他还打算，用十几年时间，把这些书翻译成中文，促进中西文化交流。①

---

① 邹振环：《晚明汉文西学经典：编译、诠释、流通与影响》，第225—226页。

天启三年(1623),《西学凡》在杭州刊印,杨廷筠为它作序。他在序言中说:"儒者本天,故知天、事天、畏天、敬天,皆中华先圣之学也。《诗》《书》所称,炳如日星,可考镜已。自秦以来,天之尊始分;汉以后,天之尊始屈。千六百年,天学几晦,而无有能明其不然者。利氏自海外来,独能洞会道原,实修实证,言必称昭事,当年名公硕士皆信爱焉。"清楚地表明了他的观点:一千六百年来,中国传统的"天学"几近晦暗,利玛窦等耶稣会士带来的西学使得"天学"重放光明。他还指出,这七千部西学书籍的传入,是以往传入的佛经无法比拟的:"所称六科经籍,约略七千余部,业已航海而来,具在可译。此岂蔡愔、玄奘诸人近采印度诸国寂寂数简所可当之者乎?"因此他决心与艾儒略等人把它们翻译出来:"假我十年,集同志数十手,众其成之。"①

《职方外纪》,艾儒略的一本世界地理著作。《四库全书》的提要如此介绍:"《职方外纪》五卷,明西洋人艾儒略撰。其书成于天启癸亥。因西洋利氏赍进《万国图志》,庞氏奉命翻译,儒略更增补以成之。盖因利玛窦、庞我迪②旧本润色之不尽,儒略自作也。所纪皆绝域风土,为自古舆图所不载,故曰《职方外纪》。其说分天下五大州……"这个提要,大体沿用艾儒略为该书所写的自序。艾氏写道:"吾友利氏赍进《万国图志》,已而吾友庞氏又奉翻译西刻地图之命,据所闻见,译为图说以献,都人士乐道之者,但未经刻本以传。迨至今上御极,而文物重新,骎骎乎王会万方之盛矣。儒略不敏,幸厕观光,慨慕前庥,诚不忍其久而湮灭也。偶从蠹简得睹所遗旧稿,乃更窃取西来所携,手辑方域梗概,为增补以成一编,名曰《职方外纪》。"在自序的末尾,他特别强调:"淇园杨公雅相孚赏,又为订其芜拙,梓以行焉。"③也就是说,这部书是在杨廷筠协助下完成的。据邹振环说:《职方外纪》的明刊本,"原署名'西海艾

---

① (明)杨廷筠:《刻西学凡序》,《四库全书存目丛书·子部·杂家类·西学凡》。
② 庞我迪,当为庞迪我。
③ [意]艾儒略:《职方外纪》卷首《自序》。

儒略增译,东海杨廷筠汇记'。'汇记'是指文字加工润饰,所谓'订其芜拙',使文字显得比较儒雅,合乎中国读者的阅读习惯。该书两人同时署名,不难判断杨廷筠在编纂过程中出力甚多。"[1]

以上种种,足以显示,杨廷筠在西学东渐过程中的作用不容低估。他的这些著作涉及儒、道、佛三教,激起了巨大的反响——由于他主张儒、道、佛三教的宇宙观原理与天主教教义基本一致,被反天主教阵营攻击为背叛中国传统思想;在天主教阵营内部,因其受佛学影响至深,又被天主教信仰者指责为异端。杨廷筠在天主教信仰的思想史上是一个非常值得探讨的人物。

5. "读书必开眼"的方以智

出生于万历三十九年(1611)的方以智,是明末很有特点的文人,与侯方域、冒襄、陈贞慧并称为明末四公子。他出身名门,祖父方大镇、父亲方孔炤都是高官,自然算得上公子哥儿。温睿临说他"为人风流自喜"[2],却没有侯方域与李香君、冒襄与董小宛那样的风流韵事。他追随徐光启、李之藻、杨廷筠,服膺耶稣会士和他们带来的西学,却不是天主教徒,晚年皈依佛门,出家为僧。

桐城方家是当地的名门望族,以学问名世。方以智的曾祖父方学渐,没有功名,却是"方氏家学的草创者"[3],不满于王畿的"四无说",与顾宪成、高攀龙意见相合,曾到东林书院讲学。朱彝尊说:"方氏门才之盛,甲于皖口,明善先生实浚其源,东南学者推为职志焉。"[4]明善先生即方以智的曾祖父方学渐。他的祖父方大镇,万历十七年(1589)进士,官至大理寺少卿,曾在邹元标、冯从吾创办的首善书院讲学,因不满魏忠

① 邹振环:《晚明汉文西学经典:编译、诠释、流传与影响》,第258—259页。
② (清)温睿临:《南疆逸史》卷四十《隐遁·方以智》。
③ 参见[日]刘岸伟:《围绕西学的中日两国的近世——方以智的场合》,《札幌大学教养部纪要》第39号。
④ (清)朱彝尊:《静志居诗话》卷十四《方学渐》。

贤专权,辞官归乡。乡居时,与门人讲学不辍,潜心学问,著有《闻斯录》、《桐川讲义》、《易意》、《诗意》、《礼说》等,邹漪称赞他"端毅纯正,允为一代大儒"①。他的父亲方孔炤,万历四十四年(1616)进士,天启初为兵部职方司员外郎,得罪阉党头目崔呈秀而削籍。崇祯十一年(1638)以都察院右佥都御史巡抚湖广,后又总督大名军务。京师陷落,南奔留都,因马士英、阮大铖乱政,遂归隐。他一生研究易学,著有《周易时论》、《潜草》,涉及天文、历法、博物等,对耶稣会士传入的西学怀有浓厚的兴趣。他的随笔集《潜草》,方以智在《物理小识》中再三引用。②

在这样的家学渊源中熏陶出来的方以智,注定不是等闲人物。温睿临说他"少美姿貌,聪颖绝伦,书无所不读"③。朱彝尊说他"纷纶五经,融会百氏,插三万轴于架上,罗四七宿于胸中"④。《桐城县志》说他"九岁即善属文,比冠,著书数万言,与江左诸贤隽力倡大雅"⑤。

方以智,字密之,号曼公,又号浮山愚者。崇祯十二年(1639)举人,崇祯十三年(1640)进士,授翰林院检讨。京师陷落,乘间脱归,前往南京。由于五年前曾参与复社诸君子的《留都防乱公揭》,揭发阉党余孽阮大铖的真面目,遭到已在弘光小朝廷掌权的阮大铖报复,亡命广东。南明唐王、桂王先后起用他出任高官,均不赴,转侧于洞壑间,艰苦备至,旋即落发为僧,法号弘智,字无可。父亲去世,他回归桐城,庐墓三年,"励志砥行,惟与子弟讲业论道,语不及世事"。《桐城续修县志》写道:"家世理学,至以智益集其成。为人操履平恕,不耻恶衣食。博极群书,天人礼乐、象数名物,以及律历医药、声音文字,靡不淹洽精贯。"⑥一

---

① (明)邹漪:《启祯野乘》一集卷二《方大理传》。
② [日]刘岸伟:《围绕西学的中日两国的近世——方以智的场合》,《札幌大学教养部纪要》第39号。
③ (清)温睿临:《南疆逸史》卷四十《隐遁·方以智》。
④ (清)朱彝尊:《静志居诗话》卷十九《方以智》。
⑤ 道光《桐城续修县志》卷十四《人物志·理学·方以智》。
⑥ 道光《桐城续修县志》卷十四《人物志·理学·方以智》。

生著作颇丰,有《通雅》五十二卷、《物理小识》十二卷、《药地炮庄》九卷、《易余》二卷、《切韵声源》一卷,另有《浮山文集》(前后编)二十二卷,以及《方子流寓草》一卷。[①] 以往学者研究方以智,多从理学角度开掘,对他关注西学,放眼看世界,关注不够。而这恰恰是他最值得称道之处。

他的巨著《通雅》洋洋五十二卷,从写于崇祯十四年(1641)的自序来推断,此书的撰写应该在此前几年。四库馆臣将此书定位为"考证名物、象数、训诂、音声"之作,对它评价颇高:"明中叶以后,以博洽著者称杨慎,而陈耀文起而与争,然慎好伪说以售欺,耀文好蔓引以求胜。次则焦竑,亦喜考证,而习与李贽游,动辄牵缀佛书,伤于芜杂。惟以智崛起崇祯中,考据精核,迥出其上。风气既开,国初顾炎武、阎若璩、朱彝尊等沿波而起,始一扫悬揣之空谈。虽其中千虑一失,或所不免,而穷源溯委,词必有征,在明代考证家中,可谓卓然独立者矣。"[②]话说得不错,"考证精核"确实超越杨慎、陈耀文、焦竑辈,然而仅此而止,亦未免"千虑一失",他的"迥出其上",还另有所在,那就是对于西学的吸收与贯通,不但杨、陈、焦等人不及,连后继的顾、阎、朱也难望其项背。他在书中强调:"读书必开眼,开眼乃能读书……由此言之,苟非专精深几,眼何能开? 又况闭而开之,开而闭之,习此坎埳,丧失性命,故知不少。"[③]他真的做到了"读书必开眼",不仅开眼看古书,而且开眼看世界。

他的《通雅》多次提及利玛窦。谈到天文时,提到利玛窦带来的西学对于纠正传统天文学的误解,令人眼界大开:"九天之名,分析于《太玄》,详论于吴草庐,核实于利西江。按《太玄经》九天:一中天,二羡天,三从天,四更天,五晬天,六郭天,七咸天,八沈天,九成天。此虚立九名耳。吴草庐澄始论天之体实九层。至利西江入中国,而畅言之:自地而

① 道光《桐城续修县志》卷二十一《艺文志》。容肇祖:《方以智和他的思想》,《容肇祖集》,齐鲁书社,1989 年,第 447 页。
② 《四库全书·子部十·杂家类二·杂考之属·通雅·提要》。
③ (清)方以智:《通雅》卷首三《文章薪火》。

上为月天、金天、日天、火天、木天、土天、恒星天。至第一重为宗动天，去地六万（应为亿）四千七百三十二万八千六百九十余里，地心至月天四十八万二千五百二十余里。地球周九万里，日轮大于地球一百六十五倍又八分之三，大于月轮六千五百三十八倍又五分之一，而地球大于月者三十八倍又三分之一。"[1]

关于崇祯设局修历，他提及耶稣会士汤若望、罗雅谷参与其事："崇祯时立局修历，玉山魏太乙奉旨别局改修《授时》、《大统》诸法，已并用汤（若望）、罗（雅谷）两西士，立局讲求。"又分析了中历不及西历的原因："今《大统》本于《授时》，《授时》本于《大明》，千二百余年于此矣，焉得无差？而西历于万历癸亥方经改定，崇祯戊辰尚多测改，其疏密可知也……西历推其经纬，更真于月日，西法更立正弦、余弦、正切、余切、正割、余割等线，始以三角对数法为测量新义，详见《天步真源》……算惟随时，测之乃准耳。"[2]

他从利玛窦那里了解到"地与海本是圆形"："地与海本是圆形，而同为一球，居天球之中，如鸡卵黄在青内。有谓地为方者，乃语其定而不移之性，非语其形体也。天既包地，则二极周度、纬度、赤道皆相应……利公自大西浮海入中国，至昼夜平线见南北二极，转南过大浪山见南极，出地三十二度，则大浪与中国正对矣。又按西书，南亚墨利加玛八作正中国对足处。"[3]

关于利玛窦带来的世界地图，他说："利玛窦为两图，一载中国所尝见者，一载中国所未见者……真可谓决从古之疑。"[4]

即此数例，已经可见方以智放眼看世界之一斑。日本东京工业大学教授刘岸伟指出：他年轻时在南京看似放浪的"狂生"，却始终追求新

① （清）方以智：《通雅》卷十一《天文·历测》。
② （清）方以智：《通雅》卷十一《天文·历测》。
③ （清）方以智：《通雅》卷十一《天文·历测》。
④ （清）方以智：《通雅》卷十一《天文·历测》。

的学问,访问耶稣会士毕方济,质问欧洲的历算和奇器,评论耶稣会士金尼阁的《西儒耳目资》。他以后的著作《通雅》、《物理小识》中的学问性格和方法,就是在这时形成的。据刘岸伟统计,《物理小识》引用耶稣会士艾儒略《职方外纪》的文字,达五十处之多。他写于南京时代的《膝寓信笔》提到利玛窦,对这位西洋学者渡海来到中国,读中国书,感服孔子,表示钦佩。他说,自己读过李之藻编的《天学初函》,还和精通西学、著有《格致草》的熊明遇讨论过此事。①

其实,方以智不仅在《物理小识》中引用艾儒略的《职方外纪》,此前的《通雅》已经多次引用此书。最显著的例子就是"五大州"②,即欧逻巴州(欧洲)、利未亚州(非洲)、亚细亚州(亚洲)、南北亚墨利加州(南北美洲)、墨瓦腊泥加州(大洋洲)。方以智写道:"……又以地势分五大州:曰欧逻巴,南至地中海,北至卧兰的亚及冰海,东至大乃河、墨河的湖大海,西至大西洋;曰利未亚,南至大浪山,北至地中海,东至西红海、仙劳冷祖岛,西至河折亚诺仓,即此州,只以圣地之下微路,与亚细亚相联,其余全为四海所围;曰亚细亚,南至沙马大腊、吕宋等岛,北至西增白腊,及北海,东至日本岛、大明海,西至大乃和、墨河的湖大海、西红海、小西洋;曰南北亚墨利加,全为四海所围,南北以微地相联;曰墨瓦腊泥加,尽在南方,惟见南极出地,而北极常藏焉……"③

方以智的著作中,尤以《物理小识》为最著名,影响也最大。四库馆臣的"提要"这样定位此书:"《通雅》之余绪,掇拾以成编者。"方以智自己把它归结为学习西学的成果:"万历年间远西学入,详于质测,而拙于言通几,然智士推之,彼之质测犹未备也。儒者守宰理而已,圣人通神明、类万物,藏之于易,呼吸图策,端几至精,历律医占皆可引触,学者几

① [日]刘岸伟:《围绕西学的中日两国的近世——方以智的场合》,《札幌大学教养部纪要》第39号。
② 现今所称"五大洲",艾儒略写作"五大州",方以智沿用此写法,作"五大州"。
③ (清)方以智:《通雅》卷十一《天文·历测》。

能研极之乎！"①因此，书中引用耶稣会士有关西学的言论，比比皆是。列于首位的无疑是艾儒略和他的《职方外纪》，且举数例于下：

> 西齐里亚沸泉如醋，物入便黑。翁加里亚有水喷出地即凝石者，有冬月流而夏冰者，有投鞭成泥，再镕成铜者，有色绿而冻成绿石者。勿里诺山之泉，物坠其中，半月便生石皮，周裹其物。福岛无雨，而大树酿云气，夜生甘水，满树下之池。度尔格有一海，味碱性凝，不生波浪，而皆不沉，不生水族，命曰死海。水性不同如此，将怪而不信耶！②

> 度尔格内有国曰亚剌比亚，有一海，长四百里，水碱性凝，不生波浪，常涌大块如松脂，不能沉物，不生水族，名曰死海。③

> 多勒多城在山上作一器，盘水直至山城。延平有水老为一城人视水，入厨管朽频易，开则水至，塞则水止。④

提到其他耶稣会士的也不少，如引利玛窦的话，关于"岁差"："万历中，利玛窦入，仍约六十六年八阅月而差一度，每年不及周天一分五十秒。"又如关于"日大于地"："利玛窦曰：地周九万里，径二万八千六百六十六里零三十六丈，日径大于地一百六十五倍又八分之三（距地心一千六百零五万五千六百九十余里），木星大于地九十四倍半（距地一万二千六百七十六万九千五百八十四里余），土星大于地九十倍又八分之一（距地二千七百四十一万二千一百里余），金星小于地三十六倍又二十七分之一（距地二百四十万六百八十一里余），月小于地三十八倍又三分之一（距地四十八万二千五百二十二里余），水星小于地二万一千九百五十一倍（距地九十一万八千七百五十里余）。经星有六等，皆大于

---

① （清）方以智：《物理小识》卷首《自序》。
② （清）方以智：《物理小识》卷一《天类·水》。
③ （清）方以智：《物理小识》卷二《地类·弱水死海》。
④ （清）方以智：《物理小识》卷二《地类·水激成瀑法》。

地,以远故,望之小耳。①

关于温泉是否与硫有关,引用熊三拔、金尼阁的话:"先儒曰:地中阳气遇湿而结为硫,雷火亦有硫气,阳气也。唐子西取硫置水,水不温,以此驳之。熊三拔谓:别无朱砂与礜之别。金尼阁曰:西国有七十余汤,各标主治。布那姑山皆硫,不闻泉汤也。"②

关于《崇祯历书》,他提及徐光启,也提及他的父亲方孔炤:"自徐元扈③奏立历官,而《崇祯历书》成矣。老父以学者从未实究,故作《崇祯历书约》。"④反映他们父子两代对于徐光启的崇敬之情。书中多次引用方孔炤的《崇祯历书约》,例如,谈到"日月行度"的一段文字:"日一日行三百六十五度,全数恒星天过一度。月一日行一百五十三度,迟周天十二度,恒星天国十三度。月二十九日六时三刻,合于日而同度,为朔日。照月侧为弦十四日九时余,日月对望而见全圜,曰望。日光在月上,其魂不见为晦,日与天会,一忘而多五日三时,曰气盈。月与日会,一年而少五日七时三刻,曰朔虚。其月行疾,日行迟者,以历算自东行西纪度也。月九行者四方,出入黄道者八,与黄道者为九也。"以下特别注明:"五星行度,详老父《历书约》。"⑤所谓《历书约》即《崇祯历书约》。

方以智的学问,除了家学渊源,还源自老师虚舟先生。虚舟本名王宣,字化卿,金溪人,生于桐城。方以智为他作传,称道先生"迈志好古,为诗歌文词,凌轹晋唐,上轧周秦"。科场失意后,放弃举子业,倘然高蹈,自号虚舟子,以《易》为终始之学。方以智少年时师从于他:"智十七八,即闻先生绪论,旷观千世,尝诗书歌咏间,引人闻道,深者征之象数。其所杂著,多言物理。是时先生年七十,益深于《河》、《洛》,扬、京、关、邵,无有能出其宗者。智方溺于词章,得先生之秘传,心重之。自以为

① (清) 方以智:《物理小识》卷一《历类·岁差乃星度与日周差而岁实无差》。
② (清) 方以智:《物理小识》卷二《地类·暖谷温泉》。
③ 徐元扈当为"徐玄扈",清人为避康熙帝讳,改"玄"为"元"。
④ (清) 方以智:《物理小识》卷一《历类·圜体》。
⑤ (清) 方以智:《物理小识》卷一《历类·日月行度》。

晚当发明,岂意一经乱世,遂与先生永诀哉!"①方以智的著作中,经常引用虚舟的论断,加以发挥。

家学与师承之外,方以智的学问更重要的是向耶稣会士学习所得,《通雅》、《物理小识》多是如此,《浮山文集》也留下了痕迹,其中为游子六《天经或问》写的序言,就是最突出的一例,对万历时进入中国的耶稣会士极为赞许,也指出他们在"通几之理"方面有所欠缺:

> 《天经或问》,建阳游子六所约以答客者也。概言历象,取泰西之质测,以析世俗之疑。往年良孺熊公作《格致草》、《原象原理》,晚隐书林,而子六学焉。子六沉潜好学,角立渊渟,遇乱弃举子业,隐于历算日者,以养其母。专精天人之故,一室褐塞,风雨掩户,不汲不戚,萧然自得。愚者闻而敬之。读吾三世之《易》,反复鼎薪,致书见问,愚者答之曰:神无方,而象数其端几也,准固神之所为也,勿以质测坏通几,而昧其中理;勿以通几坏质测,而荒其实事。人者,天地之心,人不尽人,而委天乎? 人不明天,乌知所以自尽乎? 不通象数,乌知天人之本一而享秩序之不乱乎? ……万历之时,中土化洽,太西儒来,胪豆合图,其理顿显,胶常见者骇以为异,不知其皆圣人之所已言也。特其器数甚精,而于通几之理,命词颇拙,故执虚者辟之。子曰:"天子失官,学在四夷。"犹信立静天以考度,定黄赤之两轴,穆天心主之冒如斯也,原不碍也。②

容肇祖说,方以智早年留心西洋科学,后来,他和汤若望友好,对于西洋天文算学亦精,有他儿子的话为证。他的儿子方中通的《与西洋汤道未先生论历法》诗注:"先生崇祯时已入中国,所刊历法故名《崇祯历书》,与家君交最善。家君亦精天学,出世后绝口不谈。"由此可见,他承

---

① (清)方以智:《虚舟先生传》,《浮山文集后编》卷一《药地愚者随笔》。
② (清)方以智:《游子六〈天经或问〉序》,《浮山文集后编》卷二《药地愚者智随笔》。

认西洋科学的精确,但以为中国学问亦有贯通和先识的长处,颇有后来"中学为体,西学为用"的意味。[①] 这一点,是否当时先进中国人学习西方的普遍心态呢?

---

① 容肇祖:《方以智和他的思想》,《容肇祖集》,第448—449页。

第六章

新气象：文人结社与言论

科举时代,士子们热衷于所谓"制艺",即应试的本事,博取功名,踏上仕途。为此,他们或寻师觅友,或会集志趣相投者,互相切磋学问,交流心得,形成一个小圈子,少则十几人,多则几十人乃至几百人,称为文社,宗旨是"以文会友,以友辅仁"。这样的文人结社风气,晚明是很盛的。早在1930年代,谢国桢《明清之际党社运动考》以大量的篇幅论述这一问题:

　　　　结社这件事,本来是明代士大夫以文会友很清雅的故事。他们一方面学习时艺,来揣摩风气;一方面来选择很知己的朋友。所以侯方域《壮悔堂集》卷三《癸未去金陵日与阮光禄书》说:"及仆稍长知读书,求友金陵。"杜登春《社事始末》记:"杨维斗先生设帐于沧浪亭内,为其子焯择友会文。"求友的故事,见于记载很多。所以明季几社的成立,他们只师生通家子弟在一块结合,外人是不能参加的。后来才门户开放,"社集之日,动辄千人"。不意一件读书人的雅集,却变成了一种社会上政治的运动。①

　　谢氏关注的是,"读书人的雅集"变成了"社会上政治的运动"。杜登春则着意于文社的本身:"大抵合气类之相同,资众力之协助,主于成群聚会而为名者也";"社之始,始于一乡,继而一国,继而暨于天下。各立一名以自标榜,或数十人,或数百人,或携笔砚而课艺于一堂,或征诗文而命驾于千里。齐年者砥节砺行,后起者观型取法。一卷之书,家弦户诵;一师之学,灯尽薪传。"②

---

　　① 谢国桢:《明清之际党社运动考》,中华书局,1982年版,第119页。
　　② (明)杜登春:《社事始末》。

顾炎武的说法则更具有学究气息:"社之名起于古之国社、里社,故古人以乡为社","今河南、太原、青州乡镇犹以社为称","后人聚徒结会亦谓之社","万历末,士人相会课文,各取名号,亦曰某社某社"。① 亭林先生对于文社的说明很确切,因为他本人就是文社的一员,早年参加复社,是有文献为证的:"顾绛,字宁人,昆山人,后更名炎武。有《亭林诗集》。宁人早年入复社,与同邑归庄齐名,两人皆耿介不混俗,乡人有'归奇顾怪'之目。"②顾氏认为"士人相会课文"的文社兴起于万历末是有根据的,广义地说,当时书院的"讲会"也可以看作"社"。东林书院的创办者顾宪成就把东林书院称为"东林之社":"东林之社,是弟书生腐肠未断处,幸一二同志并不我弃,欣然共事,相与日切月磨于其中。"③

晚明的文社,不同于宋元以来的诗社,诗家朱彝尊说:"诗流结社,自宋元以来代有之。迨明庆、历间,白门再会,称极盛矣。至于文社,始天启甲子,合吴郡、金沙、槜李,仅十有一人……分主五经文字之选,而效奔走以襄厥事者,嘉兴府学生孙淳孟朴也,是曰'应社'。"④在他看来,晚明文社始于天启四年的应社。

一 "虑圣教之将绝"的应社

1. 文人结社之风由来已久

谢国桢认为,应社的起源可以追溯到万历末年的拂水山房社。他

---

① (清)顾炎武:《日知录》卷二十二《社》。
② (清)朱彝尊:《顾绛》,《静志居诗话》卷二十二。
③ (明)顾宪成:《简修吾李总漕》,《泾皋藏稿》卷五。
④ (清)朱彝尊:《孙淳》,《静志居诗话》卷二十一。

说:"应社的成立,时间是很早的,在万历末年,苏州的拂水山房社,就是应社的起源。"为此,他援引计东《上吴祭酒书》:"应社之本于拂水山房,浙中读书社之本于小筑,各二十余年矣。"又引征李延昰《南吴旧话录》:"范文若,字更生,万历丙午举于乡。美姿容,以风流自命。与常熟许士柔、孙朝肃,华亭冯明玠,昆山王焕如五人为拂水山房社。而必跛文坛,必推更生为最。一日东南风大起,拂水岩如万斛珍珠,从空抛撒,更生把酒揖之曰:'始觉吾文负于此。'"①他还引用朱倓《明季南应社考》的说法:"拂水山房倡与瞿纯仁,其同社皆常熟人,继之者许士柔、孙朝肃亦常熟人。承其遗风,乃与上海范文若、华亭冯明玠、昆山王焕如,仍用旧址,相结为社。此二十余年中,拂水文社之见于记载者仅此九人。应社始于天启甲子,亦倡于常熟。"②

谢、朱二氏所说,应社的"会文"活动可以追溯到拂水山房社,自有其根据。但是,需要指出的是,早在拂水山房社之前,常熟已有文人结社的记载。且举一例:赵用贤的《北虞邵先生暨元配张孺人墓志铭》写道:"邵圭洁字伯如,一字茂斋,号北虞,常熟人,嘉靖二十八年举人,选德清教谕,卒。圭洁有文名,与瞿景淳、严讷辈结社为文,时称十杰,推圭洁为领袖。"③显然,这个文社在嘉靖年间已经存在,比拂水山房社早多了。

关于范文若,《上海县志》、《松江府志》均有传,比《南吴旧话录》稍

---

① 谢氏所引,与原文有出入。兹将原文转录于下:"范更生,美姿容,以风流自命。与常熟许士柔、孙朝肃,华亭冯明玠,昆山王焕如五人为拂水山房社。而跸跋文坛,必推更生为最。一日,东南风大起,拂水岩如万斛珍珠,从空抛撒。更生把酒揖之曰:'始觉吾辈诗文负于此。'"同书卷十三的范更生条,内容相近:"范更生,美姿容。知汶上县,以严察为治。改知秀水,案牍之间不废文翰。久之,再调光化,便意不自得,或兼旬不治事,扁舟往来江汉间,以钓筒诗卷自娱,远近称为'仙吏'。"

② 谢国桢:《明清之际党社运动考》,第123页。

③ (明)赵用贤:《松石斋集》卷十九《北虞邵先生暨元配张孺人墓志铭》。光绪《常昭合志稿》卷二十五的邵圭洁传,大同小异:"邵圭洁,字伯如,学于唐荆川,与瞿文懿、严文靖结社会文,时称十杰,圭洁为领袖,工古文辞,不斤斤绳削,而参轨名家。"

详:"范文若,字更生,初名景文,上海人,万历三十四年举于乡,与常熟许士柔、孙朝肃,同郡冯明玠,昆山王焕如五人为拂水山房社。以奇文鸣一时。四十七年成进士,知汶上县,以严察为治,调秀水,簿书填委,不废简翰。再调光化,意不自得,或兼旬不治事,扁舟往来江汉间,以钓筒诗卷自娱。迁南京兵部主事,为考功陈某中伤,左谪,稍迁南京大理寺评事,以忧去官,卒于家,时年四十八。文若,美姿容,工谈笑,雅慕晋人风度,好为乐府词章,识者拟之汤临川云。"①

应社成立于天启四年(1624),创立者是杨廷枢,地点是在常熟县的唐市。朱彝尊认为,晚明文人结社风气之盛,应社是一个重要的开端。他的《静志居诗话》多处提及此事:

> 杨廷枢字维斗,吴县人。崇祯庚午乡试第一。有《古柏轩诗集》。先生倡"应社"于吴中,评骘五经文字,张溥天如、朱隗云子主《易》,杨彝子常、顾梦麟麟士主《诗》,周铨简臣、周钟介生主《春秋》,张采受先、王启荣惠常主《礼记》,而先生与嘉善钱栴彦林主《书》,后与"复社"、"几社"合。领解之后,声誉日重,门下著录者二千人……晚岁岩居,忽罹维絷,其舟中遗书云:"廷枢幼读圣贤之书,长怀忠孝之志,为孝廉者一十五载,生世间者五十三年,作士林乡党之规模,肩纲常名教之重任。惜时命之不犹,未登朝而食禄,值中原之有难,遂蒙祸以捐生,其年则丁亥之岁……"②

2. 应社与广应社

朱彝尊在谈到文社始于天启四年,提出了"应社"与"广应社"两个

---

①　嘉庆《松江府志》卷五十五《古今人传·范文若》。
②　(清)朱彝尊:《杨廷枢》,《静志居诗话》卷二十一。

概念,他说:"诗流结社,自宋元以来,代有之。追明(隆)庆、(万)历间,白门再会,称极盛矣。"接下来谈到了应社与广应社:

> 至于文社,始于天启甲子,合吴郡金沙橋李仅十有一人,张溥天如、张采受先、杨廷枢维斗、杨彝子常、顾梦麟麟士、朱隗云子、王启荣惠常、周铨简臣、周钟介生、吴昌时来之、钱栴彦林,分主五经文字之选,而效奔走以襄厥事者,嘉兴府学生孙淳孟朴也。是曰"应社"。当其始取友尚隘,而来之、彦林谋推大之,讫于四海,于是有"广应社"。贵池刘城伯宗、吴应箕次尾、泾县万应隆道吉、芜湖沈士柱昆铜、宣城沈寿民眉生,咸来会,声气之孚,先自"应社"始也。①

关于这一点,陆世仪也谈到了:"先是,贵池吴次尾应箕与吴门徐君和鸣,时合七郡十三子之文为匡社,行世已久。至是,共推金沙(周钟)主盟。介生乃益扩而广之,上江之徽、宁、池、太及淮、阳、庐、凤,与越之宁、绍、金、衢诸名士,咸以文邮致焉,因名其社为应社。与莱阳宋氏、侯城方氏、楚黄梅氏遥相应和,于是应社之名闻于天下。"②这个闻名天下的应社,就是所谓"广应社"。因此谢国桢说:

> 那时应社的势力,逐渐地扩大,同社的吴昌时以为应社当其始取友尚隘,想把应社推广起来,于是有广应社之作。《七录斋集》卷一《广应社序》云:"应之为名,有龙德焉。予昔尝一序其说,多恢愕怪宕,不可究诘之辞,及今视之,益杂而弗举矣。乃来之(吴昌时)、彦林(钱栴)欲因其社而扩大之,讫于四海,则将引意自明,夫亦言其可信焉……"因此,应社的范围既广,就有南北之分。

---

① (清)朱彝尊:《孙淳》,《静志居诗话》卷二十一。
② (明)陆世仪:《复社纪略》卷一。

在他看来,应社(或者说广应社更为确切)可分为三部分——第一是江南的应社,第二是江北的应社,第三是河北的应社①——是有根据的。张溥在他的文集中就谈到他在京师时"从游者数十辈",可以看作河北应社;又谈到以中州商丘为中心的江北应社。② 他谈到"广应社",除了上引《广应社序》,还有《广应社再序》,阐述了其志趣:

> 夫朋友之义与宗族之情,其本粲殊,比而同说,则安称焉。然而有其一者,所谓亲贤之道,彼此之通也。且以十五国之人,各方峻阻,一旦而道姓氏称兄弟,虽人事之应求,原其声气,不可谓非天也。天之所与,德者上也,才者次也,再况其下,则无之矣。是以社名之立义本周官,而今之文士取以为号,择而后交,在久不渝,四海之大,有同井之风焉。③

关于应社,当事人张采的记载无疑是最具价值的,他为杨彝的《四书稿》所写的序言,追述了应社创立前后的事情:

> 二十年前,余方冠,即知虞山有杨子常,读其文章,辄叹士不虚有名。时余因困踬一室,百步之内,为里儿所诮,不敢结远交。迨癸亥(天启三年)始通姓氏。甲子(天启四年)冬,始与张子天如同过唐市,问子常庐请见。唐市者,虞山北野镇,去娄(太仓)可七十里,子常所居地也。子常方与麟士同业,宾主叙述如平生,因遂定应社约。

这里透露了应社成立时是有《社约》的,就像后来的复社有《社约》那样。倘若没有张采的记录,后人很难知道《应社约》是什么。张采写道:

> 《约》之词曰:"毋或不孝弟,犯乃黜。穷且守,守道古处,

① 谢国桢:《明清之际党社运动考》,第125—126页。
② (明)张溥:《江北应社序》,《七录斋诗文合集·古文近稿卷一》。
③ (明)张溥:《广应社序》,《七录斋诗文合集·古文存稿卷三》。

在官有名节。毋或坠,坠共谏,不听乃黜。洁清以将,日慎一日。"叙年,子常长,登坛申约,诸兄弟曰诺。

张采还写到了,应社"诸兄弟"之间如同手足的情谊,后来的"社事"以及杨彝特立独行的品格:"时子常儿静,仅四岁,嘻嘻几席间。余有初生女,诸兄弟遂赞成婚姻。丙寅(天启六年)春,以选政偕子常泊吴门,偶游天平山,遇时相子赫奕叱行人辟路。余呼子常曰:'噫!'子常有老母,一第将亟归,自指颈曰:'我弃此,血溅诸奸矣。'余曰:'山神实闻诸。'子常归舟犹愤愤。嗣后,社兄弟相继登科第,余亦以粃糠在前,而子常至今仅明经……然使子常初有名时即一第去,不过居官称贵人,乌能四海之内怀思观止!且文章小技不足艳,自约社,从未闻子常有一辞之失。持身若处子,人固无横加子常者,间有,第嗛嗛谢。六七年来,窃社事以卖名声者变百出,子常介然玉立,既绝摇溷,复不急自别白……"①

3. "尊经复古"

张溥对于应社有许多回忆性的文字,记录了它的存在实态,其中关于应社的宗旨——"尊经复古",最值得注意:

应社之始立也,所以志于尊经复古者,盖其志也。是以五经之选,义各有讬,子常(杨彝)、麟士(顾梦麟)主《诗》,维斗(杨廷枢)、来之(吴昌时)、彦林(钱栴)主《书》,简臣(周铨)、介生(周钟)主《春秋》,受先(张采)、惠常(王启荣)主《礼》,溥与云子(朱隗)则主《易》。振振然白其意于天下,夫天下亦已知之矣……若是者五经之选其为时不已旷乎?于是孟朴(孙淳)

---

① (明)张采:《杨子书四书稿序》,《知畏堂文存》卷二。

慨然兴曰:"文教之不通,则朋友之疏为之累也,今欲聚诸国之远,开文论志,正其法式,讫于成事,伐木酾酒,不敢忘也。"①

谈到"定社之大指"——"先与乎其人,后与乎其文",更值得注意:

> 应社之始立也,盖其难哉,成于数人之志,而后渐广以天下之意。五年之中,此数人者度德考行,未尝急于求世之知,而世多予之。其所以予之者何也?则以其诚也,无意于名,而有其实,不婴念于富贵贫贱,而当其既至,皆有以不乱。是故先与乎其人,后与乎其文,为人之道有一不及于正者则辞之,而不敢就。既与其人,而文或有未至者,则必申以正,因其材之所命而乐其有成,是以邪僻之意无所形之于文,而四方之欲交此数人者,尝观其文而即知其人之无伪,则定社之大指也。②

因此之故,应社很重视"社格"与"选例":

> 此应社之立,所以与子常(杨彝)、麟士(顾梦麟)共之也。夫一经之学,人各为家,而其事弥困,则莫若折衷于一,以定其所向,故必同盟之人无不与闻乎。故而后其说可行,不得其人则无取乎多之也,既得其人则无取乎斩之也。虽然,吾党于今之人既无所斩矣,而复正之以社格,严之以选例,简其人矣,而又取其文之数而简之。③

应社的活动地点在常熟县的唐市,因而在地方志中留下了痕迹。常熟东南的唐市,仅仅是一个小市镇,居然成为吴中的文化中心。方煌深《唐市志序》写道:"唐市虽小,有水市,有物产,有名胜,有科第,有仙释节烈。经术之深湛,于明则有杨(彝)、顾(梦麟);文章之雄伟,于本朝

---

① (明) 张溥:《五经征文序》,《七录斋诗文合集·古文存稿卷三》。
② (明) 张溥:《诗经应社序》,《七录斋诗文合集·古文存稿卷五》。
③ (明) 张溥:《诗经应社再序》,《七录斋诗文合集·古文存稿卷五》。

则有苏苞九、陶子师;书画擅长则有丘屿雪、黄尊古,诸家诸体咸备。"①
《唐市志》介绍杨彝及应社的活动,说杨彝与顾梦麟并称"杨顾",号称
"唐市派",在江南文坛影响很大,当时有"天下翕然从风"的美誉。又
说,应社诸文士沉潜于五经,每人各治一经,杨彝专治《诗经》,弟子从学
者无数,仅著录者即达数百人。此后成立的复社,杨彝也是中坚人物之
一②。天启五年(1625),杨彝在唐市的凤基园召开应社文会,盛况空前,
一时传为文坛佳话。当时人说,唐市出了个杨彝,"以故唐市之名闻天
下"③。唐市成为吴中文士聚会的场所绝非偶然,天启初年柏小坡建造
柏园,董其昌为其题写匾额"十亩之间",风采雅致,"凡吴中骚人墨士、
琴师棋客,咸集于中。园之主人每夜张灯开宴,家有男女梨园,按次
演剧。"④

　　由此可见,虽然有"广应社",但是应社的主要舞台是在常熟为中心
的苏州地区,而杨彝与顾梦麟是当仁不让的主角。张溥说:"然而此数
人者未尝一日忘古人也,慨时文之盛兴,虑圣教之将绝,则各取所习之
经,列以大义,聚前者之说,求其是以训乎俗。苟或道里之远,难于质
析,则假之制义,通其问难,于是专家之书各有其本,而匡救近失,先著
于制义之辨,以示易见。若此诗义之行,则子常(杨彝)、麟士(顾梦麟)
为之端也。"⑤杨、顾等人匡救"时文之兴盛"、"圣教之将绝",提倡尊经复
古,起到了重要的作用。钱谦益说得好:"万历之季,时文日趋于邪僻,
娄江顾麟士、虞山杨子常申明程朱之绪言,典型先民,以易天下,海内谓
之'杨顾'……麟士于有宋诸儒之学,沉研钻极已深,知六经之指归,而

　　①　乾隆《唐市志》卷首《唐市志序》。
　　②　乾隆《唐市志》卷中《人物》。
　　③　乾隆《唐市志》卷上《园亭》;卷首《唐市志序》。
　　④　乾隆《唐市志》卷上《园亭》。
　　⑤　(明)张溥:《诗经应社序》,《七录斋诗文合集·古文存稿卷五》。

毛郑之诗,专门名家,故其所得者为尤粹。"①看得出来,应社成立的初衷,以研讨五经文字为宗旨,互相分工,相得益彰,张溥、朱隗主攻《易经》,杨彝、顾梦麟主攻《诗经》,周铨、周钟主攻《春秋》,张采、王启荣主攻《礼记》,杨廷枢、钱栴主攻《尚书》,显然带有科举"制艺"的色彩。这些人都是当时的名流,影响巨大,各地士子遥相呼应,嘉兴孙淳、贵池吴应箕、泾县万应隆、芜湖沈士柱、宣城沈寿民等,都来交流切磋,形成了超越常熟地域的"广应社",为日后的复社奠定了基础。

二 "负韬世之才,怀救时之术"的几社

1. "十人社"、"六人社"与"十八子社"

松江的几社成立于崇祯初年。但是松江地区文人结社之风早已有之。明末清初松江人李延昰的《南吴旧话录》记录松江府的轶闻遗事,特辟一卷题为"名社",介绍当地的文社,写了拂水山房社、几社,还提及早期的其他文社。

其一是"十人社":

> 林弘斋、董环亭、盛淳庵、王玉宇、钱傅岩、华绳庵、乔弦所取文社,李屯部南湄、矢司成文石两公为甲乙,共十人。初会则淳庵冠其曹,而弘斋亚之;次会文石首弘斋,而次淳庵;后林、盛俱登甲,余亦乡荐,所未经许可者竟无所遇。②

---

① (清)钱谦益:《顾麟士诗集序》,《牧斋有学集》卷十九。
② (清)李延昰:《南吴旧话录》卷二十三《名社·十人社》。

其二是"六人社"：

> 黄宪副明为诸生时，与顾文僖清、钱修撰福、李宪使希颜、曹侍御闵、顾比部斌，结社课文，乃当县治西共营一寓，留儒衣冠于其侧。遇朔望，必偕诣学官展谒。既退，以月课互相批阅，绝无假借。事竟，则沽酒尽饮，翌明各理归棹。①

其三是"十八子社"：

> 方众甫、范牧之、唐元征、董元宰、王敬夫、陆以宁、杨彦履、冯咸甫、何士抑、高皋甫、陈子有，檇李冯开之，吴江沈孝通，所称十八子社。②

最值得注意的是"六人社"，他们的"结社课文"竟然早在弘治年间，令人大开眼界。顾清，字士廉，号东江，松江华亭人，弘治六年(1493)进士，累官至南京礼部尚书，死于嘉靖七年(1528)。钱福，字与谦，松江华亭人，弘治三年(1490)进士(会试殿试皆第一)，授翰林院修撰，诗文藻丽敏妙，弘治十七年(1504)死，年仅四十四岁。曹闵，松江上海人，弘治九年(1496)进士，历任沙县知县、御史。诸生黄明与顾清、钱福、李希颜、曹闵、顾斌等人的"结社课文"，当在他们进士及第之前的弘治初年或更早。如果李延昰的记载可靠，那么松江文人结社之事，早于万历年间，是毫无疑问的。另一值得注意的是"十人社"，创办者林景旸，字绍熙，号弘斋，松江华亭人，隆庆二年(1568)进士，官至南京太仆寺卿。朱大韶，字象玄，号文石，松江华亭人，嘉靖二十六年(1547)进士，官至南京国子监司业。由此推断，"十人社"似应成立于隆庆、嘉靖之际。"十八子社"也值得注意，创办者是大名鼎鼎的唐文献(元征)、董其昌(元

---

① (清) 李延昰：《南吴旧话录》卷二十三《名社·六人社》。
② (清) 李延昰：《南吴旧话录》卷二十三《名社·十八子社》。

宰）。此事在《静志居诗话》中也有记载："松江旧有'十八子社'，唐文恪、董文敏，及吾乡冯祭酒与焉。"①唐文献，字文征，号抑所，松江华亭人，万历十四年(1586)进士，累官至礼部侍郎。此人出于赵用贤门下，以名节相矜诩。董其昌，字玄宰，号思白，松江华亭人，万历十七年(1589)进士，累官至南京礼部尚书。其昌天才俊逸，以书画享誉后世。由唐、董二人进士及第的时间推断，"十八子社"似应成立于万历初年。由此可见，松江地区的文人结社由来已久。李延昰乃几社名士徐孚远的弟子，写松江"名社"，当然不会漏掉几社：

> 几社首倡六人，周勒卣立勋、杜仁趾麟徵、李舒章雯、徐闇公孚远、陈卧子子龙、夏瑗公允彝、彭燕又宾……周夭亡，杜成进士死，夏慷慨赴难死。徐漂泊二十余年，终不食死。李先客燕中，因就中书舍人。彭乃谒选司李汝宁卒。②

2. "绝学有再兴之几"

几社延续十人社、六人社、十八子社的传统，与邻近的应社、复社遥相呼应，以文会友，不仅仅满足于科举制艺的训练，更强调振兴绝学，之所以称为"几社"，就带有这种意味："几者，绝学有再兴之几。"③朱彝尊谈到徐孚远，写道："徐孚远，字闇公，松江华亭人，崇祯壬午(十五年)举人。先生，达斋侍郎之裔，太师文贞公族孙，与卧子、彝仲、勒卣辈六人，倡几社于云间，切磨古今，文词倾动海内。"④谈到周立勋："周立勋，字勒卣，松江华亭县学生……崇祯中，勒卣偕陈、夏诸公倡'几社'，首事仅六

---

① （清）朱彝尊：《周立勋》，《静志居诗话》卷二十一。
② （清）李延昰：《南吴旧话录》卷二十三《名社·六人社》。
③ （明）杜登春：《社事本末》。
④ （清）朱彝尊：《徐孚远》，《静志居诗话》卷十九。

人，以诗古文辞相砥砺，今所传《壬申文选》是已。"①强调几社"切磨古今"、"以诗古文辞相砥砺"，至于他所说的《壬申文选》，就是崇祯五年(1632)(壬申年)的《几社壬申合稿》。全书二十卷，收录几社诸子历年所写的赋、诗、序、论、议、封事、对、难、策文、册文、制辞、教、表、檄、启、弹文、章、书、说、辩、短长言、箴、问、颂、铭等。陈子龙写的《几社壬申合稿凡例》，陈述了他们"以文会友"的志趣：

> 文当规摹两汉，诗必宗趣开元，吾辈所怀，以兹为正。至于齐梁之赡篇，中晚之新构，偶有间出，无妨斐然。若晚宋之庸沓，近日之俚秽，大雅不道，吾知免矣……辛未(崇祯四年)之春，余与彝仲、让木、燕又俱游长安，日与偕者，江右杨伯祥，彭城万年少，吴中杨维斗、徐九一，娄江张天如、吴骏公，同郡杜仁趾，拟立燕台之社，以继七子之迹。后以升落零散，遂倡和乡里，不及远方。②

字里行间流露出"再兴绝学之几"的愿望。

而与陈子龙等人以"社兄"、"社弟"相称的挚友张溥，为该书所写的序言，对此是推崇备至的：

> 辛未(崇祯四年)之秋，联事乡党治古文辞者九人，壬申(崇祯五年)冬成二十卷，悉所期约……诸子生不出里闬，年未及强仕，为时几何，其言满堂，不綦盛欤！庚午之役，予偕勒卣(周立勋)、闇公(徐孚远)、卧子(陈子龙)、燕又(彭宾)东归，论著作抵夜分，卧子愤曰："诚如子言，即不得官，可不恨。"大声慷慨，舟人动色。辛未，彝仲(夏允彝)、燕又、卧子罢春官归，谓予曰："今年不成数卷书，不复与子闻。"今其言皆验……或

---

① (清)朱彝尊：《周立勋》，《静志居诗话》卷二十一。
② (明)陈子龙：《几社壬申合稿凡例》，《几社壬申合稿》卷首。

谓诸子文辞太盛,无束杲丘园之义,疑与儒者不合。然则六经非圣人作乎？委巷之言,君子所鄙,言久行远,四国赖之。[1]

毕竟是"社兄"、"社弟",志同道合,真正读懂了《几社壬申合稿》作者们急切地想大声发出声音,表明纠正时弊的意见,即使"与儒者不合"也在所不惜。这种心境,另外两位作序者也看出来了。姚希孟说：

近有云间六七君子,心古人之心,学古人之学,纠集同好,约法三章,月有社,社有课,仿梁园、邺下之集,按兰亭、金谷之规,进而受简,则勇竟倍于师中;聚而献规,又讥弹严于柱后。此二百年来所创见也。[2]

徐凤彩则从另一个角度窥探出几社诸君子写这些诗文的心态："天下尝苦于鲜才,以诸君子观之,多卓乎之彦矣。平素之所讲论,皆古今之故,当世之急也……至于文章之事,非诸君所急也。各怀异才而无所用,壮心难抑,则假柔翰以舒之,然其寄寓遐深,情见乎辞,古人所不免矣。天下多事,有可用之才而不见知,徒使其放情文史之林,良足悼也。"[3]因为怀才不遇,放情于文史之林,而文章讲论的主题看起来是"古今之故",其实都是当今之急务。

3. 剖析朝政利弊的《几社壬申合稿》

这份"壬申合稿"的作者有十一人,比起初的"几社六子"——陈子龙、夏允彝、徐孚远、周立勋、李雯、彭宾,多了五人：朱灏、顾开雍、宋存楠、王元玄、宋存标。按照几社的规矩,"月有社,社有课",其课艺不可避免带有科举应试的色彩,围绕同一个题目做文章,然后互相切磋,取

---

① (明)张溥：《云间几社诗文选序》,《七录斋诗文合集·古文近稿》卷一。《几社壬申合稿》卷首《张溥序》。
② 《几社壬申合稿》卷首《姚希孟序》。
③ 《几社壬申合稿》卷首《徐凤彩序》。

长补短,是这本"合稿"的最大特色。例如陈子龙、李雯、徐孚远都写了同题的《皇明同姓诸侯王年表叙》,陈子龙、李雯、周立勋、夏允彝、朱灏、彭宾、顾开雍都写了同题的《中州灾异对》,陈子龙、周立勋、徐孚远、朱灏、李雯、夏允彝、顾开雍都写了同题的《拟山巨源答嵇叔夜绝交书》,陈子龙、徐孚远、周立勋、李雯、夏允彝、顾开雍都写了同题的《班定远西域铭并序》。

这些文章的立论与辞藻各有色彩,却有共同之处,用徐凤彩的话来说,就是"寄寓遐深,情见乎辞",说得更直白一点,都着意于剖析朝政的利弊。明太祖朱元璋封建同姓诸侯王,原本想为皇权构筑屏障,求得长治久安,结果适得其反,引来了燕王朱棣的反叛,显然,没有接受西汉吴楚"七国之乱"与西晋"八王之乱"的历史教训。陈子龙《皇明同姓诸侯王年表叙》写道:

> 昔之建侯求其利,今之置王畏其害,何则? 机变既繁,猜情日急,往事多戒,而后防益深也……汉家统千里之封,晋室擅三军之势,而七国合逆,八王逞凶,原其丧乱,起于无制……至于骨肉相怨,肺腑摧裂。唐宋以来更酌时宜,亲近则虚崇名号,开邸京师,既鲜逾条,亦无重任……

> 明兴,高皇帝以海内殷远,天下新定,即位之三年,大封诸子以镇抚之。十三年复封,几二十余国。当此之时,诸王皆亲高帝子,或从高帝定天下,无不有帝制心。虽跨州连邑,与汉不侔,而厚壅资财,盛设兵卫,纵横之资具矣。莫不冕旒逶蛇,龙章缤纷,护卫皆腾健之徒,官属有精采之士,庶子、子侯、尚王、支郡、上公、丞相拜伏下尘,俨然一国主焉。至于建文君之时,缘饰太平,隙开诸叔,晁错之谋益亟,田叔之火无闻,缚以神将,幽之请室。文皇帝积不堪之心,藉可乘之业,奋兵北平,奄有天物。嗣是而后,虚礼攸崇,昔权益脱。夫既以此得国,

即以此而疑人，人情不其然欤！①

显然对明太祖的"封建"诸子有所非议，因为此举造成尾大不掉之势——"厚壅资财，盛设兵卫"，终于导致燕王朱棣以高皇帝"祖训"为幌子，声讨仿效晁错削藩的齐泰、黄子澄，以清君侧为借口发动叛乱，夺取帝位。成祖文皇帝上台后，"既以此而得国，即以此而疑人"，生怕此后的诸王如法炮制，从反对削藩一变而为积极削藩，使得以后的诸王不再拥有重兵，削夺其政权与财权。正德年间宁王宸濠的叛乱，迅即平定，原因就在于此。这样的分析不但否定了明太祖"封建"诸子的必要性，也否定了燕王(即后来的文皇帝)发动"靖难之役"的合法性。

李雯的同题文章也着眼于此：

> 高皇帝崩，太孙即位，群叔挟开章之谋，朝廷乏主父之算，动躁变起。而文皇用兴，大业既就，则精畏之虑亦颇相深矣。虽太祖诸王狃于自擅，见事既大，未循厥轨，然藩力之削，自此其始也。②

和陈子龙一样，他对明朝"二祖列宗"的"二祖"——太祖、成祖，没有什么好感。

这样的史识，也反映在明太祖杀戮功臣这种敏感话题上，对其后遗症感慨系之。陈子龙说：

> 明兴，高皇帝无尺寸之资，诸将皆起徒步，莫不并志一力，艰难尽瘁，或系身肺腑之间，或生长子姓之列，不独资以摧敌，盖将托之机务，岂有侯王之号招徕，以就权宜驰驱之势，摇足而分强弱哉……胡、蓝(胡惟庸、蓝玉)株累，醢废绵联，至今二

---

① (明)陈子龙：《皇明同姓诸侯王年表叙》，《几社壬申合稿》卷十二《序》。
② (明)李雯：《皇明同姓诸侯王年表叙》，《几社壬申合稿》卷十二《序》。

百余年之间，非有大变革也，佐命之臣摇落将尽……或云高帝春秋高，诸王咸有非常之望，故广布流言，倾危宿硕，理或有之，非所敢论。独以承平清宴，多历岁年，则开物定基，功非渺细，虽十世其可宥，睹九原以谁归？抚陵园而思股肱，临山河而凭血食。耿、贾高勋，徒在云台之上；房、杜后人，无复夏畦之祭。而竖儒俗吏，于国家无毫发之功，折枝之力，而坐拥高位，或世其家者累累也，可胜道哉！①

高皇帝"广布流言，倾危宿硕"，大兴胡惟庸党案、蓝玉党案，杀戮开国元勋数万，这恐怖的一页，给后世留下刻骨铭心的记忆。王世贞《高帝功臣侯伯年表序》说："然至蓝氏之株累，而几若扫矣。夫以冯宋公、傅颍公之雄，而卒不免死嫌。"②冯宋公即宋国公冯胜，因为高皇帝"不欲诸将久典兵"，而被赐死——皇上赐宴，"酒归而暴卒"，美其名曰"赐死"。傅颍公即颍国公傅友德，也是皇上"赐死"的。其中细节是这样的："蓝玉诛，(傅)友德以功多内惧，定远侯王弼谓友德：'上春秋高，行且旦夕尽我辈……'太祖闻之，会冬宴，从者彻馔，彻不尽一蔬。太祖责友德不敬，且曰：'召二子来！'友德出，卫士有传太祖语曰：'携其首至。'顷之，友德提二子首以入，太祖惊曰：'何遽尔忍人也？'友德出匕首袖中，曰：'不过欲吾父子头耳。'遂自刭。太祖怒，分徙其家属于辽东、云南地，而王弼亦自尽。"③陈子龙所说"高帝春秋高，诸王咸有非常之望，故广布流言，倾危宿硕"，其内心独白盖出于王弼所说"上春秋高"云云。

陈子龙的社友们围绕这个题目做文章，所发的感概是大同小异的。夏允彝说：

① (明)陈子龙：《高帝功臣年表序》，《几社壬申合稿》卷十二《序》。
② (明)王世贞：《弇州史料前集》卷一《高帝功臣侯伯年表序》。
③ (明)张岱：《石匮书》卷七十一《冯国用冯胜傅友德列传》。

> 高皇帝数诏天下，未尝不曰我诸臣力。当其时，河山载起，丹圭永誓，仪惠饬优，溉及昆裔。盖一封而公者六，侯者二十八；载封而公者四，侯者二十一，伯者二。无德不仇，岂有恶斁。蓝、胡继偾，黄钺数下，旨酒屡封，宋、颖饮血，卒其所剥蠡戾，岂咸得而昭觐者！①

这里所说的"蓝、胡继偾，黄钺数下"，当指胡惟庸、蓝玉党案；"旨酒屡封，宋、颖饮血"当指宋国公冯胜、颖国公傅友德"赐死"之事。至于"丹圭永誓"云云，是指大封功臣之后，高皇帝颁赐"免死铁券"，向功臣们发誓："朕本疏愚，皆遵前代哲王之典礼，兹与尔誓：除谋逆不宥，其余若犯死罪，尔免二死，子免一死，以报尔功。"②言犹在耳，那些功臣陆续以莫须有的"谋逆"罪名被处死，"尔免二死，子免一死"云云，不过是一句空话。皇帝赏赐的"免死铁券"，不是护身符，充其量只能算作荣誉证书，他可以变着法儿让你死，还不能说他出尔反尔、言而无信。夏允彝因此感叹"隙蠡鸷启，戾以纤滋"。

徐孚远的同题文章用"呜呼"的口气写道："高皇帝之深计，岂不欲扶绝继微，世世保其茅社也。然而蚌蠡二竖，诖误连类，微嫌自引，殃及苗裔者，不可胜言。至于末年，勋臣之有后者，殆不能十一也。"③这是在说，当年杀戮功臣是连根铲除的，所以到了几社诸子生活的崇祯时代，勋臣后裔还在的竟然不到一分之一。王元玄也有类似的感叹："皇祖之意，徒以春秋既高，太孙尚劲，去此怏怏，用绥末命。然而始以一眚之绳，终乖十世之议，金瓮屡将于私里，丹书绝誓于子侯，报短功长，古以为悼。至乃靖难兴戈，老成徂丧，捍关据藩者，非无彻侯世将之子，而望

---

① （明）夏允彝：《高帝功臣年表序》，《几社壬申合稿》卷十二《序》。
② 关于免死铁券，可以参看吕毖《明朝小史》有关魏国公、韩国公铁券的记述。
③ （明）徐孚远：《高帝功臣年表序》，《几社壬申合稿》卷十二《序》。

实不敌,国步家声,同时殄悴。"①功臣宿将杀戮殆尽的后果是,建文帝为了平定燕王的叛乱,竟然无将可用,不得不让年迈的长兴侯耿炳文出征,败局已定。高皇帝岂不是在自毁长城!故而王元玄要说"国步家声,同时殄悴"。

如果说几社诸子所写的"序"(或"叙"),偏重于历史,那么他们所写的"论"则着眼于现实。例如夏允彝的《拟皇明宦官列传论》,针对几年前的魏忠贤阉党专政,批判宦官干政:

> 引览前古,流祸则均,推之本朝,于斯为极。岂制不善哉?自汉迄宋,诸条阔疏,故势夷而制杂。本朝文纪星繁,有司牙制,其为法也无不密,于宦官则疏……宦官扼中枢之枢,乘无制之势,即乱乌得而不剧哉……本朝之势专利宦官者三:君臣之交绝也,内官不隶廷臣辖也,在内者分相柄,在外者管将权,二重咸属也。②

夏允彝所说"在内者分相权,在外者管将权",看起来是在评述"本朝之势专利宦官",其实他所处的崇祯时代何尝不是如此,他是有感而发的。

李雯的《朋党论》的现实针对性更加明显。崇祯元年(1628)会推阁臣,温体仁、周延儒为了阻止钱谦益进入内阁,以天启元年浙江科场舞弊案为口实,在御前会议上对钱谦益横加诬陷。激起其他官员的反感,吏科都给事中章允儒针对温体仁所说"满朝都是钱谦益党",反驳道:"党之一字,从来小人所以陷君子,皆是这等说。臣犹记得当日魏广征欲逐赵南星,陈于廷诸臣于会推吏部尚书汪应蛟、乔允升,刑部尚书缺,使魏忠贤加一'党'字,尽行削夺。大抵小人为公论所不容,将公论之所归者指之为党。流传至今,为小人害君子的榜样。"这一席话信手拈来,影射温体仁为

---

① (明)王元玄:《高帝功臣年表序》,《几社壬申合稿》卷十二《序》。
② (明)夏允彝:《皇明宦官列传论》,《几社壬申合稿》卷十三《论》。

小人,企图以"结党"的罪名陷害君子。但是他没有考虑周全,如果皇帝站在温体仁一边,岂不是支持小人陷害君子吗?崇祯皇帝已经意识到这一点,勃然大怒,大声呵斥:"胡说!御前奏事,怎这样胡扯?拿了!"[1]震惊朝野的这场辩论,李雯是记忆犹新的,于是乎写了这篇《朋党论》:

> 朋党者何?君子小人之分也。其族既异,则势不得而同。不同则必争,争则君子必负其名以败,小人虽败而可以复胜。负其名以败者,君子之不幸也。小人虽败而复胜者,君子之不断也……盖天下君子之类寡,而小人之徒众,为君子者不务精其识,而务博其途听悦耳之浅言……故曰:小人之党精于小人,精则纯;君子之党不精于君子,不精则离,离则败。今天下小人有害君子之心,而无可以为胜之名;君子有可以胜小人之名,而又无不败之实。则朋党之论恐纷纷其未有已也……汉唐以前,朋党之名恒在小人;汉唐以后,朋党之名恒在君子。然则人主将疾朋党乎?疾之,则小人受其福,而君子蒙其祸。[2]

在李雯看来,既然小人用"朋党"之名来整君子,那么皇帝不分是非,一概打击"朋党",其结果必然是"小人受其福,而君子蒙其祸",这已为天启末崇祯初的政争所证明。何况当时有人指责几社也是"朋党",李雯当然要辩论个一清二楚。

《南吴旧话录》写到几社时,有这样一条信息:"几社非师生不同社。或指为此朋党之渐,苟出而仕宦,必覆人家国。陈卧子(子龙)闻而怒,夏考功(允彝)曰:'吾辈以师生有水乳之合,将来立身,必能各见渊源。然其人所言,譬如挟一良方,虽极苦口,何得不虚怀乐受?'卧子曰:'兄

---

① (明)金日升:《颂天胪笔》卷四《召对》。
② (明)李雯:《朋党论》,《几社壬申合稿》卷十三《论》。

言是。'乃邀为上客。"①师生之间水乳交融,志同道合,结为一社,切磋学问,与"朋党"风马牛不相及。

《几社壬申合稿》的文章,与科举制艺的八股文截然不同。晚明文人对于八股文的弊端已有清醒的认识,张岱所写的《文苑列传总论》分析得最为鞭辟入里:

> 二百八十二年以来英雄豪杰埋没于八股中,得售者什一,不得售者什九。此固场屋中之通病也……李卓吾曰:"吾熟读烂时文百余首,进场时做一日誊录生,便高中矣。"此虽戏言,委是实录……是以我明人物,埋没于帖括中者甚多。盖近世学者除四书本经之外,目不睹非圣之书者,比比皆是,间有旁及古文,怡情诗赋,则皆游戏神通,不著要紧,其所造诣,则不问可知矣。②

几社诸子深知其中利弊,与八股保持一些距离,直抒才情,当然要引来非议。《南吴旧话录》记录了一则轶闻:"卧子常月夜泛舟白龙潭,匏尊独酌,兴至辄高咏良久。岸上一人曰:'足下少住。'亦棹扁舟携壶,竟上卧子船头。各不交语,吟咏间作,夜深始彻。其人上岸大声曰:'我朝以八股坏天下,几社诸君又以才情坏八股。'卧子欲与再谈,乃摇头而去。明日,卧子语夏瑷公(允彝),瑷公曰:'此公为刘公荣则不足,为顾子敦则有余。我辈终落其齿牙。'"③

4. "关于军国,济于时用"的《皇明经世文编》

几社诸君"以才情坏八股",是非自有公论。夏允彝所说的"我辈终

① (清)李延昰:《南吴旧话录》卷二十三《名社·夏考功》。
② (明)张岱:《石匮书》卷二百二《文苑列传总论》。
③ (清)李延昰:《南吴旧话录》卷二十三《名社·陈卧子》。

落其齿牙",并非戏言,崇祯十一年(1638),几社诸君编成一部五百余卷煌煌巨著《皇明经世文编》,震惊文坛。几社的青年才俊主张学问必须经世致用,在王朝走向末路的危难之际,把本朝有识之士的经世致用文章汇编成书,供当朝执政者借鉴。正如编者徐孚远在序言中所说:"当国者览此书,以为有裨于盐梅之用,庶几因是推其由来,以渐窥高皇帝之渊薮,或有弘益哉,或有弘益哉!"①

陈子龙在该书序言中指出:"明兴二百七十年,海内治平,驾周漂汉,贤才辈生,勋在竹帛,而遗文绪论未有统汇,散在江海。盖有三患焉:一曰朝无良史,二曰国无世家,三曰士无实学……积此三患,故成书也。"接下来他说:

> 予自幼读书,不好章句,喜论当世之故,时从父老谈名公
> 伟人之迹,至于忘寝……夫王业之深浅,观于人才之盛衰。我
> 明既代有翊运辅佐之臣,而主上旁求俊乂,用人如江湖,则是
> 编也,岂惟益智,其以教忠哉!②

字里行间流露出追求"当世之故"、"名公伟人之迹",是编辑此书的旨趣,因而它的作用不仅仅是"益智",更在于"教忠",担负起天下的兴亡。

宋征璧为此书撰写的凡例,虽然略显繁琐,其宗旨与陈子龙并无二致。开宗明义指出,徐孚远、陈子龙、宋征璧三人,选取本朝名臣文集,撷其精华,编成一书,"志在征实",所以题目叫做"经世"。接着他阐述了编辑的主旨,不妨选录若干条,以见一斑:

> 夫国家之景运既如彼,我皇之圣明又如此,必有异人并
> 出,以助缉熙,不愧肃皇之世者。当拭目观其盛耳。予与徐

---

① 《皇明经世文编》卷首《徐孚远序》。崇祯年间出版的《皇明经世文编》,颇有广告意识与版权意识,封面上端横写着:"方岳修陈眉公两先生鉴定",右边竖写着:"陈卧子先生评选",左下方写着:"云间平露堂梓行"、"本衙藏版翻刻必究"。

② 《皇明经世文编》卷首《陈子龙序》。

子、陈子论昭代人才之概,而于名公贵卿深有望云。

天下有一定之理,有万变之事,正心诚意之言,亲贤远佞之说,治忽之分,罔不由兹。然义简而直,数语可尽,故集中惟元臣正士,入告我后者,载数十首,以概其余。

而治体事功,人文国典,关系一代。夫采野史则多失实,搜家乘则恒溢美,斯编折衷两端,间有标识,庶窃取乎识小之义,为异日作史之资云尔。

本朝文士,风云月露,非不斐然,然求之经济,十不一二。至若宋文宪(宋濂)之精粹,李空同(李梦阳)之谅直,王浚川(王廷相)之练达,王弇州(王世贞)之博识,宁非卓尔之姿,济世之彦哉! 罕有通才,未当一概。其他若丘文庄(丘濬)、霍文敏(霍韬)、冯文敏(冯琦)、徐文定(徐光启),学术渊深,足为世用,一称立言立家,一为实用之准。

高皇诏废中书,文皇政归内阁,三杨秉钧而后,势以益重,至嘉隆之间,几几真相矣。若洛阳(刘健)、余姚(谢迁)之谠亮,永嘉(张璁)、丹徒(杨一清)之才略,新都(杨廷和)、华亭(徐阶)之弘博,新郑(高拱)、江陵(张居正)之英毅,山阴(王家屏)、归德(沈鲤)之端方,内辅君德,外总机务,朝政之清浊,海内之安危,职任綦重,哀辑尤详。

当世所急,民穷本患,至征兵输饷,所在驿骚。然乞活鼠窃,已经数见,虽同飚风,旋即草薙。当时绖索在我,剿抚互施,取则不远,皆为前鉴。其谋可垂远,事多切今者,撮采无遗,庶励志请缨仗剑讨贼者知所审焉。[①]

看得出来,此书着眼于现实,突出“征实”与“经世”色彩,得到了为

---

① 《皇明经世文编》卷首《凡例》。

其写序的地方长官、知名人士的高度赞扬。

当时的松江知府方岳贡(即该书封面所写"鉴定者"方禹修)在序言中说：

> 今皇帝勤思大业，宵旦未遑，仰二祖之风猷，阐列宗之光烈，将以对扬厥美，旁求俊乂。而先朝股肱膂辅之臣，折冲御侮之士，或有钦其绩而不睹其文，睹其文而不识其用者，则后起之徒毋乃暗汶惑昧，不克当于天子之意。主日圣而臣日愚，卿大夫之辱也。贡待罪守郡十有一年，政拙心长，劳轻过重，犹幸此乡多文雅之彦，若徐文学孚远、陈进士子龙、宋孝廉征璧，皆负韬世之才，怀救时之术，相与网罗往哲，搜抉巨文，取其关于军国、济于时用者，上自洪武，迄于今皇帝改元，辑为经世一编。①

方岳贡以政治家的眼光为比书作"鉴定"，指出徐孚远、陈子龙、宋征璧三位主编负韬世之才、怀救时之术，决定了本书的特色——"关于军国、济于时用"。

应天等十府巡抚张国维的观点与方岳贡略同，一个说"济于时用"，一个说"济世安邦"："云间陈卧子同徐闇公、宋尚木所集《经世编》成，郡守以其书示余。余读而叹曰：猗与旨哉！我国家治安三百年，列圣之所畴咨，诸臣之所竭思，大约可见于兹矣。夫士大夫之学术，知今而不知古，其蔽也凡陋；知古而不知今，其蔽也迂疏。必欲兼之，则知古易而知今难者……今三君俱以通达淹茂之才，怀济世安邦之略，采遗文于二百七十余年之间，襄盛事于数月之内。"②

---

　　①　《皇明经世文编》卷首《方岳贡序》。方岳贡字四长，号禹修，湖广谷城人，天启二年进士，崇祯时仁松江知府多年，治绩卓异。

　　②　《皇明经世文编》卷首《张国维序》。张国维字九一，号玉笥，浙江东阳人，天启二年进士，崇祯时任应天等十府巡抚，为人宽惠，得士大夫心。

张国维所强调的是,陈、徐、宋三君,不同于一般士大夫"知今而不知古"或"知古而不知今",既不"凡陋",也不"迂疏",用"通达淹茂之才"编成了这部"济世安邦"的巨著,无怪乎他要感叹:"猗与旨哉!"

自署"社弟"的张溥所写的序言,不同于地方长官,完全是同志兼兄弟的口气:

> 余间语同志,读书大事,当分经史古今为四部。读经者辑儒家,读史者辨世代,读古者通典实,读今者专本朝。就性所近,分部而治,合数人之力,治其一部,不出二十年,其学必成。同志闻者,咸是余说。而云间徐闇公、陈卧子、宋尚木尤乐为之,天才英绝,闭关讨论,直欲以一人兼四部不难也。客年与余盱衡当代,思就国史,余谓贤者识大,宜先经济。三君子唯唯,遂大搜群集,采择典要,名《经世文编》,卷凡五百。伟哉是书,明兴以来未有也……孰有分别政事,明白谠言,如《文编》者哉!三子志存治世,词不苟荣,进善退恶,一禀《春秋》。《文编》所载,网罗稍宽,有补兵食中礼乐者,殷殷收录,不忍遏遗,使明主见而拊髀,执事闻而交徵,用其言而显其人,弃其人而存其言,赏罚自在也,其思深而其文远矣。①

"社弟"张溥佩服"社兄"徐、陈、宋三君子,打通"读经"、"读史"、"读古"、"读今"的界线,编成这部"明兴以来未有"的大书,目的在于"治世"。虽然他对于"网罗稍宽"有所批评,还是肯定这些文章对于明主(皇帝)和执事(大臣)是有益的,因为它"思深"而"文远"。

因为这样的关系,现代学者对于此书颇为赞誉,朱希祖《皇明经世文编跋》就是一例。他说:"案陈(子龙)、徐(孚远)、宋(征璧)三子皆松

---

① 《皇明经世文编》卷首《张溥序》。

江人,为明季几社名人,见于杜登春《社事始末》,而又同时入复社,见于吴应箕《复社姓氏录》,故是书每卷之首书选辑之名,必有几社之人,列于陈、徐、宋三人之下,如夏允彝、彭宾、周立勋、何刚、李雯等,皆几社之英俊,而作序之张溥又为复社之首领。此可见当时集社之人,尚以读书著作为事,非沾沾于功名利禄已也。张溥辑《汉魏六朝百三名家集》,又成《宋元史纪事本末》一百三十六卷,则其文史之业亦已盛矣。若陈子龙则既与徐孚远同撰《史记正义》一百二十卷,又删补徐光启《农政全书》六十卷,已为人所难能,至所辑《经世文编》,则其志更不在小,精深博大,超出于诸书之上远甚。盖痛夫浮文无裨实用,泥古未能通今,故发愤而为此书也。考此书凡例,言此编始于戊寅(明崇祯十一年)仲春,成于戊寅仲冬,仅阅十月而成书五百卷之多,盖出于几社众人之手,而三子总其成,故能汇集有明一代文集数百十部,或购或借,或弃或取,披沙拣金,而蔚成此巨著。"①

从《几社壬申合稿》与《皇明经世文编》来看,似乎几社诸子意在回顾历史,其实他们的目光始终没有离开现实。陈子龙就是最好的例证,他在崇祯十年(1637)得中进士之前一年(即崇祯九年),写过一系列策论,直击朝政的弊端。在《剖邪正》中写道:

> 夫国家不幸而有朋党之祸,为人君者惟有速去小人,删除进放之务尽,独用君子,以责其成效可也。若徒愤人臣之私交,而务破其党,则君子必败,小人必胜,而祸及于社稷……夫世主所切齿而去之唯恐其不速者,莫过于朋党。然使君子小人各植交以相角,而朋党之名必在君子,人主之所恶亦必在君子。小人未尝无党,而人主卒不可得而见之也,其何故哉?君子以道义相期,以意气相鼓,自以为其名甚高,其事甚显,翘翘

---

① 朱希祖:《明季史料题跋》,中华书局,1961年,第119—120页。

然号为一辈；而小人之交亦自知无所执以为名也，故每阴相结纳，而人不知。君子有致君泽民之志，故好论天下之事，议论之合，交相引重；而小人志趣卑下，塞默安静，使人莫得其端倪。君子以仁恕为心，与人同功，亦与人同祸；而小人天性残忍，虽其私媟，时时有所割弃以自全。君子以廉耻名节为重，故一事之激，则群起而争之；而小人无耻，虽有难堪之辞，茹而不厌，至于鸷击之时，其党但阴为之谋，而不出师以相助，惟使一身搏战，以邀孤立之名……彼人君者立于巍巍之上，岂能尽知天下之情？而但见如此，则必以君子似私似横似有党，而小人似忠似柔似孤立。故臣曰君子必败小人必胜也。[1]

当时的文社成员，如李雯、夏允彝、吴应箕、侯方域等，先后都对"朋党"及"君子小人"这个话题发表触及时事的评论，而以陈子龙这篇最为深刻，最为尖锐。一看便知针对当时以温体仁为首的小人以"朋党"来攻击诬陷复社的背景而发的议论，希望皇帝擦亮眼睛，透过"君子似私似横似有党，小人似忠似柔似孤立"的表象，看清小人的真面目，否则必将"祸及于社稷"。所以他在《去欺蔽》的策论中说："人臣之大罪，人主所最恶者，莫甚于欺蔽。陛下亦尝发圣怒、设严刑以惩之矣，而其风不为衰止者，能惩一人之欺，而不能惩天下之皆欺；能知一时之欺，而不能知其欺之甚久也。"[2]

有鉴于此，陈子龙忠心耿耿地为皇上进言：

今天子以英圣之姿，当壮盛之会，魁柄自握，纪纲毕张，而又以时方多难，意用重典，故朝夕坐便殿亲决庶事，一语诘责则百官惴惴，相随入司败矣，而缇衣之帅锒铛而收，方镇以下者相望

---

① （明）陈子龙：《别邪正（丙子岁作）》，《安雅堂稿》卷九《策》。
② （明）陈子龙：《去欺蔽》，《安雅堂稿》卷十《策》。

于道……然则今天子之所为固合于求治之方矣,而成效不见,何与?臣以为知威权之可以御世,而不知所以用之之道,故令屡出而人疑,威尝试而反挫,求治甚速,而道远弥甚也。①

以上这些逆耳忠言,都是对当时朝政积弊的透彻分析,可见倡导"绝学有再兴之几"的几社君子们,并非一群只会吟诗作赋的书呆子。

关于几社,有一事需要厘清。复社成立之后,几社和其他文社都以团体成员加入,因而成为复社的一分子,不过他们的活动是有分有合的,或者说,复社的活动并没有取代其他文社自身的活动。在崇祯年间,复社的名声很大,几乎掩盖了几社,但几社在松江的活动依然有声有色。对于这一点,谢国桢说得非常好:

> 在崇祯初年,几社虽然与复社合作,但是复社对外,几社对内。复社整天地在外边开会活动,几社的同志却闭户埋首读书。复社开了三次大会,风头真是出够了,但是张天如已死,复社就嗣响终绝,而几社的文会却繁盛起来。杨钟羲《雪桥诗话》云:
>
> > "云间几社,李舒章(雯)与陈卧子承复社而起,要以复王、李之学。共七十三人。王玠石为首,青浦邵景悦梅芬继之,与张处中、徐桓鉴、王胜受业于卧子,时称四子。少受知于知府方岳贡,岁科果试第一,问业者甚众,同时入学至十七人。王却非司空日藻、张蓊匪布政安茂皆出其门,与方密之、陆讲山、陆鲲庭皆订文字之交。当陈、夏《壬申文选》后,几社日扩,多至百人。"
>
> 那时几社的同志日渐众多,所选的制艺除宋存标《几社壬

---

① (明)陈子龙:《振主权(丙子)》,《安雅堂稿》卷十《策》。

申文选》之外，还有《几社会义》初集……《几社会义》人数比较多了，我们知道的有宋徵舆、张安茂、徐孚远、张密、张宽等人。所以杜登春说："《几社会义》初集扩至百人。"……但几社由极盛而渐变成分裂之势，就分成求社、景风两派。[①]

杜登春所说"扩至百人"，并非夸张。嘉庆《松江府志》在写到徐尔铉、徐汲承父子"皆以诗文名几社"之后，专门提及不能立传的几社成员名单："几社中声望最著者，同郡又有：郁汝持、陆亮辅、莫暨、杜林、谈璘、李延榘、李淑、徐铭敬、陆广、朱积、张寿孙、唐允谐、徐期生、盛翼进、宋卓、陈梦梅、杜甲春、翁起鹗、宋家祯、李是楫、陆公枢、王有孚、王钎、金震龙、杜骏徵、骐徵、李苞根、大根、何德著、徐恒鉴、彭师度、徐炜、王宗熙、顾必达、范彤弧、蝥弧、夏鼎、张宪、赵侗如、陈尔振、章飏、高何竹、唐铉、唐镕、汤珌、郁继垣、骆金声、徐度辽、章闇、吴桢、王元一诸人，或终明世，或入国朝，间登仕籍，亦有失其行事，不能立传者，故附著之。"[②]

三　游走于学术与政治之间的复社

1. 复社的尹山大会、金陵大会与虎丘大会

晚明文社中规模最大、名气最响的无疑是复社，它有狭义的和广义的两个含义：前者是指作为众多文社之一的复社，后者是指作为众多文社联合体的复社。朱彝尊写道：

---

① 谢国桢：《明清之际党社运动考》，第155—156页。谢著中《几社始末》一章的后半部分写得很详细，请参看该书第156—166页。

② 嘉庆《松江府志》卷五十五《古今人传·徐尔铉传》。

崇祯之初，嘉鱼熊于元宰吴江，进诸生而讲艺，于是孟朴
（孙淳）里居，结吴翻扶九、吴允夏去盈、沈应瑞圣符等肇举"复
社"。于是云间有"几社"，浙西有"闻社"，江北有"南社"，江西
有"则社"，又有历亭"席社"，昆阳"云簪社"，而吴门别有"羽朋
社"、"匡社"，武林有"读书社"，山左有"大社"，佥会于吴，统合
于"复社"。复社始于戊辰，成于己巳，其盟书曰："学不殖将
落，毋蹈匪彝，毋读非圣书，毋违老成人，毋矜厥长，毋以辩言
乱政，毋干进丧乃身，噫今以往，犯者小用谏，大者摈。佥曰：
诺。"是役也，孟朴渡淮、泗，历济鲁以达于京师。贤大夫士必
审择而定衿契，然后进之于社。故天如（张溥）之言曰："忘其
身惟取友是急，义不辞难，而千里必应，三年之间，若无孟朴，
则其道几废。"盖先后大会者三，"复社"之名动朝野，孟朴劳居
多，然而敛怨深矣。[①]

由此可见，当时的吴江知县熊开元，聚集诸生研习科举制艺，孙淳
与吴翻等创建了复社，那是崇祯元年的事。吴翻与孙淳不仅参与创建
复社，而且把它扩大为全国性的文社联合体。朱彝尊写道：

扶九居吴江获塘，藉祖父之资，会文结客，与孙孟朴最厚，
倡为"复社"。既而思合天下英才之文甄综之，孟朴请行，出白
金二十镒，家谷二百斛，以资孟朴。阅岁，群彦胥来，大会于吴
郡，举凡应社、匡社、几社、闻社、南社、则社、席社，尽合于复
社。论其文为国表。吕太仓二张主之，实引次尾（吴应箕）、扶
九相助。[②]

孙孟朴与吴扶九草创之功是显而易见的，还不应忘记吴应箕，他并非苏

---

① （清）朱彝尊：《孙淳》，《静志居诗话》卷二十一。孙淳字孟朴，嘉兴府学生。
② （清）朱彝尊：《吴翻》，《静志居诗话》卷二十一。吴翻字扶九，吴江县学贡生。

松名士(是池州府贵池县人),是复社执牛耳的数人之一,虽然此后在复社中成为领袖的是"娄东二张"——张溥、张采。

朱彝尊的说法是有根据的。夏燮写的《吴应箕年谱》提供了重要的信息:

> 崇祯元年戊辰,先生三十五岁。是年,娄东张天如吉士(溥)与同里受先大令(采)始倡复社之会,苏松名士杨解元(廷枢)、夏考功(允彝)、陈黄门(子龙)皆附之;大江以上则先生(应箕)及刘伯宗徵君(城)预焉。一时有"小东林"之称。①

夏燮的主要依据有两条,一是刘伯宗(刘城)所写的《吴应箕传》,其中提到:"崇祯初元,三吴中倡为复社,才十余人耳,不佞(刘城自称)与次尾(吴应箕)实共之。"另一是冒襄为吴应箕所写的序言,谈到复社的创立:"大江以上为吴楼山(吴应箕)、刘伯宗,大江以下为杨维斗(杨廷枢)、张天如(张溥)。然则此十余人者皆执牛耳,主坛坫,为东林之中兴。先生其一也。先生是时未至吴中,而声气之通若合符节。迨庚午(崇祯三年)金陵大会,复社之名遂闻于朝野间。"②

二张志同道合,张溥比张采小六岁,却比张采早死,张采为张溥写了传记——《庶常天如张公行状》,其中早年读书生涯,以及主持复社的经历,极具史料价值,迻录如下:

> 公讳溥,初字乾度,改字天如,号西铭,远近学者称天如先生最显。苏之太仓州人……公六七岁奇慧,不逐童戏……公日夜取成书断章手录,其后同采读书时,将所录本篇篇投火,复日夜手录,及十日或半月,同采高吟一过,又复投火。采问曷存斯,曰:"聊用强记,奈何留滞心路。"余笑谓:"世间节录本

---

① (清)夏燮:《忠节吴次尾先生年谱》,崇祯元年戊辰条。
② (清)夏燮:《忠节吴次尾先生年谱》,崇祯元年戊辰条。

侈行,公如存者充栋矣。"用是右手握管处大指及掌心咸成茧,五六月须割去,冬月且皲,日数沃盥。其勤学殆天性,方私习举子业且一年,已成章,当年师犹未知……十五岁丧父,同金母出居西郭,颜一陋室曰"七录斋",益读经史诸书亡厌。十九补博士弟子,声闻籍甚,交一时名贤,志为大儒。戊辰(崇祯元年)以覃恩选贡入太学。是年适余先成进士,公策款段之京师,托余邸,会所贡天下士,暨公卿雅流,咸愿获交公,幸一望见。公则循墙谢不敏,而乃拜瞻官殿,访南北郊制,问辟雍石鼓文,上下齐鲁,伏谒陬里,气益优裕。两人先后归。冬季,采令临川,公送抵钱塘江,执手欷歔曰:"出处庸有时,弟舍我踽踽独学行,奈何?"泣数行别去。

先是六年前,公延余读书七录斋。公晨出,夜分入,两人扃户下帷。公上自皇古,下迄今兹,凡治乱典废,贤愚是否,无不殚厥理要。此如行舟,公自系帆,置余作相风,舟行不干相风,辄时占颜,以故两人深相得,不能顷步离。隔三日,即信使相望。

公既别钱塘归,果踽踽颇不聊,又念友生若参昴,古学罔攸明,因集吴越间俊造,凡经明行修一辈,定规模,要计程课。既集,公扬言于众曰:"不殖将落,毋陷匪彝,毋读非圣书,毋违老成人,毋矜厥长,毋以辩言乱政,毋干进丧乃身。嗣今往,犯者小用谏,大则视勿与。世教衰,兹其复起,名社曰复,共碣诸。"众咸曰诺。于是复社之名振天下,由吴越以及四方,凡其地俊造,经明行修者,以不得与为耻。①

张溥在大会上慎重宣布的复社宗旨,用一种"盟词"的形式表达出

① (明)张采:《庶常天如张公行状》,《知畏堂文存》卷八。

来,可见是经过深思熟虑的共识。当时张采已经出任临川知县,获悉这一"盟词"后,他评论道:"善哉,张子志则广矣,难乎其后也。"①在他看来,这样的高标准对于日趋衰微的"世教",可以起到当头棒喝的作用,令他担忧的是,今后能否坚持到底。张采所记录的"盟词"文字,与朱彝尊所记载的文字,有一些出入,但内容是一致的。这次会议,是复社成为文社联合体的标志性事件——崇祯二年(1629)的尹山大会。

关于尹山大会,《复社纪略》是有记录的:

> 吴江令楚人熊鱼山开元,以文章经术为治,知人下士,慕天如名,迎至邑馆。巨室吴氏、沈氏诸弟子俱从之游学。于是为尹山大会,苕、霅之间,名彦毕至。未几,臭味禽集,远自楚之蕲黄,豫之梁宋,上江之宣城、宁国,浙东之山阴、四明,轮蹄日至。比年而后,秦、晋、闽、广多有以文邮致者。

> 是时江北匡社,中州端社,松江几社,莱阳邑社,浙东超社,浙西庄社,黄州质社,与江南应社,各分坛坫,天如乃合诸社为一,而为之立规条、定课程,曰:"自世教衰,士子不通经术,但剿耳绘目,几幸弋获于有司。登明堂不能致君,长郡邑不知泽民;人才日下,吏治日偷,皆由于此。溥不度德,不量力,期与四方多士共兴复古学,将使异日者务为有用,因名曰复社。"又申盟词曰:"毋从匪彝,毋读非圣书,毋违老成人,毋矜己长,毋形彼短,毋巧言乱政,毋干进辱身。嗣今以往,犯者小用谏,大则摈。既布天下,皆遵而守之。"又于各郡邑中推择一人为长,司纠弹要约,往来传置。

> 天如于是裒十五国之文而诠次之,目其集为《国表》,受先(张采)作序冠弁首。集中详列姓氏,以示门墙之峻;分注郡

---

① (明)张采:《庶常天如张公行状》,《知畏堂文存》卷八。

邑,以见声气之广云。①

此处所说的"盟词"与朱彝尊、张采记录的大同小异,可以看作第三种版本,值得注意的是朱张二氏没有提及,张溥在大会上针对"士子不通经术",而提出"规条"、"课程",以期达到"兴复古学"、"务为有用"之目的,道出了之所以命名为"复社"的原因。此处所说的《国表》,是张溥把各地送来的文章编辑成的文集,张溥在序言中说,"国表之文凡更四选,其名不易,虽从天下之观,亦以志旧日、示不忘也"。由各府县的社长先行审稿,比如苏州、松江等府由周钟、杨廷枢、杨彝、顾梦麟、周勒卣负责,浙江各府由钱栴、吴昌时负责,安庆等府由吴应箕、沈寿民、刘城等人负责,江西各府由陈际泰、罗万藻、艾南英负责,湖广各府由易道暹负责,福建各府由陈燕翼、陈元纶负责,山东各府由宋继澄负责,"是以人无滥登,文无妄予"。②

张溥关于"士子不道经术"的批评,据其门生吴伟业说,是在他作为贡生进入北京后有感而发的:

> 先生以贡入京师,纵观郊庙辟雍之盛,喟然太息曰:"我国家以经义取天下士垂三百载,学者宜思有表章微言、润色鸿业。今公卿不通六艺,后进小生剽耳佣目,幸弋获于有司。无怪乎椓人持柄,而所枝舐痔,半出于诵法孔子之徒。无他,诗书之道亏,而廉耻之途塞也。新天子即位,临雍讲学,丕变斯民。生当其时者,图仰赞万一,庶几尊遗经,砭俗学,俾盛明著作,比隆三代,其在吾党乎?"乃与燕赵卫之贤者为文言志,申要约而后去。③

---

① (明) 陆世仪:《复社纪略》卷一。
② (明) 张溥:《国表四选序》,《七录斋诗文合集·古文近稿卷四》。
③ (清) 吴伟业:《复社纪事》,《梅村家藏稿》卷二十四《文集二·杂文》。

这是他对北方(燕赵卫)文人贤者申述的"要约",其中所说"今公卿不通六艺,后生小子剽耳佣目,幸弋获于有司",与他在一年后在尹山大会所讲"士子不通经术,但剽耳绘目,几幸弋获于有司"云云,几乎如出一辙。

"兴复古学"是张溥为之奋斗的目标,他极力主张"正风俗",关键在于士子的学风与文风:

> 风俗之不古也,士子为甚。逆珰之乱,献谄造祠者倡于松江;奴酋之横,开城乞降者见于永平。于是天下争言士子之变沦胥已极,几甚于尧时之洪水,周初之猛兽。要之,此其人不足以谓之士子也……今日之人心莫患乎讳道学之名,而指六经为迂阔,不乐闻封疆之急,而幸目前为苟安……则为今日太平之计,欲使风俗之正,亦教之以忠义而已矣。①

这是复社同人的共识,张采进一步解释道:"世教衰,急趋功名,上者耽文章,不知功名是才子余事,趋亦得,不趋亦得,与其趋也,三公曷贵? 文章亦才子余事,天地生之,所期不止此……所以不肖绝去两端,专事理学,非绝功名与文章也。绝功名,将绝经济;绝文章,将绝经史。经济绝,世何由治平? 经史绝,世何由闻见? 但理学中两者具足,离之则为枝叶。不肖正绝去枝叶,专务根本耳。"②宋存标感慨道:"逮世下衰,无功矜功,无才忌才,豪杰始自爱其鼎,宁贫贱而轻世肆志焉……得志者功名盛而学术衰,其智不足权变,勇不足决断,仁不能以取予,强不能有所守,一旦有事,随风靡矣"③徐汧也作如是观,"与娄东张采、金沙周钟倡立复社,联络声气。时文风诡谲,见者欲呕,公一以昌明宏硕,返

---

① (明)张溥:《正风俗议》,《七录斋诗文合集·论略卷一》。
② (明)张采:《答龚子书》,《知畏堂文存》卷一。
③ (明)宋存标:《送友之金陵序》,《秋士偶编》(不分卷)。

始持正"。①

张溥短暂的一生,著作等身,大多是经学与史学。经学方面有:《周易注疏大全合纂》、《尚书注疏大全合纂》、《诗经注疏大全合纂》、《春秋三书》、《四书注疏大全合纂》、《十三经诂释》等。史学方面有:《宋史纪事本末》、《元史纪事本末》、《通鉴纪事本末》、《南北史异同》、《历代史论》、《读史管见》、《皇明经济书》、《历代名臣奏议》等。挚友张采谈到他的读书著述之勤奋,令人惊讶:"张子日高起,夜分后息,起即坐书舍,拥卷丹黄,呼侍史缮录,口占手注,旁侍史六七辈,不暇给。又急友声,书生故人子挟册问询,无用剥琢,辄通坐恒满,四方尺牍且咄咄酬应。而张子俯仰浩落,未尝逾时废翰墨。"②又说:"天如小予六年,所读书较予不下多几万卷,卒未尝有骄色……且文为小道,天如之文,其于十三经之表明,与二十一史之诠次,皆有撰述。每云:此书必十年可以见端,欲观厥成,其三十年乎。"③张溥对张采说:"经学微渺,未有究畅,欲用昔人限年法,几年月毕一经,统几年月毕诸经,令各就本绪,则如三传三礼者,虽分专家,义原一贯,当条序成列,融于大通。"又说:"穷经,则王道明;通史,则王事著。明王道者与立体,著王事者与适用。"④

看得出来,"兴复古学"在他那里不是一句空话,而是身体力行的。他痛感于"士子不通经术",满足于道听途说,一知半解,进入仕途,上不能"致君",下不能"泽民",所以要大声疾呼:"兴复古学,务为有用"。这种宗旨,与应社、几社以及其他文社的同志是遥相呼应的,因此尹山大会与会人数之多,堪称盛况空前。《复社纪略》专门记录了参加此次大会的各地人员名单,日本学者小野和子在《明季党社考》中据此列出了

---

①　(清)邹漪:《启祯野乘》二集卷二《徐学士传》。
②　(明)张采:《西铭近集序》,《知畏堂文存》卷二。
③　(明)张采:《天如稿序》,《知畏堂文存》卷三。
④　(明)张采:《论略题辞》,《知畏堂文存》卷五。

统计表,我把这个表简化为文字:南直隶 234,浙江 168,江西 123,湖广 64,福建 40,山东 20,广东 14,河南 8,山西 4,四川 3,贵州 1,共计 680。①

到了崇祯三年(1630)金陵大会与崇祯六年(1633)虎丘大会,复社人数飞速增加达几倍之多,令人刮目相看。

2. 门户之争与政治谣言

文人结社本来都是地方性的,附近的士子相互切磋学问,赋诗作文,是令人羡慕的雅集。到了复社那里,竟然扩大成为全国性聚会,堪称前无古人的创举。虽说当时有结社的自由,但跨地域的全国性结社活动,毕竟闻所未闻。谢国桢说:"复社的同志,本来仅集合太仓等七郡的人物,后来由江南而蔓延到江西、福建、湖广、贵州、山东、山西各省,吴应箕编《复社姓氏录》二卷,其孙吴铭道又为《续录》一卷,著录复社同志共二千二十五人,那真可以说是秀才造反了。"②"秀才造反"云云,似乎过于夸张而失实,他们想的是如何"补天",而不是"拆台",怎么会"造反"?不过,一个"以文会友"的社团,规模大到这种程度,确实令人震惊。

关于复社成员名单数字,一向有不同说法。其资料来源无非是陆世仪《复社纪略》、吴翿《复社姓氏录》、吴应箕《复社姓氏》。谢国桢说是二千二十五人,朱希祖《钞本复社姓氏传略跋》则说:"考复社姓氏者,有陆世仪《复社纪略》本,有贵池吴应箕本,有吴江吴翿本。陆氏仅取《国表》首集七百余人,其数最少;翿本似取之《国表》一集二集,约二千二百数十人;应箕本则取之《国表》三集至五集,约二千四百余人。其后应箕

---

① [日]小野和子:《明季党社考》,同朋舍,1996 年,第 433 页,表 4。不知何故,人士最多的苏州府,表五统计为 90 人,我反复核对名单,却是 91 人。
② 谢国桢:《明清之际党社运动考》,第 123 页。

之孙铭道,汇合两吴本相对校……附于应箕本前后两卷之后,共合三千余人。"①日本学者井上进广泛收集资料,进行考订,著成《复社姓氏校录》,统计出复社总人数为三千零四十三人(与朱希祖所说大致相近),其成员遍布全国各地,主要集中于太湖周边的苏州、松江、常州、镇江、嘉兴、杭州、湖州七府之地,有一千二百二十六人,其中又以苏州府为最多,有五百零六人。② 这种盛况当然是金陵大会与虎丘大会以后的事。

崇祯三年(1630)适逢应天乡试,江南士子前往金陵参加考试,复社成员杨廷枢、张溥、吴伟业、吴昌时、陈子龙等,都高中举人,复社声誉一时高涨。在这种背景下,复社在金陵召开第二次大会。次年京师会试,吴伟业、张溥金榜题名,吴伟业为榜眼,张溥授予庶吉士。皇帝钦赐吴回乡完婚,张回乡葬亲,皇恩浩荡之下,复社在虎丘召开了第三次大会,进入了鼎盛阶段。

复社原本是一个以生员为主的文社,成员的经历集中在科举制艺,也就是说为了科举考试合卺,才来入社的。随着它由一个地方性文社发展成为全国性的文社联合体,其所宣扬的"尊经复古"主张招来各种非议,卷入门户是非之争。复社的精英吴伟业说:

> (崇祯)三年庚午省试,胥会于金陵,江淮宣歙之士咸在,主江南试为江西姜燕及(姜曰广)先生。榜发,维斗(杨廷枢)巍然为举首;自先生以下,若卧子(陈子龙)及伟业辈凡一二十人列荐名,吴江吴来之昌时亦与焉,称得士。而大士(陈际泰)同时始举于其乡,主者从废卷中力索之乃遇,燕及先生犹以不得介生(周钟)有余恨云。四年辛未,伟业举礼部第一,先生(张溥)选庶吉士,天下争传其文。而艾千子(艾南英)独出其

---

① 朱希祖:《明季史料题跋》,第16页。
② [日]井上进:《复社姓氏校录》,京都大学《东方学报》第六十五册。参看小野和子《明季党社考》,第432—434页。

所为书相訾謷。千子之学雅，自命大家，熟于其乡南丰、临川两公之言，未尝无依据；顾为人褊狭矜愎，不能虚公以求是。尝燕集弇洲山园，卧子年十九，诗歌古文倾一世，艾旁睨之，谓此年少何所知？酒酣论文，仗气骂坐，卧子不能忍，直前毆之，乃嘿而逃去。已复侨居吴门，论定帖括，挟异同，贾声利，故为抑扬，以示纵横，非其读书本指已。先生既笃志五经诸史，不复用制艺与千子争短长，独取其事折衷于介生。[①]

当时江西文坛名士艾南英与江南文坛名士周钟在制艺选文的标准上存在分歧，显示了江左与江右声气的差异。早在天启六年(1626)，艾南英在给周钟的信中指出："夫文之通经学古者，必以秦汉之气，行六经、《语》、《孟》之理。即降而出入欧、苏、韩、曾，非出入数子也，曰是数子者，固秦汉之嫡子嫡孙也。今也不然，为辞章者，不知古文为何物，而猎弇州、于麟之古以为足，不知此非古也，六朝之浮艳而割裂补缀，饰之以《史》、《汉》之皮毛者也。"在他看来，当今搞"制艺"的人们，根本"不知古文为何物"，对江南士子很是鄙夷。[②] 周钟则认为艾南英"鄙儒不知时变"。[③]

艾南英获悉张溥与张采返回江南张扬社事，海内同人翕然公推张溥为宗主，便由客居的齐鲁赶赴苏州，约与周钟辩论。陈子龙自诩才高意广，驾一叶扁舟直驶吴门。艾、陈二人各持己见，互相诘难。艾南英抓住陈子龙的疏漏，痛加驳斥，讥讽道："《震川集》愿足下迟迟其论，足下学至震川，文至震川，驳之未晚。贵乡有娄子柔(名坚)、陈仲醇(名继儒)两人，虽未得欧韩之深，然皆能言其本末，足下宜贽请为师，得其一言，昼夜思之，思无越畔，然后十年读书，与不佞论文，未为晚也。"[④]这是对陈子龙极

① (清)吴伟业：《复社纪事》，《梅村家藏稿》卷二十四《文集二·杂文》。
② (明)艾南英：《与周介生论文书》，《天佣子集》卷一。
③ (明)陆世仪：《复社纪略》卷一。艾南英字千子，江西东乡人。万历末，科举场屋文字腐烂不堪，艾南英与同郡章世纯、罗万藻、陈际泰以兴起斯文己任，时人翕然归之。
④ (明)陆世仪：《复社纪略》卷一。

大的蔑视，结果发生了吴伟业所说的，陈子龙上前殴打艾南英的事。

当时作为制艺的"房选"，出版了各家的选本，艾南英对其他各家的本子不予评论，唯独选择张溥的选本加以诋毁。他在《房选删定序》中说："今世举业家所据以为名者，曰经也、史也、子也。是三者，两汉以后立言之士莫不由之，何独至今而疑之，而有不然者？""今必赘经语以就题，复强吾意以就经，有况夫专经而不能通其解，业一经而误用其四，而号于人曰尊经。吾恐先圣有知，必以为秽而吐之矣！呜呼，今日制举之弊已至于此，一人唱之，人人和之，遂至臭腐而不可读，吾以为此皆空疏不学之故也。"①这显然是对应社、几社、复社的"尊经"主张的肆意曲解。张溥表示忧虑："世之所谓选文者，吾忧之，非忧其说之长也，以其无一辞之有，而盛矜己之色。己不自忧，而吾代之忧也。"②

艾南英依然故我，张溥不得不给在江西临川的挚友张采写信，表示他要反击的意思："阅艾千子房选，显肆攻击，大可骇异！吾辈何负于豫章(指艾氏)，而竟为反戈之举，言之痛心。兄见之须面责问其故。艾为人贪利无耻，出其本性，又在武陵最久，中间构衅者不少，且往来俱铜臭之子，不识一字之流，固宜与名教悖戾也。弟断不能嘿无一言，特以闻之老兄……"③吴昌时也写信给张采，痛斥艾南英："天如(张溥)、介生(周钟)负海内重望，为我党尊师，与兄主盟周旋者非一日矣，而贵治子民有心怀反侧，倡议翻局，希建奇功，遂至指介生为罪人，目天如为黠恶者。两兄当之，可付不校，吾辈闻之，耻辱莫甚于斯！且其言论狂妄，视我应社皆目不识丁，愚陋如弟，宜受之矣，如吾兄也何？如同社诸兄弟何？人非至愚，必能别白邪正。而一种未附声气，与夫外附而中怀观望者，咸窃其说以为谈资，如吾乡之金五贞，岂非门墙一大患哉……弟不

---

① （明）陆世仪：《复社纪略》卷一。
② （明）张溥：《房稿文始经乎》，《七录斋诗文合集·古文存稿卷五》。
③ （明）陆世仪：《复社纪略》卷一。

揣谬陈疏妄于长者之前,伏祈深结豫章之在声气者,独摈此叛道负友之小人,使乡党弃之,天下公愤之,则鬼魅之术立破矣。"①

张采收到张溥、吴昌时的来信,决意出面调停,写信给艾南英委婉规劝:"江右江左并为人文渊薮,在豫章向操海内衡文之柄,近时介生、天如参执牛耳,然皆声气相倚,亦未有不尊奉豫章者也。宜共遵尊经笃古之约,力追大雅,以挽颓靡,幸勿自开异同,为世口实。"艾南英却固执己见,毫不退让,回信说:"吾辈声价非谤者坏之,乃尊奉者坏之也。譬有人焉,遇周礼而知敬,及遇盗跖,亦以为周孔,则周孔何地可以自容?此不特大士(陈际泰)、大力(章世纯)、文止(罗万藻)诸兄学问渊源,尝为评其品地,不可向盐醋缸中埋杀,即老父母文章经术亦当有以自明。将来取盐醋缸中物,同类而并称之,老父母甘之乎? 不肖备极苦心,独救一人,正为诸兄地步,并为老父母地步也。"②

从艾南英称呼张采为"老父母"来判断,这一事件发生在张采出任临川知县之后。具体的时间,据吴伟业说是在崇祯四年(1631)辛未会试之后,张溥的弟子吴伟业以会试第一名成为"会元",张溥自己也进士及第,被选为庶吉士,"天下争传其文","而艾千子独出其所为书相訾謷"。就其性质而言,双方各执一词,或许可以说是学派门户之争,情况并不严重。

随着张溥与复社声誉的日趋高涨,情况发生了变化。吴伟业是张溥的门人,两年之内科举考试连连告捷,直摘会元鼎甲,皇帝钦赐归娶,天下以为无上荣耀。张溥也因吴伟业而声名大振。陆世仪写道:

> 远近谓士子出天如门者必速售,大江南北争以为然。以
> 溥尚在京师,不及亲炙,相率过娄(太仓),造庭陈币,南面设

---

① (明)陆世仪:《复社纪略》卷一。
② (明)陆世仪:《复社纪略》卷一。

位,四叩定师弟礼,谓之遥拜,挽掌籍者登名社录而去。比溥
告假归,途中鹔首所至,挟策者无虚日。及抵里,四远学徒群
集。癸酉(崇祯六年)春,溥约集社长为虎丘大会。先期传单
四出,至日,山左江右晋楚闽浙,以舟车至者数千余人。大雄
宝殿不能容,生公台、千人石,鳞次布席皆满。往来丝织,游于
市者,争以复社会命名,刻之碑额。观者甚众,无不诧异,以为
三百年来从未一有此也![1]

复社声誉如此鼎盛,张溥、吴伟业或许没有料到,从此卷入了政治
斗争的漩涡,而且是最高层的权力斗争之中。温体仁与周延儒联手,在
改组内阁之际,把竞争对手钱谦益打倒,周延儒升任内阁首辅,温体仁
升任内阁次辅,两人之间的矛盾逐渐激化。他们互相倾轧的第一回合,
是围绕着崇祯四年(1631)的会试而展开的。按照惯例,会试的主考官
应该由内阁次辅担任,内阁首辅周延儒为了扩大自己势力,破例担任主
考官,引起内阁次辅温体仁不满,因此被称为"温周相轧之第一事"。[2]
科举考试一向的惯例,考生与主考官之间有所谓"门生"与"座主"的关
系,一直维系到官场,结成帮派。进士及第的复社诸君不由自主地都成
了周延儒的"门生",不由自主地卷入"温周相轧"的政治纷争。

崇祯六年(1633),温体仁终于抓住机会,把周延儒赶下台,顺利升
任内阁首辅。为了把周延儒的复社"门生"拉到自己麾下,他想出了一
个绝妙的主意:复社在苏州虎丘召开大会时,指使其弟温育仁申请加入
复社。不料遭到张溥的坚决拒绝。恼羞成怒的温育仁仰仗兄长的强大
后台,雇人写了《绿牡丹传奇》,来讽刺挖苦复社。陆世仪交代了事情的
始末:

---

① (明)陆世仪:《复社纪略》卷二。
② (明)陆世仪:《复社纪略》卷二。

当天如之选《国表》也，湖州孙孟朴淳实司邮置，往来传送，寒暑无间。凡天如、介生游踪所及，淳每为前导，一时有孙铺司之目。两越贵族子弟与素封家儿，因淳拜居周、张门下者无数。诸人一执贽后，名流自负，趾高气扬，目无前达。乌程温育仁，相国介弟也，心鄙之，著《绿牡丹传奇》诮之。一时争相搬演，诸门生深以为耻，飞书两张先生，求为洗刷。两张因亲莅浙，言之学臣黎元宽。黎与两张同盟也，因禁书肆，毁刊本，究作传主名，执育仁家人下于狱，狱竟而后归。当是时，越中畈命社局者，争颂两张夫子不畏强御，而娄江（指娄东两张）与乌程（指温体仁）显开大隙。①

关于此事，张鉴说得更为清楚：

此吾乡温氏启衅于复社之原。近日读而知其故者鲜矣……据《复社纪略》，各有指斥。其于越人疑亦王元趾、陈章侯一流，而吴兴沈重者，以在朝则影黎愧庵、倪三兰，在野则影张天如、杨子常、周介生辈。大致如《风筝误》、《燕子笺》，亦明季文字风气所趋，而语语讥切社长，极嬉笑怒骂之致……盖相国子弟育仁暨二子俨、伉雇人为之。②

吴梅也如是说：

余按石渠此书，为乌程相国攻讦复社之端。当张天如创建复社也，湖州孙孟朴实为司邮，介绍两浙子弟。时乌程相国弟育仁欲入社不许，因请石渠作此词诮之，浙中梨园争相搬演。③

---

① （明）陆世仪：《复社纪略》卷二。
② （清）张鉴：《书绿牡丹传奇后》，《冬青馆甲集》卷六。
③ 吴梅：《曲选》卷四《绿牡丹》。参考大木康《明末江南出版文化的研究》，《广岛大学文学部纪要》卷50（特集一），第126—129页。

基于这样的背景,关于张溥与复社的各种离奇的诽谤,传得沸沸扬扬。陆世仪《复社纪略》记录了这些离奇的流言蜚语:随着复社声气遍天下,士子们都以"两张"为宗师,不敢直呼其名,称呼漳浦为"西张",称呼张采为"南张";及门弟子则称呼为"西张先生"、"南张先生";以后又尊称为"西张夫子"、"南张夫子"。更有甚者,把张溥的家乡太仓称为"阙里",与孔子的故里相提并论,也享有配祀的待遇,他的弟子有所谓"四配"、"十哲"、"十常侍"。"四配"是赵自新、王家颖、张谊、蔡伸;"十哲"是吕云孚、周肇、吴伟业、孙以敬、金达盛、许焕、周群、许国杰、穆云桂、胡周藟;张溥的昆弟十人是"十常侍":张浚、张源、张王治、张撙、张涟、张泳、张哲先、张濯、张溱、张应京;还有"依托门下效奔走展财币"的"五狗":黄某、曹某、陈某、赵某、陶某。①

这样的流言蜚语实在匪夷所思,在当时政治体制下,简直是胆大妄为的僭越,以张溥的人品节操与学识涵养,他能纵容或指使这种咄咄怪事吗? 答案自然是否定的。细细阅读《复社纪略》关于"阙里"、"四配"、"十哲"、"十常侍"、"五狗"的文字,前面有一段带出此段文字的引语,便可看出其中的端倪:

> 武陵茗、霅之间为泽国,士大夫家备艅艎,悬灯皆颜复社。一人用之,戚里交相借托,几遍郡邑。久之,泖河群盗多窃效,官司多捕获,当事颇以为诟,天如病之,力禁不能止,而谤讟兴矣。②

这段话中,最为关键的句末的五个字"而谤讟兴矣",所谓"谤讟"就是诽谤的意思。紧接着这五个字的,就是关于"阙里"、"四配"、"十哲"、"十常侍"、"五狗"的一段文字。从上下文语气判断,这段文字是作为事例

---

① (明)陆世仪:《复社纪略》卷二。
② (明)陆世仪:《复社纪略》卷二。

来说明"谤讟兴矣"的,这种"谤讟"的事例,自然不能作为已经存在的事实来看待。

这也可以从吴伟业那里找到佐证,吴氏谈及此事,其结论是"傅会指目"、"语皆不经":

> 往者邑子不快于社事,谓先生以阙里自拟,曰配,曰哲,傅会指目。先生葬母,门下士以古文字书志表,误配作妃,寻手自审定,其本已有流传者。(周)之夔草《复社或问》,遂大书之,讦为僭端。又无名氏诡托徐怀丹檄复社十大罪,语皆不经。①

显然,吴伟业为张溥辩诬,是言之成理的,所谓"阙里"、"四配"、"十哲"之类荒诞不经的流言,不能信以为真。

至于紧接着"阙里"这段文字,下面还有一段:"而溥奖进门弟子亦不遗余力,每岁科两试,有公荐,有转荐,有独荐。公荐者,某案领批,某科副榜,某院某道观风首名,某郡某邑季考前列,次则门弟子某公弟,甚至某公孙,某公婿,某公甥,更次则门墙某等,受先门下某等。转荐者,江西学臣王应华视荐牍发时,案抚州三学,诸生鼓噪,生员黜革。应华夺官,后学臣相戒不受竿牍。三吴社长更开别径,开通京师权要,专札投递。如左都商周祚行文南直学宪,牒文直书'仰甘学润当堂开拆',名为公文,实私牍也。独荐者,公荐虽已列名,恐其泛常,或有得失,乃投专札。尔时有张、浦、许三生,卷已经黜落,专札投进,督学倪元珙发三卷于苏松道冯元飏,达社长另换誊进,仍列高等,是大妨贤路。局外者复值岁科试,辄私拟等第名数,及榜发,十不失一。所以为弟子者,争欲入社,为父兄者,亦莫不乐其子弟入社。迨至附丽者久,应求者广,才俊

① (清)吴伟业:《复社纪事》,《梅村家藏稿》卷二十四《文集二·杂文》。

478

有文倜傥非常之士虽入网罗,而嗜名躁进、逐臭慕膻之徒,亦多窜于其中矣。"①

这段文字以绘声绘影的手法,向人们传递似是而非的信息:张溥与复社的名声成为士子们科举考试的晋身阶梯,张溥的一纸荐书可以决定十年寒窗苦读士子的命运,于是乎有了所谓"公荐"、"转荐"、"独荐"的花样。有了这样的推荐,科举考试十拿九稳——"私拟等第名数,及榜发,十不失一"。那个时代,科场舞弊屡见不鲜,但都是偷偷摸摸暗中进行,如此光天化日公开操纵考试,闻所未闻,其可信度是大成问题的。我们宁可相信吴伟业所说的"傅会指目"、"语皆不经",或者陆世仪所说的"谤讟兴矣"。

谢国桢在征引上述"公荐"、"转荐"、"独荐"的文字之后,得出了这样的结论:

> 复社既然握了极大的黜陟之权,所以一般士子士大夫都想与复社联合,而那一般够不上与复社联合的,就竭力造谣与复社作对。然而复社的领袖又借着民众的势力,来把持政权,膨胀社中的势力。因此复社本来是士子读书会文的地方,后来反变成势利的场所。②

谢先生看到了复社的"两面",无疑是有眼光的,指出了"竭力造谣与复社作对"的同时,却说复社的领袖"把持政权",把读书会文的地方变成"势利的场所",实在令人难以苟同。复社的领袖张溥不过是小小的庶吉士,张采不过是小小的知县,不可能神通广大到"把持政权"的地步。我想提醒的是,千万不要把宵小之徒的流言蜚语当成事实真相。

细细阅读陆世仪《复社纪略》,便可找到这类谣言的来源,那就是对

---

① (明)陆世仪:《复社纪略》卷二。
② 谢国桢:《明清之际社党运动考》,第124页。

复社怀恨在心的宵小之徒——托名徐怀丹，捏造一篇声讨复社十大罪状的檄文。奇文共欣赏，疑义相与析，请看这篇奇文：

> 复社之兴主为张溥，佐为张采，下乱群情，上摇国是，祸变日深，愚衷哀痛。尝著其论于数年之前，而因循莫悟，今复举其十罪，开诉四方，共祈鸣鼓焉。

> 一曰僭拟天王。春秋之法，诛心为烈；素王之政，正名为先。惟天王至尊，称天以临之，莫有匹也。今张溥何人？敢僭号天如，其心之妄肆可知矣！且世有鹿马之指，而溥公然任之。张王治、张源、张质先、张浚等十人，时称"十常侍"，谚呼"十大王"。挟以江南小天子之威，聚财纳叛，隐姓埋名（一名李樽，一名沈景应），意欲何为？此罪之一也。

> 一曰妄称先圣。夫仲尼万世莫京，而溥、采何人？窃其位号，并以赵、张、王、蔡名"四配"（赵自新、王家颖、张谊、蔡申），孚、肇、焕等称"十哲"（吕云孚、吴伟业、周肇、孙以敬、许焕、金达盛、吴周鼎、周群、吴国主、穆云桂十人），其诞妄如此，罪之二也。

> 一曰煽聚朋党。夫大道为公，而溥、采惟私声气，至于千里赴会，万艘停桡。僧道优倡，俱入社中；医卜星相，莫非友人。其品行如此，罪之三也。

> 一曰妨贤树权。夫赏罚为君柄，今溥、采擅之，入其社者功名可操，在社外者摈逐迭加，使人俱震其权。罪之四也。

> 一曰招集匪人。夫实行之士，杜门自守，今溥、采社中，或号神行太保（孙孟朴），或称智多学究（曾同远），种种奸匪，聚匪为群，有司莫敢过问。罪之五也。

> 一曰伤风败俗。夫圣王首重彝伦，今则托名士子，熏心利欲。富贵是图，子可以逐其父；名势相轧，弟可以倾其兄。其

480

余长幼朋友,以及君臣,又何知乎?习以成风,恬不知怪。其罪六也。

一曰谤讪横议。夫有言责者自当建议,今复社中同己者则亲之,异己者即谤之。遭其诋毁,虽公侯可骤失贵;邀其盼睐,虽寒酸可立致身。嘻,盟社如此,使人有履霜之警矣。罪之七也。

一曰污坏品行。夫士为四民之首,今社中游博马吊之戏,老传而童习;中冓贾竖之言,途诵而口占。夸豪举于一掷,锱铢动兴诟詈;买欢笑于千觞,别袂已见睚眦。其劣薄如此,罪之八也。

一曰窃位失节。夫有才干者必建功名,今复社自称名士者几数万人,未见文迫管乐之猷,武比颇牧之绩。以致有志之士,不肯与社中人同应制科,盖羞与为伍也。其为人摈如此,罪之九也。

一曰召寇致灾。夫灾盗贵乎能弭,今社党布结,横于朝野,主司无非社友,道宰多是社朋。苞苴所遗,不问而收;拳勇之徒,不呼而集。大则肆其愤毒,小则开其衅端。故愆阴伏阳之变,有召而来,近日风蝗,亦由其所感。罪之十也。[1]

读者诸君看了这篇奇谈怪论,一定对其信口雌黄而感到震惊,居然能够编造出如此离奇的谎言来蛊惑人心,甚而至于把近日的风灾、蝗灾都归咎于复社——"亦由其所感",简直匪夷所思。无怪乎此人不敢署真名,而假托"嘉定徐怀丹",造谣者毕竟心虚。不过,他还是有点贡献的,至少让我们明白了,原来关于张溥、张采自比于孔子,把太仓自拟为阙里,还有什么"四配"、"十哲"、"十常侍"、"五狗"之类,不过是谣言而

---

[1] (明)陆世仪:《复社纪略》卷四。

已,其源盖出于此。

3. 甚嚣尘上的攻讦

复社的成员大多是诸生,或刚入仕途的官员,由于他们的文章闻名遐迩,影响巨大,引起内阁首辅温体仁及其党羽的反感,视为政敌,必欲置之死地而后快。其中的原因是复杂的。崇祯四年(1631)会试的主考官是周延儒,得中进士的复社头面人物张溥、吴伟业等人成了周延儒的"门生",在温体仁与周延儒的权力倾轧中,复社成员自然被他看作异己分子。正如吴伟业所说:"阳羡周挹斋先生主辛未会试,在先生(张溥)及伟业为座主,自以位尊显无所称于士大夫间,欲介门下士以收物望,寻谢政得请。而乌程(温体仁)窃国柄,阴鸷惨核,谋于其党刑部侍郎蔡奕琛,兵科给事中薛国观,思所以剚刃东南诸君子。"[①]此其一。其二是,崇祯六年(1633),升任内阁首辅的温体仁,为了把支持周延儒的复社纳入自己麾下,指使其弟温育仁加入复社,遭到张溥严词拒绝。温育仁策划了《绿牡丹传奇》来攻击复社,一时间闹得沸沸扬扬。故而陆世仪说:"当是时,越中皈命社局者,争诵两张夫子不畏强御,而娄江(即'两张夫子')与乌程(温体仁)显开大隙已。"[②]更为主要的原因,温体仁掌权以来,推行没有魏忠贤的魏忠贤路线,打击排挤东林人士不遗余力,钱谦益、钱龙锡、文震孟、郑鄤都是被他整肃的。在他心目中,复社是东林的延续,必然是他的打击对象。

几社才子同时又是复社成员的夏允彝也看到了这一点,他认为,复社卷进党争,是以前东林卷进党争的继续。他说:"而门户之说,为上所深恶。幸上神圣,知两党各以私意相攻,不欲偏任,故政府大僚俱用攻

---

① (清)吴伟业:《复社纪事》,《梅村家藏稿》卷二十四《文集二·杂文》。
② (明)陆世仪:《复社纪略》卷二。

东林者,而言路则东林为多。时又有复社之名,与东林继起,而其徒弥盛,文采足以动一时,虽朝论苟及之,不能止也。"①在他看来,东林一派的领袖,从顾宪成、邹元标开始,继起者有杨涟、左光斗,此后又有文震孟、姚希孟,最后则是张溥、马世奇辈,都是"文章气节,足动一时"之人。而"攻东林者",由沈一贯开始,而后有亓诗教之流,继起者有魏忠贤、崔呈秀,此后是温体仁、周延儒,最后则是马士英、阮大铖,都是"公论所不与"之人。

巧合的是,逮捕钱谦益与攻讦复社,两案几乎同时而起。钱谦益革职为民,回到家乡常熟,"闲住"了七年,政敌温体仁仍不放过他。崇祯十年(1637),温体仁指使常熟知县衙门的师爷张汉儒,捏造罪名,诬陷钱谦益以及受牵连罢官的瞿式耜在乡里横行不法,作恶多端。张汉儒不愧为刀笔吏,有一手无中生有颠倒黑白的本领,"告御状"的状子写得十分厉害,一共列举了钱谦益与瞿式耜五十八条罪状。

与此同时,"复社之狱并起"。吴伟业写道:

> ……而乌程窃国柄,阴鸷惨核,谋于其党刑部侍郎蔡奕琛、兵给事中薛国观,恳所以剸刃东南诸君子。先生(张溥)扼腕太息,早夜呼愤。其门弟子从苕、霅间来者,具得相温(体仁)阴事,名为廉洁奉法,实纵子弟暴横乡里,招权利,通金钱。先生引满听之,以为笑谑,语稍稍流闻相温(体仁)。时盛修郄虞山(钱谦益),思一举并中之,未得间也。会上忧耳目壅阏,诏吏民极陈时政缺失……相温(体仁)阴计此便,遂钩致陈履谦、张汉儒与谋。履谦、汉儒者,故虞山胥吏,有罪亡命入京

① (明)夏允彝:《幸存录·门户大略》,留云居士辑:《明季稗史初编》卷十四。清初叶珍撰《明季编遗》卷三《门户始六》,与《幸存录》几乎相同,只有少许文字差异。《明季编遗》写道:"时又有复社之名,吴门诸君子为社长,凡四方儒宿英畏,附名复社者,无不自谓与东林绍起。而其徒众文采足以动一时,虽朝论每苟及之,不能止也。"

师,而政府遣腹心延之东第,密受记,告牧斋(钱谦益)及其门
人瞿公式粗所为不法,相温(体仁)从中下其章,锒铛逮治,而
复社之狱并起。①

于是有太仓市井无赖(所谓"驵侩无行")陆文声,苏州府推官周之夔先
后上疏诬陷复社的案件发生。

文秉《烈皇小识》崇祯十年(1637)四月条,也有简单的记述:

> 太仓民陆文声疏言,风俗之弊,皆起于士子。因参太仓庶
> 吉士张溥、前任临川知县张采,倡立复社,以乱天下。有旨:着
> 提学御史倪元珙核奏。既而元珙回奏,极斥文声之妄。而申
> 详者苏松道冯元飏也。有旨:元珙、元飏着该部从重议处。后
> 部覆上,俱降三级调用。去岁张汉儒疏参虞山(钱谦益),以致
> 逮问,故一时谗小得意,告讦四起。先是,苏州推官周之夔,以
> 争军储事与溥、采相忤。盖溥欲利尽归于太仓,而之夔欲公普
> 之合郡,事本甚公甚正。后之夔密揭溥等于漕抚,并伤知州刘
> 士斗。于是众议沸然,皆归罪于夔。夔与士斗俱不安其位以
> 去。至是,之夔亦讦奏溥等树党挟持,则曲甚矣。②

周之夔诬奏"复社紊乱漕规",对于这种无端捏造,张溥十分气愤,
写信给挚友侯方域,希望在朝为官的其父侯恂出面辩白。侯方域在回
信中,一方面指出是温体仁在幕后操纵的报复之举,另一方面有劝他不
必与周之夔这批宵小之徒"屑屑角逐"。信中写道:"承示,闽漳事有关
于漕粮者即当转白家大人。闽漳(指周之夔)初以文人操入室之戈,已
自支离,今乃以军国如许重务博一快已,此其心术岂尚可问哉? 西铭清
识至德,本末瞭然,亦不必屑屑与角逐也。某窃谓,朋党所以报汉,而汉

---

① (清)吴伟业:《复社纪事》,《梅村家藏稿》卷二十四《文集二·杂文》。
② (明)文秉:《烈皇小识》卷五。

亡于朋党;道学所以扶宋,而宋弱于道学。此其故在上在下固两失之,然欲为调停之说,则君子不取。盖与其失身无益,不如终守道也……而当路乃坚报复恩怨之旨,借枝刻为孤立,以耸动人主,而夙负处士,更有咄咄持空函以邀之者,不止闽漳一辈,说者亦必愿西铭针汉士之褊狭,药宋儒之阔迂,刓方就圆,与时消息,不识果遂以为可否……贵乡虞山(钱谦益)之争枚卜,长洲(文震孟)之去国,为数年来极有关系事,长洲已与日月争光,天下所观望者,惟虞山与娄东耳。"①信写得很有意思,所说的"当路"无疑是指温体仁,投靠他门下的不止周之夔一个。遭到诬奏,调停固然不可取,针锋相对也大可不必,清者自清,希望张溥珍惜"天下观望者"的美誉。

关于陆文声、周之夔攻讦复社一案,记载最为详细的当属陆世仪《复社纪略》。根据他的记载,情况大致如下:陆文声,字居实,少年时在外祖父周文潜家,张采与他同学。崇祯九年(1636)三月,两人因小事失和。陆文声怀恨在心,进京上疏,攻讦张采"交通上官,把持武断"。太仓望族王时敏是前内阁首辅王锡爵的后人,与温体仁有"两世通家之谊",深受温体仁倚重,恩礼较其他亲信尤厚。当时太仓望族首推琅琊王氏、太原王氏、清河张氏。琅琊王氏即万历时官至刑部侍郎的王世贞家族,太原王氏即万历时官至内阁首辅的王锡爵家族,清河张氏即复社的张溥家族。以前难以与琅琊王氏、太原王氏相抗衡的张溥倡立复社之后,门墙炽盛,许多望族子弟皆贽居门下。王时敏由此蓄怨于复社,陆文声正是看准了这一点,才找上门去,告以入京之意。王时敏说:"相君(温体仁)仇复社,参之正当其机,但相君严重,不轻见人,耳主局者惟德清(蔡奕琛)为政,宜就商之。"陆文声遵嘱拜访了蔡奕琛,呈进疏稿。温体仁看了蔡奕琛送来的疏稿,回应道:"谁为张采? 不过三家村兔园学究耳,乌足渎圣

---

① (明)侯方域:《答张天如》,《壮悔堂文集》卷三《书》。

听！今朝廷所急者张溥耳，能并弹治溥，当授官如(陈)启新也。"蔡奕琛把这一意见转告陆文声，命他修改疏稿。几天后，蔡奕琛向温体仁献计："张汉儒讦钱、瞿，已遣缇骑。此案遽列名，当并得逮，江南一时兴两狱，恐耸上听，反至起疑。不若借端筹饷，历陈奸弊，末后指及党局，姑下地方查复，俟钱、瞿狱竟，乃具第二疏指名究处耳。"于是陆文声再次修改疏稿，从"借端筹饷，历陈奸弊"角度攻讦张溥。

皇帝很快下达圣旨："三吴逋饷悉由奸胥揽解，分派侵吞……俱关地方重大情弊，着该抚逐款详查，明白奏夺。至太仓复社结党恣行，把持武断，提学臣所职何事？致士习嚣横如此！着倪元珙一面查究惩饬，据实回奏。"

张溥获悉后，立即派人对陆文声之子陆茂贞说："忝在同里，与尊君素昧平生。若因他人负罪，而无故加兵，是城火池殃也，如阴鸷何？"陆茂贞马上赴京，向父亲转告张溥之意。当时复社成员夏允彝、陈子龙、吴克孝等都在京，以为陆文声必定受人指使，为了社局的安定，莫如为之谋求一个"善地员缺"，让他不再参奏。到了崇祯十年(1637)，得到陆茂贞的确信，张溥拜谒苏松道冯元飏、苏州知府陈洪谧，并且转告苏松提学御史倪元珙。徐汧对倪元珙说："社中有杰才，科名恒出其中，但使社局得无恙，公祖目前虽暂屈，后必大伸。"倪元珙于是根据府道的申文，遵旨"据实回奏"：

> 臣受命督江南学政，奉有复社一案。夫结社会友，乃士子相与考德问业耳，此读书本分事，不应以此为罪。陆文声挟私憾诋欺瞒，故奏事不以实，荧惑上听，臣昧死据实以闻。[1]

倪元珙的据实回奏起到了稳定社局的作用，却付出了降级调用的

---

① (明)陆世仪：《复社纪略》卷四。

486

代价。吴伟业说:"州人陆文声者驵侩无行……踵汉儒上章诬奏。上疑两案难并逮,下提学御史山阴倪公元珙验治。倪公贤者,即苏松道慈溪冯公元飏所谳以奏曰:'臣奉诏董诸生,而复社多高材生,相就考德问业,不应以此为罪。文声挟私憾,瞒谰抵欺,荧惑上听,所奏故不以实,昧死闻。'有诏,并(冯)元飏镌级调用。"①

谈迁《国榷》系此事于崇祯十年三月:"先是,奸人陆文声诡陈风俗之敝皆原于士子,士子皆以复社乱天下。盖太仓庶吉士张溥、前临川知县张采倡复社,海内靡然趋之。事下南直提学御史倪元珙按之,元珙奏:社有之,非有把持武断之迹。上责其蒙饰,俾更核。元珙不屈,已,降光禄寺录事。"②

邹漪在为倪元珙立传,这样写道:

> 时张太史溥、张仪部采倡立复社,四方名士络绎奔会。而苏州推官某,以漕兑事与张讦口,遂迎执政(温体仁)意,举以入告,几构党祸。事下提学御史勘议,公力护持,辨言:'诸生引徒众讲习,实非党,无可罪者。且文章为士精心,即国元气,厉治士不便。'执政恨公庇士,严旨切责,镌秩补光禄寺录事,升行人司副。③

他对倪元珙有很高的评价:"凡除害兴利,有益地方者,咸挺然身任。生平无不可告天地鬼神之事,合亲疏远迩皆乐归依。学一本诸姚江,为诸生便以天下为己任。"并且为之写了这样的评语:"迹先生去官以复社,则先生之大有功于三吴人士可知"。

案件并未就此了结,蔡奕琛以授予御史为诱饵,催促陆文声再上

① (清)吴伟业:《复社纪事》,《梅村家藏稿》卷二十四《文集二·杂文》。
② (明)谈迁:《国榷》卷九一六,崇祯十年三月庚子。
③ (明)邹漪:《启祯野乘》一集卷四《倪光禄》。

第二疏,重申"复社结党恣行"的意见。陆文声"佯言他事以谢",没有再上第二疏;尔后他被选调为湖广永州府的"吏目",离开了这个是非之地。

倪元珙离职后,苏松提学御史由亓玮继任,奉旨再次勘查复社一案。不久,亓玮因为丁艰回乡守制,提学御史由张凤翮继任,对复社一案压下不理。蔡奕琛计无所出,命前任泗州卫弁拿了他的手书前往福建,要前任苏州府推官周之夔再次挑起事端。于是周之夔的《复社首恶紊乱漕规逐官杀弁朋党蔑旨疏》出笼了,依然是老调重弹:

> 惟是臣职兑护漕,受翰林院庶吉士张溥、江西临川告病知县张采毒害,抚按不敢言。即近日圣明严究复社,天下共晓,而溥、采正复社首恶,宁代受谴,莫肯实对者,同党相护也。

其中连篇累牍谈到漕运事宜,说张溥张采"把持徇饰"、"逐官杀弁",不过是一个幌子,在奏疏的末尾显露了杀机:

> 至溥、采自夸社集之日,维舟六七里,祖道六百人,生徒妄立"四配"、"十哲",兄弟尽号"常侍"、"天王"。同己者虽盗跖亦曰声气,异己者虽曾闵亦曰逆邪。下至娼优隶卒,无赖杂流,尽收为羽翼。使士子不入社,必不得进身;有司不入社,必不得安位。每一番岁科,一番举劾,照溥、采操权饱壑,孤寒饮泣。恶已彰闻,犹为壅蔽。臣恐东南半壁从此不可治矣!

> 其他娄场弊,窝盗贼,诈乡民,有证据之赃,已累巨万。一疏难尽,容臣列款详奏。何敢冒渎?缘受害冤深,奉旨严查,犹经年寝阁,万不得已,七千里匍匐伏阙。臣孤立无援,撄此雄锋,自分必死。然生无可报国,不惜捐躯以明漕储利害,朋党罪恶。伏望皇上立奋乾纲,大破党局,提张溥、张采与臣面

鞫。得实,乞斩溥、采以谢朝廷,并斩臣以谢朋党。①

谈迁《国榷》系此事于崇祯十年五月,"前苏州推官周之夔讦奏太仓庶吉士张溥、前临川知县张采,倡诸生立复社,树党挟持,萦漕政,逐上官。章下所司。"②

周之夔的用心极其险恶,企图以"四配"、"十哲"、"常侍"、"天王"之类僭越的称呼,激起皇帝的怒气,置张溥、张采于死地,而且直截了当地乞求皇帝处死娄东二张。皇帝并没有发怒,只是把奏疏转发给有关部门,有关部门又把它转给苏松提学御史,张凤翮把它压下不予回复。一场"乞斩溥采以谢朝廷"的闹剧不了了之。原因就在于,事件的幕后主使者温体仁于这年六月罢官而去。八月,钱谦益案得以平反,以处死诬陷者张汉儒等而收场。复社一案自然不再追究。

事情并未了结。新任为阁首辅张至发继承温体仁的衣钵,复社的危险仍然存在。正如当时已任翰林院编修的吴伟业所说:"首臣张至发新猷方始,故辙犹存,其近辩温体仁曰孤执,曰不欺。夫体仁当国,有唐世济、闵洪学、蔡奕琛、张汉儒、陆文声驱除异己,何得谓孤?庇枢贰,则总理可不设,而事败乃设;徇凤抚,则镇可不移,而事败乃移。何得谓执?家窝巨盗,孽子招权,何得谓不欺?今首臣涤心改行,以收实效,臣何敢议?如其不然,首臣亦何以酬主恩而塞舆望耶!"③张至发并没有"涤心改行",担任首辅的时间不长;此后担任内阁首辅的薛国观也是温体仁的羽翼,一年后遭到"削籍"的处分。

崇祯十四年(1641)五月,张溥病逝于家。十一月,蔡奕琛因贿赂薛国观被逮捕,不肯入狱,上疏为自己鸣冤:"庶吉士张溥、故礼部右侍郎常熟钱谦益等倡复社,朋陷及臣。"还说:"复社杀臣,谦益教之也。"这简

---

① (明)陆世仪:《复社纪略》卷四。
② (明)谈迁:《国榷》卷九十六,崇祯十年五月己丑。
③ (明)吴伟业:《劾元臣疏》,《梅村家藏稿》卷五十七《文集三十五·奏疏》。

直是胡搅蛮缠，第一，蔡奕琛贿赂薛国观这一事实，与复社是否"朋陷"无关；第二，钱谦益并不是复社的倡立者；第三，"复社杀臣"毫无根据，"谦益教之"更没有根据。皇帝还是要他们三人对质。

钱谦益与娄东二张并不是同一代人，且与复社无关，当然不能接受这种无端的诬陷，上疏答辩道：

> 臣自往岁触权被构，蒙皇上鉴臣无辜，宽赦归里。顶踵高厚，杜门屏迹，朝夕焚香，祝颂万寿。顷于十一月十二日接得刑部咨文，内开："原任刑部侍郎蔡奕琛奏为再陈神通广大等事。奉圣旨：'复社一案，屡奉明旨，延捱不结，明有把持。今观《复社或问》及《十大罪》之檄，僭妄奸贪兼备，于人才治乱大有关系，何可不问？张溥、张采、钱谦益殊干法纪，俱著回将话来，还勒限去。该部知道。钦此。'钦遵。"……臣于复社有无干涉，不容不力辩于圣明之前者，敢矢心沥血为皇上缕陈之。
>
> 奕琛疏称张溥首创复社，臣中万历庚戌科进士，溥中崇祯辛未科进士，相去已二十余年。结社会文，原为经生应举而设。臣以老甲科叨冒部堂，何缘厕迹其间？其不容不辩者一也。
>
> 《复社或问》系原任苏州府推官周之夔所作，及徐怀丹《十大罪檄》，原本具在，未曾只字及臣。若臣果系复社，则之夔何不先指臣，直待奕琛始拈出耶？其不容不辩者二也。
>
> 复社屡奉明旨察奏，亦未曾有臣姓名。屡旨见在御前。其不容不辩者三也。
>
> 复社一案，闻往年抚按回奏，已经部复。臣方被逮在京，无由与知。其有未经回奏者，事在所司。有无把持，诸臣见在可问。其不容不辩者四也。
>
> 复社自复社也，臣自臣也。奕琛欲纽而一之，而无端插入一语曰：谦益发纵。此所谓捕风捉影也。其不容不辩者五也。

复社自复社也,奕琛自奕琛也。复社自有周之夔之案,奕琛自有薛国观之案,奕琛又欲纽而一之,而曰复社操戈,由臣指授。此所谓桃僵李代也。其不容不辩者六也。

……奕琛以旧辅温体仁姻戚,疑臣报复。不知臣生平素无藏蓄,固未尝仇体仁于生前,乃奕琛顾欲代体仁仇臣于身后。人之不同量若此,又何言哉![①]

钱谦益列举事实为自己声辩的同时,点明了事情的本质,蔡奕琛作为温体仁的姻戚与亲信,继承其衣钵,妄图把钱谦益拖入复社之狱的泥淖中。

已经杜门养病的张采,也遵旨回话,写了《具陈复社本末疏》为复社辩护:

原任江西抚州府临川县知县告病回籍臣张采谨奏为遵旨回话事。臣系崇祯元年进士,选授前职,在官两载,以劳成疾,告病归家十余年,残废在床,不能窥户外。

今十月中忽闻邸报,有原任刑部侍郎某一本《再陈神通广大合谋拘陷事》,奉圣旨云云钦此……惟复社一案责张溥及臣回奏,惜溥已死,臣谨斋沐陈之。

我朝制科取士,固重时文,凡选乡会中式文曰程墨,选进士文曰房书,选举人文曰行卷,其诸生征文汇选曰社稿,从来已久。若复社之起,臣已为县令,不预书生事。张溥时犹未第,故选社文,以臣向司砚席,代臣作序。及溥成进士,而臣已病废矣。岂意臣里中奸人私隙中伤,有复社一款,下苏松提学。前学臣倪元珙曾经具覆,奉旨再察。既学臣亓炜以丁忧

---

① (清)钱谦益:《遵旨回话疏》,《牧斋初学集》卷八十七。

去，张凤翮以外转去，悬案未结，事会致然，罪不在溥与臣也。乃夏五月初八日溥病身死，惟臣仅生，谓复社是臣事，则出处年月不符；谓复社非臣事，则溥实臣至交，生同砥砺，死避罗弋，负义图全，臣不出此。

窃惟文者昭代之所重，社者古义所不废。推广溥志，不过欲楷模文体，羽翼经传耳，未尝有一毫出位跃冶之思也。至于《或问》及罪檄，此忌溥者罗织虚无，假名巧诋，不惟臣生者不闻，亦溥死者不知。若使徐怀丹果有其人，臣愿剖心与质；倘其人乌有，则事必诬拘。独念溥日夜解经论史，矢心报称，曾未一日服官，怀忠入地，即今严纶之下，并不得泣血自明，良足哀悼。臣虽与世隔越，孤立杜门，而兢兢勉学，颇知省察，不欲一字自欺，岂敢一字欺皇上！①

张采强调复社是为了科举应试而倡立的文社，宗旨不过是"楷模文体，习翼经传"而已，没有一丝一毫"出位跃冶之思"，陆文声、周之夔之流"罗织虚无"，托名徐怀丹者"假名巧诋"，表示愿意和他对簿公堂，谅他不敢，故而说："倘其人乌有，则事必诬构。"

皇帝终于明白真相，下达圣旨："书生结社，不过倡率文教，无他罪，置勿问。"②据杨彝《复社事实》说，崇祯十五年，御史金毓峒、给事中姜埰，各上疏白其事，始奉旨："朝廷不以语言文字罪人，复社一案准注销。"③

　　①　（明）张采：《具陈复社本末疏》，《知畏堂文存》卷一。
　　②　（清）邹漪：《启祯野乘》一集卷七《张庶常传》。邹氏写道："公死后，复有攻公希跳狱者，再得严旨，责公及张公采各自陈。采具疏备述颠末……疏上，上亦鉴书生结社，不过倡率文教，无他罪，置勿问。"
　　③　杨彝《复社事实》，转引自谢国桢《明清之际党社运动考》，第137页。张廷玉《明史》卷二百九十五《金毓峒传》："因言复社一案，其人尽缝掖，不可以一夫私怨开祸端。帝多采纳。"邹漪《启祯野乘》一集卷十一《金御史传》："其解党锢一疏，尤诤于群小罗织清流之日，而为海内所传诵者也。"万斯同《明史》卷三百七十一《姜埰传》："温体仁与复社之狱，七年未结，（姜）埰言：'诸生率阐明经史，无可罪，而张溥一代著述才，赍志以没，宜责易名之典。时周延儒已复召当国，事乃大解。"

议论纷纭十几年，复社终于从皇帝那里讨回了公道，以前强加于它的种种诬陷不实之辞，诸如"操纵朝政"、"把持科场"、"横行乡里"、"自拟阙里"云云，统统是站不住脚的。皇帝所下的结论："书生结社，不过倡率文教"，以及"朝廷不以语言文字罪人"，对于复社和其他文社而言，无疑是最有权威性的定论，也是最符合事实真相的。

4. 复社的理想政治——吴应箕的个案

崇祯时期围绕复社的政治风波，其实是东林党争的延续，吴应箕写了《东林本末》来回顾这段历史，说："东林者门户之别名也，门户者又朋党之别号。夫小人欲空人国，必加之以朋党，于是东林之名最著，而受祸为独深。要亦何负于人国哉！东林争言真伪，其真者必不负国家，伪者或至负东林。"又说："尝观国家至败亡，未有不起于小人倾君子之一事；而小人之倾君子，未有不托于朋党之一言。"①显然是针对群小诬陷复社而发的议论。

万历、天启时代党争，"实录"不实，正史多曲笔，吴应箕反其道而行之，为当代史揭示真相。对此，周钟给予高度赞扬：

> 清议所病固非一端，独如神宗朝四十八年，其大者始争、国本、晚争三案，诸疏恒芟削不详，他小人邪说倾翻，则连章累牍书之；其次者邹南皋先生论张江陵夺情，江陵败，先生除给事，既又以言事被谪，诸疏亦不尽载，诸小人之攻之者，则又连累书之……江上吴子次尾有忧之，每抵掌时政，奋髯垂涕，悲愤交作。三年以其所作诗文若干卷视周子曰："古之君子得志则以其所行者纪载之，不得志则以其所见者著明之，此予是编

---

① （明）吴应箕：《东林本末》卷上《门户始末》。

所由成也。"①

这是周钟为《楼山堂集》所写的序言。吴应箕所说的"不得志则以其所见者著明之",就是他所写的《国朝纪事本末论》、《东林本末》、《两朝剥复录》等当代史,为洞察崇祯年间的"党争"提供一面镜子。

这种史论,其实就是政论,用历史委婉地批评当时的朝政。看一下侯方域所写的《朋党论》便可以明白。由于孔尚任的《桃花扇》的流传,明末四公子之一的侯方域留给人们的印象,似乎是风流倜傥的公子哥儿,掩盖了他的见识与才情。其实他是很有思想的才子,请看他的这篇文章:

> 君子小人之不能不分也久矣。其祸必成于小人,其罪必归于君子,此二者相持不并立之势也。而小人必胜,君子必败。其小人之所以胜者,大率自称孤立;其君子之所以败者,必以为朋党……夫主上居深宫之中,与臣庶隔绝,常恐天下之欺己,而密以为防,群天下之人而有朋,群国家之臣而有党,此岂人主所乐闻哉……自世之既衰也,而党人之目在下,盖小人既逐君子,则朝廷之上可以惟我所为,而恒恐君子之在下者得而非议之。于是因其议论而指为讥刺,观其风节而诬为标榜,群天下名彦之士,而尽陷之语言文字之中,使其辨之无可辨,而逃之不可逃,则小人之势成矣!②

他在文章末尾,特别写了一句画龙点睛之笔:"人主奈何不之悟也!"据文集编者徐邻唐的点评:"此系朝宗少年作",文集的另一位编者徐作肃的点评也指出:"明朝门户自四明(沈一贯)始分,至乌程(温体仁)而后,

---

① (明) 吴应箕:《楼山堂集》卷首《周钟序》。
② (明) 侯方域:《朋党论》,《壮悔堂文集》卷七《论》。

士大夫之祸始烈。朝宗家学最熟最悉,故两篇议论凿凿,无一字依傍影响。"①由此可见,这篇文章针对温体仁攻讦钱谦益、文震孟等东林人士,故而文中说"其小人之所以胜者,大率自称孤立",因而得到皇帝的信任。其时复社声誉高涨,而招来小人疑忌,"因其议论而指为讥刺,观其风节而诬为标榜"。所以他要感叹:"人主奈何不之悟也!"

由此可以透视出吴应箕《东林本末》的现实意义。

吴应箕是复社初创时期的中流砥柱,屡屡在科举考试中落第——"七试南都不第",始终没有踏入仕途,主要精力都集中于著书立说与社事活动。据他的年谱记载,万历四十六年(1618)他二十五岁,参加金陵乡试,不第而归,从此开始"励志于学"。②天启七年(1627),四应南都试不第,便于崇祯元年(1628)没入张溥、张采创建复社的事宜中。崇祯三年(1630),五应南都试不第,当即投身复社的金陵大会,并与同乡刘城(伯宗)创办"国门广业之社",成为复社人士的一个分支活动。所谓"国门"当然是指南京,"广业"则是南京国子监的一个厅堂的名称,每次乡试,诸生论文考艺,都集中于广业堂中。当年考试之后,诸生们在广业堂举行雅集,由吴应箕、刘城、沈士柱(昆铜)主持,并且约定,以后每三年举行一次,与会者轮流主持。③吴应箕在《国门广业序》中回忆道:

> 南京故都会也,每年秋试,则十四郡科举士及诸藩省隶国学者咸在焉。衣冠阗骈,震耀衢街,豪举者挟资来,举酒呼徒,征歌选伎,岁有之矣。而号为有气志能文章者耻之,键户若无闻,遇则逡巡从道旁避去。数十年来,求胜游之可传,高会之足纪者,盖渺耳。自崇祯庚午(三年)秋,吾党士始合十百人为

---

① 侯方域《朋党论·下》,恭士(徐作肃)、尔黄(徐邻唐)所写的"点评",《壮悔堂文集》卷七《论》。
② (清)夏燮:《忠节吴次尾先生年谱》,万历四十六年戊午条。
③ (清)夏燮:《忠节吴次尾先生年谱》,崇祯三年庚午条。

雅集。其集也,自其素所期向者遴之,称名考实,相聚以类,亦自然之理也。计其时为聚者三,主之者刘伯宗、许德先、沈崑铜也。癸酉(六年)则杨龙友、方密之。再一举行,而莫盛于姚北,若丙子(九年)之役。夫吾党自庚午后,汇聚之士半为升用,其本末固已见于天下矣,攻之者且四面至,物盛而忌,夫何怪乎!于是天下方以社事为讳,而姚子独于忧疑满腹、谗口方张之日,大聚吾徒,而盟之曰:"吾党所先者道也,所急者谊也,所讲求者异日之风烈事功,所借以通气类者,此文艺而假以宣彼我之怀者……"姚子独毅然行之,一无所畏,固为其难者哉![1]

最能反映复社理想政治的,是吴应箕写于崇祯九年(1636)的《拟进策》。他从邸报见到臣民纷纷进言,皇帝都有批示,有的人因此"骤荷进用"。但是在他看来,这些奏章"于天下大计俱有未当也,私以为言者皆负上",因此草拟了十策。由于他是无名之辈,无法呈进朝廷,后来收入文集,成为书生论政的一个记录。这篇《拟进策》[2]包括十个方面:持大体、别邪正、谨信任、审言术、励廉耻、重变更、储边材、罢无用、养民财、塞贪源。略选其中若干,以飨读者:

持大体

总纪纲、挈要领,一切兵刑钱谷各责之所司而已……此所谓大体得也。体失而后务为操切,操切之过,臣下奉行不及,则益工为欺蔽,而丛脞因之。至于丛脞,则操切亦有时而穷,而废驰因之,究之,柄且为人所旁操而不觉。是故得体而治,失体而乱,自古至今,未有能易者也……臣观神宗初年,张居正为相,其荡涤振刷不可谓无功,然亦似稍刻矣。神宗一以宽

① (明)吴应箕:《国门广业序》,《楼山堂集》卷十七《序》。
② (明)吴应箕:《拟进策并序》,《楼山堂集》卷九《策》。

大继之，迹若倦勤，而政实得体，故海宇晏如者几五十年矣。迫其末年，不无废弛惰窳之象，亦其势然也。因而（熹宗即位）□□边隅孽生宫禁，逆珰之祸，海内沸然。幸陛下神明践祚，然后人心始有所恃，于是惩先朝之失驭，剗群工之积弛，手揽万机，躬亲庶政，至于闾阎铢两之奸，皆勤诏旨，虽汉宣之精励，岂能及陛下之万一哉！然臣固有虑焉，事无大小，俱自上操，使天下皆重足而立者，欺罔之藉也；言无是非，俱得达陛，使天下皆裹足不至者，奸佞之丛也。大臣无所执持，小臣相为朋比者，衰乱之征也。是故欲惩贪而愈以风之，欲革弊而愈以启之，何也？失体也。

他用张居正的操切来反衬神宗的宽大，看似倦勤，其实是"得体"，所以几十年海内晏如。再谈到当今陛下手揽万机、躬亲庶政，励精图治的汉宣帝不及陛下之万一。然后话锋一转，崇祯一朝九年来，皇帝大权独揽，过于操切，天下重足而立、裹足不至，欺罔奸佞丛生，贪弊愈演愈烈。根源就在于"失体"，亦即皇帝没有"持大体"。

别邪正

今夫国家之患，莫大于人臣之自为朋党，而其病由于人主之不分邪正。夫不分邪正，使君子小人杂进，于是君子以小人为小人，小人亦以君子为小人；小人指君子为朋党，君子亦自以为党而不辞。始未尝不从国家起见，后不过争竞门户。迫争竞门户，而君子常易衰弱，非易衰弱也，君子难进而易退，难荣而易辱。于是小人揣得其情，攻之以必忌，持之以难久。不幸君子或授之以间，又不幸附君子者或因之为市，而君子之势孤矣。君子之势孤，国家之事去矣……陛下试观即位以来，谁为顺悦，谁为憨直？谁重气节而轻于祸福，谁矢念于国家，谁快心于报复？其挤掊阅历不可谓不熟矣。又试观神庙以来，所谓身在朋党横被攻击者,其后之孤忠劲节、甘死如饴者何如? 又观天启中所谓志在进取、力攻朋党者,其时之诵德称功、嗜利无耻者何如? 而邪正之数有不较然乎? 今之时势又与先朝不同,则夫希名而附和,与夫惩迹而矫饰者,其苍素黑白诚难遽别,然而泾渭之源流自在也。陛下诚能穷治之源,而登进斥逐,一以其权归之于上,使众正汇进,而惬险小人无所缘而售其奸,将国家之治理可以计日而待。

他和李雯、夏允彝、侯方域等人一样,提及当时热门的话题:朋党与君子、小人,尖锐地指出,病根在于皇帝"不分邪正",结果是君子日趋孤立,"国家大事去矣"。如果能使"力攻朋党"的阴险小人无以售其奸,国家何患不治!

谨信任

臣闻天下之患莫大乎君有疑其臣之心,而信任之不专,尤莫患乎臣有要其主之心,而信任之太笃。不专之与太笃,皆足为患,而第其轻重则无所别,而笃任之者其为祸甚深也……高皇帝神武开天,犹失之胡惟庸;肃皇帝英明绝世,犹失之严嵩。是故信任之不可不谨,其在英主为尤甚。皇上躬裁珰祸,手揽万机。念夷寇之交讧也,尚方之赐时出;悯财赋之日匮也,司农之任独久。总纪纲于中丞,归操柄于冢宰,不专之患,可幸无之。且陛下始欲借内镇以风励诸臣,未几撤之如脱檐,即昨日召置辅相,士大夫方举手加额,而旋以一人之言弃之。人方疑陛下信任之理太轻,臣即窃于此有虑者……故臣愿陛下益去其菲薄臣下之见,程力量能,执虚公以驭下。①

————————————————

① (明)吴应箕:《拟进策并序》,《楼山堂集》卷九《策》。

498

这是在讨论理想的君臣关系,君不能有疑臣之心,否则对臣的信任就会不专;臣不能有要主之心,否则对臣的信任就会太笃。他以胡惟庸、严嵩为例,指出了皇帝对笃信宠臣的危害,特别强调"信任之不可不谨,其在英主为尤甚",显然是在影射崇祯皇帝过于笃信温体仁。

在谈到审言术、励廉耻、重变更、储边材、罢无用、养民财之后,吴应箕的第十策是"塞贪源"。他说"今天下盗贼生于民贫,民贫由于官贪",陛下赫然严惩,反而愈演愈烈,原因在于只治"贪之流",而未治"贪之源"。他列举了一些"贪之源",其一是士子金榜题名刚入仕途,就必须"营选"、"钻缺",为了打点,不息借高利贷。因此早晨刚上任,晚上讨债者就赶到。为了填补漏洞,"外官取偿于民,京官取偿于外官",源头是相同的。各种关系都需要打点,比如,有奥主,有座师,有同年,有乡曲,哪一个都要摆平。此外还时时有各种需索,比如有考核官员的大计、京察之类,还有遭到弹劾请求从轻发落,收到推荐希望求得肥差,都是要花钱的。他慨乎言之:"凡此能虚得之乎?视其人之崇卑戚疏,以厚薄其贻馈,而其人即以其厚薄之数为效力之浅深。乡贡监吏之属,苟有所求,益愈竭其资而不恤。尤可怪者,今以功令之严,益设为简易之法,入国门者皆短刺空函,而金已达其家矣。又变白(银)为黄(金),取诸其寄,所以致之者愈巧。"①这就是为什么"禁愈严而贪愈炽"的根本原因。然而要想"塞贪源"谈何容易!

5.《留都防乱公揭》

吴应箕的理想政治并不停留于口头上,有时也有实践的尝试,最值得称道的是起草了掷地有声的《留都防乱公揭》。

陈贞慧(定生)《书事七则》之《防乱公揭本末》说,阉党余孽前光禄

---

① (明)吴应箕:《拟进策并序》,《楼山堂集》卷九《策》。

寺卿阮大铖,在清查阉党逆案时,受到"削籍"的惩处。此人小有才华,却心术不正,一心想翻案,企图重登官场,来到南京招摇过市,吴应箕看穿阮大铖本性难改,如不予以迎头痛击,后患无穷。崇祯十一年(1638),他和顾宪成之孙顾杲(字子方)商议,顾杲义正词严地表示:"杲也不惜斧锧,为南都除此大憝。"两人同去征求陈贞慧(字定生)的意见,陈贞慧奋然回应道:"(阮大)铖罪无藉揭,士大夫与交通者,虽未尽不肖,特未有'逆案'二字提醒之。使一点破,如赘痈粪溷,争思决之为快,未必于人心无补。"于是吴应箕在陈贞慧寓所起草了声讨阮大铖的檄文。

然而,为吴应箕撰写年谱的夏燮考证,此事有一个过程。他说,留都防乱的议论起于崇祯九年。这年夏,在金陵"三举国门广业之社";秋,吴应箕与冒襄(辟疆)、陈贞慧(定生)、顾杲(子方)等在桃叶渡寓所,会见天启年间遭阉党迫害致死诸公的遗孤十三人,杨涟之子因故未至。就在这次会上,谈及避乱于金陵的阮大铖,"遂起留都防乱之议"。据冒襄回忆,当时魏大中之子魏学濂把其父临终前所写的血书,出示给社中同人,魏学濂为亡父鸣冤奏疏提及阮大铖,激起众人齐声痛骂阮大铖。接下来夏燮写道:"值大铖方居金陵,欲以新声高会,招徕天下,为夤缘起用地。复社诸君子适睹此疏,共愤填膺,于是始起留都防乱之议。"不过仅仅是议论而已,真正起草要到两年之后。地点并非陈贞慧所说的在他的寓所,而是在无锡顾杲家中。证据是吴应箕《与顾子方书》,夏燮说:"证之先生集中与顾子方书,乃戊寅(崇祯十一年)在梁溪所草,虽戊寅之前早有此议,不过徒托空言。"①具体情况是这样的:

> 崇祯十一年戊寅,先生四十五岁。夏六月,东游梁溪,主
> 顾子方家凡两月。游锡山,谒道南祠,与子方合刻《梁溪唱和

---

① (清)夏燮:《忠节吴次尾先生年谱》,崇祯九年丙子条。

集》。时陈定生自荆溪过访，示以沈眉生劾杨嗣昌夺情疏，遂及大铖，于是先生与子方、定生成留都防乱揭……先生与子方、定生三人共成此揭。其余列名之一百四十人皆在后也。①

这年八月，吴应箕从无锡来到宜兴，入住陈贞慧家。可能此时吴应箕又修改了檄文，所以陈贞慧以为揭文起草于他家。随后是向复社成员征求对揭文的意见，因为有不同意见，所以吴应箕写了《与友人论〈留都防乱公揭〉书》。

这篇檄文，分头寄给各地复社成员，获得绝大多数人的支持，只有杨廷枢表示异议，以为小题大做。陈贞慧《书事七则》引用杨廷枢的话："(阮大)铖不燃之灰，无俟众溺，如吾乡逐顾秉谦、吕纯如故事。在乡攻一乡，此辈窘无所托足矣。"吴应箕在给友人的书信中谈及此事，所说"小题大做"者，就是指杨廷枢。他的这封书信，把起草《留都防乱公揭》的思考写得淋漓尽致：

> 留都防乱一揭，乃顾子方倡之，质之于弟，谓可必行无疑者，遂刻之以传。当刻揭时，即有难之者二，谓揭行则祸至。此无识之言，不足辨矣。又谓，如彼者何足揭，而我辈小题大做。此似乎有见，而亦非也……夫我辈非欲自附于正人也。邪正之辨，自根人天性学问，岂待附乎？
>
> 若谓逆案已定，何待再辨？夫我正为既定而不得不辨，何也？今士大夫曾有谓此逆人也而绝之者乎？缙绅不与交欢，交欢而不为之驱使者，谁也？士子不从之游，从之游而不互相赞诵，多为招引者，谁也？
>
> 夫法加于人，有时而尽。邪根中于人心，逆气流为风俗，

---

① （清）夏燮：《忠节吴次尾先生年谱》，崇祯十一年戊寅条。

天下之患可胜道哉？使我辈不言，则将来变为从逆世界，必有
以钦定为非，而恨魏忠贤之不复出也。足下以为此可已乎，不
可已乎？

　　故不若挟清议以攻之，负众力以撼之，使知名节与法纪，
原表里山河，而我辈之尊君安国，为高皇帝留读书种子之心，
无在不寓，又何有今日异日之别乎？[①]

次年，复社人士乘金陵乡试之机，在冒襄（辟疆）的淮清桥桃叶渡河
房，召开大会，正式发布《留都防乱公揭》，声讨阮大铖，在《公揭》上签名的
有一百四十二人，领衔的是东林弟子代表顾杲，天启被难诸家代表黄宗
羲。这篇檄文揭露阮大铖的逆案祸首老底，写得慷慨激昂，气势夺人：

　　杲等伏见皇上御极以来，躬裁党凶，亲定逆案，则凡身在
案中，幸宽铁钺者，宜闭门不通水火，庶几腰领苟全足矣。矧
尔来四方多故，圣明宵旰于上，诸百职惕励于下，犹未即睹治
平，而乃有幸乱乐祸，图度非常，造立语言，招求党类，上以把
持官府，下以摇通都耳目，如逆党阮大铖者，可骇也！大铖之
献策魏珰，倾残善类，此义士同悲，忠臣共愤，所不必更述矣。
乃自逆案既定之后，愈肆凶恶，增设爪牙，而又每骄语人曰：
"吾将翻案矣，吾将起用矣。"所至有司信为实然，凡大铖所关
说情分，无不立应，弥月之内，多则巨万，少亦数千，以至地方
激变，有"杀了阮大铖，安庆始得宁"之谣。意谓大铖此时亦可
稍惧祸矣。乃逃往南京，其恶愈甚，其焰愈张，歌儿舞女，充溢
后庭，广厦高轩，照耀街衢。日与南北在案诸逆交通不绝，恐
喝多端。而留都文武大吏半为摇惑，即有贤者，亦嗫不敢发

---

　　① （明）吴应箕：《与友人论〈留都防乱公揭〉书》，《楼山堂集》卷十五《书》。

声。又假借意气，多散金钱，以至四方有才无识之士贪其馈赠，倚其荐扬，不出门下者盖寡矣。①

在揭露了阮大铖种种劣迹与野心之后，最后写道：

> 杲等读圣人之书，附讨贼之义，志动义慨，言与愤俱，但知为国除奸，不惜以身贾祸。若使大铖罪状得以上闻，必将重膏斧锧，轻投魑魅。即不然，而大铖果有力障天，威能杀士，杲亦请以一身当之，以存此一段公论，以寒天下乱臣贼子之胆，而况乱贼之必不容于圣世哉！谨以《公揭》布闻，伏惟戮力同心是幸。②

真是大快人心事，复社同人举杯庆祝。夏燮如此描述当时的盛况："时四举国门广业之社，凡揭中之一百四十余人，大半入会中，周仲驭（钟）亦至焉。于是留都防乱之揭传播南中……金沙周仲驭抗疏归，有重名，时以谢丧来南都，集门徒五百余人于高座寺。于是揭中之执牛耳者，布衣则推先生（吴应箕），缙绅则推仲驭（周钟），贵胄则推定生（陈贞慧），而东林之后推子方（顾杲），忠臣之后推南雷（黄宗羲）。日置酒高会，辄集矢怀宁（阮大铖），嬉笑怒骂以为常。"③

阮大铖慑于清议的威力，不得不躲进南门外的牛首山，暂避锋芒，派遣心腹四出收买《公揭》文本，孰料愈收愈多，传布愈广。彷徨无计之时，他想到了刚刚来到南京的侯方域，阮与其父司徒公（侯恂）有年谊，算是侯公子的父执辈，企图利用这一人脉来缓和与复社的关系，由亲信王将军代他出面示好，不惜重金撮合侯公子与秦淮名妓李香君。侯方域严词拒绝，他后来写信给阮大铖重申自己的立场：

> 执事（阮大铖）仆之父行也，神宗之末与大人同朝，相得甚

---

① （明）吴应箕：《留都防乱公揭》，《明清之际党社运动考》，第148页。
② （明）吴应箕：《留都防乱公揭》，《明清之际党社运动考》，第150页。
③ （清）夏燮：《忠节吴次尾先生年谱》，崇祯十二年己卯条。

欢。其后乃有欲终事执事而不能者，执事当自追忆其故，不必仆言之也……忽一日，有王将军过仆甚恭。每一至，必邀仆为诗歌，既得之，必喜而为仆贳酒奏伎，招游舫，携山屐，殷殷积旬不倦。仆初不解，既而疑，以问将军。将军乃屏人告仆曰：“是皆阮光禄所愿纳交于君者也。光禄方为诸君所诟，愿更以道之君之友陈君定生、吴君次尾，庶稍湔乎。”仆敛容谢之曰：“光禄身为贵卿，又不少佳宾客，足自娱，安用此二三书生为哉？仆道之两君，必重为两君所绝。若仆独私从光禄游，又窃恐无益光禄，辱相款八日，意良厚，然不得不绝矣。”凡此皆仆平心称量，自以为未甚太过，而执事顾含怒不已，仆诚无所逃罪矣。①

侯方域为李香君所写的传记提及此事，措辞更加直白：“初，皖人阮大铖者，以阿附魏忠贤论城旦，屏居金陵，为清议所斥。阳羡陈贞慧、贵池吴应箕实首其事，持之力。大铖不得已，欲侯生解之，乃假所善王将军，日载酒食与侯生游。姬（李香君）曰：‘王将军贫，非结客者，公子盍叩之？’侯生三问将军，乃屏人述大铖意。姬私语侯生曰：‘妾少从假母识阳羡君，其人有高义，闻吴君尤铮铮，今皆与公子善，奈何以阮公负至交乎？且以公子之世望，安事阮公？公子读万卷书，所见岂后于贱妾耶！’侯生大呼称善，醉而卧，王将军者殊怏怏，因辞去，不复通。”②

令人赞叹的是侯方域在崇祯十六年（1643）已经察觉到，日后阮大铖一旦得志，必定大肆报复的心态，他写道：“仆今已遭乱无家，扁舟短棹，措此身甚易。独惜执事忮机一动，长伏草莽则已，万一复得志，必至杀尽天下以酬其宿所不快，则是使天下士终不复至执事之门，而后世操

---

① （明）侯方域：《癸未去金陵与阮光禄书》，《壮悔堂文集》卷三《书》。

② （明）侯方域：《李姬传》，《壮悔堂文集》卷五《传》。夏燮《忠节吴次尾先生年谱》记载，此事后来为孔尚任《桃花扇》渲染，以杨龙友替代王将军：“而王将军一事遂为孔东塘《桃花扇·却奁》一剧之蓝本，又以杨龙友代王将军。传奇之体，装点排场，巧配脚色，义亦无嫌，惟以侯生纳李姬，大铖办装，系之癸未三月，则不然也。”

简书以议执事者,不能如仆之词微而义婉也。"①不幸被他言中,后来阮大铖在弘光小朝廷的所作所为正是如此。

可惜的是,复社君子们的努力,难以挽回明王朝日暮途穷的末路,这或许是生不逢辰的悲剧吧!

6. 报国无门的悲剧

吴应箕没有进入仕途,始终是一介文士,报国无门令他很无奈,写信给阁老钱士升,一吐胸中的郁闷:

> 相公阁下,某虽不肖,尝有志于天下之故,自恨不得稍藉尺寸,使有所发抒其志气。又尝欲以当世所急,及胸中所筹画可行之事,上书于公卿大僚,及巡方守土诸官,徒以势分悬绝,雅无知故,虽言之,恐不见省录,故卒郁郁,不得一吐。②

甲申之变以后,他又写了长篇大论,反思亡国之痛。其中《原君》、《原相》两篇最有见地。

客问:"古有君明而国亡者乎?"他的回答,陷入了两难境地,一则说"乌有是哉",再则说"非主不明而亡"。其实他对崇祯皇帝是有所批评的,一是过于明察,二是过于操切。他说:"夫主贵明而忌察,察则伤明也,故多恃,恃而莫予抗也。于是下务为蔽匿则生疑,疑而莫予当也,于是上益务。夫操束,则滋扰,卒于法不必信,用违其才,朝出令而夕责成,前见贤而后获罪,奸雄适以藉资,庸下趋之仆负,譬之木心已蠹而枝叶尚在,方以为此翘然者可资栋梁而假荫庇也。讵知大风过而干摧根拔,遂已全无木哉。"③但是面对客人的提问:"然以先帝之忧勤,犹无救

---

① (明)侯方域:《癸未去金陵与阮光禄书》,《壮悔堂文集》卷三《书》。
② (明)吴应箕:《上嘉善钱相公书》,《楼山堂集》卷十三《书》。
③ (明)吴应箕:《原君》,《楼山堂集》卷十九《客问》。

覆亡,则岂有荒暗淫虐者足义安保世乎?"他又为崇祯皇帝辩解,充满了同情与惋惜:"崇替者运也,废兴者数也。天之所去,谁能留之?且夫以(泰)昌(天)启之末运,而承阉祸溃决之余,丞辅覆㻌,列职负乘,独恃此一人者,兢唐业虞,挈此将嬴极敝者,以累存桴枝于十七年之久。"在他眼中的先帝,仅凭一人之力支撑十七年之久,已属难能可贵;更何况他"毅然身死社稷,其风烈足以视二帝三王而无愧哉"。因此他的结论是:"国不幸而亡也,非主不明而亡也","吾君非亡国者也"。①

在《原相》篇中,回答客人的问题:"崇祯十七年,所置相几五十人,岂无贤者?而任不专,专不久,岂无专且久者?而益不治,其谓之何?"他说得很干脆:"崇祯时谓之无一相可矣,何谓数十人哉?"在他看来,崇祯一朝的内阁辅臣没有一人值得称道:"夫蒲州(韩爌)岂非君子哉,先帝初立,即召之,天下方望其风采,而不能使人主信且惮者,则道不足而术疏也。于是乌程(温体仁)以矫行愎,而见谓精忠;阳羡(周延儒)以柔济贪,而舞其机用;武陵(杨嗣昌)资悍,以兵败而计穷;韩城(薛国观)意忌,卒谗行而身死。此数人者,方其人主信之,同列下之,天下士大夫附之,所谓专且久者是也。挟全盛之余资,负英主之方向,岂难强国庇民,创弊夷患,而乃强敌在门,重宝入室,封疆日蹙,门户牢持。"然后他一一列举:

温体仁执政八年,"蕴崇滔天之大变";

杨嗣昌督师前线,"遽增饷至七百余万,用兵无丝毫功,岂惟藩国覆、巨寇张、骄镇叛,而大势亦自是不支矣";

薛国观"未穷厥愿,卒蒙恶声";

周延儒复出,"憪然自以为姚、宋(姚崇、宋璟)而不疑,方其起废籍,蠲积逋、撤内缉、出久系,探怀纳说,捷若转圜,岂不亦救时雅望哉?而牢笼翕张,以恩为市,如京师大贾,所居积转贩倾天下,天下廉耻,益以

---

① (明)吴应箕:《原君》,《楼山堂集》卷十九《客问》。

墮坏"。其结果是严重的——"于是使人主切齿,以为人臣无一可信,故一切按诛,而国家之事去矣。"①

吴应箕分析得鞭辟入里,精彩之极!由此人们可以清楚地看到,复社虽然是一个文社,却并非不问世事的象牙塔,间或议论时政,抨击弊端,目光之透彻,言词之锐利,一般官僚望尘莫及。

吴应箕的人生结局和大多数复社成员一样,是慷慨激烈的。弘光元年五月十五日,南京陷落。闰六月,金声在徽州绩溪起兵抗清,吴应箕在池州起兵响应。那时的他,获得了平生第一个官职——福建隆武政权授予的池州推官监纪军事,不过如同昙花一现,很快兵败被清军俘虏,牺牲于家乡贵池县之石灰冲。壮志未酬的五十二年人生以悲剧告终。

莫谓书生空议论,头颅掷处血斑斑。

一百多年后,处死他的大清王朝已然进入盛世,忽然大发慈悲,追谥他为"忠节"。这样的皇恩浩荡未免晚了一点,不过对于吴氏后人而言,多少是一个安慰。

四 余 论

晚明的文人结社活动,随着明清之际的改朝换代,在政治高压与文化专制的双重打击之下,已成强弩之末,日趋萎缩。顺治十五年(1658),皇帝在给户部的谕旨中,明确表示要对江南乡绅、进士、举人、贡监、生员等拖欠赋税的现象给予严厉打击。在苏州府、松江府、常州府、镇江府、江宁府这些赋税重地,查出拖欠赋税者一万三千多人,以

---

① (明)吴应箕:《原相》,《楼山堂集》卷十九《客问》。

"抗粮"的罪名，革去功名、官职，并处以重罚。所谓"抗粮"，近乎吹毛求疵，刚刚成为"探花"（进士一甲第三名）的叶方蔼拖欠税银一厘，折合制钱一文，竟被革去功名，民间哄传："探花不值一文钱。"被新朝任命为国子监祭酒的吴伟业，也以少量欠税而遭到革职处分。可见当局此举并非着眼于区区一点欠税，而是借故迫使江南乡绅、士子就范。正如松江人董含《三冈识略》所说，其结果是"鞭朴纷纷，衣冠扫地"。这正是奏销案所要追求的目标。与此相伴随的科场案，也是借题发挥，意在打击江南文人以及他们所依托的家族和社会。江南乡试案比顺天乡试案犹有过之而无不及，两房主考官、十八房考官被处死，家产充公，妻子籍没为奴；参与舞弊的考生锒铛入狱，发配充军。杜登春《社事始末》说：江浙文人牵涉丁酉乡试案的不下一百人，一向兴旺的围绕科举应考的社事活动，从此萧条，几乎停息。一年之间，人们忙于为囚车送行李，为躲藏者送衣食，没有消停的日子。

顺治十七年（1660），礼科给事中杨雍建上疏，要求严禁文人结社，他写道："朋党之害每始于草野，而渐中于朝宁，拔本塞源，尤在严禁结社订盟。今之妄立社名，纠集盟誓者，所在多有，江南之苏松，浙江之杭嘉湖为尤甚。其始由于好名，其后因之植党，相习成风，渐不可长。请敕部严饬学臣实心奉行，约束士子，不得妄立社名，纠众盟会，其投刺往来亦不许用'同社''同盟'字样，违者治罪；倘奉行不力，纠参处分，则朋党之根立破矣。"皇帝接受了这一要求，下达圣旨："士习不端，结社订盟，把持衙门，关说公事，相煽成风，深为可恶，著严行禁止。以后再有此等恶习，各该学臣即行革黜参奏，如学臣隐徇，事发一体治罪。"[①]"严行禁止"的结果是可以预料的："自是，家家闭户，人人屏迹，无有片言只

---

① （清）王先谦：《东华录》，顺治朝卷三十四，顺治十七年正月。冯玉荣：《明末清初松江士人与地方社会》，中国社会科学出版社，2011年，第104—105页。

语敢涉会盟之事矣。"①晚明文人结社之风,至此烟消云散,以后也不曾再现。何以见得? 请看下文。

康熙、雍正、乾隆三朝号称盛世,却推行文化专制政策,大兴文字狱,吹毛求疵,望文生义,以片言只语定罪,置人于死地。一朝比一朝更为严酷,更为强词夺理,愈演愈烈的恐怖气氛弥漫于整个社会。

康熙时代,当局最忌讳的是明清鼎革之际的历史,文人稍有涉及,便遭杀身之祸。庄廷鑨的"明史狱",戴名世的"南山集狱",令人不寒而栗。庄廷鑨是湖州南浔镇富商,顺治年间购得同乡前辈朱国桢的《明史稿》,聘请名士修改,增补了天启、崇祯及南明史事,以《明史辑略》书名作为自己的著作出版。一时轰动,被乌程县知县告发,遂酿成大狱。康熙二年(1663),庄廷鑨已死,遭到斲棺戮尸的刑罚,凡是为该书作序、校补、刻印、发售者,乃至与该书有一字牵连者,几乎无一幸免,先后处死七十多人,株连七百多户人家。戴名世是安庆府桐城县人,康熙四十八年(1709)进士,任翰林院编修。戴名世的文集《南山集》中,把南明福王、桂王政权视为正统。都察院左都御史赵申乔告发他用南明弘光、永历年号,酿成大狱。不仅戴名世被处死刑,其祖孙三代亲属,年龄在十六岁以上的,全被处死,受株连的有几百人之多。

雍正时代,汪景祺、查嗣庭、钱名世、曾静等,都因文字遭祸。礼部侍郎查嗣庭在江西主持科举考试,被别有用心的人告发,所出试题中有"维民所止"字样,竟然说"维"字、"止"字是有意砍去"雍正"的首级,大逆不道。这是典型的拆字游戏式样的文字狱。为了找到更为直接的证据,在他的日记中查出"狂妄悖逆"的字句,如他认为侍讲钱名世因为写诗歌颂大将军年羹尧,遭到革职处分,是"文字之祸"。因为这些话是在私下的日记中流露出来的,被定罪为"腹诽朝政,谤讪君上"。查氏死在

---

① (清) 杜登春:《社事始末》。

监狱,又遭戮尸的刑罚,亲属学生受到牵连。

乾隆时代的文字狱变本加厉。戴名世死后,隔了五十多年,乾隆皇帝借"南山集案"大兴冤狱,处死举人蔡显,株连二十四人。由头是,有人揭发蔡显的著作《闲闲录》,有"怨望谤讪"之词。所谓"怨望谤讪"之词,不过是蔡显引用古人《咏紫牡丹》诗句"夺朱非正色,异种尽称王",原意是说,红牡丹才是上品,把紫牡丹奉为上品是夺了牡丹的正色,是"异种称王"。到了那些制造文网的酷吏眼里,看出了另外的意思,指责蔡显影射夺取朱明王朝的满人是"异种称王"。面对这种令人毛骨悚然的罪状,蔡显只得被迫自首,祈求宽大处理。结果,坦白并未从宽,两江总督高晋、江苏巡抚明德上报皇帝,主张按照"大逆"罪凌迟处死蔡显。乾隆皇帝看了高晋和明德的奏疏以及随同奏疏附上的《闲闲录》,大发雷霆,下达圣旨,把蔡显的凌迟改为斩首,却对高晋和明德大加训斥。因为乾隆自己从《闲闲录》中看到了这样的字句:"戴名世以《南山集》弃市,钱名世以年(羹尧)案得罪。"而高晋、明德查办此案时,竟然没有发现这些非议朝政的字句,是"有心隐跃其词,甘与恶逆之人为伍",该当何罪![①]

此后的王锡侯《字贯》案,更为离奇,更加蛮不讲理。江西举人王锡侯,鉴于《康熙字典》篇幅庞大,使用不便,编了一本精简的字典——《字贯》。江西巡抚海成立即报告皇帝,王锡侯擅自删改《康熙字典》,另刻《字贯》,狂妄不法,建议革去他的举人功名。乾隆皇帝原本以为是一个寻常诳诞之徒,妄行著书立说。待到他亲自看了随同海成的奏疏附上的《字贯》,发现该书序文后面的凡例中,把圣祖(康熙)、世宗(雍正)的庙讳以及自己的"御名",都开列出来,大为愤慨。认为是"深堪发指"、

---

① 参见孟森《〈闲闲录〉案》,《明清史论著集刊正续编》,河北教育出版社,2000年,第408—418页。

"大逆不法"之举,应该按照"大逆"律问罪。但是海成仅仅主张革去举人功名,大错特错。他在给军机大臣的谕旨中狠狠训斥道:海成既然经办此案,竟然没有看过原书,草率地凭借庸陋幕僚的意见上报。上述"大逆不法"的字句就在该书第十页,开卷就可以看见,"海成岂双眼无珠茫然不见耶?抑见之而恬不为异,视为漠然耶?所谓人臣尊君敬上之心安在?而于乱臣贼子人得而诛之之义安在?"结果,王锡侯处死,海成革职,押送京城,交刑部治罪。①

乾隆时代,诸如此类的文字狱有一百多起,占整个清朝文字狱的百分之七十左右。此起彼伏的文字狱,使得文人们噤若寒蝉,处于极度恐怖之中。

美国汉学家富路特(Luther Carrington Goodrich)1935年出版的英文著作《乾隆时期的文字狱》,所得到的结论是:乾隆大兴文字狱完全是一种心理畸形。乾隆总的来说是个应该受到历史谴责的暴君,他干预学者的独立研究,故意篡改历史,残酷地迫害文人,接二连三地禁书、毁版。乾隆朝虽然号称盛世,实际上是清朝衰落的开始,而《四库全书》的编纂虽名为保存国粹,实际上是别有用心地为了达到钳制思想的目的。富路特的著作出版后,受到西方学界欢迎,有的评论者指出,以往西方人只知道乾隆的文治武功,富路特的贡献在于首次揭示出了乾隆的阴暗面,让人们看到了盛世中隐藏的危机和衰败的萌芽。②

所谓盛世竟然如此色厉内荏,它的由盛转衰也就不足为奇了。

---

① 参见孟森《〈字贯〉案》,《明清史论著集刊正续编》,第398—407页。
② 参见顾钧《西方学者眼中的乾隆朝文字狱》,《中华读书报》2014年4月2日。

后　记

年过七十以后,我依然保持以前的读书写作习惯。只是节奏较为舒缓,每天工作五个小时。好在如今无论读书还是写作,都可以在电脑上进行,不必像以前那样跑图书馆看书抄书,体力完全可以胜任。

好心的亲戚朋友劝我,到了这个年纪,可以休息了。意思是,应该像多数老年人那样逛逛公园,打打太极拳,练练书法,消磨时间。我不想过那样的日子,不愿意白白浪费大好时光。

这些年来,不断在报刊发表历史随笔,是我读书写作的一部分成果。另外的成果是出版了几本书:《历史与文化》(复旦大学出版社,2010年);《明朝大人物》(复旦大学出版社,2011年);《明史讲稿》(中华书局,2012年);《明代文人的命运》(中华书局,2013年)。《晚明大变局》是第五本。每年出一本书的频率,朋友们感到惊讶。其实,我是以细水长流的方式,慢慢写出来的,从不"赶任务",也不"拼命"。

不过,说句老实话,一定得坚持不懈,每天工作五个小时,连节假日也不例外。对于老年人而言,无所谓节假日。"工作日"和"节假日"已经没有区别。既然每一天可以是"节假日",那么每一天也可以是"工作日",只是不用上班下班而已。

我在《明代文人的命运》的"后记"中说:"作为'30后',到了'逾七'、'奔八'的年纪,没有了先前课题任务的拘束,读书写作全凭兴趣,率性而为。这样的读书写作生活,其乐无穷,纯粹为学问而学问,是精神的寄托,思想的抒发,个性的张扬。这种自由驰骋的乐趣,不到这个年龄的人恐怕无法体会,到了这个年龄而不再读书写作的人也难以享受。"

今后是否再写呢？现在不能打包票,得看命运。如果蒙上天恩赐,仍然思维敏捷,那么一定会有新作奉献给喜爱我的读者。请你们祝我好运!

樊树志

二〇一四年八月